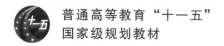 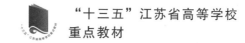

普通高等教育"十一五"国家级规划教材

"十三五"江苏省高等学校重点教材

学与教的心理学

PSYCHOLOGY APPLIED TO LEARNING AND TEACHING

主　编／吴红耘　皮连生
副主编／杨心德　王小明　王映学

（第六版）

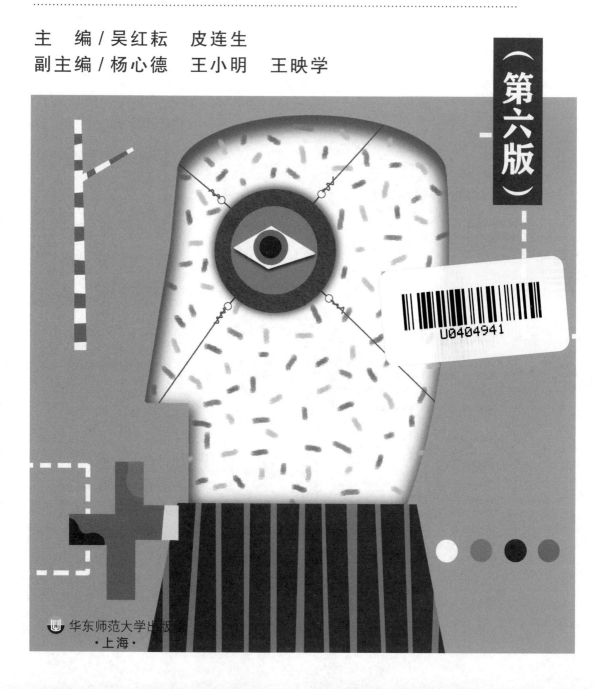

华东师范大学出版社
·上海·

图书在版编目(CIP)数据

学与教的心理学/吴红耘,皮连生主编. —6版. —上海:华东师范大学出版社,2019
ISBN 978 - 7 - 5675 - 9948 - 2

Ⅰ.①学… Ⅱ.①吴…②皮… Ⅲ.①学习心理学②教学心理学 Ⅳ.①G44

中国版本图书馆CIP数据核字(2020)第019204号

"十三五"江苏省高等学校重点教材(2017-1-132)

学与教的心理学(第六版)

主　　编　吴红耘　皮连生
责任编辑　范美琳
审读编辑　翁春敏
责任校对　王丽平
装帧设计　俞　越

出版发行　华东师范大学出版社
社　　址　上海市中山北路3663号　邮编 200062
网　　址　www.ecnupress.com.cn
电　　话　021-60821666　行政传真 021-62572105
客服电话　021-62865537　门市(邮购)电话 021-62869887
地　　址　上海市中山北路3663号华东师范大学校内先锋路口
网　　店　http://hdsdcbs.tmall.com

印　刷　者　上海龙腾印务有限公司
开　　本　787毫米×1092毫米　1/16
印　　张　20.75
字　　数　450千字
版　　次　2020年6月第6版
印　　次　2024年8月第11次
书　　号　ISBN 978 - 7 - 5675 - 9948 - 2
定　　价　54.00元

出版人　王　焰

(如发现本版图书有印订质量问题,请寄回本社客服中心调换或电话021-62865537联系)

第六版前言

《学与教的心理学》作为教育部推荐的高等师范院校公共心理课程改革教材,自1990年首版到2020年第六版出版,已经走过了30个年头,其间经历了1996年、2003年、2006年和2009年四次修订。本教材是华东师范大学、苏州科技大学、宁波大学的心理学教师长期合作,坚持师范专业心理学课程改革与建设的成果,它完全打破我国大学师范专业心理学教材所沿袭的苏联普通心理学体系,建立起了一个教育心理学新体系。本教材一经推出,便受到使用师生的广泛好评,1994年获上海市哲学社会科学优秀著作奖,1999年获上海普通高校优秀教材奖,2006年入选教育部普通高等教育"十一五"国家级规划教材,2017年入选"十三五"江苏省高等学校重点教材。苏州科技大学和宁波大学的师范专业心理学课程改革成果分别获得江苏省和浙江省的教学成果奖。

为做好《学与教的心理学》第六版的修订工作,在2018年3月、2018年5月和2019年3月分别召开了三次修订工作会议,第一、第三次在华东师范大学出版社举行,第二次在苏州科技大学举行,修订版主编、副主编和参与人员全体参加会议。通过认真研讨,与会者一致认为:

1. 本教材自第二版开始确立的由"教师与学生心理""学习心理""教学心理"三部分构成的内容体系,经长期教学实践证明,不仅适合于大学师范专业的心理学课程,也适用于中小学教师的职后培训,本次修订仍保持这一体系不变。

2. 自第五版形成的每章章首设有"记忆、理解、运用(包括简单运用和综合运用)"三级教学目标,章尾设有与教学目标相呼应的练习题和推荐读物,本次修订仍保持这一栏目设置不变。

3. 每章教学目标中要求学生理解的名词术语为重点概念。为方便学生掌握,重点概念首次出现时用黑体显示,并在章尾提供解释。

三次会议重点研讨修订内容,从存在问题的提出到修订目标的确立;从修订提纲的提出到修订稿审读意见的交流,到再修改再交流,逐步形成共识并将修订目标逐一落到实处。

本次修订由第五版的十四章调整为十三章。各部分和各章的主要变动情况如下:

第一部分 教师与学生心理:这部分内容调整较少,只做了局部增删。"第一章 良好教师的心理特征及其培养":将第一节良好教师的心理特征中有关"教师的职业倦怠与教学"的内容,整体调整至第二节教师的成长及其培养,并改为"教师的职业倦怠",即将教师的职业倦怠视为教师职业发展过程中的一种现象。"第二章 学生的心理发展":第一节增加了用加涅的学生素质构成及其分类解释核心素养的概念;对第二节有关认知发展的一般与特殊的内容,做了适当调整,从"儿童认知发展的两种不同的基本观点:领域一般性和领域特殊性发展观"阐述学生认知发展的一般与特殊;关于认知发展阶段与教学的关系,增加了现在流行的教学促进学生的认知发展的做法。"第三章 学生的个别差异":第一节增加了与认知方式密切关联的概念"学习风格"的介绍和有关认知方式的研究情况;第三节对广义的特殊儿童概念补充了"有特殊需要儿童"的涵义,增加了资源教室的概念。

第二部分　学习心理:这部分内容调整比较大。"第四章 学习心理概论"增加了"第三节 学习的信息加工观",介绍学习涉及的主要的认知加工环节。原"第五章 认知领域的学习"和"第六章 动作技能的学习"两章调整为"第五章 知识的学习""第六章 技能与综合能力的学习"。这两章的内容按照"后天习得的能力都是由知识和技能构成"的观念,在"知识的学习"部分,先系统介绍"知识、技能、能力"的概念,然后介绍广义知识学习的心理过程,最后介绍符号与事实性知识、有组织的整体知识的学习过程和条件以及作为技能前身的陈述性知识学习的特点。在"技能与综合能力的学习"部分,按照认知技能和动作技能的分类,逐个介绍不同类型的技能学习的心理过程和条件;综合能力的学习,集中介绍"阅读、写作、解决问题"的心理过程和条件。"第七章 态度和品德的学习",开头部分从教育的根本任务"立德树人"和培养社会主义核心价值观的高度,阐明态度和品德的学习在学校教育中的重要意义;第三节良好态度与品德的培养,考虑到"奖励与惩罚"内容与第十二章第三节学习动机激发的外部条件中的"奖励与惩罚"重复,删除了这部分内容,增加了"道德移情训练"的内容。

第三部分　教学心理:这部分内容调整比较大。原"第八章 教学心理概述"内容有较多删减调整,修订版聚焦于教学和教学的设计与实施。原"第九章 教学目标的设置与陈述""第十章 教学任务分析"合并为现"第九章 教学目标的设置、陈述与分析"。因任务分析的实质是对教学目标预期的学习结果的类型分析以及不同学习类型需要的学习条件分析,所以将其作为教学目标设置、陈述之后的一项活动,安排在第九章的第三节介绍。此外,在第一节增加了教学目标设置要求以及如何在布卢姆目标分类和加涅学习结果分类理论指导下设置教学目标的内容。原"第十一章 课堂教学过程、方法与技术设计"调整为现"第十章 教学策略的选择和运用",按照课程水平和课堂水平的教学策略的分类,增加了课程水平教学策略的介绍(教学内容的选择、教学内容的编排、教学内容的呈现);对课堂水平教学策略的介绍,是按学习结果类型划分的课型,分别介绍以陈述性知识为主要目标的课的教学策略、以智慧技能为主要目标的课的教学策略、以策略性知识为主要目标的课的教学策略和以解决问题为主要目标的课的教学策略。"第十一章 学习结果的测量、诊断与评价"在"指导认知领域学习结果测验题编写的两种理论与技术"部分,增加了"修订的布卢姆认知领域目标分类理论与测验题编写技术"。"第十二章 学习动机的激发"内容基本没有变化,只对文字表述作了精简处理,并使得层次结构更分明。"第十三章 课堂管理"第二节和第三节的标题和内容都有调整,分别从"课堂社会心理环境的营造""课堂活动程序与规则的创设"两方面阐述如何进行课堂群体管理和实施有效控制。

每章章首的教学目标和章尾练习题、推荐读物部分,随每章内容的变化做了相应调整。

党的二十大报告强调要加强教材建设和管理。教材是传播知识的主要载体,是教师教学、学生学习的重要工具。习近平总书记在中共中央政治局第五次集体学习时强调,"牢牢把握正确政治方向和价值导向,用心打造培根铸魂、启智增慧的精品教材"。一部优秀教材,其内容应经得起实践、人民和历史的检验。在本次修订过程中,编者深感责任重大,努力将二十大报告中的新思想、新观点、新论断融入教材,突出思想性、体现时代性,充分反映中国特色社会主义伟大实践,充分反映中国特色社会主义人才培养新要求。

本次修订工作是在皮连生教授主持下由吴红耘负责组织实施的。具体分工如下:吴红耘,第一、第二、第三、第十章;王小明,第四、第八、第九章;王映学,第五、第六、第十一章;杨心德,第七、第十二、第十三章。吴红耘和皮连生对全书统稿并做了适当修改。

皮连生教授考虑自己退休近二十年,长期未从事一线教学工作,建议自本次开始,本教材的修订工作由吴红耘具体负责,此建议得到出版社的认可和其他编撰人员的支持。

虽然参与本次修订工作只有五位同志,但前五版的编撰、修订工作,凝聚了几代学人的心血和智慧,他们中,有的已过世,有的已经退休多年,有的当时是研究生而现早已走上新的工作岗位。后继者不会忘记前人的付出和贡献,在此,对曾经参与本书编写并作出重要贡献者,致以崇高的敬意和诚挚的感谢。

编者
于2023年6月

目录

第一部分　教师与学生心理

第一章　良好教师的心理特征及其培养 / 3

第一节　良好教师的心理特征 / 3
一、教师角色——早期的问卷调查 / 4
二、有效教师应具备的心理品质——相关研究和实验研究 / 6
三、教师的教学专长需要的知识和技能——专家和新手的对比研究 / 10

第二节　教师的成长及其培养 / 13
一、教师的成长过程：从新手到专家 / 13
二、如何尽快缩小新手教师与专家教师间的差距 / 16
三、教师的职业倦怠 / 20

第二章　学生的心理发展 / 26

第一节　学生的心理结构及其分类 / 26
一、心理学关于人的心理结构及其分类的理论 / 26
二、加涅关于学生心理构成及其分类的观点 / 27
三、美国心理学会关于学生心理因素与学习原理的分析 / 29
四、加涅对学生素质分类研究的教育含义 / 31

第二节　学生的认知发展及其教育含义 / 32
一、认知发展的阶段理论 / 32
二、认知发展的文化历史观 / 34
三、认知发展的一般与特殊 / 35
四、认知发展与教学的关系 / 36

第三节　学生的人格发展与社会化 / 37
一、人格的发展 / 37
二、自我概念的发展 / 41
三、个体社会化与人格发展 / 43

第三章　学生的个别差异 / 49

第一节　学生的认知方式与能力差异 / 49
一、学生的认知方式差异 / 49
二、学生的认知能力差异 / 54
三、认知差异的教育含义 / 58

第二节　学生的性格差异 / 59

一、性格的概念 / 59

二、性格的个别差异 / 60

三、性格差异的教育含义 / 65

第三节　特殊儿童的心理与教育 / 66

一、特殊儿童的概念 / 66

二、特殊儿童的类型 / 67

三、特殊儿童的流行率 / 71

四、特殊儿童的教育 / 72

第二部分　学习心理

第四章　学习心理概论 / 79

第一节　学习的定义与学习的研究 / 79

一、学习的定义 / 79

二、学习的哲学研究 / 80

三、学习的科学心理学研究 / 83

第二节　学习的分类及其教学含义 / 86

一、奥苏伯尔的有意义与机械学习分类 / 86

二、加涅的学习结果分类 / 88

三、安德森的学习分类 / 90

四、学习分类研究的教学含义 / 92

第三节　学习的信息加工观 / 92

一、加涅的学习的信息加工过程模型 / 93

二、学习涉及的认知加工环节 / 94

第五章　知识的学习 / 100

第一节　知识、技能与能力学习概述 / 100

一、知识、技能与能力的概念 / 101

二、广义知识学习阶段模型 / 103

三、知识（狭义）学习的理论 / 106

第二节　几类常见知识的学习 / 110

一、符号和事实性知识的学习 / 111

二、有组织的整体知识的学习 / 112

三、作为技能前身的陈述性知识的学习 / 113

第六章 技能与综合能力的学习 / 118

第一节 技能学习概述 / 118

一、技能及其性质 / 118

二、技能的分类 / 119

第二节 几种重要技能的学习 / 121

一、智慧技能的学习过程和条件 / 121

二、认知策略的学习 / 127

三、动作技能的学习 / 128

第三节 综合能力的学习 / 132

一、阅读的过程和阅读理解的条件 / 132

二、写作过程和条件 / 134

三、解决问题的过程和条件 / 136

第七章 态度和品德的学习 / 142

第一节 态度与品德的概述 / 142

一、态度的性质 / 142

二、品德的性质 / 144

三、态度与品德的关系 / 146

第二节 态度与品德学习的过程和条件 / 147

一、态度与品德的形成过程 / 147

二、态度与品德的改变过程 / 150

三、影响态度与品德学习的心理条件 / 150

第三节 良好态度与品德的培养 / 154

一、说服 / 154

二、榜样示范 / 156

三、利用群体规定 / 157

四、角色扮演 / 157

五、价值观辨析 / 159

六、道德移情训练 / 160

第三部分 教学心理

第八章 教学心理概论 / 167

第一节 教学与教学论概述 / 167
一、教学概述 / 167
二、教学论及其研究取向 / 170

第二节 教学的设计与实施 / 172
一、教学设计的含义与性质 / 172
二、教学设计的过程 / 173
三、目标导向的教学设计与实施 / 176
四、反映目标导向教学设计的新教案规格 / 178

第九章 教学目标的设置、陈述与分析 / 183

第一节 教学目标的设置 / 183
一、教学目标的含义与功能 / 183
二、指导教学目标设置的理论 / 185
三、教学目标的设置 / 189

第二节 教学目标的陈述 / 191
一、教学目标陈述中的问题 / 191
二、克服教学目标陈述含糊性的技术 / 192
三、良好陈述的教学目标实例 / 195

第三节 教学目标的分析 / 195
一、任务分析的含义与作用 / 196
二、指导课堂教学任务分析的理论及其应用技术 / 198
三、不同领域的教学任务分析实例 / 201

第十章 教学策略的选择和运用 / 208

第一节 教学策略概述 / 208
一、教学策略的含义 / 209
二、教学策略的分类 / 209

第二节 教学过程的一般模型 / 222
一、两种常见的教学过程模型 / 222
二、基于广义知识教学过程划分课的类型 / 224

第三节 根据学习结果类型划分的课型的教学策略 / 225

一、以陈述性知识为主要目标的课的教学策略 / 225

二、以智慧技能为主要目标的课的教学策略 / 227

三、以策略性知识为主要目标的课的教学策略 / 232

四、以解决问题为主要目标的课的教学策略 / 235

第十一章 学习结果的测量、诊断与评价 / 244

第一节 两种不同类型的测验、评价及有效测验的必要条件 / 244

一、两种不同类型的学习成绩测验与评价 / 244

二、有效测验的必要条件 / 246

第二节 目标导向教学设计中的学习结果测量理论与技术 / 248

一、布卢姆掌握学习理论与掌握的标准 / 248

二、指导认知领域学习结果测验题编写的两种理论与技术 / 249

三、其他领域的目标测验 / 259

第三节 测量结果分析、诊断与补救教学 / 259

一、问题与原因 / 260

二、补救教学的指导原则与实例 / 262

第十二章 学习动机的激发 / 269

第一节 学习动机的概述 / 269

一、学习动机的性质 / 269

二、学习动机的构成成分 / 271

三、学习动机的作用 / 273

四、学习动机的教学设计 / 275

第二节 学习动机激发的内部条件 / 277

一、学习需要 / 277

二、焦虑水平 / 278

三、学习期待 / 279

四、归因 / 280

第三节 学习动机激发的外部条件 / 282

一、学习任务的性质 / 282

二、学习结果的反馈 / 283

三、学习结果的评价 / 284

四、奖励与惩罚 / 285

五、课堂目标结构 / 288

第十三章　课堂管理 / 294

第一节　课堂管理概述 / 294
一、课堂与课堂管理 / 294

二、课堂管理的功能 / 295

三、影响课堂管理的因素 / 297

第二节　课堂社会心理环境的营造 / 298
一、正式群体与非正式群体的协调 / 298

二、课堂凝聚力的加强 / 299

三、课堂气氛的改善 / 301

四、人际关系的和谐 / 304

第三节　课堂活动程序与规则的创设 / 306
一、课堂活动程序的创设 / 307

二、课堂规则的制定 / 310

三、课堂问题行为的预防与矫正 / 313

四、学生自我控制能力的培养 / 315

第一部分
教师与学生心理

　　这一部分共分三章。第一章论述教师心理。该章将系统介绍有效教师应该具备的心理品质和构成教师教学专长的知识与技能；在有关新教师与专家教师对比研究的基础上，阐述新教师的成长过程与促进新教师成长的有效策略。第二章和第三章论述学生心理。本书是为未来的和在职的中小学教师编写的，他们教育的对象是正在成长发育的中小学生。教师必须了解和熟悉自己的教育对象。这两章分别论述学生的心理发展和发展中形成的差异，论述的重心落在心理发展和个别差异的教育含义上。在论述学生心理发展和心理差异之前，先用一节的篇幅介绍心理学关于人的心理结构及其分类的理论，以此作为学生心理的一个概述。

第一章　良好教师的心理特征及其培养

本章目标

记　忆

1. 能说出教师扮演的社会角色。
2. 能说出新手教师成长为专家教师经历的几个阶段。
3. 能简要陈述专家教师和新手教师在课前、课中、课后教学行为的主要差异。

理　解

1. 能用自己的话解释下列术语：角色、自我应验的预言效应（皮格马利翁效应）、效能、教学效能感、自我效能、专家型教师、反思性教学、认知学徒制、教师职业倦怠。
2. 能用实例说明教师的认知特征、人格特征、教学效能感等要素与其教学效果的关系。
3. 能用生活中的具体例子说明教师从新手到专家的成长过程。

运　用（包括简单运用和综合运用，其余各章同此）

1. 能根据提供的专家教师和新手教师的课堂教学实录，分析专家和新手在"课中"教学行为上的主要差异。
2. 对照良好教师应具备的心理特征，对自己的心理特征进行分析。
3. 调研或访谈一所学校的教师，了解他们是如何进行反思性教学的，分析其反思性教学的过程和方法。

教师应具备怎样的心理素质？这个问题的答案因关注教师工作的着眼点不同而存在着明显分歧。正如英国一位学者所指出的，一些人主张把学生掌握知识和发展智力置于优先地位；另一些人强调教师在将文化遗产传递给学生、对学生的道德教育，以及在学生的社会化的过程中的特殊作用；还有一些人把重点放在对学生的职业技术的训练上。对职业要求的不同定位自然影响着对教师从业人员应有的心理素质的概括和确认。因此，本章是在对教师角色定位的基础上，分析教师的心理特征与其职业成就之间的关系，描述教师的成长过程以及教师的培养。

第一节　良好教师的心理特征

对教师心理特征的研究首先涉及对教师角色的分析，而教师角色又是一个内涵模糊不定的术语。1934年，米德（Mead, G. H.）首先运用角色概念来说明个体在社会舞台上的身份及其行为。大多数社会心理学家认为，**角色**是个体在特定的社会关系中的身份及由此而规定的行为规范和行为模式的总和。因此，"教师角色"这一术语含有以下三层意思：一是教师角色就是教师行为。有时，人们用教师角色表示教师特有的行为，即教师在学校或课堂上的行为。二是教师角色表示教师的社会地位和身份。三是教师角色意指对教师的期望,其中包括教师对自己的期望,也有学生、家长、学校行政领导、社会公众对教师的期望。有些期望属于一般规范性的,另一些则可能反映了某些信念、偏爱或别的思想方式。

心理学对教师心理特征的研究经历了早期的问卷调查和后来的相关研究、实验研究这样几个阶段。

一、教师角色——早期的问卷调查

(一) 学生对教师的角色期待

国内外心理学工作者设计和开展了针对学生的问卷调查,了解他们喜欢与不喜欢的教师特征,并对这些特征加以排序。

西方学者很早就开展了有效与无效教师特征的问卷调查,如有人在1940年向47000名学生作调查分析,归纳出有效与无效教师特征(见表1-1)。

1960年,还有人进行了类似的调查研究,分析整理出的有效教师特征有:机敏、热心,关心学生及班级活动,愉快、乐观,能自我控制,有幽默感等共20余项;无效教师的特征有:呆滞、烦恼,对学生及班级活动不感兴趣,不快乐、悲观,易发脾气,过分严肃等共20余项。

日本学者上武正二、大竹诚和光安文夫等分别调查了数千名中小学生,排列出学生所喜欢的教师的19种心理特征。对4588名小学一年级至高中三年级学生的调查结果显示,日本学生喜欢的教师特征排在前10位的依次是:教育热心、教学易懂、开朗、公开、理解学生、亲切、平易近人、有趣、不发脾气、幽默。

我国学者也作过类似的调查研究。如20世纪80年代,谢千秋曾以"学生喜欢怎样的教师"为题向42所中学91个班从初一到高二的4415名学生作了问卷调查,归纳出学生喜欢和不喜欢的教师特征各10项(见表1-1)。

表1-1 学生对教师角色期待的问卷调查结果

	有效教师特征	无效教师特征
1940年,西方学者的调查	1. 合作、民主	1. 脾气坏,无耐心
	2. 仁慈、体谅	2. 不公平,偏爱
	3. 能忍耐	3. 不愿帮助同学
	4. 兴趣广泛	4. 狭隘,对学生要求不合理
	5. 和蔼可亲	5. 抑郁,不和善
	6. 公正	6. 讽刺、挖苦学生
	7. 有幽默感	7. 外表讨厌
	8. 言行稳定一致	8. 顽固
	9. 有兴趣研究学生的问题	9. 啰嗦不停

续表

	有效教师特征	无效教师特征
1940年，西方学者的调查	10. 处事有伸缩性	10. 言行霸道
	11. 了解学生，给予鼓励	11. 骄矜自负
	12. 精通教学技能	12. 无幽默感

	学生喜欢的教师特征 （初一、初二共2026人）	（人次%）	学生不喜欢的教师特征 （初一、初二共2026人）	（人次%）
20世纪80年代，中国学者谢千秋的问卷调查	1. 教学方法好	78	1. 对学生不同情，把人看死	71.7
	2. 知识广博，肯教人	71.9	2. 经常责骂学生，讨厌学生	72.4
	3. 耐心温和，容易接近	75.6	3. 教学方法枯燥无味	61.5
	4. 实事求是，严格要求	57.5	4. 偏爱，不公正	64.3
	5. 热爱学生，尊重学生	59.9	5. 上课拖堂，下课不理学生	67.8
	6. 对人、对事公平合理	52.4	6. 说话无次序，不易懂	48.9
	7. 负责任，守信用	33.8	7. 只听班干部反映情况	43.3
	8. 说到做到	36	8. 不和学生打成一片	26.1
	9. 有政治头脑，关心国家大事	18.2	9. 布置作业太多、太难	28.3
	10. 讲文明，守纪律	14.4	10. 向家长告状	25.2

（二）从学生对教师的期望分析教师角色

教师作为一特定的社会身份和职业，会有特定的行为规范和行为模式。以上所列的问卷调查材料是从"有效—无效""喜欢—不喜欢"等维度去了解学生对教师应有的心理特征或品质的一种心理期待。由于接受问卷调查学生的年龄和文化背景不同，对教师的角色期待在内容和排序上有差异，但我们从中可以看出学生对教师的角色期待是集多重角色于一身的复合体。

教师要充当知识传授者、团体的领导者、模范公民、纪律的维护者和家长的代理人等多种角色。如果学生把教师看成是家长的代理人，他们希望教师具有仁慈、体谅、耐心、温和、亲切、易接近等特征；如果学生把教师看成是知识传授者，他们希望教师具有精通教学业务、兴趣广泛、知识渊博、语言明了等特征；如果学生把教师看成团体领导者和纪律维护人，他们希望教师表现出公正、民主、合作、处事有伸缩性等特征；如果学生把教师看成是模范公民，他们则要求教师言行一致、幽默、开朗、直爽、守纪律等。总之，要成为一名受学生欢迎和爱戴的好教师，他不仅需要具有一般公民所具备的良好品质，而且还需要具备教师职业所需要的特殊品质。

尽管上述调查列出的良好和不良的教师特征像一面镜子，可以让教师自己加以对照和反思，但是这些调查不能告诉我们到底是哪些特征导致了教师的事业成功。有些心理学家认为,从主要作用来看,教师的事业是否成功较之他是否受学生喜欢更为重要。为了解答后一类问题,心理学家对教师的特征与其事业成就之间的关系进行了一系列的相关研究。

二、有效教师应具备的心理品质——相关研究和实验研究

(一) 教师的认知特征与其职业成就之间的关系

1. 教师的一般智慧能力与其职业成就之间的关系

根据日常经验,我们会认为,教师的智力应该与他们的教学效果有很高的相关。但国外的研究表明,教学效果同教师的智力并无显著的相关。例如,莫斯(Morsh, J. E.)和怀尔德(Wilder, E. W.)、巴尔(Barr, A. S.)和琼斯(Jones, R. E.)分别于1954年和1958年在这方面作过研究。在研究中,教师的教学效果是根据学生的成绩测量和校长、督学对教学的等级评分决定的。教师的智力即教师的IQ分数。统计分析表明,教师的教学效果与其IQ分数只有极低的相关。根据这一事实,研究者认为,教师工作是一项复杂的脑力劳动,为了使教师工作有效进行,教师必须具备最低限度的智力水平。智力超过某一关键水平以后,它不再起显著作用,而其他认知因素或人格特征就起着更大的决定作用。

2. 教师的知识准备与其职业成就之间的关系

根据常识,教师应该是一个知识渊博的人。我们常说:"教师要给学生一杯水,自己先要准备一桶水。"但国外的研究资料表明,教师的知识水平同学生的学习成绩无显著相关。例如,上面提到的巴尔和琼斯在1958年指出,教师知识准备的程度和质量与他们的教学效果只是较低的正相关。也有其他的研究发现,教师的知识同学生的成绩只有微不足道的相关。罗森幸(Rosenshine, B.)1970年指出,四至六年级学生的英语成绩同教师的知识水平无显著相关。同样的结果也在中学物理学科的研究中发现。对这种研究结果,一种可能的解释是,也许测量有误差,因为教师的知识水平较难准确测量;另一种可能的解释是,教师的知识水平只有在某一关键水平以下,才对教学效果有影响,超过了某种适当水平,就不再产生显著影响。这同智力的影响是相似的。

这些研究资料来自西方发达国家。当他们那里的小学教师都达到大学文化水平以后,知识不再是影响教学效果的一个显著因素,这一结论的可信度是很高的。我国政府近十几年来一直在致力于提升教师的学历教育水平,要求中小学教师能达到大学本科水平或研究生教育水平。当我国经济发达地区的教师学历问题得以解决,知识不再是影响教学效果的显著因素之后,教师教育的重点应向什么方向转移呢?还有哪些认知特征影响教师的教学效果呢?这也是值得关注和研究的课题。

3. 教师的特殊智慧能力与其职业成就之间的关系

许多研究表明,教师的表达能力、组织能力、诊断学生学习困难的能力以及思维的条理性、系统性、合理性与教学效果有较高的相关。例如,所罗门(Solomon, D.)等人1964年的

研究表明,学生的知识学习同教师表达的清晰度有显著的相关。希勒(Hiller,J.H.)等人1971年的研究也指出,教师讲解的含糊不清与学生的学习成绩有负相关。关于教师思维流畅性,诺尔(Knoell,D.M.)1953年同样发现,教师思维的流畅性与他们教学效果的等级有显著的相关。还有两项研究要求学生对他们的教师管理课堂、安排教学活动的条理性和系统性作出判断,结果也表明教师的这些能力与学生的成绩呈正相关:教师在这些方面能力较强,学生的成绩好;在这些方面能力弱,学生的成绩差。而且,教师的这些特点对小学生的影响更大。

这些研究启示我们,教师职业需要某些特殊能力,其中,最重要的可能是思维的条理性、逻辑性以及口头表达能力和组织教学活动的能力。历史上有些学者强调这些特殊能力的天赋一面,认为好教师是天生的;有些学者强调这些特殊能力后天习得的一面,认为好教师是后天训练出来的。强调前者的人认为教学是一门艺术;强调后者的人认为教学是科学。现在站在这两个极端的人极少,大多数人持折中观点。

(二) 教师的人格特征与其职业成就之间的关系

研究表明,在教师的人格特征中,有两个重要特征对教学效果有显著影响:一是教师的热情和同情心;二是教师富于激励和想象的倾向性。

施穆克(Schmuck,R.)1966年的研究表明,当学生把他们的教师看作富有同情心时,课堂内学生之间更能分享喜爱和感情。科根(Cogan,M.L.)发现,教师的热情与学生完成的工作量、对学科的兴趣,以及学生行为的有效性均有重要的关系。瑞安斯(Ryans,D.G.)1960年的研究表明,有激励作用、生动活泼、富于想象并热心于自己学科的教师,他们的教学工作较为成功。在教师的激励下,学生的行为更富有建设性。西尔斯(Sears,D.)1963年也得出了相似的看法:当教师热情鼓励的时候,学生更富有创造性。日本学者1971年的研究指出,教师对学生思想的认可与课堂成绩有正相关的趋势,尽管教师的表扬次数与学生的成绩之间未发现明确的关系,但教师的批评或不赞成与学生的成绩之间却存在着负相关。

相关研究比问卷调查研究更进了一步。它比较深入地揭示了导致教师职业成功的特殊能力和人格特征,为教师的造就和培养提供了重要依据。但是,有迹象表明,教师特征与学生的个别差异和年龄阶段特征存在着相互作用。例如,研究表明,教师的认知方式与学生的认知方式存在着相互作用,若两者相互协调,教学效果会因此而提高。如场独立与场依存的学生对教学有不同的偏好,前者易于给无结构的材料提供结构,易于适应结构不严的教学方法;后者喜欢有严密结构的教学,因为他们既需要教师提供外来结构,也需要教师的明确指导和讲授。加涅(Gagné,R.M.)[①]的研究指出,对知识具有浓厚兴趣并以追求知识获得满足的学生与以追求教师认可来获得满足的学生不同,他们喜欢的教师与教师的热情程度无关。

---

① 本书中将出现两个加涅。后文中凡在加涅前无缩略符者即为罗伯特·加涅;加 E.D.者则是其女儿艾伦·加涅。

可见，要深入探索教师的特征怎样影响其事业成就，还应更进一步从师生相互作用的角度开展广泛研究。

（三）教师的期望对学生影响的实验研究

对教师期望效应进行经典研究的是美国哈佛大学的罗森塔尔（Rosenthal，R.）和雅各布森（Jacobson，L.）。他们对小学生做了一次所谓的学习潜力测验（实际上只是普通的智力测验）。然后，随机地在各个班级抽取少数学生，故意告诉教师说这些学生是班级里最有发展潜力的学生，并要求教师注意长期观察，但不要告诉学生本人。8个月后发现，这些学生的学习成绩和智力真的比其他学生进步得快。十分明显，由实验者提供的假信息所引起的教师对学生的期望产生了**自我应验的预言效应**（self-fulfilling prophecy）。也就是说，教师的期望或明或暗地传递给学生，学生会按照教师所期望的方向来塑造自己的行为。教师的预言似乎自动地应验了。罗森塔尔借用古希腊神话中的典故，把教师期望的自我应验的预言效应称作皮格马利翁效应。当然，实际教育情境里的教师期望，并不是由假信息诱发出来的，而是由教师通过各种途径实际观察而获得的确切信息引起的。

教师期望效应的产生过程如图1-1所示。由图中可见，教师通过直接观察、查阅档案材料和听取其他师生的反映等途径而获得有关学生的各方面信息，结合自己过去的经验而对学生的未来发展作出预料或预想，形成一定的期望。教师对学生的不同期望，会产生不同的行为反应。一是制造心理气氛。教师通过听取和接受学生意见的程度、评价学生的行为反应等，为高期望学生创造亲切的心理气氛，而为低期望学生制造紧张的心理气氛。二是提供反馈。三是向学生输出信息。教师向不同期望的学生提供难度不同、数量不等的学习材料，

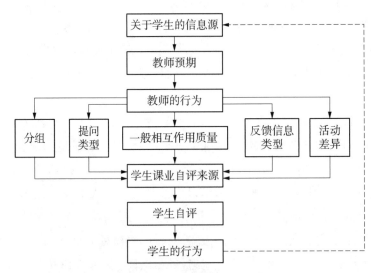

图1-1 教师的预期与学生的行为变化

资料来源：Woolfolk, A. E. (1993). *Educational Psychology*. p. 383.

对问题作出程度不同的说明、解释、提醒或暗示。四是输入信息，包括教师允许不同期望的学生提问和回答问题的机会、听取学生回答问题的耐心程度等等。教师传来的不同期望信息被学生获得后，便进行归因，产生自我认知和自我评价，从而对教师作出不同的行为反应，进一步强化了教师原先形成的期望。长此以往，循环往复，学生们真的朝着教师期望的方向变化。被教师寄予高期望的学生越来越好，被教师寄予低期望的学生则越来越差。

不过，在实际教育情境里，教师对学生的期望并不一定会发生自我应验的预言效应。因为教师期望效应的发生，既取决于教师自身的因素，也取决于学生的人格特征、原有认知水平、归因风格和自我意识等众多的心理因素。如果教师能够准确地把握每位学生的认知特征和人格特征，形成恰如其分的期望，这样的期望便有可能产生良好的自我应验的预言效应。

(四) 教师的教学效能感及其相关因素研究

效能(efficacy)是个体对通过个人努力所能获得的结果的预期。效能预期将决定个人作出多大努力，以及在面对挫折、失败和痛苦经验时，能够坚持多久。效能信念越强的人，就会作出更大的努力和奋斗。**教学效能感**是指教师对自己影响学生学习行为和成绩的能力的主观判断。它是解释教师内在动机的一个关键因素，对教师教育工作的积极性具有重大的影响。

教师的教学效能感在理论上来源于班杜拉(Bandura, A.)的自我效能概念。班杜拉认为，所谓**自我效能**(self-efficacy)，是指个人对自己在特定情境中，是否有能力去完成某个行为的期望。

自我效能包括两个成分，即结果预期和效能预期。其中，结果预期是指个体对自己的某种行为可能导致什么样结果的推测；效能预期是指个体对自己实施某种行为的能力的主观判断。吉布森(Gibson, S.)和德姆波(Dembo, M. H.)认为，如果将班杜拉的自我效能理论应用到教师教学效能感上，则结果预期反映了教师相信环境能被控制的程度，即学生不管在何种家庭背景、智力水平、学校环境中，都是可能被培养教育的；效能预期反映了教师对自己能为学生带来正面改变的能力的评价。根据班杜拉的理论，阿希同(Ashton, P. T.)把教师的教学效能感分成两种，即一般教育效能感和个人教学效能感。前者指的是教师对教与学的关系、对教育在学生发展中的作用等问题的基本看法和判断；后者指的是教师对自己的教学能力、水平及其效果的认识和评价。教学效能感是解释教师内在动机的一个关键因素，它对教师教育工作的积极性具有重大的影响。

我国学者综合国内外的有关研究，认为教师教学效能信念至少应包含以下几层意思：第一，教师的教学效能信念是一个多层面的整体性概念，它既包括认知成分，也包含情意成分；第二，教师的教学效能信念既是一种能力，又是一种信念；第三，教师的教学效能信念反映了教师在教学活动中的主体性、积极性和创造性，即使在某种特殊情境下，教师也能帮助学生进行有效的学习。

迄今为止，国内外心理学工作者对教师教学效能信念的大量研究表明，教师的教学效能信念与学生的成绩、学生的动机、教师教改的欲望、校长对教师能力的评价以及教师的课堂管理等之间存在显著相关。教师的教学效能信念是影响教师教学行为的一个重要因素。

关于影响教师教学效能感的因素，我国学者俞国良等人采用教师教学效能量表对382名中学教师及相应的在校大学生进行的测查发现：随着教龄的增加，教师的一般教育效能感呈下降趋势，而个人教学效能感表现出上升的倾向；在校大学生和已从事教育工作的教师，在教学效能感的两个维度上存在着显著差异，性别和学历因素对教师教学效能感不存在显著影响。

国外学者对30名师范大学学生教学效能信念的分析表明，在其他外部条件相同的情况下，女性比男性更相信自己能影响学生的改变。

对教学效能信念在教学活动中的作用的研究，也取得了大量成果。有人考察了教学效能信念与管理、控制和学生动机定向之间的关系，结果发现，教师的个人教学效能信念越强，教师对学生控制定向越人道，学生的自主性就越强，教学效果也越好。而那些教学效能信念低的教师，认为学生必须受到控制且不信任学生，在激励学生时，他们更相信外部奖励的必要性。已有的证据和教育实践经验显示，一般教师和优秀教师在教学活动中发挥着不同的作用，而教学效能感是这种作用机制中的重要因素。

三、教师的教学专长需要的知识和技能——专家和新手的对比研究

（一）专家与新手的对比研究

专家—新手比较研究是认知心理学家研究专门领域的知识时经常采用的方法。其研究步骤大致可分三步：选出某一领域内的专家和新手；给专家和新手提出一系列任务；比较专家和新手怎样完成这一任务。这一方法最初应用在国际象棋、物理、数学、医学等研究领域，至20世纪70年代后期被应用于研究教师的认知。

专家型教师（expert teacher）一般是指教龄五年以上、教学表现突出的教师，他们形成了解决课堂常见问题的方法，对教学过程和内容具有广泛而系统的认识。对专家型教师的界定主要采取以下几种方法：一是通过学生成绩，即用标准化测验研究学生在一定时期内（如五年）的增长分数。如果某位教师所教学生的增长分数在一定地域范围内位居前15%，则该教师可被视为专家型教师。二是通过学校领导认定，即学校领导根据教师的教学表现和专家型教师的一些特征来认定。三是通过观察教师教学的方法，如研究者对学校领导提名的教师再深入进行教学观察来认定。不论采取何种方法，评定专家型教师的基本标准有两条：一是学生学业成就，主要表现在三方面：学生对学科知识的深度表征和理解；有更强的学习动机和更高的自我效能；学业成就更高。二是教师的教学行为。而新教师主要是指刚走上工作岗位的教师或者实习阶段的师范生。

（二）教师的教学专长需要的知识和技能

运用认知心理学中专长研究的方法发现，教师的教学专长需要一些专门化的知识。对

于这个问题的看法,心理学研究者之间有差异。

最早进行教师知识基础研究的是舒尔曼(Shulman,L.S.),1987年他提出教师的知识结构至少应包括七个分类别:①教材内容知识,包括具体的概念、规则和原理及其之间的联系,既包括"是什么"的知识,也包括"为什么是这样"的知识;②一般教学法知识,是特指不依赖于特定学科内容的课堂管理与组织的一般性原则和策略;③课程知识,是指对教学媒体与教学计划的熟练掌握;④教学法—内容知识,是教学内容与教学法的结合,是教学领域内的专门知识,也是教师这一职业中特有的知识形式;⑤学生及其特点的知识,包括个体发展与个体差异方面的知识;⑥教育情境的知识,包括小组或班级的活动状况、学区管理与资助、社区与地域文化的特点等知识;⑦有关教育宗旨、目的、价值和它们的哲学与历史背景的知识。

在上述分类中,舒尔曼认为教学法—内容知识是教学领域中特有的知识类型,是教材内容与一般教学法融为一体的知识,是对具体的教学目标与教学任务进行组织、表征,以适应不同学生的兴趣与能力的知识。此类知识的内容有例子、类比、图解、解释和演示等知识,还有对学生当前知识状况的了解,如何将新概念与学生已有的知识结构联系起来的知识。与教材内容知识不同的是,教学法—内容知识要求教师能明了,对于学生而言,教学内容的难易在何处及其原因。从这个原因来看,教学法—内容知识是情境化、个性化的知识。通过教师运用这种知识,教学内容可被学生容易地理解和掌握。因而,教学法—内容知识是教学中最为重要的知识。

E·D·加涅(Gagné,E.D.)从认知心理学知识分类的角度将教学专长分为三类:①高度组织化和精制化的陈述性知识,是指教学领域中的一般原则及其联系,又称为概念性知识。概念性知识包括教材内容知识、教学法—内容知识和课程知识。②自动化的基本技能系列,是指课堂教学在无须教师明显的意志努力下达到流畅、高效的效果。自动化的教学技能也称为教学常规,即课堂教学步骤的固定模式,其内容有课堂管理和作业检查等。③灵活多变、适应性强的教学策略,是指教师有效地计划教学,进行课堂教学和评估教学效果时采用的方法与策略,如教学反馈、先前知识回顾等。

柏林纳(Berliner,D.C.)将教学专长称为教学知识。他认为,教学知识有多种知识形式,可分为四类:①教材知识专长,是指所教学科的内容知识。它包括一个良好组织化和易于提取的知识体系、事实的或概念性的知识、此领域内的算法式和启发式等解决问题的方法、由课程目标制约的元认知能力、知识的优化组织、教学任务难度等。因此,教师的教材知识专长不仅是指特定内容的知识,还有优化教学所需的知识结构。②课堂管理专长,是指支持有效教学和有效学习的条件,属于程序性知识。此专长包括保持课堂中高水平的任务指向行为,预防或迅速消除课堂不良行为,创造良好课堂气氛而采取的教学行为。③教学专长,是指为了完成教学目标,教师具有的关于教学策略与教学方法的内隐知识和外显知识的总和。教学专长是程序性知识,是在复杂的或层次性的教学图式系统中形成的包括计划、监控、评价和应变等的能力。这些技能可使教师的教学能适应不断变化的课堂教学情境,达到流畅化教学的目的。④诊断专长，是指获得有关全部学生和个别学生知识的方法。其内容主要有：学习的需要与目标、能力和现行的学业水平、强项与不足等。

（三）教学专长的特点

教学专长主要表现在教师的课堂教学之中，并与他的教学特点和规律有关。从课堂教学问题解决的角度，柏林纳等提出教学专长具有以下七个特点：

1. 教学专长的形成需要一定的教学情境、时间与经验

教学专长的获得至少要五年的工作经验，或 10000 小时的课堂教学时间。尽管并不是所有有经验的教师（是指教学年龄较长，不是指教学专长的获得）都能获得教学专长，但不经过大量的课堂教学实践就成为专家教师几乎是不可能的。要成为专家教师，就必须积累丰富的教学经验。另外，教学专长的形成需要教师了解学生的认知水平，并据此较快地确定教学起点，但这是一个渐进的过程，需要经过一定量的教学时间来形成。因此，一定的教学工作实践经验是教师专长形成的必要条件。

2. 自动化水平高

拥有教学专长的教师是指某些教学行为达到了自动化水平的教师。林哈特（Leinhardt, G.）和格林诺（Greeno, J. G.）研究了专家教师与新手教师在课外作业的课堂批改中的差异：专家教师用的时间只有新手教师的三分之一，且专家教师能迅速地得知学生的作业情况（如哪些学生需要个别辅导），并能迅速地核对作业答案，同时保持课堂气氛的安静。

3. 高任务要求与关注教学情境

对课堂中的一些情境性因素的注意是教学专长的表现。在计划教学的过程中，教学专长不仅表现在教师需要对教学方法进行了解，还表现在教师要知道学生的能力、经验与知识背景，据此确定这一知识内容的可教性及其教学方法。在课堂教学过程中，拥有教学专长的教师不仅能预期自己的教学行为，还会根据学生的课堂行为来调整并最终导致教学目标的完成。所以，根据当时的教学情境与学生的反应和要求来安排教学是教学专长获得的一个标志，也是专家教师与新手教师的差别。

4. 灵活应变能力

教学专长也是指能充分利用课堂情境的各种信息的技能。伯克（Borko, H.）和利维斯顿（Livingston, C.）则把教学专长看作是首先拥有一个深思熟虑的课堂教学脚本，然后在此基础上灵活地应变各种学生行为的能力。

5. 创造性的问题处理方式

研究表明，专家教师能创造性地和完善地陈述一个物理学问题，引出学生的各种解题方法，从学生的回答中获知学生思考问题的方式，推论学生知识的不足之处。这种处理学生学习问题的方式表明专家教师不仅拥有这一学科的丰富知识结构，而且他们的知识、经验与课堂教学紧密联系。

6. 合理、一致、有意义的课堂教学解释模式

教学专长表现为教师对课堂教学事件进行合理的解释。在同一学科内不同的专家教师能以同一方式注意相同事件并作相同的解释、推论，或依据某些重要的信息设计、改变教学方法，运用相关概念和原则赋予信息以意义。

7. 审慎的问题解决方式

由于有丰富的知识和自动化的技能，专家教师在处理一个课堂教学问题时总是"三思而后行"，考虑多种解决方法和学生的学习特征，运用不同的教学原则于不同的教学事件，而且在解释问题和设计解决方案的相对时间上比新手教师长。

第二节 教师的成长及其培养

一、教师的成长过程：从新手到专家

从教师职业所需的教学专长获得过程来看，教师的成长可归结为由教学新手成为教学专家的过程。

（一）从新手到专家的成长过程

德瑞福斯（Dreyfus, H. L.）根据教学专长的研究资料将教师从新手到专家的过程划分为五个阶段：

1. 新手水平

新手水平的教师是师范生或刚进入教学领域的教师。在这个水平上，教师的任务是学习一些陈述性知识，如一般的教学原理、教材内容知识和教学方法等，并熟悉课堂教学的步骤和各类教学情景，获得初步的教学经验。

2. 高级新手水平

高级新手水平的教师是有两三年教龄的教师。他们的言语知识与经验相融合，教学事件与特定知识相结合。他们已经开始意识到各种教学情境有其共性，也会运用一些教学策略来调节和控制自己的行为。但是，他们对自己的行为或课堂中教学事件的控制还达不到有意识的程度，不能确定教学事件的重要性。因此，处于这一发展阶段的教师虽然获得了一些关于课堂教学事件的陈述性知识，但他们的课堂管理与教学活动并不是在意识水平上进行的，带有很大的偶然性、盲目性。

3. 胜任水平

进到胜任水平教师的教学有两个特征：一是能有意识地选择要做的事；二是在教学活动中，能确定课堂中教学事件的主次。处于这级水平的教师对教学目标的完成有较强的自信心，但是他们的教学技能仍然达不到迅速、流畅与变通的水平。事实上并不是每个教师都能达到胜任水平的。

4. 熟练水平

熟练水平的教师对课堂教学情境和学生的反应有敏锐的直觉力。他们从不同的教学事件中总结共性，形成事件间的模式识别能力。因此，他们往往能够准确地控制课堂教学活动与预测学生的学习反应。正是由于这种模式识别能力和反省认知能力的形成，熟练水平的教师能根据课堂教学的进行及学生的学习反应及时调整自己的教学计划和控制自己的教学活动。

5. 专家水平

在处理课堂教学事件时，专家水平的教师不是以分析和思考的方式有意识地选择、控制自己的注意力和教学活动，而是以直觉的方式立即作出反应，并轻松、流畅地完成教学任务。研究者把这种知识称为动态中的知识或缄默性知识。针对复杂程度不同的教学情境，专家水平的教师会采取不同的处理方式：当不熟悉的教学事件发生时，他们进行有意识的思考，采取审慎的解决方法；当教学事件进行得十分流畅时，他们的课堂行为就成为一种"反射性的行为"。

（二）新手与专家教师之间的差异

有关专家行为的心理学研究，确定了"专家"不同于"新手"的三个基本方面：第一，专业化的知识。专家教师知道更多教学的策略和技巧，他们比新手能更有效地运用知识解决问题。第二，问题解决的效率。专家与新手相比，在其专长的领域里，能在较短的时间内完成更多的工作。第三，洞察力。专家比新手有更大的可能找到新颖和适当的解决问题的方法。专家与新手教师的上述差异，可在课时计划、课堂教学过程和课后教学评价三个方面具体表现出来。

1. 课时计划的差异

专家和新手教师在课时计划上的差异如表1-2所示。

表1-2　专家与新手教师在课时计划上的差异

专 家 教 师	新 手 教 师
• 突出了课的主要步骤和教学内容，并未涉及一些细节，从学生那里获得一些有关教学细节的问题。 • 根据学生的先前知识来安排教学进度，课时计划有很大的灵活性。 • 具有预见性，在头脑中形成包括教学目标在内的课堂教学表象和心理表征，并且能预测执行计划时的情况。	• 大量时间用在课时计划的一些细节上，如怎样呈现教学内容、针对具体问题设计方法、仔细安排某些课堂活动等，不能够把课堂教学计划与课堂情境中学生的行为联系起来。 • 努力完成课时计划，不会随课堂情境的变化修正计划。 • 不能预测计划执行时的情况，更多地想到自己做什么，而不知道学生将要做些什么。

2. 课堂教学过程的差异

（1）课堂规则的制定与执行

专家教师制定的课堂规则明确，并能坚持执行，而新手教师的课堂规则较为含糊，不能坚持执行。

有研究认为,专家教师能够鉴别学生的哪些行为是合乎要求的,哪些行为是不合乎要求的,从而集中关注于学生应该做的和不应该做的事情。同时,专家教师知道许多课堂规则是可以通过练习与反馈来习得的,是一种可以习得的技能。所以他们能教会学生一些重要的鉴别课堂活动的能力。如,上课时老师声音大小(变化)的含义,一个人可以或不可以削铅笔的时间,教师步伐的快慢意味着什么。他们能不断系统地暗示学生课堂需要的行为是怎样的以及自己应有怎样的表现。而新手教师却不会这样去做。在阐述规则的时候,新手教师往往是含糊其辞的。

(2) 吸引学生的注意力

专家教师有一套完善的维持学生注意的方法,新手教师则相对缺乏这些方法。有研究表明,专家教师采用下述方法吸引学生注意:在课堂教学中运用不同的"技巧"来吸引学生的注意力,如声音、动作及步伐的调节;预先计划好每天的工作任务,使学生一上课就开始注意和立刻参与所要求的活动;从一个活动转移到另外一个活动时,或有重要的信息时,能提醒学生注意。而新手教师往往在没有暗示的前提下就要变换课堂活动;遇到突发的事情,如有课堂活动之外的事情干扰,就会自己停下课来,但却希望学生忽略这些干扰。

(3) 教材的呈现

专家教师在教学时注重回顾先前知识,并能根据教学内容选择适当的教学方法,新手教师则不能。一般来说,专家教师在上课之前往往说:"记得我们已经学过……"而新手教师则说:"今天我们开始讲……"在教学内容的呈现上,专家教师通常是用导入式,从几个实例出发,慢慢地引入要讲的教学内容。其课堂中新材料的呈现基本上通过言语表达或演示实验。新手教师一上课就开始讲一些较难的和使人迷惑的教学内容,而不注意此时学生还未进入课堂学习状态。

(4) 课堂练习

专家教师将练习看作检查学生学习的手段,新手教师仅仅把它当作必经的步骤。在学生做练习时,专家教师往往是这样做的:提醒学生在规定的时间内做完练习;帮助他们把握做作业的速度;在教室里来回走动,以便检查学生的作业情况;对练习情况提供系统的反馈(如为每个学生设置一个小本子,用来记录他们的作业情况,或者在课堂上留一部分时间来订正作业等);关心学生是否掌握了刚才教的知识,而不是纪律问题。而新手教师则是这样做的:对课堂练习的时间把握不准,往往延时;只照顾自己关心的学生,不顾其他学生;对练习无系统的反馈;要求学生做作业时要安静,并把这看作是课堂中最重要的事情。

(5) 家庭作业的检查

专家教师具有一套检查学生家庭作业的规范化、自动化的常规程序,而新手教师则缺乏这样的程序。有研究发现,专家教师在上课时,首先开始点名,学生做完了作业的回答"有",反之,就回答"没有",并把自己的名字写在黑板上。这样,教师就知道有多少人做完了作业和多少人没有做完作业。接着,教师问每道题目的答案,要求学生一起回答。如果学生回答的声音减弱下来,说明这道题较难,教师就记录下这个问题。同时,学生也记录自己的作业情况。在给出所有的正确答案后,教师询问并记录下每道题做对的学生有多少。整个过程只需两分钟。相比之下,新手教师则要花上五六分钟的时间检查家庭作业:首先,他问全班:"谁没有做家庭作业",于是学生的行为各异。接着,教师要求他认为最差的学生回答各题的答案,但是此学生回答得相当慢。最后,教师纠正错误并给出正确答案,但没有记录每道题学生的作业情况。

(6) 教学策略的运用

专家教师具有丰富的教学策略,并能灵活应用。新手教师缺乏或者不会运用教学策略。比如,在提问策略与反馈策略上,专家教师与新手教师存在着许多不同的地方。首先,专家教师比新手教师提的问题更多,从而学生获得反馈的机会就多,学习更加精确的机会也越多。其次,在学生正确回答后,专家教师比新手教师更多地再提另外一个问题,这样可促使学生进一步思考。再次,对于学生错误的回答,专家教师较之新手教师更易针对同一学生提出另一个问题,或者是给出指导性反馈(即教师确定学生学习过程中哪一步导致错误,而不是仅仅说出答案是错的)。最后,专家教师比新手教师在学生自发的讨论中更可能提出反馈。

3. 课后教学评价的差异

在课后评价时,专家教师和新手教师关注的焦点不同。研究发现,新手教师的课后评价要比专家教师更多地关注课堂中发生的细节。他们多谈及自己是否解释清楚,如板书情况、对学生问题的反应能力和学生在课堂中的参与状况等。而专家教师则多谈论学生对新材料的理解情况和他认为课堂中值得注意的活动,很少谈论课堂管理问题和自己的教学是否成功。专家教师都关心那些他们认为对完成目标有影响的活动。而新手教师对课的评价却不相同:有的说了许多课的特点,有的对课的成功作了大致的评估,还有的集中关注自己上课的有效性。

通过以上对专家教师与新手教师教学活动前、中、后三阶段的比较,我们可知专家教师与新手教师有很大的差异。但这些差异是否能缩小呢?这就是我们下面要讨论的问题。

二、如何尽快缩小新手教师与专家教师间的差距

既然专家教师和新手教师在教学上的差异是由于他们所具有的专业知识的结构不同造成的,而知识又可以通过教学获得,因此,缩小新手教师与专家教师间差距的一个最直接的办法,就是将专家所具有的知识教给新手。心理学家在这方面做的工作还比较少,从已有的为数不多的研究中,我们发现这种方法是可行的。

(一) 教学常规和教学策略的训练

有人在1979年进行了一项实验,将他们称之为"有效策略"的训练程序教给教师。其中的关键程序有:①每天做一回顾;②有意义地呈现新材料;③有效地指导课堂作业;④布置家庭作业;⑤每周、每月都进行回顾。用现代认知心理学的术语来说,上述程序中有的属于自动化的教学技能,有的属于教学策略。

研究者首先让受训组的教师听了90分钟的关于教学策略研究的介绍,然后让他们阅读有45页内容的教学手册并要求在教学中运用其中的观点。两周后,又拿出90分钟时间,解

答教师关于教学策略的疑难问题,帮助其解决在策略运用过程中遇到的困难。在随后的两个半月内,实验者对训练组与控制组教师的教学进行了6次观察,以确定受训教师是否运用了教给他们的教学策略和教学常规。为确定受训组教师的教学是否有成效,实验者在训练前后还对两组教师的学生进行了标准化数学成绩测验。结果发现,在使用训练程序的频率上,受训组教师要比控制组教师高,特别是在回顾、检查作业、练习心算、布置作业上。但也有一些行为,受训组并不比控制组高。这些行为有:总结前一天所学、至少留出5分钟时间来消化吸收、通过演示来呈现内容。值得注意的是,训练后使用频率未增加的行为属于策略性的,而那些使用频率增加的则更像教学常规。研究还发现,受训教师的学生后测作业的成绩比前测增加31%,而控制组教师的学生只增加了19%。此外,一些训练程序如检查作业、回顾、练习心算、布置作业等还与学生的成绩显著相关。研究者认为,训练程序显著影响了学生的学习。

上述实验表明,将教学常规教给教师后可促进教学。但该研究不支持"教学策略的教学也会产生同样效果"这一观点。是教学策略对教学效果没有影响吗?非也。尼利(Neely, A. M.)1986年对新手教师备课时的认知控制(教学策略的主要成分)进行了训练,发现了训练的积极效应。实验表明,专家教师的教学常规和教学策略是可以教给新教师的。新教师掌握这些知识后,可以在一定程度上促进其教学。但同时我们也应看到,受训教师的教学能力仅仅有了一定程度的提高,离专家教师还有一定的距离,而且也没有一个研究宣称将其被试训练成为专家教师。这说明,仅靠短期训练来缩小新手教师与专家教师的差距是不够的。那么,除此之外还有什么方法可以缩小新手教师与专家教师的差距呢?很多研究者指出了对教学经验的反思的重要性。

(二) 对教学经验的反思

对教学经验的反思,又称反思性实践或**反思性教学**(reflective teaching)。这是"一种思考教育问题的方式,要求教师具有作出理性选择并对这些选择承担责任的能力"。波斯纳(Posner, G. J.)提出了一个教师成长公式:经验+反思=成长。他指出,没有反思的经验是狭隘的经验,至多只能形成肤浅的知识。如果教师仅仅满足于获得经验而不对经验进行深入思考,那么他的发展将大受限制。

默瑞-德西墨(Morine-Dershimer, G.)的实验说明了反思对教师成长的促进作用。该研究的训练内容为一般方法教程,旨在促进反思性互惠教学和练习教学决策。在学习前,要求被试建立一个关于备课的概念关系图。在互惠教学前,要求被试选定教学内容,并绘出这段内容的概念关系图。这两种概念关系图作为对教学内容与教学法概念的前测。互惠教学及课程结束后,又要求被试建立关于备课与教学内容的概念关系图,作为后测。当被试完成后测时,研究者又将前测的概念关系图发还给他们,要求比较前后概念关系图的异同,并说出他们预想的变化为什么发生或未发生。这些分析可使被试了解他们是如何解释自己的思维的。对结果(概念关系图)的分析重在比较结构(包括主要类目及细化每一类目的水平数)及特定的内容。研究发现，在反思性互惠教学前后，被试关于备课和教学内容的概念关系图都有了改变。研究者认为，这种改变归因于训练内容。研究还发现，被试中的大学生的思维更像专家教师的思维，而不像新手教师。因为他们的后测概念关系图设计得像是将要运用于新情境中的概念系统。

科顿(Colton, A. B.)和斯巴克斯-兰瑟(Sparks-Lanser, G. M.)提出了一个教师反思框架，描述了反思的过程：

① 教师选择特定问题加以关注，并从可能的领域，包括课程方面、学生方面等，收集关于这一问题的资料。

② 教师开始分析收集来的资料，形成对问题的表征，以理解这一问题。他们可以利用自我提问来帮助理解。提出问题后，教师会在已有的知识中搜寻与当前问题相似或相关的信息。如果搜寻不到，教师就会去请教其他教师和阅读专业书籍来获取这些信息。这种调查研究的结果，有助于教师形成新的、有创造性的解决办法。

③ 一旦对问题情境形成了明确的表征，教师就开始建立假设以解释情境和指导行动，并且还在内心对行动的短期和长期效果加以考虑。

④ 考虑过每种行动的效果后，教师就开始实施行动计划。当这种行动再被观察和分析时，就开始了新一轮循环。

既然反思对教师成长如此重要，那么教师应当怎样对自己的教学经验进行反思呢？布鲁巴奇(Brubacher, L. W.)等人提出了四种反思的方法：

① 写反思日记。在一天的教学工作结束后，要求教师写下他们的经验，并与其指导教师共同分析。

② 观摩与分析。教师相互观摩彼此的课并描述他们所观察到的情景，随后再与其他教师相互交换。

③ 职业发展。这是学校利用反思的方法支持、促进教师发展的一种方式。比如在华盛顿州立大学，把来自不同学校的教师聚在一起，让他们首先提出课堂上发生的问题，然后共同讨论解决办法。最终形成的解决办法为所有参加的教师及其所在学校的教师所共享。

④ 行动研究。这是指教师对他们在课堂上所遇到的问题进行调查研究。行动研究不仅在改善教学实践上有重要作用，而且有助于在整个学校教师中间形成一种调查研究的氛围。

克瑞默-海因(Kremer-Hayon, L.)指出，反思并不仅仅是教师个人的事，教育权威人士、学校校长、其他教师、管理人员以及大学教授等，都应对教师的反思给予支持、合作。没有这种支持、合作，教师的反思很难进行。如上文提及的观摩与分析、职业发展两种反思方法，就需要学校和其他教师的支持。因此，一个支持性的环境对教师的反思是非常重要的。

(三) 认知学徒制

认知学徒制(cognitive apprenticeship)是科林斯(Collins, A.)、布朗(Brown, J. S.)和纽曼(Newman, S. E.)基于情境认知理论于1989年提出的，其实质是"让学生以社会互动的方式参与真实的实践活动,这与已经证明的比较成功的手艺学徒制有些类似"。

情境认知理论认为,知识是情境性的,它要受到知识所使用的活动、情境以及文化的基本影响,并且与它们不可分离。如果把知识学习比作衣服的制作过程,那么学习者必须参与到环境的给予中,去纺线、织布进而把布裁剪成某一款式的服装,而不是由教师把已做好的整件衣服交给学生。只有通过真正的活动,学习者才能编织他自己的知识之服。

人们在某种现实情境中通过实践活动不仅获得了知识与技能,同时还形成了某一共同体成员的身份,两者是不可分离的,雷夫(Lave, J.)和温格(Wenger, E.)把这种情境称之为"实践共同体",并把它定义为"一群追求共同事业,一起从事着通过协商的实践活动,分享着共同信念和理解的个体的集合"。它强调要有共同的任务,使用工具,利用资源并通过实践活动完成任务,有共同的历史、知识基础与假设,以及各自担负的责任。从这个意义上说,在空间上聚集在一起的任一群体并不一定都是实践共同体。

因此,学习实质上是一个文化适应与获得特定的实践共同体成员身份的过程。雷夫和温格把情境学习的这种过程称为"合法的边缘性参与"(legitimate peripheral participation,简称LPP)。"合法"是指随着时间的推移与学习者经验的增加,学习者合法使用共同体资源的程度;"边缘性"是指学习者在实践共同体中对有价值活动的参与程度与离成为核心成员距离的程度。从本质上看,"合法的边缘性参与"这一术语描述了一个新手成长为某一实践共同体核心成员的历程。刚进学校的新手教师或实习教师就是某个实践共同体的合法的边缘性参与者,从新手成长为专家的过程,就是从边缘性参与者成为核心参与者的过程。

学习者要想从新手成长为共同体的核心成员,就必须参与到共同体真实的活动中去,在成长的每一阶段都要细心观察专家的示范,在专家的指导下努力进行实践。与此同时,新手要观察和模仿共同体内其他成员的行为,学习共同体内的行话,逐渐地开始按照共同体的标准来行事。随着时间的流逝,学习者逐渐掌握了专家的知识与技能,并在使用的过程中得到发展与磨炼。这时,学习者逐渐获得了共同体中核心成员的身份,变得越来越自信,对共同体的贡献越来越大,还可以反过来指导刚进入共同体的新手的学习。学习者在对共同体进行文化适应的过程中,不断取得进步,最终成长为熟手乃至专家。

认知学徒制由四个基本成分构成,它们分别是内容、方法、序列和社会性。每个成分又有许多具体的因素(见表1-3)。

表1-3 认知学徒制的结构

内容	方法	序列	社会性
领域知识	示范、教练	全局先于局部的技能	情境学习
启发式策略	脚手架的搭建与拆除	复杂性递增	专家实践的文化
控制策略	清晰表述	多样性递增	内部动机
学习策略	反思、探究		开发性的合作和竞争

认知学徒制的关键特征是示范与观察、主动的实践、支撑、指导以及引导性反思。认知学徒制学习模式的基本程序为：

① 专家与学徒（想成为专家的新手）一起工作，其中有些学徒比另一些学徒出色或有经验，他们的专长可以给真正的新手提供有效的观察和竞争目标。

② 在教练示范和提供脚手架的时候，学徒要尽其所能地跟着做。

③ 为了确认学徒确实理解了他们所做的事情，专家要不时地让学徒描述他们正在做什么，他们是如何想的，以及他们这样做或想的理由。如果可能，专家要帮助学徒确认隐含在其中并能够运用于其他情境的一般原理。

④ 专家要逐步把学徒带进更加复杂的作业之中。在确信学徒做好准备的时候，专家要让学徒对一项新的、重要的作业全部负责。

（四）外部支持

对新手教师而言，对反思的支持与合作主要来自两方面：合作教师和大学指导教师。

1. 合作教师

将新手教师安置在那些经验丰富又乐于指导的合作教师的班上，可使新手教师得到支持、指导和反馈。为促进新手教师专业知识的发展，合作教师可解释他们使用的教学常规与策略，提供系统的反馈，并与新手教师共同解决教学法方面的一些问题。他们也可以通过示范自己的思维，向新手教师解释采用何种形式能使特定的教学内容容易为学生接受。他们还可以借助于出声思维的方法，给新手教师指出他们用来调整教学的学生的非言语线索。通过思维的外显化，可以揭示出合作教师的教学与他们的知识结构之间的联系。

2. 大学指导教师

大学指导教师在帮助新手教师发展与整合方面有重要作用。合作教师倾向于关注新手教师教学中的实践面，大学指导教师则从理论上提出问题，帮助新手教师将他们的教学实践与他们的各种知识基础（教学法知识、课程知识、学习心理学知识）联系起来。合作教师运用他们的教学经验，大学指导教师运用他们的教育理论，共同帮助新手教师分析当时的教学情境，以形成关于教学的认知图式。

三、教师的职业倦怠

教师在从业过程中会出现职业倦怠，这是一种与职业发展有关的综合症状，是个体对付出和回报之间显著不平衡的知觉，这种知觉受个体、组织和社会因素的影响。**教师职业倦怠**就是指教师对从教工作缺乏事业的动机和兴趣，勉强维持教学工作，在内心产生一种对工作的厌烦和心力俱疲的状态，导致教学工作能力和工作业绩降低的一种现象。职业倦怠在教育、教学中的突出表现是：教师在工作中缺乏职业道德和敬业精神，教学方式落后，教学作风懒散，无意从教，工作厌烦，人心思动，想改谋他职。

教师职业倦怠可分为筋疲力尽型、狂热型、低挑战型。筋疲力尽型教师对压力的反应不是更加努力,而是不再努力。狂热型教师面对困境和预期的失败,试图做任何可能的努力。低挑战型教师既不是对工作量不满,也不是对工作中的困难不满,而是对每天和每年面对单调、缺乏激情的工作感到厌倦。多数教师处在这几种类型之间。

对教师职业倦怠的过程研究,可以分为三种模式。第一种为应激过程四个阶段模式:①热情期:高希望且希望不切实际;②停滞期:仍能工作,但更关注个人需要;③挫折期:感到无效能,对其他人不满,而且开始经历情绪、生理与行为的问题;④冷漠期:要求更少的工作,回避挑战。

第二种模式是以倦怠的性质与强度为标志,把倦怠分为三级水平。一级倦怠,表现为烦躁、担忧与挫折。此水平倦怠是短期的、可恢复的。二级倦怠,表现为耗竭、玩世不恭、无效能、脾气起伏不定。此级倦怠比较固定、持久,不易克服。三级倦怠,表现为生理、心理问题,自尊降低,从工作与人际交往中退却。此级倦怠是弥散的、剧烈的、难以处理的。

第三种模式是经验性阶段模型。这一模型认为教师的职业倦怠由人格解体、个人成就感降低、情绪耗竭三个维度构成,但并未限定三者间的关系。研究者认为,这三个维度受教师工作环境中不同因素的影响,工作本身的要求如工作超负荷和角色冲突等,更能预测情绪衰竭和非人性化,教师对自己工作的控制权和他所能得到的社会支持与个人成就感间的联系更为紧密。在一项对中小学教师职业倦怠及其影响因素的关系研究中发现,情绪衰竭最先出现,非人性化紧随其后,低个人成就感是独立出现的。另一研究发现,教师职业倦怠最先开始于个人的低成就感,然后是非人性化和情绪衰竭。但也有研究者认为,当教师感觉到倦怠时,他们最先表现的是情绪的极度疲劳,紧接着是非人性化特征,即消极地对待他人,最后才是低成就感。情绪衰竭是教师职业倦怠最为突出的特征。

教师职业倦怠对教师本人、学生和社会均会产生不利影响。一是严重影响教师的身心健康。职业倦怠使教师长时间处于极大的压力之下,工作热情完全丧失,压力得不到有效的缓解和消除,以消极否定、麻木不仁的态度对待教学对象,教师很容易出现情感的衰竭和生理能量的耗尽。二是影响教师工作积极性和教学水平的发挥。职业倦怠使教师的职业成就感和认同感降低,对自己工作意义与价值的评价下降,缺勤率上升,同事关系疏离,工作投入减少,课堂准备不充分,创造性低,工作效率下降。有的教师甚至想放弃这个职业,另谋他职。三是对学生的身心健康造成不良影响。倦怠的教师对学生缺乏同情心,对违反课堂纪律的学生没有耐心,减少或断绝与学生的来往,无心教学,极大地挫伤学生的学习热情和创造性。学生成为教师职业倦怠最直接和最大的受害者。

因此,在促进教师专业成长获得教学专长时,还应关注教师的职业感受和体验,帮助教师在教学工作中形成恰当的自我效能感,避免教师在职业发展过程中跌入职业倦怠的低谷而难以自拔。

练习题

一、填空题

1. 最初运用角色概念来说明个体在社会舞台上的身份及其行为的心理学家是_____。
2. 心理学认为,教师要扮演的角色包括_____、_____、_____、_____、_____等。
3. 皮格马利翁效应又叫_____效应,由心理学家_____、_____于20世纪60年代提出。
4. 对教师职业有重要影响的人格特质有_____、_____。
5. 心理学家对教师心理特征研究的三种范型是_____、_____、_____。
6. 新手教师和专家教师的教学行为存在的差异可以从_____、_____、_____三个教学阶段进行分析。
7. 心理学研究提出的缩小新手教师与专家教师之间差距的有效措施是_____、_____、_____、_____。
8. 波斯纳提出的教师成长公式为_____。
9. 师范生从新手到专家水平的教师需要经历如下几个发展水平:_____、_____、_____、_____、_____。
10. 教学效能感的理论来源于_____的_____概念。
11. 教师职业倦怠最为突出的特征是_____。
12. 认知学徒制是科林斯、布朗和纽曼等人基于_____理论提出的。

二、选择题

1. 教师的心理品质主要包括( )。
   A. 心理过程与个性心理特征　　　　B. 心理过程与认知能力
   C. 认知能力与人格特征　　　　　　D. 认知能力与教学风格
2. 讨厌教师的教学方法枯燥无味,反映学生希望教师充当( )角色。
   A. 家长代理人　　B. 知识传授者　　C. 纪律维护者　　D. 模范公民
3. 教语文的张老师下班回家时,学生看见他闯红灯,学生对老师很有看法。这意味着学生期望张老师担当( )角色。
   A. 模范公民　　B. 家长代理　　C. 纪律维护者　　D. 知识传授者
4. 据西方心理学的研究,在西方发达国家中,教师的智力水平、知识水平与学生的学习结果无重大相关。对这一发现最合理的解释是( )。
   A. 测量方法不可靠

B. 教师的知识与智力不是搞好教学的重要条件

C. 在教师的知识和智力达到一定水平之后,教师的其他特征对教学效果起更大的决定作用

D. 研究取样少,不足以说明问题

5. 下面的描述最可能代表专家教师特征的是( )。

A. 他总是十分认真地备课,教案写得很详细

B. 他对学生无微不至地关怀,当发现有不理解的地方,能及时帮助学生

C. 他总是认真批改学生的作业,仔细记录学生的每一处错误

D. 他的教案虽然写得不很详细,但他能预见学生可能出现的理解错误

6. 下面哪些做法是与"缩小新手教师与专家教师差距"的研究相符合的( )。

A. 为新手教师配备指导教师

B. 给新手教师压担子、多教课

C. 让新手教师脱产进修,多学习,只有自己"装满一桶水,才能倒给学生一杯水"

D. 组织新手教师与老教师一起说课、听课、评课

7. 如果要使心理学课程成为教师教育的重要课程,根据当代知识分类理论,教师教育中心理学课程的改革( )。

A. 应加强趣味性,增加大学生心理内容

B. 应注意理论联系实际,联系大学生自身的实际

C. 既注重陈述性知识的教学,更注重将心理学原理转化为应用技能

D. 改革心理学理论体系,增加理论的严密性

8. 罗森塔尔关于教师的预期的实验表明( )。

A. 教师对学生的期望会影响他对学生的态度

B. 教师对学生的期望值越高,学生的进步越快

C. 教师的期望对学生的影响胜于其言行

D. 只要对学生抱有期望,学生就朝着期望方向发展

9. 根据学习心理学原理,可以将教师反思过程最适当地概括为( )。

A. 自我提问与思考过程 B. 自我完善过程

C. 师生相互作用过程 D. 问题解决过程

10. 专家教师具有一套检查学生家庭作业的常规程序,而新手教师则缺乏这样的程序。按照E·D·加涅的分类,这意味着专家教师具有( )。

A. 高度组织化和精制化的陈述性知识 B. 自动化的基本技能

C. 灵活多变、适应性强的教学策略 D. 诊断专长

三、问答题

1. 举例说明教师期望效应的产生过程。

2. 请从个体压力、人际关系、自我评价三个维度描述教师的职业倦怠状态。

3. 根据教材上介绍的教师教学专长需要的知识和技能的分类理论,说明哪些主要是在读师范期间获得的,哪些是在教学实践中形成的?

4. 你认为认知学徒制与传统的师傅带徒弟在对新手的训练模式上有哪些区别?

重点概念

1. **角色**:是个体在特定的社会关系中的身份及由此而规定的行为规范和行为模式的总和。

2. **自我应验的预言效应**:又称罗森塔尔效应,是罗森塔尔和雅各布森在1968年的实验中验证的教师期待对学生的影响效应。教师的期望或明或暗地传递给学生,学生会按照教师所期望的方向来塑造自己的行为。教师的预言似乎自动地应验了。罗森塔尔借用古希腊神话中的典故,把教师期望的自我应验的预言效应称作皮格马利翁效应。

3. **效能**:是个体对通过个人努力所能获得的结果的预期。

4. **教学效能感**:是指教师对自己影响学生学习行为和成绩的能力的主观判断。它是解释教师内在动机的一个关键因素,对教师教育工作的积极性具有重大的影响。

5. **自我效能**:由班杜拉提出,是指个人对自己在特定情境中,是否有能力去完成某个行为的期望。它包括两个成分,即结果预期(outcome expectation)和效能预期(efficacy expectation)。结果预期是指个体对自己的某种行为可能导致什么样结果的推测,效能预期是指个体对自己实施某种行为的能力的主观判断。

6. **专家型教师**:一般是指教龄五年以上,教学表现突出的教师,他们形成了解决课堂常见问题的方法,对教学过程和内容具有广泛而系统的认识。

7. **反思性教学**:对教学经验的反思,又称反思性实践,是一种思考教育问题的方式,要求教师具有作出理性选择并对这些选择承担责任的能力。

8. **认知学徒制**:由科林斯、布朗和纽曼基于情境认知理论于1989年提出,其实质是让学生以社会互动的方式参与真实的实践活动,这与已经证明的比较成功的手艺学徒制有些类似。认知学徒制的关键特征是示范与观察、主动的实践、支撑、指导以及引导性反思。

9. **教师职业倦怠**:教师对从教工作缺乏事业的动机和兴趣,勉强维持教学工作,在内心产生一种对工作的厌烦和心力俱疲的状态,导致教学工作能力和工作业绩降低的一种现象。

推荐读物

1. 胡谊:《专家教师的教学专长的知识观、技能观与成长观》,《华东师范大学学报(教育科学版)》2000年第2期。

该文从知识、技能和成长过程三方面回答了以下三个问题：教师的教学专长是由哪些知识构成的；教师的教学专长有哪些特点，表现在哪些方面；教师的教学专长是如何获得的。

2. 俞国良、罗晓路：《教师教学效能感及其相关因素研究》，《北京师范大学学报（人文社会科学版）》2000 年第 1 期。

该文着重介绍了教师教学效能感的概念、中外对教师教学效能感以及相关因素的研究情况。

3. 胡春梅、姜燕华：《近三十年来国内外关于教师职业倦怠的研究综述》，《天津市教科院学报》2006 年第 3 期。

该文对近 30 年来国内外关于教师职业倦怠的定义、表现、成因以及教师职业倦怠的测量进行了综述。

4. ［美］罗森塔尔、雅各布森著，唐晓杰等译：《课堂中的皮格马利翁——教师期望与学生智力发展》，人民教育出版社 1998 年版。

该书是研究教师期望效应的一本经典著作。全书共 12 章，分三部分：自我实现的预言、教师期望和含义。本书另有一个附录：教师期望研究 20 年。

5. ［美］罗伯特·斯莱文著，吕红梅、姚梅林等译：《教育心理学——理论与实践》（第 10 版），人民邮电出版社 2016 年版。

该书第一章的第一和第四部分：怎样才是称职的教师；如何成为一名有意识的教师。

第二章 学生的心理发展

本章目标

记　忆

1. 能陈述加涅的学生素质的分类标准。
2. 能陈述皮亚杰认知发展阶段理论所描述的不同阶段儿童思维的主要特点。
3. 能陈述埃里克森人格发展八个阶段理论的前五个阶段人格发展的特点。

理　解

1. 能用自己的话解释下列术语：发展、素质、运算、最近发展区、人格、自我同一性、自我概念、个体社会化。
2. 能结合实例说明加涅的学生素质结构观的教育含义。
3. 能举例说明认知发展与教学的关系。
4. 能用自己的话说明学生人格发展的社会化动因。

运　用

1. 观察不同年龄阶段的学生，分析他们之间的差异，并说明哪些差异是在发展中形成的。
2. 设计一个测量中学生非学术自我概念的调查问卷（不少于15题）。

本书关于学生心理共分两章。本章主要从心理发展方面来看学生的心理特点；下一章将从同龄人之间的心理差异来看学生的心理特点。在分别论述学生的心理发展和心理差异之前，先简要介绍心理学关于学生的心理结构及其分类的理论，作为学生心理部分的概述。

第一节 学生的心理结构及其分类

一、心理学关于人的心理结构及其分类的理论

人的心理是一个统一的整体。但为了研究方便，心理学通常根据不同的标准（或维度），从理论上对人的心理构成成分进行分类。

（一）从发展的观点看学生的心理结构及其分类

个体从出生到成熟，心理是在不断发展的。**发展**通常是指人类从胚胎、出生、成熟、衰老直至死亡的整个生命进程中所发生的一系列身体和心理变化。这些变化是有顺序的、不可逆的，而且能保持相当长的时间（不包括因暂时性的疾病、疲劳等因素引起的变化）。发展通常使个体更具有适应性和组织性、更有效率、更为复杂和更高水平的行为。以德国心理学家巴儿特斯（Baltes, P.）为代表的毕生发展心理学提出了一系列关于心理发展的基本观点：发

展不是简单地朝着功能增长方向的运动,整个发展总是由获得(成长)和丧失(衰退)的结合组成;个体发展是整个一生的过程,发展中的行为变化可以在人生中任一时候发生,没有哪一个年龄阶段在调节发展的性质中居首要地位。发展不是单纯的成长或单纯的衰退,它既包含着某些因素的出现,也包含着某些因素的消逝。但从个体心理发展的总体而言,在儿童期是成长的一面占优势,经过一段暂时的相对平衡,到老年阶段衰退的一面转为优势。不能认为个体在成年以后,心理只是保持稳定,而在老年期就只是衰退了。

心理学主要研究心理发展。从发展的观点研究人的心理又可分过程和结果两方面。从过程来看,人的心理发展一般要经历许多性质不同的阶段;从结果来看,长期心理发展的结果便形成了个人稳定的心理特征。

发展心理学一般把人的心理发展分成认知、言语发展和人格、社会性、情感发展两个相对独立的领域。认知和言语发展的结果形成了作为个体的独立的人格特征的能力和认知方式等;人格、社会性和情感发展的结果便形成了作为个体稳定人格特征的人格特质,如性格、动机、气质等。

(二) 从学习的观点看学生的心理结构及其分类

人的心理发展是外部环境和个体的基因相互作用的结果。也就是说,人的发展一部分是由外部环境的影响造成的,另一部分是由个体内部基因造成的。前者的影响是通过人的学习实现的,后者表现为个体的自然成熟。学习心理的研究不同于发展心理学研究,它要区分学习造成的结果与成熟造成的结果。学习心理学家一般把人的心理分为认知领域、情感领域和动作技能领域。每一个领域的学习都要经历一系列阶段。学习的结果是导致人的知识、技能变化(包括智慧能力和动作技能变化),以及情感、态度、价值观的变化。学生的学习主要是在学校条件下进行的,学习的结果是导致他们朝向教育目标指引的方向发生变化。

二、加涅关于学生心理构成及其分类的观点

素质(diathesis)原指个体的遗传生理基础。我国教育改革中强调"素质教育",此处的素质含义已发生变化,是指学生的心理素质(quality)。加涅等所著的《教学设计原理》一书,从教学设计的观点,对学生的心理结构作了详细分类。因为学生心理结构就是我国教育界人士所说的学生心理素质,所以我们把加涅的学生心理结构及其分类的观点称为加涅的学生素质观。加涅认为,学生的这些素质和特征有些是先天的,有些是后天习得的,有些是在发展中形成的。

(一) 学生的先天素质

与学习相关的个体的某些素质是由遗传决定的。加涅从学习的全过程,即信息输入阶段、内部加工阶段和信息提取阶段分析了学生的天性对学习的制约作用。

从信息的输入来看,例如人的视敏度(即视力)有个别差异。这种差异是天生的,影响学

习的感知过程。虽然可以通过眼镜的帮助得到提高，但它仍是人的感觉系统所固有的基本性质，是无法通过学习而改变的。从信息的内部加工来看，例如人类个体的工作记忆容量为 7 ± 2 个信息单位。这表明人在某一时刻能保持的信息项目有限。例如，我们在记电话号码时，短时记忆一般不会超过9位数；心算过程亦是如此。这种先天的容量限制会影响学习，尽管我们可以通过扩大记忆组块(chunk)来增加短时记忆容量，但工作记忆中的信息单位数量一般是不能改变的。从信息的提取来看，其速度也有先天的差异。很多有关反应时的实验都表明了这一点。

类似的例子还有很多。如婴儿早期的深度知觉、语法深层结构、音乐节奏感等都被认为有先天决定的成分。对于这些和其他由遗传决定的学生的素质，教学的目的不是通过学习去改变它们，相反，应"避免超越人类的潜能(capacities)"。例如，早期阅读教学应考虑到小学生的信息组块小，一次不能呈现太多的材料。

(二) 学生后天习得的素质

对于学生先天的素质，加涅的原文是"the nature of learner qualities"。对于后天习得的素质，加涅的原文是"qualities that are learned"。学生习得的素质是什么呢？加涅倾注毕生精力，找到了支配人类行为表现的五种学习结果，这五种学习结果也称五种习得的性能(learned capabilities)。这五种学习结果是：智慧技能、认知策略、言语信息、动作技能和态度。它们是学校教学的目标，并构成新的学习的"内部条件"。关于这五种学习结果，在第四章有详细介绍，在此不作论述。

(三) 学生在发展中形成的素质

加涅认为，学生在发展中形成两种素质：能力(abilities)和人格特质(traits)。学生的行为除了受特殊学习情境和经验的影响外，还受更具一般意义的"能力"的影响。它是内潜的个体特征，不能被直接观察，只能通过测验间接推测。心理学家们经过多年的努力，从一般能力中分化出一些与怎样出色解决新问题有关的因素，并将之命名为"差别能力"，如言语流利、数字推理、视觉形象的记忆、空间定位等等。不管是一般能力还是差别能力，都是在个体发展的过程中由先天和后天因素相互作用而形成的长期稳定、不易改变的特征。能通过心理测量来评估的能力也就是我们通常所说的智力(intelligence quotient，简称IQ)。也就是说，智力包括一般能力和差别能力。因此，智力具有明显的个体差异性。

人格特质像能力一样，也是被心理测验揭示的个体的一般倾向，也同样是长期稳定的，不易被旨在改变它们的教学所影响。人格特质包括焦虑、成就动机、性格内向、谨慎、冲动、自我满足等。其中对学习影响较大的是学习动机与焦虑。

作为人类的素质，能力和人格特质的重要性在于，因教学性质不同，它们可能对学习产生不同影响。例如，有着较强言语能力的学生可能对由简洁的文章构成的教学有出色的反应；非常焦虑的学生可能会在具有高度组织结构的教学中学得更好。

学生素质的不同方面对学习活动有不同的作用。学生习得的素质是直接参与到新的学习中去的,是新的学习的必要组成成分;学生在发展中形成的能力与人格特质这两种素质不直接参与新的学习,但可以加快或减慢学习的速度,对学习起支持性作用。

图 2-1 对上面论述的加涅学生素质的构成及其分类作了概括。

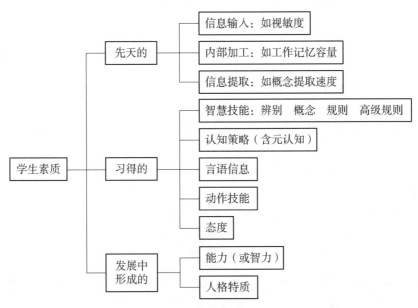

图 2-1 加涅关于学生素质的构成及其分类

近年来在我国教育界流行的与"素质"相近的词是"素养""核心素养",与之对应的英文单词是 competences、key competence(或 core competence)。在加涅的学习理论中,他用 capability(译作"性能")一词来概括人类学习的结果。capability 和 competence 是近义词,都强调后天习得的能力,即图 2-1 所示的"学生习得的素质",它既有认知成分(言语信息、智慧技能、认知策略),也有动作技能成分,还有以情感为主的态度成分,它是"知识、技能和态度的集合"。根据权威的定义,学生发展核心素养是指学生在接受相应学段的教育过程中,逐步形成的适应个人终生发展和社会发展需要的必备品格与关键能力。按此定义,核心素养主要指学生后天习得的素质,当然也包括发展中形成的素质,如身心健康、自我管理等方面的指标,含有人格发展内容。

三、美国心理学会关于学生心理因素与学习原理的分析

20 世纪 90 年代,由美国心理学会发起的一个特别小组回顾了许多心理学研究文献,从研究中找出学生的心理特点与学习环境有关的主要成分,其目的是开发一套以学生为中心的心理学原理。他们由此得出一些学生的心理特征与相应的学习原理。这些特征和原理被分成四种因素:认知与元认知因素、动机与情感因素、发展性与社会性因素、个体差异因素。表 2-1 描述了 14 个对学生的学习有影响的心理特征和原理。

表 2-1　以学习者为中心的心理因素与原理

认知与元认知因素

1. 学习过程的本质
当复杂学科的学习是一个从信息和经验中建构意义的有目的的过程时,其学习最有效。

2. 学习过程的目的
成功的学习者在存在支持和教学指导的情况下,随着时间的推移,能创设出有意义的、连贯的知识表征。

3. 知识的建构
成功的学习者能以有意义的方式把新知识与已有知识联系起来。

4. 策略性思维
成功的学习者能创设并使用思维与推理策略来达到复杂的学习目的。

5. 对思维的思维
选择与监控心理操作的高级策略能促进创造性与批判性思维发展。

6. 学习的情境
学习受到环境因素的影响,包括文化、技术与教学实践。

动机与情感因素

7. 动机与情绪对学习的影响
学习者习得的内容和数量受其动机的影响。学习动机又受个体的情绪状态、信念、兴趣与目的以及思维习惯的影响。

8. 学习的内部动机
学习者的创造性、高级思维及天生的好奇心都有助于学习动机、个人的选择与控制。

9. 动机对努力的影响
复杂的知识与技能的获得要求学习者长期努力和有指导地练习。如果学习者没有学习动机,那么,不对其进行强迫是不可能有付出努力的意愿的。

发展性与社会性因素

10. 发展性因素对学习的影响
随着个体的发展,他们遇到了不同的机会,体验到对学习的不同限制。当考虑了身体、智力、情绪与社会领域的发展时,学习最有效。

11. 社会性因素对学习的影响
学习受到社会互动、人际关系和与他人交流的影响。

个别差异因素

12. 学习中的个别差异
学习者具有不同的学习策略、方法与性能,这些都是原有经验和遗传因素的功能。

13. 学习与多样化
当考虑学习者在语言、文化、社会背景上的差异时,学习最有效。

14. 标准与评价
设置适当高的、具有挑战性的标准并评价学习者与学习的进展(包括诊断性的、过程性的和结果性的评价),是学习过程的重要组成部分。

资料来源:[美]R·M·加涅等著,王小明等译:《教学设计原理》(第五版),华东师范大学出版社 2007 年版,第 95—96 页。

四、加涅对学生素质分类研究的教育含义

(一) 教学应该"避免超越人类潜能"

对于学生的先天素质,教学不仅不能改变它们,而且要想使学生取得较好的学习成绩,教师在教学中应避免超越先天素质的限制。从学生的学习过程来看,影响最大的是信息加工过程的短时记忆的容量限制。在短时记忆阶段,新知识本身形成逻辑关系(内部关系),并且新旧知识在此相互作用形成混合物(外部联系),然后进入长时记忆。因此,如何在容量限制的前提下,最大限度地发挥短时记忆的作用是教学应该关注的重要问题。目前有两种办法:一是利用扩大组块的办法来增加短时记忆的信息量;另一种由新皮亚杰主义代表人物罗比·凯斯(Case, R.)提出,他认为,短时记忆由操作效率空间和贮存空间组成。学生在学习时,如果操作效率提高了,那么短时贮存的空间就扩大,学习的效果就好。这就要求学生的一些基本的读、写、算技能以及基本的概念、规则的提取必须达到自动化的程度。这样受意识控制的心理能量就可以更多地用在其他信息上,从而提高学习的效率。

(二) 教育应该适应学生在发展中形成的素质和习得素质的个体差异

素质教育的全体性特点要求每一个学生的素质都能得到发展。这就要求教学应考虑学生的个体差异,真正做到因材施教。

一方面,教育要考虑学生智力水平的个体差异。智力是影响学生学习快慢的最主要因素。由于受经济条件的限制,我国大部分地区基本仍实行大班教学,教师不得不按中等水平对学生施教。这样的课堂教学必然会使高智商学生满足不了求知欲,致使他们可能成为课堂纪律的破坏者;同时也会使低智商者反复受挫,从而丧失学习信心。这是世界教育的难题。多年来,教育家们殚精竭虑,想出了一些对策,如同质分组、掌握学习和程序教学等,努力创造条件,尽量使不同智商水平的学生都能得到发展。

另一方面,教育应考虑学生人格特质的个体差异。不同的人格特质会影响学生的学习方式。如性格外向者对学习新的难度较大的教材感兴趣,能迅速举手回答教师的课堂提问,但课后不爱认真复习,作业马虎。性格内向者在课堂上反应缓慢,课后常花时间复习,作业认真,遵守纪律等。教育应该尽量考虑到学生人格特质的差异,如非指导性教学、合作学习等就是适应学生人格差异而发展起来的教学模式。

同时,教育应考虑学生习得素质的个体差异。学生在发展中形成的素质对学习起加速或减速作用,本身并不构成学习的必要条件。而学生习得的五类素质既是素质教育的目标,也是学生进行新的学习的基础。它们决定新的学习能否发生,直接影响着学习效果。因此,考虑学生原有的习得素质的差异,对教学有重大意义。

(三) 素质教育是对学生习得的五类素质的教育

学生的先天素质不能被教学所改变,教学应避免超越它们。至于发展中形成的两类素

质，由于具有相对的稳定性，教学只能适应它们。因此，素质教育实际上主要是对学生五类习得素质的教育。

1. 根据习得素质形成的规律进行教学

当代知识分类学习论已经阐明，每类习得的素质有自己独特的学习过程和内外条件，因此，我们应针对不同类型的素质进行教学设计，以全面提高课堂教学效率。

2. 智慧技能的教学是素质教育的重点

当代认知心理学家发现，学生习得的五类素质的学习都以原有智慧技能为基础。智慧技能的教学，是为五类习得素质的全面发展打下一个坚实的基础。因此，智慧技能的教学应是中小学素质教育的重点。加强这方面的素质教育，可为以后的学习创造良好的内部条件。我国有学者提出，智慧技能的教学应注重做到"四化"：一是结构化，指认知结构中的知识达到纵向不断分化、横向综合贯通的程度；二是自动化，指有些基本的智慧技能应达到自动化的程度，这样才能腾出有限的心理空间来考虑复杂的问题；三是策略化，指学生能自觉运用认知策略来提高自己的学习效率；四是条件化，指学生习得的知识达到了元认知的水平，即知道何时何地使用何种知识。如果学生的知识达到了"四化"，那么学生也就成了高素质的"专家"型学生。

加涅提出的学生在学习的信息加工过程中反映出来的先天素质和后天习得的素质，即五种学习结果，将在第三章和第四章作详细和具体的介绍。下面我们着重分析在发展中形成的素质即能力和人格特质。

美国心理学会研究小组把影响学习的因素分为如下三类：动机与情感因素、发展与社会性因素和个别差异因素。与加涅的分类不同，该分类更多强调社会因素的影响，但未强调学生原先学习对后继学习的影响。动机与情感对学习的影响本书后面有专章论述（见第十二章）。接下来本章将要讨论影响学习的发展与社会性因素。下一章专门论述影响学习的个别差异因素。

第二节 学生的认知发展及其教育含义

正如前文所言，加涅认为学生在发展中形成两种素质：能力和人格特质。如果把能力分成一般能力和差别能力，一般能力的核心是认知能力。对认知能力的研究，瑞士心理学家皮亚杰（Piaget, J.）提出了认知发展的阶段理论。

一、认知发展的阶段理论

皮亚杰认为，儿童从出生到成人的认知发展不是一个数量不断增加的简单的累积过程，而是伴随同化性的认知结构的不断再构，使认知发展形成几个按不变顺序相继出现的时期或阶段。他认为逻辑思维是智慧的最高表现，因而从逻辑学中引进"运算"的概念作为划分智慧发展阶段的依据。这里的**运算**（mental operation）并不是形式逻辑中的逻辑演算,而是指心理运算,即能在心理上将事物从一种状态转换成另一种状态。经过一系列的研究与演变,他将从婴儿到青春期的认知发展分为感知运动阶段、前运算阶段、具体运算阶段和形式运算阶段四个阶段。

(一) 感知运动阶段(0—2岁)

这一阶段儿童的认知发展主要是感觉和动作的分化。初生的婴儿,只有一系列笼统的反射。随后的发展便是组织自己的感觉与动作以应付环境中的刺激。到这一阶段的后期,感觉与动作才渐渐分化为有调适作用的表现,思维也开始萌芽。

(二) 前运算阶段(2—7岁)

这个阶段的儿童的各种感知运动图式开始内化为表象或形象图式,特别是语言的出现和发展,使儿童日益频繁地用表象符号来代替外界事物。但他们的语词或其他符号还不能代表抽象的概念,思维仍受具体直觉表象的束缚,难以从知觉中解放出来。他们的思维具有单维性、不可逆性、自我中心、刻板性、不合逻辑等特点。

1. 单维思维

例如,让4岁或5岁儿童用两手分别向两个同样大小的矮而胖的杯子内投放同等数量的木珠(每次投一颗)。儿童知道这两个杯子里装的木珠一样多。然后实验者将其中一杯珠子倒入另一高而窄的杯子中,问儿童:两杯珠子是一样多,还是不一样多?部分儿童会说,矮而宽的杯子中的珠子多;另一部分儿童会说,高而窄的杯子中的珠子多。皮亚杰认为,前运算阶段的儿童只能从单维进行思维,考虑高度却不能顾及宽度。反之,考虑宽度,却忽略了高度。这种现象又叫集中偏向(centration)。

2. 思维的不可逆性

可逆性是指改变人的思维方向,使之回到起点。前运算阶段的儿童不能这样思维。例如问一名4岁儿童:"你有兄弟吗?"他回答:"有。""兄弟叫什么名字?"他回答:"吉姆。"但反过来问:"吉姆有兄弟吗?"他回答:"没有。"

3. 自我中心

自我中心是指不能从对方的观点考虑问题,以为每个人看到的世界正如他自己所看到的一样。例如,皮亚杰请儿童坐在一座山的模型的一边,将玩具娃娃置于另一边,要儿童描述玩具娃娃看到的景色。结果6岁或7岁以下的儿童描述的景色和自己看到的相同。

4. 反映静止的知觉状态

例如,有人将两个同样大小的烧杯装满水,然后将其中一杯水倒进另一个大而低的杯子里,当倒水时用一屏障挡住水在杯子里的水位线,儿童能见到水,但看不见水在杯子里的高低。许多4岁儿童说新杯子中的水同原来的杯子中的一样多。但当屏障拿掉以后,他们改变了看法,说新杯子中的水没有原杯子中的水多。这说明他们的认知被静止的知觉状态支配,而不能同时考虑导致这个状态的转化过程。

5. 不合逻辑的推理

例如,皮亚杰两岁女儿的一位小朋友是驼背,她说这个小朋友很可怜,他病了。几天后她听说这个小朋友得了流感,睡在床上。后来又听说这个小朋友的流感好了。于是,她说:"现在他的驼背没有了。"这种推理不是从个别到一般或从一般到个别,而是从个别到个别的推理,从一种病到另一种病的推理,视二者同一,以为一种病好了,另一种病也好了。这种思维被皮亚杰称为传导思维(又称传导推理)。

(三) 具体运算阶段(7—11 岁)

这个阶段的儿童的认知结构中已经具有抽象概念,因而能够进行逻辑推理。这个阶段的标志是守恒观念的形成。所谓守恒是指儿童认识到客体在外形上发生了变化,但其特有的属性不变。这个阶段的儿童的思维具有多维、可逆、去自我中心、动态性、具体化等特征。

例如,前面所说的倒水的例子,具体运算阶段儿童不仅能够考虑水从大杯倒入小杯,而且还能设想水从小杯倒回大杯,并恢复原状。这种可逆思维是运算思维的本质特征之一。具体运算阶段的儿童能完成从多维对事物归类的学习任务,也能从别人的观点看问题,意识到别人持有与他不同的观念和解答。他们能接受别人的意见,修正自己的看法。这是儿童与别人顺利交往、实现社会化的重要条件。

具体运算阶段的儿童虽缺乏抽象逻辑推理能力,但他们能凭借具体形象的支持进行逻辑推理。例如,向 7—8 岁的小孩提出这样的问题:假定 $A>B$,$B>C$,问 A 与 C 哪个大?他们可能难以回答。若换一种说法:"张老师比李老师高,李老师又比王老师高,问张老师和王老师哪个高?"他们可以回答。因为在后一种情形下,儿童可以借助具体表象进行推理。

(四) 形式运算阶段(11—15 岁)

这个阶段的儿童形成了解决各类问题的推理逻辑,由大小前提得出结论,不管有无具体事物,都可了解形式中的相互关系与内涵的意义。他们不仅能从逻辑上考虑现实的情境,而且能从问题情境中提出隐含的多种可能性,并通过逻辑分析和实验,对这些可能性或可能性的组合进行推论或验证,最终确定哪一种可能性是事实或具有"现实性"的;能运用符号进行思维,能解决如 $(a+b)^2 = a^2 + 2ab + b^2$ 这样的代数问题;在解决问题时,能分离出所有有关的变量和这些变量的组合。

二、认知发展的文化历史观

皮亚杰主张发展先于学习,维果斯基(Vygotsky, L.)则认为学习先于发展。维果斯基是苏联儿童心理学的奠基者和社会文化历史学派的创始人,他认为,学习涉及符号的获得,这种符号是通过教育以及从他人那里得来的信息而获得,发展意味着将符号内化,是在环境与教育的影响下,由低级心理机能逐渐向高级心理机能转化的过程。维果斯基指出,儿童心理机能之所以由低级向高级发展,主要有三方面的原因:一是起源于社会文化历史的发展,受社会历史规律的制约;二是符号,儿童通过掌握语言符号这一中介,在低级心理机能的基础上形成各种新质的心理机能;三是内化,高级心理机能是不断内化的结果。

维果斯基虽没能像皮亚杰那样明确地提出认知发展的不同阶段,但对心理机能由低级向高级发展提出了四个重要的标志:①心理活动的随意机能的形成与发展。随着语言的掌握,儿童心理活动日益自觉、主动,各种心理过程的有意性日益增强。如在无意注意的基础上产生有意注意,在冲动性行为的基础上产生预见性意志,自我意识的发展,根据社会要求自觉调控行为。②心理活动的抽象概括功能,即各种机能由于思维(尤其是抽象逻辑思维)的参与而高级化。如在具体形象思维的基础上产生了概念思维,在再现想象等基础上产生了创造性想象。③各种心理机能之间的关系不断变化、组合,形成间接的、以符号或词为中介的高级心理结构。如3岁前的儿童的意识系统以知觉、直观思维为中心;学龄前期的儿童则形成了以记忆为中心的意识系统;学龄期儿童各种心理机能间重新组合,发展为以逻辑记忆和抽象思维为中心的新的意识系统。儿童心理结构越复杂,就越简缩,其心理水平就越高。④各种心理机能越来越个性化,即越来越带有个人特点。儿童意识的发展主要是个性和整个意识的发展,而不是个别机能的增长。上述心理机能的随意化、抽象概括化、整合化和个性化作为心理发展的质的标志或指标是相互联系、相互促进的。

维果斯基认为,儿童有两种发展水平,一是儿童的现有水平,即由一定的已经完成的发展系统所形成的儿童心理机能的发展水平,如儿童已经完全掌握了某些概念和规则。二是即将达到的发展水平。这两种发展水平之间的差异,就是最近发展区。**最近发展区**(zone of proximal development)是指儿童在有指导的情况下,借助成人帮助所能达到的解决问题的水平与独自解决问题所达到的水平之间的差异,实际上是两个邻近发展阶段间的过渡状态。它的提出说明了儿童发展的可能性,其意义在于教育者不应只看到儿童今天已达到的发展水平,还应该看到仍处于形成的状态、正在发展的过程。所以,维果斯基强调教学不能只适应发展的现有水平,走在发展的后面,而应适应最近发展区,从而走在发展的前面,并最终跨越最近发展区而达到新的发展水平。

三、认知发展的一般与特殊

关于儿童认知发展有两种不同的基本观点:领域一般性和领域特殊性发展观。前者认为儿童认知发展具有一般性,即只存在一条发展路线,它决定着儿童认知或智力所有方面的发展;后者主张儿童认知发展具有特殊性或具体性,存在某些完全不同的发展路线,它们之间是相互独立的。

皮亚杰的认知建构论是领域一般性发展观的典型代表。它认为,儿童在认知发展的各个方面或领域都以相似的方式发生变化,因而使认知发展表现出阶段性规律。例如,儿童认知的发展呈现出由低到高、循序渐进的阶段性规律:感知运动阶段——前运算阶段——具体运算阶段——形式运算阶段,这不仅表现在一般的逻辑思维方面,而且表现在数学、物理、符号乃至对人类心理的认知等各个方面。

大量研究表明,皮亚杰所揭示的思维发展的阶段性是普遍存在的。思维发展由低一级水平向高一级水平过渡,这种顺序是不可改变的。不可能设想,前运算水平的思维可以突然飞跃到形式运算水平的思维。研究表明,从前运算阶段到具体运算阶段的过渡和从具体运算阶段到形式运算阶段的过渡,在不同个体身上或不同文化背景条件下存在着显著差异。例如,多数6—7岁的儿童能进行10以内的整数加减运算,但少数发展快的儿童能进行20以内,甚至100以内的加减运算,而一些发展较慢的儿童,上小学时还未完全掌握10以内的数概念,更不能进行加减运算。思维越是发展到高级水平,儿童之间的个别差异越大。皮亚杰的研究表明,11岁以上的儿童有可能达到形式运算水平。但据美国的研究,在美国学校中,只有13.2%的初中生、15%的高中生和22%的大学生达到了形式运算阶段。皮亚杰也认为,大多数人只能在他们有经验和有兴趣的少数领域运用形式运算。同一个人在某一学科领域的思维可能达到形式运算水平,但在遇到新的困难问题时,其思维又会退回到具体运算水平。而且,个人在某门经验较丰富的学科中能进行形式运算思维,并不意味着他在陌生的学科领域也能以同样的方式思维。研究表明,青少年一般先在自然学科领域出现形式运算思维,在社会学科领域的思维发展则较慢。

20世纪80年代以来,领域一般性发展观遭到了来自多个研究领域的挑战,越来越多的发展心理学家认为,人类的许多认知能力发展具有领域特殊性,认知能力只能专门用于处理特定类型的信息。认知发展的规律并不是同时贯穿于各个领域,而是在认知发展的不同方面存在不同的发展模式或特点,某种变化可能在一个领域发生而不在另一个领域发生,也可能先在某个领域发生而后在另一个领域发生。简言之,并不存在贯穿一切领域的一般性规律。人类具有领域特殊性的先天倾向性,儿童具有特定的注意偏向和加工原则,他们往往只接受那些符合自身偏好的刺激材料,并在各个特殊领域形成特定的表征。例如,儿童很早就能对人类语言具有特殊的敏感性,能注意语言的一些抽象特征和细微区别,而仅仅根据领域一般性的感知运动智慧和对语言材料抽象的认知机制并不能解释婴幼儿的语言习得问题。领域特殊性发展观也得到了一些发展神经心理学研究的支持。

四、认知发展与教学的关系

(一) 认知发展制约教学的内容和方法

在皮亚杰看来,学习从属于发展,从属于主体的一般认知水平。因为任何知识的获得都必须通过学生主动的同化才有可能,而主动的同化则须以适当的运算结构的存在为前提。所以,各门具体学科的教学都应研究如何对不同发展阶段的学生提出既不超出当时的认知结构的同化能力,又能促使他们向更高阶段发展的富有启迪作用的适当内容。例如,处于前运算阶段的儿童,学习的内容应该是大量的初级概念,让他们从观察概念的大量例证中,通过成人的肯定与否定来获得概念,而不能教他们那些没有表象可以凭借的概念,也不能通过下定义来学习。处于具体运算阶段的儿童,学习的内容大多是二级概念,一般可通过概念定义获得,但仍需凭借表象的支持,因而直观教学是不可缺少的。只有形式运算阶段的儿童才能获得纯粹以命题形式呈现的概念和规则,而大多数中学生并未达到这一发展水平。即使在某一领域达到这一发展水平的学生,在其他领域却不一定达到。因而中学生学习抽象概念和规则,仍需要具体经验的支持。

(二) 教学促进学生的认知发展

皮亚杰的研究企图揭示无特殊训练条件下的儿童认知发展阶段,未考虑专门教学的影响。从一般发展的观点看,这种研究是必要的。但不能把皮亚杰的发展阶段看成是固定不变的或不受教育影响的。大量的研究表明,通过适当的教育训练来加快各个认知发展阶段转化的速度是可能的。只要教学内容和方法得当,系统的学校教学肯定可以起到加速认知发展的作用。有人对幼儿园和小学一年级儿童进行辨别学习实验,训练儿童学会使用一种"对则保留,错则舍去"的策略,结果发现训练后的作业成绩明显提高。

维果斯基认为,学校教学能够在促进从这一认知阶段向另一阶段的过渡中发生作用,通常是在将儿童置于适合下一阶段学习的条件下,要求他们借助具体经验的支持,把抽象概念和命题同化于他们的认知结构。当前一阶段逐渐变得巩固起来以后,渐渐地摆脱具体经验的支持,就能促进从具体运算到抽象的逻辑运算的过渡。

教师通过教学设计为学生创设"最近发展区"即提供脚手架(scaffolding),由此促进学生的认知发展。有人用"可教时刻"(teachable moment)来描述儿童处于接受某些概念的最佳状态。教师为学生的学习和问题解决提供支持,包括提示、提醒、鼓励、分解问题、提供例子,或者是其他任何可以帮助学生成长为一个独立的学习者的做法。教师在课程的开始阶段要给学生更多的结构框架,然后逐渐地将责任交给学生,由学生自主活动。

合作学习也是一种由同伴提供脚手架的做法。因为,同伴间的认知加工通常在对方的最近发展区内,一方可以为另一方示范水平较高的思维。另外,合作学习能让同伴了解对方的内部语言,从而更好地了解对方的推理过程。

第三节 学生的人格发展与社会化

学生的心理发展,除了前面所述的认知发展之外,还包括人格的发展。人格的发展总是伴随着儿童社会化过程而实现的。由于这个过程极其复杂,目前尚无一种理论能够合理而全面地解释社会化和人格发展的过程。本节将撷取各种学说中的有关内容,力求能涵盖社会化和人格发展的各个方面。

一、人格的发展

人格(personality),又称个性,源于拉丁语 persona,意指古希腊时代戏剧演员在舞台上戴的假面具,以代表剧中人物的身份。人格已被广泛地应用于心理学文献中,但至今无公认的适当定义。著名的美国人格心理学家阿尔波特（Allport，G. W.）曾统计了有关人格的50个不同定义。许多人接受米谢尔（Mischel，W.）在1980年提出的定义，他认为人格是指决定个体的外显行为和内隐行为并使其与他人的行为有稳定区别的综合心理特征。从这一定义看，人格首先不是指个别心理特征，而是个体全部心理特征的综合。其次，个体的人格特征不是偶然的现象，而是一贯的稳定特征。最后，每个人都有不同于他人的一组人格特征，也就是说，人格主要是与他人相区别的个人特征。

（一）人格的发展阶段

不同的心理学家对人格的发展有不同的看法，这里仅介绍较有代表性的埃里克森（Erikson，E. H.）人格发展理论。埃里克森和弗洛伊德（Freud，S. S.）同为精神分析学派中的两位大师，他本人还受过弗洛伊德精神分析的训练。后来，他通过对美洲印第安人部落、二战中的士兵以及儿童精神病患者的研究，加深了对影响个体发展的社会文化因素的认识，逐渐扬弃了弗洛伊德过分强调性本能冲动的局限，强调个体与社会文化、外界环境的相互影响，因而其学说被称为心理社会发展理论。

该理论认为，儿童人格的发展是一个逐渐形成的过程，必须经历几个顺序不变的阶段。每一阶段都有一个由生物学的成熟与社会文化环境、社会期望之间的冲突和矛盾所决定的发展危机。成功而合理地解决每个阶段的危机或冲突，将导致个体形成积极的人格特征，有助于发展健全的人格；危机没有得到解决或解决得不合理，个体就会形成消极的人格特征，导致人格向不健全的方向发展。个体解决发展危机的成功程度，一般都处在从积极到消极连续过程中的两个极端之间的某一点上。人格发展的各阶段之间是相互联系的，每一阶段都从它的前一阶段中开始和发展起来，然后又并存于后继各阶段之中。后期阶段的成功依赖于早期阶段危机解决的程度，而后期阶段仍有可能产生先前已解决的冲突。

埃里克森认为，人格的发展贯穿个体的终生，整个发展过程可以划分为八个阶段。表2-2是这些发展阶段的概要。前五个阶段属于儿童成长和接受教育的时期，这里着重介绍前五个阶段的人格发展的特点。

表2-2 埃里克森心理社会发展的八个阶段

期别	年龄	发展危机	发展顺利者的心理特征	发展障碍者的心理特征
1	0—1岁	信任对不信任	对人信任，有安全感	面对新环境时会焦虑不安
2	1—3岁	自主行动对羞怯怀疑	能按社会要求表现目的性行为	缺乏信心，行动畏首畏尾
3	3—6岁	自动自发对退缩愧疚	主动好奇，行动有方向，开始有责任感	畏惧退缩，缺乏自我价值感

续表

期别	年龄	发展危机	发展顺利者的心理特征	发展障碍者的心理特征
4	6岁—青年期	勤奋进取对自贬自卑	具有求学、做事、待人的基本能力	缺乏生活基本能力,充满失败感
5	青年期	自我统合对角色混乱	有了明确的自我观念与自我寻求的方向	生活无目的、无方向,时而感到彷徨迷失
6	成年期	友爱亲密对孤僻疏离	与人相处有亲密感	与社会疏离,感到寂寞孤独
7	中年期	精力充沛对颓废迟滞	热爱家庭,关爱社会,有责任心,有义务感	不关心别人与社会,缺少生活意义
8	老年期	完美无缺对悲观绝望	随心所欲,安享余年	悔恨旧事,徒呼负负

资料来源:张春兴著:《教育心理学——三化取向的理论与实践》,浙江教育出版社1998年版,第129页。

1. **信任对不信任(trust vs. mistrust)**

该阶段的发展任务是发展对周围世界,尤其是对社会环境的基本态度,培养信任感。如果父母或照料者给予婴儿适当的、稳定的与不间断的关切、照顾、哺育与抚摩,婴儿就会对父母产生一种信任感,认为这个世界是安全而可信赖的地方。这种对人、对环境的基本信任感是形成健康个性品质的基础,是以后各个时期发展的基础,其中最重要的是青年时期发展起来的同一性的基础。反之,如果父母照顾不周,环境多变,喂哺习惯失常或对待婴儿态度恶劣等,儿童就会形成一种不信任感,导致对陌生环境的恐惧和担忧,甚至会变得孤僻和冷漠。

2. **自主行动对羞怯怀疑(autonomy vs. shame and doubt)**

该阶段的发展任务是培养自主性。随着信任感的确立,儿童开始与父母分离,初步尝试独立处理事情。如果父母允许幼儿去做他们能力所及的事,鼓励幼儿的独立探索愿望,幼儿就会逐渐认识自己的能力,养成自动自主的人格;反之,父母过分溺爱和保护或过分批评指责,就可能使儿童怀疑自己对自我和环境的控制能力,使之产生一种羞耻感。

3. **自动自发对退缩愧疚(initiative vs. guilt)**

该阶段的发展任务是培养主动性。由于身体活动能力和语言的发展,儿童有可能把他的活动范围扩展到家庭之外。儿童喜欢尝试探索环境,承担并学习掌握新的任务。此时如果父母或教师对儿童遇到的问题耐心听取,细心回答,对儿童的建议给予适当的鼓励或妥善的处理,则儿童不仅发展了主动性,还能培养明辨是非的道德感。反之,如果父母对儿童的问题感到不耐烦或嘲笑儿童的活动,儿童就会对自己的活动产生内疚感。有时,当儿童的主动性与别人的主动性产生冲突时,也有可能引发内疚感。

在这个时期,儿童已意识到性别差异,并建立起适当的性别角色。另外,游戏在这个阶段也起着重要作用,可用来补偿儿童失败、痛苦和挫折的体验。游戏在这个阶段主要表现为两种形式:一是独角戏或做白日梦;二是寻求同伴共同游戏,演出内心矛盾,从而使危机得到缓解或解决先前遗留下来的某些问题。

4. 勤奋进取对自贬自卑(industry vs. inferiority)

该阶段的发展任务是培养勤奋感。在这一时期,绝大多数儿童已进入学校,第一次接受社会赋予他并期望他完成的社会任务。他们追求工作完成时所获得的成就感及由其成就所带来的师长的认可与赞许。如果儿童在学习、游戏等活动中不断取得成就并受到成人的奖励,儿童将以成功、嘉奖为荣,培养乐观、进取和勤奋的人格;反之,如果由于教学不当,或儿童努力不够而多次遭受挫折,或其成就受到漠视,儿童则容易形成自卑感。

该阶段影响儿童活动的主要因素已由父母转向同伴、学校和其他社会机构。教师在培养勤奋感方面具有特殊作用。敏感、耐心、富于指导的教师有可能使具有自卑感的学生重新获得勤奋感。埃里克森指出,许多人对工作和学习的态度习惯可以追溯到本阶段的勤奋感。

5. 自我统合对角色混乱(identity vs. role confusion)

该阶段的发展任务是培养自我同一性。**自我同一性**(identity achievement)又称自我统合,是指个体组织自己的动机、能力、信仰及其活动经验而形成的有关自我的一致性形象。自我同一性的形成要求谨慎地选择和决策,尤其体现在职业定向、性别角色等方面。如果青少年不能整合这些方面和各种选择,或者他们根本无法在其中进行选择,就会导致角色混乱。

同一性并不是在青春期才出现的。儿童在学前期已形成了各种同一性,但是进入青春期后,早期形成的同一性已不能应付眼前必须作出的种种选择和决断了。因为青春期儿童身体迅速发展,性成熟开始以及新的指向未来的思维能力的出现,加之即将面临的种种社会义务和种种选择,如异性朋友、职业理想等,就使儿童对原已形成的自我同一性发生怀疑。此时,儿童迫切要求了解自我,以形成一个真正独立的自我。如果儿童在前几个阶段中形成了积极的人格品质(信任感、自主感、主动感、勤奋感),他解决同一性危机的机会就较多;反之,同一性危机将持续到其人生发展的后继生活之中。

研究表明,青少年在探求自我同一性实现的过程中,可能存在四种情况:①同一性成功,是指通过对各种现实选择的考虑,个体已采取决定并追求目标的完成。高中时期的学生中很少有人能达到该阶段,绝大多数人要持续几年后才能作出选择。②同一性拒斥,指的是个体过早地停止对同一性的探求,而认同于他人(通常是父母)的目标、价值观及生活方式。他们一般缺乏反思和主见,过分尊重"权威",对传统价值观感兴趣。③同一性混乱,是指个体没有形成清晰的自我同一性。他们没有确定的人生取向,对自我价值、人生观及职业选择等问题往往采取逃避的态度,不肯加以认真思考。④同一性延迟,是指青少年广泛尝试各种价值观念、人生取向及职业选择,而把对自我确定的生活方式的思考与选择推迟一段时期。这种延迟现象是很普遍的,特别在现代社会中,它有助于个体通过亲身体验而形成更为牢固的、积极的,更富有创造性的同一感。

(二)埃里克森人格发展理论的教育含义

埃里克森的人格发展理论指明了每个发展阶段的任务,并给出解决危机、完成任务的具体教育方法,有助于教师理解不同发展阶段的儿童所面临的冲突类型,从而采取相应的措施,因势利导,对症下药。

如幼儿园及学前期儿童面临着自主性与内疚感危机,教师应给予幼儿充分的自我探索和尝试的机会,以发展其自主的人格;对学龄初期儿童,则应鼓励其想象与创造,对儿童的建议表示赞赏,并耐心回答其问题,以发展其主动的人格。教师应给进入学校的儿童创设一种良好的课堂气氛,使儿童理解失败也是学校学习过程中必然存在的现象;教育学生学会如何理解与帮助他人。为了培养小学生的勤奋感,教师应保证每个学生都有机会在其帮助下确立实际的目标并为之努力,要给学生显示独立性和责任感的机会,同时对那些丧失信心的学生提供适当的支持。初中与高中阶段正是青少年儿童开始发展自我同一性的时期,教师要理解学生需要大量的机会来体验各种职业选择和社会角色,同时提供机会让学生了解社会、了解自我,通过讨论的形式使他们解决自身所面临的问题。在这当中,教师要始终给学生有关其自身状况的真实的反馈信息,以便学生能正确认识自己,确定合理的、适当的自我同一性。

二、自我概念的发展

(一) 自我概念的含义

自我概念(self-concept)一般是指人们对自身的认识、感受和态度的整合,它是我们自己向自己解释自己,以此来构建一个关于自己的印象、感情和态度的图式,这种图式随着情境的改变和生活阶段的变迁而发生变化。自我概念是人格的重要组成部分,是使人格各部分整合和统一起来的核心力量。一切社会环境因素对人发生影响,都必须通过自我概念的中介而发挥作用,因而在人格的形成和发展中起着不可缺少的重要作用。与自我概念密切相关的概念是自尊(self-esteem)。自尊是一种情感反应,是对积极的自我评价的情感反应,与之相对的概念是自卑。

20世纪80年代以来,由于统计分析策略的改进和理论模型的发展,对自我概念的研究有了突破性的发展,自我概念不再被认为是单维的,而是多维和多层次的。

对自我理论模型建构作出重要贡献的是苏珊·哈特(Harter, S.),她先后(1984,1985,1986)提出了不同年龄阶段儿童自我概念的不同成分要素,并编制出了五种自我概念测量问卷。苏珊·哈特区分了涉及具体领域的能力自我概念和普遍的自我价值信念,认为评价儿童的自我概念水平时要考虑儿童的年龄特征,即不同年龄阶段儿童的自我概念的成分要素是不同的。除苏珊·哈特外,谢沃尔森(Shavelson, R. J.)等人提出的自我概念多维结构模型影响较大。在该模型中,一般自我概念位于顶层,一般自我概念又分为学术的和非学术的自我概念,学术的自我概念可按具体学科分为数学的、语言的、历史的、科学的等自我概念,非学术的自我概念可分为社会的、情绪的、身体的自我概念(见图2-2)。此图表明,个体有许多不同但又彼此关联的自我概念。这里的一般自我概念至少可以分为三个不同但又彼此关联的自我概念:语言的、数学的和非学术的自我概念。

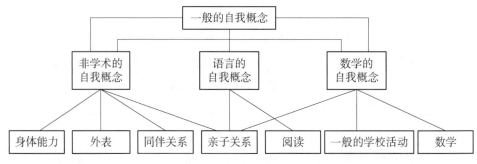

图2-2 自我概念的结构

资料来源:[美]阿妮塔·伍德沃克著,陈红兵等译:《教育心理学》(第八版),江苏教育出版社2005年版,第80页。

根据现有的有关自我概念的研究可以概括出自我概念具有以下基本特征:①它是一种多维、多层次的组织或结构。依靠这个结构,人们将关于自身的信息加以归类、整理,并理解信息之间的关系。它同时具有自我描述和评价的功能(如我皮肤白皙,我很漂亮)。②个体对自身的知觉由基础等级逐渐发展到特定领域,如数学、语言文学,最后达到对自己的一般的知觉。③位于结构顶层的一般的自我概念是相对稳定的。随着层级的降低,自我概念与特定情境的关系越来越密切,其稳定性也渐次降低。④随着个体的成熟,自我概念越来越复杂,维度或侧面越来越多。

(二) 学校教育和学生自我概念的关系

自我概念是通过在不同情境中不断地自我评价而形成的。儿童和青少年经常在问自己:我是怎样一个人?我做得如何?他们依据关键人物对自己的反应(言语或非言语的)进行自我评价。在童年早期,关键人物是父母和其他家庭成员,以后是朋友、同学、伙伴和教师。

100多年前威廉·詹姆斯(James,W.)就认为,个体的自尊取决于其在完成自己认为有价值的任务和目标时取得成功的程度,如果一项技能或成绩对个体来说不重要,那么即使个体不擅长该任务也不会对自尊构成威胁。苏珊·哈特的研究也证实了这一点。那些认为某项活动很重要并且感到自己在这方面有能力的儿童,比那些认为活动重要但对自己这方面的能力有怀疑的儿童有较高的自尊。

1990年,马什(Marsh,H.W.)研究发现,个体的自我概念受社会比较的影响。比如,在普通学校中数学强的学生,比那些在高成就学校中同等能力的学生,对自己的数学能力感觉更好。马什称之为"池小鱼大效应"。霍格(Hoge,D.R.)、斯米特(Smit,E.K.)和汉森(Hanson,S.L.)的一项对322名六年级学生进行的为期两年的研究发现,学生对学校的满意度、感到课堂是有趣的、体会到教师的关注和教师的反馈与评价,都影响着学生的自尊感。

教师的评价、反馈和学生充满关切的交流,对学生评估自己在特定学科中的能力有重要影响。教师该如何帮助学生建立和形成积极的自我概念呢?沃尔福克(Woolfolk,A.)提出了13条提高学生自尊的建议(见表2-3)。

表 2-3 提高学生自尊的建议

1. 肯定和接受每一位学生的努力和取得的成就。 2. 为学生营造一个安全的物理和心理环境。 3. 谨防自己的个人偏见(每个人都有自己的一些偏见)和期望。 4. 确保你的教学和分组的程序是必要的,而不是处理问题学生的方便之举或是对某些学生的回避。 5. 明确评价标准;帮助学生学会评价自己的成绩。 6. 示范适当的自我批评、坚持不懈和自我奖赏的方法。 7. 避免不利的比较和竞争,鼓励学生与自己以往的成就水平相比较。	8. 接受学生,甚至在你必须拒绝某个特定的行为和结果时也要做到接纳孩子。学生应感到自信,如一次考试的失败或是课堂上的批评并不会使他们成为"差"学生。 9. 请记住,积极的自我概念来自生活中的成功体验和环境中重要人物的称赞。 10. 鼓励学生承担对事件作出反应的责任,并让他们明白他们可以选择何种行为。 11. 在学校中建立支持小组或是"学习伙伴",教学生如何相互鼓励。 12. 帮助学生建立明晰的目标,并利用头脑风暴法寻找资源以达到目标。 13. 重视不同种族群体的价值——他们的文化和成就。

资料来源:[美]阿妮塔·伍德沃克著,陈红兵等译:《教育心理学》(第八版),江苏教育出版社 2005 年版,第 83 页。

三、个体社会化与人格发展

许多心理学家认为,人格的发展和自我意识的形成、完善,都是在个体社会化过程中逐渐实现的。

(一) 个体社会化的含义

个体凭借其生理特点在社会实践中通过学习获得符合特定社会要求的知识、技能、习惯、价值观、态度、理想和行为模式,成为具有独特人格的社会成员并履行其社会职责的过程,叫**个体社会化**(socialization)。这个过程实质上是个体反映社会现实的过程,即社会现实内部化的过程。社会化的目的不仅是使人获得语言、思想、情感,掌握基本生活技能,学会一定的生产技能,懂得社会规范,明确生活目标,适应社会,成为社会的一员,而且是使上一代人的思想、技能和经验传给下一代,使人能继承和发展文化遗产,维持代际关系,在适应社会的基础上改造社会,把社会不断向前推进。

(二) 个体社会化的过程

个体社会化一般经历儿童社会化、青年社会化和继续社会化的过程,对某些人来说可能还要经历再社会化的过程。

1. 儿童社会化

儿童在社会化的过程中,动作的沟通逐渐被语言代替,在掌握语言的基础上,学习生活技能和社会规范。

2. 青年社会化

青年在社会化的过程中,来自成人对社会化控制的范围和强度明显缩小和降低,外在强化的方式逐渐转化为由个人对环境的认识等内在因素调节,个体主动地模仿成人的行为和选择榜样,而且社会化的媒介越来越广泛。

3. 继续社会化

经历前两个社会化过程后,个体社会化尚不完全,还要不间断地社会化,主要是适应社会发展变化中的生活环境和新的社会角色。

4. 再社会化

再社会化是指个人原来的思想、生活方式以及行为模式与社会环境不协调,甚至发生冲突,必须断然改变,形成全新的思想、生活方式和行为模式。

(三) 影响人格发展的社会化因素

人格是每个具有独特生物学基础的个体在各种不同的社会环境中,在学习和掌握社会行为的过程中逐步形成的。也就是说,人格的发展是个体社会化的结果。虽然每个社会使儿童达到社会化目标的方式各不相同,但实现社会化目标的途径和动因却基本上是相同的。不管什么社会,影响儿童人格发展的社会化动因基本上都是家庭、学校、同伴以及电视、电影、文艺作品等社会宣传媒体。这里仅分析家庭、学校和同伴等三个社会化动因对儿童人格发展的影响。

1. 家庭教养模式

20世纪60年代,鲍姆宁(Baumrind, D.)根据控制、成熟的要求、父母与儿童的交往、父母的教养水平等四个指标,将父母的教养行为分成专制型、放纵型和民主型等三种教养模式,研究不同的教养模式对儿童人格发展的影响。结果发现,专制型的父母总是企图控制儿童的行为和态度,迫使子女符合严格的行为标准,强调子女的绝对服从。当儿童的行为不能达到其预期目标时,他们更多地使用惩罚措施。他们不喜欢和儿童讨论标准问题,与其他父母相比,他们更缺少情感上的关怀。这种教养模式下的儿童不太知足、不安全、忧虑、退缩、怀疑、不喜欢与同伴交往。放纵型的父母很少对儿童提出什么要求,完全放手让他们自己约束自我行为,甚至对儿童的错误行为也不予惩罚。他们奖惩不明,从不培养儿童的独立精神和自力更生的能力。这种教养模式下的儿童是最不成熟的,他们缺乏自我控制力和探索精神,有极强的依赖性,遇到新奇事物或紧张的事情就会退缩。民主型的父母通过建立明确的规则和标准来引导儿童的活动,同时也乐于与儿童讨论各种规则背后的原因。这类父母温和,具有一致的态度,尊重儿童独立的选择。这种教养模式下的儿童是最成熟的,他们有能力、独立性强、自信、知足、爱探索、善于控制自己、喜欢交往、自我肯定。总之,儿童人格的发展并非由父母的某个行为维度所决定,而是受到父母整个行为模式的影响。

2. 学校教育

学校教育在学生社会化中的作用主要是通过教师与学生的相互影响来实现的。教师的品德修养、知识经验、教育和教学技巧、对学生的态度等,对学生社会化与人格的发展都具有举足轻重的意义。可以说,教师以其全部行为和整个人格影响着学生的社会化和人格的发展,这种影响主要通过教师的言传身教来实现。同时,学校教育按照一定社会的教育目标,有计划、有步骤地对青少年学生施加影响,因而直接制约着学生人格发展的方向和基本质量。

3. 同辈群体

儿童最初几年主要囿于家庭小圈子内与父母相互作用,将父母作为社会化的模式。上学后,儿童有越来越多的时间与同伴一起度过。相对于与父母的关系,儿童与同龄伙伴的交往更加自由和平等。与同辈群体的交往使儿童能够进行人际关系和交流的探索,并发展人际敏感性,奠定儿童今后社会交往的基础,促进儿童的社会化和人格的发展。

一方面,同辈群体是儿童学习社会行为的强化物。帕特森(Patterson, G. R.)等人研究同伴的反应对儿童攻击性行为的强化作用,结果发现,当一个儿童猛冲过去抢另一个儿童的玩具时,若受害者作出哭、退缩或沉默的反应,攻击者还会以同样的方式去对付别的儿童。若受害者立即作出反击,或教师批评制止攻击者,攻击者就有可能收敛攻击行为。说明同伴的消极反应会强化儿童的攻击性行为,而同伴的积极反应则有可能抑制儿童的攻击性行为。

另一方面,同辈群体又为儿童的社会化和人格发展提供社会模式或榜样。与更为成熟的儿童在一起玩的儿童就会变得更加合作,经常跟慷慨的儿童在一起的儿童也会变得大方起来,因为儿童习惯于将同伴的行为作为评定自己行为的参照系。这种社会比较过程是儿童建立自我形象与自我尊重的基础。随着年龄的增长,同伴的影响越来越强,在某种程度上甚至超过父母的影响。因为青少年们都面临着同样的问题,而且彼此的地位是平等的,因而有更多的共同语言。同时,青少年们渴望从同伴对自己的反应中发现自我、认识自我,进而完善自我。不过,同辈群体对儿童影响的大小,跟儿童与家庭、学校关系的性质紧密相关。那些受到学校、家庭过度监护或得不到家庭、学校温暖,失去童年快乐,感到生活空虚的儿童更倾向于参加同辈群体,更多地接受同伴的影响。一旦同辈群体的要求和标准与社会化目标相背,就容易造成青少年角色冲突,导致人格发展障碍,出现社会化危机。

练习题

一、填空题

1. 发展心理学一般把人的心理发展分为_____、_____和_____、_____、_____两个相对独立的领域。
2. 根据加涅的素质观,学生素质包括_____素质、_____素质和_____素质,其中不易受教育影响的是_____素质。
3. 学生习得的素质包括如下五个成分:_____、_____、_____、_____和_____。
4. 学生在发展中形成的素质主要指_____和_____。
5. 少年期是个体从_____向_____过渡的时期,具有_____的特点。

6. 皮亚杰将个体从婴儿到青春期的认知发展分为_____、_____、_____和_____四个阶段。

7. 可以将一般的自我概念分为_____、_____和_____自我概念。

8. 个体社会化的过程通常经历_____、_____、_____和_____。

9. 人格是指与他人的行为有_____的_____的特征。

10. 对自我概念积极的情感反应被称为_____，与之相对应的概念是_____。

二、选择题

1. 下列难以受教育影响的学生素质是(   )。
   A．爱玩电子游戏   B．做数学题时常看错题目
   C．不喜欢与同学交往   D．写文章错别字很多

2. 个体心理发展充满着独立性和依赖性、自觉性和幼稚性错综矛盾的时期是(   )。
   A．幼儿期   B．童年期   C．少年期   D．青年初期

3. 只能进行自我中心思维的儿童处于认知发展的(   )。
   A．感知运动阶段   B．前运算阶段
   C．具体运算阶段   D．形式运算阶段

4. 个体主动地模仿成人的行为和选择榜样，属于(   )。
   A．儿童社会化   B．青年社会化
   C．继续社会化   D．再社会化

5. 学校教育在学生社会化中作用的实现，主要通过(   )。
   A．教师与学生的相互作用   B．严格要求
   C．潜移默化   D．学生的主动学习

6. 判断下列哪种特征是处在具体运算阶段儿童的典型特征(   )。
   A．动作化表现   B．可逆   C．单维   D．系统

7. 维果斯基的最近发展区是指(   )。
   A．超出儿童现有水平的能力   B．正处于掌握边缘的能力
   C．儿童最新获得的能力   D．在下一个发展阶段儿童要掌握的能力

8. 有位青年高考失利，参加自学考试获得本科文凭，后又参加公务员考试，顺利过关，谋得一份满意工作。接着挑战"天下第一考"——律师资格考试，考完后再考雅思。等他全部考完，已35岁，独身一人。依据同一性理论，该青年的自我同一性处于(   )状况？
   A．同一性混乱   B．同一性延迟
   C．同一性拒斥   D．同一性成功

三、问答题

1. 依据本教材提出的埃里克森人格发展理论的教育含义，请你给幼儿园、小学、中学教师提出人格教育的建议(至少6条)。

2. 根据自我概念的含义和结构,分析马什提出的"池小鱼大效应"。
3. 分析家庭教养的三种不同模式对儿童人格发展的影响。
4. 学校教育如何适应学生在发展中形成的素质和习得素质的个体差异?

重点概念

1. **发展**:通常是指人类从胚胎、出生、成熟、衰老直至死亡的整个生命进程中所发生的一系列身体和心理变化。这些变化是有顺序的、不可逆的,而且能保持相当长的时间。

2. **素质**:原指个体的遗传生理基础。我国教育改革中强调的素质教育是指学生的心理素质(quality),与加涅等所著《教学设计原理》(1992)一书中"学生心理结构"概念一致。本教材把加涅的学生心理结构及其分类的观点称为加涅的学生素质观。按此观点,学生的这些素质和特征有些是先天的,有些是后天习得的,有些是在发展中形成的。

3. **运算**:并不是形式逻辑中的逻辑演算,而是指心理运算,即能在心理上将事物从一种状态转换成另一种状态。

4. **最近发展区**:是指儿童在有指导的情况下,借助成人帮助所能达到的解决问题的水平与独自解决问题所达到的水平之间的差异,实际上是两个邻近发展阶段间的过渡状态。

5. **人格**:是指决定个体的外显行为和内隐行为并使其与他人的行为有稳定区别的综合心理特征。人格不是指个别心理特征,而是个体全部心理特征的综合;人格特征不是偶然的现象,而是个体一贯的稳定特征;人格主要是与他人相区别的个人特征。

6. **自我同一性**:又称自我统合,是指个体组织自己的动机、能力、信仰及其活动经验而形成的有关自我的一致性形象。

7. **自我概念**:指人们对自身的认识、感受和态度的整合。它是我们自己向自己解释自己,以此来构建一个关于自己的印象、感情和态度的图式,这种图式随着情境的改变和生活阶段的变迁而发生变化。

8. **个体社会化**:个体凭借其生理特点在社会实践中通过学习获得符合特定社会要求的知识、技能、习惯、价值观、态度、理想和行为模式,成为具有独特人格的社会成员并履行其社会职责的过程。

推荐读物

1. [美]R·M·加涅等著,王小明等译:《教学设计原理》(第五版),华东师范大学出版社2007年版。

该书第六章介绍学习者的特征、影响学习的品质。

2. ［美］阿妮塔·伍德沃克著，陈红兵等译：《教育心理学》（第八版），江苏教育出版社 2005 年版。

该书第三章有对学生的自我概念和自尊的介绍。

3. ［美］德里斯科尔著，王小明等译：《学习心理学——面向教学的取向》（第三版），华东师范大学出版社 2008 年版。

该书第六章论述皮亚杰的认知发展理论及其教学含义，第七章论述布鲁纳和维果斯基的认知发展相互作用理论及其教学含义。

4. 张春兴著：《教育心理学——三化取向的理论与实践》，浙江教育出版社 1998 年版。

该书第三章介绍皮亚杰和维果斯基的认知发展理论及其教育含义；第四章介绍社会发展理论及其教育含义。

第三章 学生的个别差异

📍 本章目标

记 忆

1. 陈述教材中重点介绍的四对认知方式的主要特点。
2. 陈述性格的特征差异与类型差异。
3. 陈述特殊儿童的主要类型及其特征。

理 解

1. 用自己的话解释下列术语:认知方式、学习风格、智力、智力商数、多元智力理论、掌握学习、性格、气质、特殊儿童(广义和狭义)、超常儿童、学习困难、资源教室。
2. 举例说明学生认知差异的教育含义。
3. 举例说明学生性格差异的教育含义。
4. 比较斯坦福—比奈智力量表和韦克斯勒智力量表 IQ 分数的含义。

运 用

1. 用学生认知差异的理论评价我国中小学因材施教的改革措施。
2. 用学生性格差异的理论分析你所熟悉的同学性格的特征和类型。

学生的发展,除了表现为第二章所阐述的年龄特征之外,还会在相同年龄阶段的学生之间表现出个别差异。尽管学生的身体发展也会表现出个别差异,但心理学所关注的主要是心理发展的个别差异。心理的个别差异属于人格心理学的研究课题。人格差异,又称个性差异,是指人格特征在个体之间所形成的不同品质。本章首先分析人格的认知方面的差异和性格方面的差异,然后再分析特殊学生的心理特征,并分别阐述它们的教育含义。

第一节 学生的认知方式与能力差异

认知过程是指学生获得信息、作出计划和解决问题的心理过程。在这个过程中存在着个体之间的认知方式和认知能力的差异。

一、学生的认知方式差异

(一)认知方式的含义和分类

认知方式(cognitive styles)又称认知风格,是指个体在知觉、记忆、思维和解决问题等认知活动中加工和组织信息时所显示出来的独特而稳定的风格。持久性与一致性是认知方式的主要特征。持久性是指个体在不同的时间里始终坚持相同的风格去认知事物。而一致性则是指个体对不同的认知任务都坚持相同的风格去认知事物。因此,学生们在认知过程中便形成了相当稳定的个人认知偏好,即认知方式差异。

对认知风格的研究从20世纪40年代开始兴起,不同的心理学家针对不同的心理方面,如知觉特点、学习、记忆、问题解决等进行研究,提出了自己对认知风格的理解,划分出了不同的认知风格,以致于认知风格的类型繁多,如阿姆斯特朗(Armstrong, S. J.)经整理列出了多达54种关于认知风格的划分。赖丁(Riding, R.)和奇马(Cheema, I.)回顾了以往提出的30多种认知风格理论,通过系统地分析关于它们的描述、它们之间的相关、对它们的测量方法和它们对行为的影响,并通过因素分析法证实了众多认知风格理论是某些潜在的相同维度的不同名称或标签。他们将已有的认知风格综合为两个主要的认知风格维度,即整体—分析维度和言语—表象维度。整体—分析维度表示个体在组织信息过程中倾向于从整体上把握还是把信息组织成各个部分。言语—表象维度表示个体在思维过程中倾向于借助言语形式还是心理表象的形式来表征信息。表3-1所示是对可以纳入这两个维度的、有代表性的认知风格研究的回顾和总结。[①]

表3-1 对认知风格研究维度的描述列表

整体—分析维度		
场独立型—场依存型	个体在分析属于知觉场的一部分的某个结构或形式时依赖于整个场的程度	Witkin & Asch(1948a, 1948b);Witkin(1964);Witkin et al.(1971, 1977)
平稳型—敏锐型	倾向于迅速同化并忽略细节,还是强调新信息的细节和变化	Klein(1954);Gardner et al.(1959)
冲动型—沉思型	倾向于迅速作出反应,还是深思熟虑之后再作出反应	Kagan et al.(1964);Kagan(1966)
聚合思维—发散思维	采用精细的、聚敛的、逻辑及归纳的思维方式还是宽泛的、开放的、联想的思维方式来解决问题	Guilford(1967);Hudson(1966, 1968)
整体思维—序列思维	倾向于以全局整体的方式还是序列细节的方式来完成学习任务、解决问题	Pask & Scott(1972);Pack(1976)
具体有序/具体随机/抽象有序/抽象随机	学习者采用随机还是序列方式,通过具体经验还是抽象经验来学习	Gregorc(1982)
同化者—探索者	在问题解决或创造的过程中,个体偏好寻求熟悉的内容还是新颖的内容	Kaufmann(1989)
适应者—革新者	在解决问题的过程中,适应者偏好于采用传统的固定的程序,革新者偏好于重新建构,生成新的观点	Kirton(1976, 1987)

[①] Rayner, S., Riding, R. (1997), *Towards a categorization of cognitive styles and learning styles*, *Educational Psychology*, 17, 5-28.

续 表

整体—分析维度		
推理型—直觉型 主动型—沉思型	偏好于通过推理或直觉方式来获得理解；偏好于在学习活动中主动参与还是被动反应	Allinson & Hayes(1996)
言语—表象维度		
抽象化—具体化	抽象化的偏好水平和能力	Harvey et al.(1961)
言语型—视觉型	在表征知识和思维过程中应用言语或视觉表象策略的程度	Paivio(1971); Riding & Taylor(1976); Richardson(1977); Riding & Calvey(1981)
整体—分析维度和言语—表象维度的整合		
整体—分析 言语—表象	个体倾向于把信息加工成部分还是整体借助于语词还是图片进行思维	Riding(1991b,1994,1996); Riding & Cheema(1991); Riding & Rayner(1995)

一个与认知风格密切相关的概念是**学习风格**(learning styles)，学习风格是学习者持续一贯的带有个性特征的学习方式，是学习策略和学习倾向的总和。[①] 学习策略是学生为完成学习任务或实现学习目标而采用的一系列步骤，学习倾向是指学生在学习过程中表现出来的态度、情绪、动机、坚持性以及对学习环境、学习内容等方面的偏爱。有些学习策略和倾向随学习环境、学习内容的变化而变化，有些则表现出持续一贯性，那些持续一贯的学习策略和学习倾向即为学习风格。有人将学习风格分为认知风格、情感风格、生理风格三大类，每一大类包含许多小类。认知风格只是学习风格中的一类。

（二）认知方式的类型差异

下面将从表3-1中选择四对比较常见的认知方式，分别介绍它们的特点。

1. 场独立型与场依存型

场独立(field independence)与场依存(field dependence)这两个概念最初来源于威特金(Witkin, H.)对知觉的研究。在第二次世界大战期间，他为了研究飞行员怎样利用身体内部的线索和视觉见到的外部仪表的线索调整身体的位置，专门设计了一种可以摇摆的坐舱，舱内置一把坐椅。当坐舱倾斜时，被试可以调整坐椅，使身体保持与水平垂直。研究发现，有些被试主要利用来自仪表的视觉线索，他们不能使自己的身体恢复垂直。另有一些人则主要利用来自身体的线索，尽管坐舱倾斜，他们能使自己身体保持与水平垂直。威特金称前一种人的知觉方式为场依存方式，称后一种人的知觉方式为场独立方式。后来有人用镶嵌图形来进行研究，让人在一个复杂图形中识别简单图形（见图3-1），结果发现，场独立与场依存是两种普遍存在的认知方式。这里的"场"意指问题空间。在镶嵌图形识别中，不受复

[①] 谭顶良著：《学习风格论》，江苏教育出版社1995年版，第12页。

杂图形这个场的干扰,能很快识别出简单图形的人属于场独立型认知方式;因受复杂图形的干扰而识别缓慢或识别困难的人属于场依存型认知方式。一般而言,场独立型认知方式的人,常常利用自己内部的参照来判断客观事物,不易受外来因素的影响和干扰。其认知独立于周围的背景,倾向于在更抽象的和分析的水平上进行加工,独立对事物作出判断。场依存认知方式的人则倾向于以外部参照作为信息加工的依据,他们的态度和自我知觉更容易受周围的人们,特别是权威人士的影响和干扰,善于察言观色,注意并记忆言语信息中的社会内容。

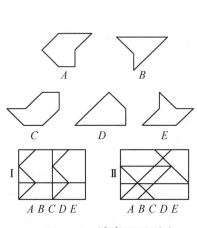

图 3-1　镶嵌图形测验　　　　图 3-2　匹配相似图形

2. 冲动型与沉思型

美国心理学家卡根(Kagan, J.)运用匹配相似图形测验(见图 3-2)研究人的认知方式,要求被试从 8 个相似的图形中识别出与第一个标准图形完全相同的图形。计分时,一是考虑判断的正确性,二是考虑作出判断所花的时间。结果发现,学生具有两类截然不同的认知方式。一类学生当处于不明情境中时,倾向于用自己所想到的第一个答案来回答问题,想到什么就回答什么,但错误比较多,这种认知方式叫冲动型认知方式(impulsive style)。另一类学生则与此相反,他们倾向于小心地对待所面临的问题,仔细考虑所观察到的现象及所面临的问题,在行动前致力于将问题考虑清楚,因而作出认知决定的时间长,但错误比较少,这叫沉思型认知方式(reflective style)。冲动型认知方式的人具有迅速抓住整体和快速概念化相结合的特点,当他们对事物进行分类时能够迅速地根据整体特征来完成。但沉思型认知方式的人却能够根据事物之间共同的关键特征进行分类。

3. 整体型与序列型

英国心理学家帕斯克(Pask, G.)发现整体型和序列型的认知方式。整体型认知方式是指个体学习一篇材料时,通过使用说明性例子和类比的方法来达到对学习材料的总体把握。如果学习材料有不同的层次,那么采用整体型认知方式的个体往往比其他人更快地往下读,阅读的注意范围也更大。在他们看来,准确把握许多孤立的细节也不一定能够领会材料的整体意义,而一旦确立了整体意义,则把握细节便不困难。像这种相信"整体大于部分之和"的观念,往往促使学习者先根据自己的理解来构建总的意义框架,然后再分析细节的位置及与整体的关系。而序列型认知方式则通过连续或相继地注意材料的细节,达到对材料各个部分的把握。采用这种认知方式的个体相信既然整体是由部分组成的,只要准确把握了材料的细节,必然能够准确地把握整体意义。因而他们往往从一部分再到另一部分地认知,步步为营地留心一连串的细节。

4. 聚合型与发散型

美国心理学家吉尔福特(Guilford, J. P.)研究发现,聚合型和发散型是两种十分常见的认知方式。聚合型认知方式是指个体在解决问题的过程中,表现为搜索或综合信息与知识,运用逻辑规律,指向一个方向,逐步缩小解答范围,直到找到最适当的唯一正确的答案。而发散型认知方式则是指个体在解决问题的过程中总是使自己的思维沿着许多不同的方向扩展,使观念发散到各个有关的方面,最终产生多种可能的答案而不是唯一正确的答案,因而容易产生有创见的新颖观念。这种认知方式包含三个主要特征:一是流畅性,指发散的数量。发散的数量多,表明具有能很流畅地对刺激作出反应的能力。二是变通性,指发散的灵活性,能够随机应变。三是独创性,指发散的新颖程度,能够对刺激作出不寻常的反应。

(三) 认知方式对学习的影响

认知方式只是学生对信息加工方式的某种习惯性偏好,个人可能并不一定能觉察到。认知方式不同的人,可以取得同样好的学习结果,表明认知方式没有优劣好坏之分,它主要影响学生所采取的学习方式。

首先,认知方式影响学生对认知通道的选择。任何认知活动都要通过视觉的、听觉的或触摸的通道来实现。但不同的认知方式会使有的学生主要利用视觉通道,有的学生主要利用听觉通道,而有的学生则可能更喜欢通过触摸或各种感觉通道的结合来学习。

其次,认知方式影响学生对学习环境的选择。有的学生习惯于在宁静的环境中学习,有的学生则喜欢在有一定背景声音的环境中学习。

再次,认知方式影响学生对学习内容组织程度的偏好。一般而言,场依存的学生喜欢别人向他们提供结构严谨的教学指导,而场独立的学生则讨厌"菜单式"的指导,喜欢自由自在的学习,较易适应结构不严密的教学。沉思型的学生比较适宜于学习需要详细分析的学习材料,冲动型的学生则比较适宜于不太需要注意细节或应急的学习任务。

最后,认知方式也影响学生对学科选择的偏好。场独立型的学生倾向于选择数学、自然科学和工程学,场依存型的学生则倾向于选修人文科学、社会科学和教育科学。

(四) 适应认知方式差异的教学策略

教育的根本目的是既要充分发挥学生的优势和长处,又要弥补其在学习方式和学习倾

向上存在的劣势和不足。因此,根据认知风格制定的教学策略可以分为两类:

一是与认知风格中的长处或学习者偏爱的方式相一致的匹配策略;二是针对认知风格中的短处或劣势采取有意识的适配策略。匹配策略对知识的获得直接有利,它能使学生学得更快、更多,但无法弥补学习方式上的欠缺。而有意识的适配策略在一开始往往会在一定程度上影响知识的获得,表现为学习速度慢、学得少,学生难以理解学习内容,但它的特殊功效是能弥补学习方式上的欠缺,使学生心理机能的各方面均得到发展。匹配策略是否应该在学校教育中广泛应用,美国教育心理学家梅耶(Mayer, R. E)在《应用学习科学》(Applying the Science of Learning, 2011)中将其列为"三条流行却受到质疑的教学原则"之一。因为在各项针对言语—图示学习风格的研究中,没有证实匹配教学策略的有效性。由此,梅耶主张对此持质疑的态度较为妥当。

与认知风格和学习设计之间的错误匹配相比,如果一种特定的风格与要学习的材料的内容和呈现方法相匹配,个体就有可能发现学习任务更容易一些。在错误匹配的情形下,通过开发适于处理最初与他们的认知风格不相适应的材料的学习策略,个体可以从中受益。

二、学生的认知能力差异

(一) 什么是认知能力

我国台湾教育心理学家张春兴给能力下的定义反映了西方心理学的能力概念。他认为,能力一是指个人在其遗传或成熟基础上,经由环境中的训练或教育而获得的知识与技能,此类能力可由行为表现出来,作为与别人比较的依据,也称成就(achievement);二指个人学习某事物所具有的潜在能力,此种潜在能力,如果采取广义看法,称之为能量(capacity)或**智力**(intelligence),如果采取狭义看法,则称为性向(aptitude)。[①] 在张春兴后来的编著中,他提出能力有两种含义:一是指个人现在实际"所能为者",二是指个人将来"可能为者"。前者为个人的实际能力(actual ability),如会讲几种外语、会开汽车等;后者指个人潜在的能力(potential ability),即可能发展的潜在能力,[②]也就是所谓的智力。本章所讨论的能力不是前一个意义上的能力,而是作为个人稳定的个性心理特征的能力。

(二) 智力测量

学生的智力水平是通过智力测量而被了解的。智力测量的工具是量表,是标准化的测题。最早的智力量表是在 1905 年法国教育部委托比奈(Binet, A.)和西蒙(Simon, T.)编制的,后引入美国,被斯坦福大学的推孟(Terman, L. M.)多次修订而闻名于世,此智力量表被称为斯坦福—比奈量表(简称 S-B 量表)。该量表为年龄量表,题目是按年龄由易到难编排的。早期的量表,个体每做出一道题目,获得 2 个月智力年龄,最后将所有做出的题目所获得

[①] 张春兴编著:《张氏心理学辞典》,上海辞书出版社 1992 年版,第 2 页。
[②] 张春兴著:《现代心理学——现代人研究自身问题的科学》,上海人民出版社 1994 年版,第 403—404 页。

的智力年龄累加起来。测验结果是用**智力商数**（intelligence quotient）来表示的，简称智商（IQ）。其计算公式为：

$$IQ = \frac{MA}{CA} \times 100$$

公式中的 MA 为智力年龄，CA 为实足年龄。据此计算出来的智商是一种比率，故称为比率智商。

1936 年，美国精神病医生韦克斯勒（Wechsler, D.）编制出另一套智力量表，包括学龄前智力量表（WPPIS）、儿童智力量表（WISC）和成人智力量表（WAIS）。适用于 6 至 16 岁的儿童智力量表由 12 个分测验组成，其中 6 个是语言测验，6 个是操作测验。每个分测验中的测题是按难度排列起来的，当个体连续两道题目做不出时就不允许再做这个分测验下面的题目。当测量结束时累计出获得的总分。该量表仍然采用智商的概念，但这里的智商是以同年龄组被试的总体平均数为标准来确定的，称为离差智商。离差智商假定同年龄组测量成绩总平均数为 100，用个人实际得分与总平均数比较，从而确定其测验分数在同年龄组内所处的相对位置来判断其智力水平。离差智商的计算公式为：

$$IQ = 100 + 15\left(\frac{X - \overline{X}}{S}\right)$$

公式中的 X 为个体的测验分数，$\overline{X}$ 为同年龄组的平均数，S 为标准差。

不管是斯坦福—比奈量表，还是韦克斯勒量表，在选择测题时都经过严格的标准化，严格地控制了各种因素的影响，使测题对所有儿童都具有同样的经验，因而儿童在回答测题时的数量与质量便能够成为其聪明程度的可靠指标。

（三）智力的差异

智力是个体的先天因素与后天环境因素相互作用的结果，智力发展存在着明显的差异，包括个体差异与群体差异。

1. 智力的个体差异

智力的个体差异主要表现为智力水平与智力结构的差异。

智力的水平差异是指个体与其同龄团体的常模比较时所表现出来的差异。大量研究表明，人们的智力水平呈正态分布。也就是说，在人数相当多的同龄人中，个体的智商分数出现率符合图 3-3[①] 的分布。

图中的百分数表示一定智商分数之间的人数比率。从图 3-3 可见，IQ 在 85 到 115 之间的人超过 68%，他们的聪明程度属于中等水平。IQ 超过 140 的人为智力超常，IQ 低于 70 的为智力落后。

---

① 张春兴著：《教育心理学——三化取向的理论与实践》，浙江教育出版社 1998 年版，第 363 页。

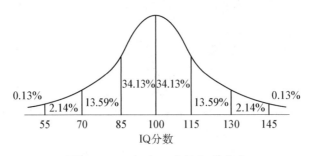

图 3-3 一般人口中的智商分布

智力的结构差异是指个人智力构成成分的差异。最早提出智力结构差异的是英国心理学家斯皮尔曼(Spearman, C.)。他认为,智力存在着一般因素与特殊因素的差异,而且一般因素的差异是根本性的。后来,美国的塞斯通(Thurstone, L. T.)不赞成斯皮尔曼的意见,认为智力的差异主要表现在言语理解、言语流畅、归纳推理、空间视觉、数字、记忆、知觉速度等七个相互独立的因素上。20世纪80年代,美国哈佛大学的加德纳(Gardner, H.)提出**多元智力理论**(theory of multiple intelligences),认为智力是由八个相对独立的因素所构成的,每一个因素都是独立的功能系统,但各个系统相互作用,从而产生整体的智力活动。这八个相对独立的智力分别是言语智力、逻辑—数学智力、空间智力、音乐智力、肢体—动觉智力、人际智力、内省智力和自然智力。不同的智力使用不同的符号系统,发源于特定的脑部位,受不同的学校教育影响,而且被不同的人所运用(见表3-2)。

表 3-2 多元智力理论

智力类型	该智力的核心成分	经常使用此智力的人举例	影响的教育活动
言语智力	对声音、韵律和词的意义敏感,理解语言的不同功能	诗人、记者	讨论修辞和象声词
逻辑—数学智力	对识别逻辑或数学模式敏感,能够进行比较长的逻辑推理	科学家、数学家	根据三角形的面积公式,计算建筑物两对角的距离
空间智力	准确地感知视觉—空间世界,并能进行知觉转换	航海家、雕刻家	借助于透视法画图
音乐智力	能够谱写和欣赏节奏、音乐与节拍,鉴赏各种形式的音乐	作曲家、小提琴家	确定一首歌的旋律与节拍
肢体—动觉智力	控制身体的运动和灵活操作物体的能力	舞蹈演员、运动员	玩老鹰捉小鸡的游戏,跳方形舞
人际智力	对人的各种情绪、气质、动机和需要作出正确判断和反应	治疗师、售货员	听同学之间的辩论

续 表

智力类型	该智力的核心成分	经常使用此智力的人举例	影响的教育活动
内省智力	了解自己的情绪,能辨别这些情绪,并根据这些情绪指导自己的行为	演员、小说家	通过角色扮演来了解一个人的内心世界
自然智力	发现并理解自然界的模式	地理学家、探险家	到森林中观察动物的生活模式

从表面上看,加德纳的多元智力理论与塞斯通比较相似,但实际上加德纳是将每一种智力视为一种真正的单独智力。很明显,他对智力的构成采取了比较宽泛的视角。传统教育注重的是言语和逻辑—数学智力,但加德纳将音乐和体育才能也视为智力的组成部分。他认为,每一位学生都具有上述八种基本智力,但它们的不同组合便构成智力的差异。因此,教师应了解学生智力的优势与弱点,从多角度评价学生,对学生的指导应该多样化,适当地增加一些教育活动来促进学生多种智力的发展。同时,教师应避免在每一个教育活动中都要求八种智力全面发展。

2. 智力的群体差异

智力的群体差异是指不同群体之间的智力差异,包括智力的性别差异、年龄差异和种族差异等。目前研究比较多的是智力的性别差异,尽管研究的结论各异,但在以下两方面则基本一致:

第一,男女智力的总体水平大致相等,但男性智力分布的离散程度大于女性。也就是说,很聪明的男性与很笨的男性都比女性多,智力中等的女性要比男性多得多。

第二,男女的智力结构存在差异,各自具有自己的优势领域。一般认为,男性的视知觉能力较强,尤其是空间知觉的能力,男性明显优于女性。女性的听觉能力较强,特别是对声音的辨别和定位,女性明显优于男性。男性偏于抽象思维,喜欢数学、物理和化学等学科。女性长于形象思维,喜欢语言、历史、人文地理等学科。女孩的口语发展通常比男孩早,在言语的流畅性及读、写、拼等方面均占优势,但男孩在言语理解、言语推理等方面又比女孩强。

(四) 智力对学习的影响

智力无疑是影响学习的一个重要因素。首先,近一个世纪以来,人们几乎一致公认,在传统的教学条件下,智力是学习成绩的一个可靠的预测指标。也就是说,学生的智商越高,学习成绩就越好,而且他们将来接受的教育水平也越高。当然,学习成绩与智商分数之间的相关程度,在不同的年级是有区别的。两者的相关系数在小学阶段为0.6—0.7,中学阶段为0.5—0.6,大学阶段则为0.4—0.5。这种区别很可能与不同学习阶段的淘汰率有关。其次,智力对学习的影响与学科的性质有着密切的关系。阅读、作文等成绩与智商的相关最高(中学阶段为0.6—0.7),数学和自然科学次之(约为0.4—0.5),写字、手工、画图和体育的成绩与智商的相关最低(约为0.2)。教学方法越是要求学生对信息作复杂的认知加工,则智力与学习总量的相关程度越高。换言之,倘若改进教学方法,使教学对学生认知加工的要求降低,则智力与学习总量之间的相关便下降。最后,智力并不影响学习是否发生,即智力不是影响某一知识是否能被学生学会的因素。它主要影响学生学习的速度、数量、巩固程度和学习的迁移,进而影响学习成绩。

三、认知差异的教育含义

所有有关认知差异对学习影响的研究都启示教育工作者,必须根据学生的认知差异改革教学,努力做到因材施教,以促进学生的更好发展。

(一) 适应认知差异的教学组织形式

传统的课堂教学形式已经习惯于将能力和知识水平不同的学生按年龄分班教学。其优点是不同特点的学生在一起可以相互学习、取长补短,其缺点是难以适应学生的认知差异。于是,从19世纪末开始,有人提倡同质分组的教学组织形式,试图将能力和知识水平接近的学生组成教学班。在我国有些学校曾开设快慢班,实质上是一种同质分组。其优点是在一个班里缩小了学生之间的认知差距,能较好地适应学生的个别差异,便于用统一的进度和方法进行教学。但这种教学组织形式一方面很难找到一种理想的分组标准,另一方面也会给学生贴上不同的标签,使程度好的学生骄傲自满,程度低的学生自尊心受损,不利于学生的健康发展。因此,斯托达德(Stoddard, G. D.)曾经提出一个双重进度方案,一部分课程(必修课)采用异质分组的年级制,而其余的课程(选修课)采用同质分组的不分级制,力图使两种不同的教学组织形式有机地统一起来。

(二) 适应认知差异的教学方式

许多心理学家认为,个别化教学是适应认知差异的最佳教学方式。美国芝加哥大学的布卢姆(Bloom, B. S.)通过长期的教学实验,提出了著名的**掌握学习**(master learning)教学模式。所谓的掌握学习就是指向不同能力水平的学生提供最佳的教学和给予足够的学习时间,而使绝大多数学生达到掌握程度(通常要求成功地完成80%—90%的教学评价项目)的教学方式。掌握学习的程序是将学习任务分成许多小的教学目标,再将教程分成一系列小的学习单元,使后一个单元中的学习材料直接建立在前一个单元的基础之上。每一个单元学习结束时,都要通过该单元的测验才能进入后一个单元的学习。若达不到测验要求,则重学此单元后再测验,直到掌握为止。因此,掌握学习便于学生根据自己的认知特点来决定学习的进度。

(三) 适应认知差异的教学手段

人格心理学家斯金纳(Skinner, B. F.)等人提倡程序教学,通过教学机器和程序化的教科书来呈现学习程序,使学生循序个别学习。程序教材是按小步子的逻辑顺序排列的,学生根据自己的程度和能力来确定学习速度。每当学生作出了正确的反应,教材中便出现正确的答案,给予直接反馈和及时强化。后来,程序教学被计算机辅助教学所取代。计算机辅助教学是根据程序教学的原理将计算机技术运用于教学的一种手段。各学科的内容通过文字、图片、幻灯片、电影和录像等载体,按程序编写成材料置放在计算机的贮存器里。学生可以利用一个终端机,按照自己的学习基础和需要自定学习的进度。

随着网络技术和信息科学技术的发展,计算机辅助教学进入到网络学习时代。网络学习是基于计算机网络和多媒体技术,通过师、生、媒体等多边、多向互动进行的一种学习活动,它主要采用自主学习和协商学习的方式进行,为学习者提供更为方便、灵活、个性化的学习环境,更能满足学生认知差异对教学的个性化需求。

网络学习有以下三个特征:一是共享丰富的网络化学习资源。网络学习环境含有大量数据、档案资料、程序、教学软件、兴趣讨论组、新闻组等学习资源,形成了一个高度综合集成的资源库。二是学习活动的交互性。交互可分为个别化交互和社会性交互。个别化交互是指学习过程中学习者与学习资源之间的交互,包括使用详细的学习指南、统一的课程大纲、精心制作的学习资源、自测练习题、其他计算机网络资源等等。社会性交互,是利用网络学习支持平台的交互功能,通过构建虚拟的协作学习环境实现的,包括学习过程中学生与教师、学生与学生、学生与其他专家和朋友等之间的交互。三是突破了传统学习的时空限制。基于网络的交互具有高度的空间灵活性和相对的时间灵活性。空间灵活性体现在以网络为媒体的交流与学习者、教师所处的地理位置无关,而相对灵活的时间取决于小组学习约定的时间范围。教师和学生可以在不同的地方在约定的时间或时间范围内参与讨论。

虽然适应认知差异的教学手段改革经历了程序教学、计算机辅助教学、网络学习的迭代变化,信息呈现、教学互动方式发生了很大变化,但复杂技能的习得、态度品德等的学习依然不能单纯通过计算机网络在虚拟环境中完成,它需要师生面对面、在真实问题情境中互动。

第二节 学生的性格差异

人格是一个相当宽泛的概念,涉及人与人之间的一切差异,包括身体方面的差异、认知方面的差异和情感方面的差异。在情感方面,对学习有重要影响的人格特征主要包括学习动机和性格特征。学习动机将在第十二章讨论,本章只涉及学生的性格差异。

一、性格的概念

(一) 什么是性格

性格(character)一词源于希腊语,原意为"标记""特征"等。在现代心理学中,性格是指个体在生活中形成的对现实的稳固的态度以及与之相适应的习惯化的行为方式。首先,性格表现在个体对现实的态度和行为方式中。人对事物的态度不同,由态度所支配的行为方式自然也不同,因而性格也就不同。其次,性格是一个人独特的、稳定的态度和行为方式。

这些态度与行为方式代表了个体的基本行为倾向,而那些一时性、情境性和偶然性的态度和行为方式不属于性格。最后,尽管有许多性格特征与道德无关,但也有不少性格特征还是与个人的世界观和道德修养紧密相关的,使性格具有社会意义,因而性格往往被视为人格的核心,成为人与人之间相互区别的主要方面。有的心理学家甚至还视性格为狭义的人格,将性格等同于人格。

(二) 性格与气质

性格与气质虽然同属于人格,但属于两个不同的概念。**气质**是不以个体活动的动机和内容为转移的,表现在心理活动的强度、速度、稳定性和指向性方面的动力特征。首先,气质是心理活动的动力特征,不同的气质会导致心理活动发生速度、强度和指向性方面的区别。这里的速度是指知觉速度、情绪发生的快慢等;强度是指情绪的强度和意志的努力程度等;指向性是指心理活动指向外部世界还是内心世界。这些方面的不同特征使学生形成胆汁质、多血质、黏液质和抑郁质等四种气质类型。胆汁质的学生直率、热情、精力旺盛、情绪易冲动、心境变化剧烈,具有外倾性。多血质的学生活泼、好动、敏感、反应迅速、爱交际、注意转移快、兴趣容易变换,具有外倾性。黏液质的学生安静、稳重、反应缓慢、沉默寡言、情绪不外露、注意难转移、善于忍耐,具有内倾性。抑郁质的学生孤僻、行动迟缓、善于观察细小事物、情感发生缓慢、情感体验深刻,具有内倾性。其次,气质是一种天赋的人格特征。虽然性格也与遗传有着密切的关系,但它的形成和发展主要还是决定于环境的影响和个人的自我塑造。而气质主要取决于先天的神经活动类型的特征,甚至可以说气质就是由遗传决定的,因而在出生时就已经表现出个体的气质差异。比如有的婴儿一生下来就比较好动、活泼,哭声也比较响亮;但有的婴儿却安详宁静,声微胆小,反应缓慢。最后,气质是最稳定的人格特征,同性格、动机和兴趣相比,人的气质是最不容易改变的。

但是,性格与气质又有一定的联系。一方面,气质会影响个人对事物的态度和行为方式,使性格带上某种气质的色彩,具有某种特殊的表现形式。气质也会影响性格形成和发展的速度与难易程度。另一方面,性格也会在一定程度上掩盖和改造气质,在某种程度上指导气质的发展,使它服从于生活实践的要求。

二、性格的个别差异

性格的个别差异表现在性格的特征差异和类型差异两个方面。

(一) 性格的特征差异

1. 阿尔波特的研究

人格心理学家阿尔波特将性格特征分成共同特质与个人特质。共同特质是在同一文化形态下的群体所具有的特质,它是在共同的生活方式下形成的,并普遍地存在于该群体的每一个人身上。共同特质又可以分为表现性特质和态度性特质。表现性特质是在支配行动的动机系统中使行动具有一定特征的特质,包括支配性—顺从性、扩张性—退缩性、坚持性—

动摇性等三对共同特质。态度性特质是在对特定情境的顺应行为中所具有的对己、对人和对价值的态度,包括外倾性—内倾性、对自己的客观态度—自我欺骗、自信—自卑,对他人的合群性—孤独性、利他性—自私性、社会智力高—社会智力低,对价值的理论性—非理论性、经济性—非经济性、审美性—非审美性、政治性—非政治性、宗教性—非宗教性等11对共同特质。如果从共同特质看,个体之间的差异只是表现为个人所具有的这种特质的多寡和强弱方面的区别。

个人特质是个人所独有的、代表个人行为倾向的特质。它包括首要特质、重要特质和次要特质。首要特质是几乎影响着个体全部行为的特质,通常一个人只有一个,但却具有极大的渗透性和弥散性,在性格结构中处于支配地位。如林黛玉的首要特质是多愁善感。重要特质是能够刻画个体特征性倾向的那些个人特质,少量(5—10个)彼此联系着的中心特质组成个体独特的性格,使性格具有一般意义的倾向,如教师给学生写出品德评语时所列举的那些特质。而对个体性格结构影响不大的特质则属于次要特质。它们对行为的渗透性极小,往往是针对相当具体的刺激而言的,类似于爱吃甜食之类的习惯与态度等。

2. 卡特尔的研究

美国心理学家卡特尔(Cattell, R. B.)受阿尔波特的影响,从1946年开始研究性格特质的分类。他认为特质是建造性格的砖头,并将性格特征区分为表面特质和根源特质。表面特质是指从外部可以观察到的成串的关联着的行为反应,它只能说明现象,并随环境的变化而变化。根源特质是决定外显行为的潜在变量,潜隐在表面特质背后并支配着表面特质,是人格的本质。例如,"自作主张""自以为是""高傲"等性格特征可以直接表现出来,属于表面特质,而它们的共同根源特质则是支配性。卡特尔主要研究根源特质,发现共有16种各自独立、相关极小的根源特质(见表3-3)。卡特尔还编制出16种人格因素测验来测量这些性格特质。

表3-3 卡特尔的16种根源特质

人格因素	名称	低分者特征	高分者特征
A	乐群性	缄默、孤独	乐群、外向
B	聪慧性	迟钝、知识面窄	聪慧、富有才能
C	稳定性	情绪激动	情绪稳定
E	恃强性	谦逊、顺从	支配、攻击
F	乐观性	严肃、审慎	轻松、兴奋
G	有恒性	权宜、敷衍	有恒、负责
H	敢为性	畏怯、退缩	冒险、敢为
I	敏感性	理智、注重实际	敏感、感情用事

续 表

人格因素	名称	低分者特征	高分者特征
L	怀疑性	信赖、随和	怀疑、刚愎
M	幻想性	现实、合乎成规	幻想、狂放不羁
N	世故性	坦白直率、天真	精明能干、世故
O	忧虑性	安详沉着、自信	忧虑抑郁、烦恼多端
Q1	实验性	保守、服从传统	自由、批评、激进
Q2	独立性	依赖、随群附从	自立、当机立断
Q3	自律性	矛盾冲突、不拘小节	知己知彼、自律严谨
Q4	紧张性	心平气和	紧张困扰

3. 苏联心理学家的研究

苏联心理学家将性格分解为态度特征、意志特征、情绪特征和理智特征。性格的态度特征是个体对现实的态度体系的个别特点，属于处理社会关系方面的性格特征，如对社会、集体和他人的态度，对劳动、工作和学习的态度，对自己的态度等。性格的意志特征是个体对自己行为的自觉调节方式和水平方面的个人特点，包括自觉性、可控性、坚持性和果断性等。性格的情绪特征是个体经常表现在情绪活动的强度、稳定性、持久性和主导心境方面的个人特点，反映了个体受情绪的影响和个体对情绪的控制程度。而个体表现在感知、记忆、想象和思维等认知方面的个人特点则是性格的理智特征，如对认识结果的怀疑感、惊讶感等。

(二) 性格的类型差异

性格类型是指在一类人身上所共有的性格特征的独特结合。许多心理学家都试图划分性格的类型，有的以血型为标准，有的以体型为标准，有的以食物为标准，也有的以排行为标准。目前比较流行的意见有以下几种。

1. 机能类型说

19世纪英国心理学家培因(Bain, A.)根据智力、情感和意志等三种心理机能在性格结构中何者占优势，将人的性格区分为理智型、情绪型和意志型。以智力机能占优势的理智型，以理智衡量周围发生的事情，并以理智支配自己的行为。以情感机能占优势的情绪型，情绪体验强烈，其行为容易受情绪所左右。以意志机能占优势的意志型，目标明确，自制力强。

2. 向性说

1913年，瑞士的精神分析心理学家荣格(Jung, C. G.)认为，"力必多"(libido)是个体的全部生命力，是人类一切行为的原动力。力必多的活动可以指向外部世界，也可以指向内部世界。据此可以将性格分成内向型和外向型等两大态度类型。外向型性格的人，心理活动倾向于外部，关心外界事物，心情开朗，活泼好动，善于交际。内向型性格的人，心理活动倾向于内部，很少关心外部事物，反应迟缓，沉静，孤僻，适应困难。当然，极端的外向与内向的人比较少，大多数人的性格都处于内外向之间的某一个位置。1921年，他在《心理类型学》中将心理活动划分为感觉、思维、情感和直觉等四种基本机能。感觉告诉人存在着某种东西；思维告诉人它是什么；情感让人体验到是否令人满意；直觉则告诉人它来自何处以及向何处去。荣格将两大态度类型与四种心理机能组合起来，成为8种性格类型（见表3-4）。

表3-4 性格的类型

	内 倾	外 倾
感觉	远离外界，爱沉浸于自己的感觉世界，艺术性强。	头脑清醒，寻求刺激与享乐，情感浅薄。
思维	爱思考自身的精神世界，但情感压抑，固执幻想。	以客观资料为依据，但冷淡与傲慢。
情感	情感深藏不露，易抑郁，思维压抑。	情感外露，好交际。
直觉	从内部发现各种可能性，爱脱离实际的幻想。	从外部发现各种可能性，寻求新的可能性，但不能坚持到底。

3. 独立—顺从说

奥地利心理学家阿德勒（Adler, A.）也是以精神分析的观点来划分人的性格类型的，但他认为每一个人都有一种求权的意志，表现为个体的竞争性，于是便将性格划分为优越型和自卑型。而其他的心理学家则不同意以个体的竞争性为标准，主张以个体的独立性来划分性格类型。如果善于独立发现问题和解决问题，在紧急或困难的情况下表现沉着镇静，易于发挥自己的力量，甚至喜欢将自己的意见强加于人，其性格属于独立型。如果独立性差，易受暗示，容易不加分析地接受他人的意见，在紧急和困难的情况下表现出惊慌失措，其性格就是顺从型。

4. **两维分类说**

英国心理学家艾森克（Eysenck, H.）根据内倾—外倾和稳定—不稳定两个维度对性格作出分类（见图3-4）。这种分类，实际上是将性格的类型与性格的特征结合起来了。如主动、善交际、开朗属于外倾的一端；被动、孤僻、沉思属于内倾的一端；镇静、顺应、可信赖属于稳定的一端；心情易变、焦虑、易激动属于不稳定的一端。

5. **社会生活方式说**

德国的教育学家和哲学家斯普兰格（Spranger, E.）以不同的社会生活方式为出发点，将性格区分为理论型、经济型、审美型、社会型、权力型和宗教型等六种类型。理论型的人以追求真理为生活目的，根据自己的知识体系来判断事物的价值，冷静而客观地观察事物。经济型的人以追求利润、获得财产为生活目的，用经济观点看待一切，以实际效果判断事物的价值。审美型的人从美的角度来判断事物的价值，不大关心实际生活。社会型的人有志于增

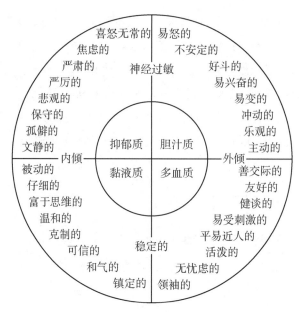

图 3-4 希波克拉特和艾森克因子分析

资料来源：叶奕乾等：《图解心理学》，江西人民出版社1982年版，第377页。

进他人或社会的福利，重视人际关系，以爱他人为最高价值。权力型的人重视权力，并努力去获得权力，总是想指挥他人。宗教型的人相信宗教，有感于圣人相救之恩，坚信永存的绝对生命。

(三) 性格的性别差异

人们除了用生理差异来区分性别之外，还会根据性格和行为表现的特征来确定性别。不管在生理上是男性还是女性，具有男性或女性行为特征的程度叫性度。具有男性行为特征的程度叫男性度，具有女性行为特征的程度叫女性度。从行为表现上看，世界上没有绝对的男性和女性，男性度和女性度总是混合交织在个体身上。只是在通常情况下，男性具有较多的男性度，女性具有较多的女性度。也就是说，性格应该具有性别差异。

可是对性格性别差异的具体表现，目前却没有一致的看法。1974年，美国的麦考比(Maccoby, E. E.)和杰克林(Jacklin, C. N.)出版了《性别差异心理学》一书，通过对1600项研究的分析和概括，阐述了是否存在性别差异、性别差异的程度以及性别差异的成因，被认为是性别差异心理学发展的一座里程碑。他们认为，最显著的性别差异是男性更具有攻击性。其次是女性比男性更好社交，更容易受暗示，自信心比男性差，更倾向于解决简单的、墨守成规的问题，而男性则更倾向于解决复杂的、需要摆脱定势的问题。

当然也有人批评麦考比等人缩小了性格的性别差异。他们认为男性的情绪更容易烦躁和愤怒，在挫折情境中比女性更多地出现消极的反应；而女性又比男性更容易焦虑和恐惧，更容易产生同情心。此外，还有人发现女性比男性更容易支配同性伙伴，甚至更容易对男性发号施令。

(四) 性格差异的鉴定

性格差异主要通过测量来鉴定,常用的性格测量有自陈测验和投射测验。

1. 自陈测验

自陈测验是由被试回答问卷中的各种问题并据此评定其性格特征或类型的测验。国际上比较著名的自陈测验有明尼苏达多相人格问卷(MMPI),由 565 个题目组成,适用于 16 岁以上有阅读能力的被试,不仅能够鉴别有无精神疾病,而且能够勾勒出一个人广泛的性格特征。由卡特尔编制的 16 因素人格问卷也颇有影响,它包括 187 个题目,适用于 16 岁以上有阅读能力的被试,可以测量出 16 种人格特质以及所属的性格类型。

2. 投射测验

投射测验是向被试提供模糊而不确定的测验刺激,以引起被试的想象,使其动机、情绪、愿望或价值观念等不知不觉地反映出来。它包括墨迹测验与主题统觉测验。由瑞士的罗夏(Rorschach, H.)编制的墨迹测验共有 10 张墨迹图片(见图 3-5),要求被试回答这些墨迹图像是什么,据此鉴定其性格特征。由美国的默里(Murray, H. A.)等人编制的主题统觉测验共有 30 张主题不明确的黑白图片(见图 3-5),每次抽取其中的 19 张图片和 1 张空白卡呈现给被试,要求根据每一张图片讲一个故事,让被试不自觉地将隐藏在内心的欲望、情绪和冲突投射在故事情节中。

图 3-5 墨迹测验图(左)和主题统觉测验图(右)

三、性格差异的教育含义

现有的研究表明,性格虽然不会影响学习的发生,但它却会影响学生的学习方式。性格外向者通常对学习新的难度较大的内容感兴趣,能够迅速举手要求回答教师的课堂提问,但课后不爱认真复习,作业马虎。性格内向者在课堂里反应缓慢,课后常花时间复习,作业认真,遵守纪律。性格独立者爱参与竞争性学习,性格顺从者常等待教师的布置,依赖同学的帮助。

性格也作为动力因素而影响学习的速度和质量。良好的态度、情绪、意志和理智等性格特征有助于增强学生的学习信心,使他们获得情感上的满足,提高对未来学习的志向水平,学习更加勤奋,因而有助于学业成功。而不良的性格特征则容易使学生产生消极、羞愧、恐惧、沮丧的情绪体验,产生退缩行为,导致学业失败。性格差异还会影响学生对学习内容的选择。国外的研究发现,男性性格的学生对生理健康、安全、金钱和性问题感兴趣。女性性格的学生对人生哲学、日常生活、心理健康和家庭关系更感兴趣。我国的研究发现,男中学生对数学、物理的兴趣大于女中学生,女中学生对语文、外语的爱好大于男中学生。男中学生喜欢看科技书刊,参加科技小组活动,女中学生爱读少年文艺和童话故事。此外,也有研究表明,性格差异会影响学生的社会性学习和个体社会化。

因此,为了促进学生的健康发展,学校教育内容的选择和组织应该更好地适应学生的性格差异。

首先,学校应该开设面向高一级学校的提高性选修课、面向生产部门的职业性选修课、拓展学生科学视野的拓展性选修课和发展学生技艺特长的发展性选修课,供不同性格、兴趣爱好和能力特长的学生选择。

其次,提倡非指导性教学。美国心理学家罗杰斯(Rogers, C. R.)强调以学生为中心,教师注重创造促进经验学习的课堂气氛,以真诚的情感对待学生,给学生以无条件的关注,并能设身处地为学生着想,产生移情。学生则进行自我指向的学习,学会如何解决他们所面临的各种问题。

最后,倡导合作学习。学生们以主动合作的学习方式,共同参与设计学习步骤,分工合作实施学习计划,共同整理获得的资料,以小组为单位向全班报告学习的结果,并以小组的成绩作为全组学生的最终成绩。这样的学习使不同性格的学生相互包容,求同存异,共同负责,从而增进他们的集体感与友谊感,发展人际沟通能力。更重要的是,合作学习能够促进意义的建构。因为合作过程中的交流、争议和意见综合有助于学生建构新的、更深层次的理解;由于个人的思路在合作过程中被外化,有助于对自己思维的监控;合作与交流使学生达成对问题的理解,建立更完整的表征,促进问题的解决。

第三节 特殊儿童的心理与教育

一、特殊儿童的概念

特殊儿童的概念可以从广义和狭义两个方面去理解。

(一) 广义的特殊儿童

美国《百科全书》第九卷"教育"条目将**特殊儿童**(children with special needs)定义为"在

智力、感官、情绪、身体、行为或沟通能力上与正常情况有明显差异的儿童"。这一定义可以从三方面来理解：第一，特殊儿童是个别差异特别显著的儿童，他们在某一方面或某些方面与同龄儿童的差别特别显著。第二，特殊儿童是有发展或适应上的特殊困难或特殊需要的儿童，这些困难与需要可能是先天性的，也可能是后天的失调。第三，特殊儿童是偏离常态的儿童，既包括得天独厚的超常儿童，也包括"得天独薄"的障碍儿童。美国的特殊教育家柯克(Kirk, S. A.)就是从这一意义上来理解特殊儿童的，认为特殊儿童主要是在智力、感觉能力、神经活动或身体特征、社会行为、交际能力和多种缺陷等六个方面偏离常态。偏离常态的程度是指需要对他们采取不同于普通学生的特殊教育措施或提供特殊的教育服务，才有可能最大限度地促进其身心发展。因此，广义的特殊儿童是指一切偏离常态且需要接受特殊教育措施才能满足其发展需要的儿童，既包括发展水平低于正常标准的儿童，如智力落后儿童、视觉障碍儿童、听觉障碍儿童等，也包括发展水平高于正常标准和有轻微违法犯罪行为的儿童。

20世纪80年代以来，为了避免给特殊儿童打上盲、聋、弱智等有害的"标记"，给儿童本人和家长带来不良影响，一些欧美国家开始使用"特殊需要儿童"或"特殊教育需要儿童"代替"特殊儿童"，泛指在身心发展或学习、生活方面与普通儿童有显著差异而需要给予区别性的特殊服务及处境不利的儿童，包括超常儿童、学习困难儿童、各种残疾儿童和需要各种特殊服务的非残疾儿童等。这样更加扩大了特殊儿童的范围。

(二) 狭义的特殊儿童

狭义的特殊儿童，又称为"缺陷儿童"或"障碍儿童"，将得天独厚的超常儿童排除在外，仅指盲、聋、弱智、言语障碍和肢体残疾等身心有障碍的儿童。他们因某些生理的、心理的或社会性的障碍而无法从普通教育环境中获得良好的适应与学习效果，需要借助教育上的特殊扶助才能充分发展其潜能。

二、特殊儿童的类型

尽管不少人反对将特殊儿童分类，认为分类会给学生贴上标签而损害他们的自尊心。但是，不同类型的特殊儿童是客观存在的，而且特殊教育又需要对不同类型的特殊儿童采取不同的教育措施，这与直接以此种分类名称来称呼特殊儿童在性质上是不同的。因此，对特殊儿童进行分类还是有必要的。美国的桑切克(Santrock, J.)认为，特殊儿童包括天才儿童和丧失某种能力的儿童。我国台湾的《特殊教育法》(1997)将特殊儿童分为身心障碍和资质优异两大类。

(一) 天才儿童

长期以来，人们把智能发展明显超出一般同龄儿童者称为天才儿童，国际上通行的标准为智商超过140。美国斯坦福大学的推孟从1920—1956年领导了对1528名天才儿童长达30多年的追踪研究。这些天才儿童大多来自经济水平较高的家庭，家庭收入的中位数是加利福尼亚州平均水平的两倍多,其父母的受教育水平比一般美国人多 4—5 年。1940 年,推孟用成人智力量表再次测量他们的智力,发现没有一个人的智力倒退到成人的平均水平。中国科学院心理研究所的查子秀教授从 1978 年开始对智力超常儿童进行长期的追踪研究,结果发现超常儿童的思维明显优于常态儿童,他们以创造性思维的较高发展为特征而构成不同于同龄常态儿童的认知模式;记忆力、注意力、空间能力、学习能力和计数熟练等也都明显优于普通学生;智力超常儿童的抱负、求知欲、独立性、好胜性、坚持性等个性特征都优于常态儿童。大量的研究表明,智力超常的儿童对文学、辩论术和古代史等抽象学科感兴趣,而对书法和手工训练等实践性学科不太感兴趣;他们大多情绪稳定,很少说过头话,也不太会说谎;80%的智力超常儿童适应良好,严重不适应者远远低于全国的平均水平;智力超常儿童的挫折耐受力强,从事专业工作的比例是一般儿童的 8 倍。

由于高智商不意味着高成就和高创造力,而且随着社会文化价值的变迁,人们越来越关注具有特殊才能和高创造性的儿童。由此,"**超常儿童**"(gifted and talented children)作为一个多维度的概念被用来表征各类出类拔萃的儿童。美国心理学家任朱利(Renzulli, J. S.)提出"三环"天才概念:中等以上的能力(包括智力)、创造性(形成新概念并解决实际问题的能力)、完成任务的专注性(较高的动机水平和献身精神)三种因素联合作用的结果。他将超常儿童分为两大类:学业超常儿童和创造性、生产性超常儿童。美国心理学家斯腾伯格和张(Sternberg, R. J. & Zhang, L. LF)提出了超常儿童的一种概念模型,称之为"五角内隐理论"。根据该模型,天才必须满足以下 5 条标准:

① 杰出,在某些方面与同龄人相比较优秀;
② 优异,与同龄人相比,具有罕见的高水平的特质;
③ 实用,被评定为优秀的方面必须具有实用性或潜在的实用性;
④ 表现,某一方面的优秀必须能在一个或多个有效的测验中表现出来;
⑤ 价值,某一方面的优秀成就要被个体所在的社会认可为有价值。

美国 1988 年颁布的雅各布(Jacob, K. J.)的天才与资优学生教育法案给天才与资优儿童少年的定义是:在智能、创造性、艺术、领导能力或特定的学科方面有杰出表现,并需要学校提供非一般的服务或活动,才能充分发展上述才能的儿童少年。由此可见,超常儿童是天才儿童和在艺术、音乐、数学等领域有超常才能儿童的总称。

目前研究比较多的是智力超常儿童。超常儿童的流行率与鉴定标准关系密切,如果仅以智商的高低来鉴别超常儿童,根据智商测试分数的常态分布曲线,从理论上说,超常儿童约占儿童总数的 1%—3%;根据任朱利提出的智力在中等以上(智商不低于 115)就可能成为超常儿童的观点,估计超常儿童约占儿童总数的 15%—20%,这可以说是处在一般能力或特定成就领域顶端的"天才群"。

(二) 能力缺失儿童

美国目前已经用能力缺失儿童(children with disabilities)取代"残疾儿童"(disabled

children)或"残障儿童"(handicapped children)。因为能力缺失是指使个人能力受限的功能局限,而残障则是指施加在丧失某种能力者身上的一种状况。

1. 感觉障碍

感觉障碍包括视觉损害和听觉损害。视觉损害是指在20英尺距离以内只能看清视力正常者在200英尺远处所能看清的目标。听觉损害是指听觉损失程度在70分贝及其以上者,无论是否借助于助听器,光靠耳朵已经无法理解言语。

2. 躯体障碍

躯体障碍包括脑瘫等肢体障碍和发作性障碍。肢体障碍是指由于肌肉、骨骼或关节问题造成的行动受限和对行动缺失控制能力。其中脑瘫是最主要的肢体障碍。最常见的发作性障碍是癫痫,是指以感觉运动或肢体抽搐反复发作为特征的神经系统障碍。

3. 智力障碍

智力障碍的最明显特点是智力低下。1983年,美国弱智学会提出"弱智是指一般智力功能明显低于平均水平,同时存在适应行为方面的障碍,并发生在发育时期"。1986年,我国国务院批准的《残疾标准》规定"智力残疾是指人的智力明显低于一般人的水平,并显示出适应行为的障碍"。这里的智力功能明显低于平均水平,国际上通行的标准是智商在70以下。而适应行为障碍则是指其独立性、社会责任心与其年龄和社会期望不符合。只是由于适应性行为缺陷目前尚难测定,人们往往以为智障儿童只是智商低于70的儿童。

美国的特殊教育家柯克曾将弱智儿童分成三种类型。第一种是可教育的智力落后儿童,其智商在55—70之间。这些儿童可以掌握小学程度的文化科学知识,学会一定的社会适应能力,能在社区中独立生活,也能接受一定程度的职业训练,成年后能自食其力。第二种是可训练的智力落后儿童,其智商在25—55之间。他们可以通过训练而达到生活自理,保护自己免遭危险,适应社区生活,并在他人的监护下从事有一定经济收入的工作。第三种是严重的智力落后儿童,智商在25以下,往往伴随有严重的身体缺陷,如头颅颜面畸形等。他们往往终身需要他人的照顾,对他们进行训练的目的,主要是使他们在有限的环境里具有一定的社会适应能力。

4. 言语障碍

言语障碍包括构音障碍、发声障碍和语畅障碍在内的言语问题以及接收信息和言语表达困难等在内的语言问题。构音障碍的儿童无法正确发音,发声障碍的儿童声音嘶哑、刺耳,语畅障碍即俗称的口吃,讲话迟疑重复。语言障碍的儿童则提出问题困难,很难理解和遵循口头指令,很难理解谈话内容等。也就是说,他们既有接受性言语困难,又有表达性言语困难。

5. 学习困难

学习困难(learning disability),又称学习障碍,目前比较公认的是全美学习障碍联合会(National Joint Committee on Learning Disabilities,简称NJCLD)1988年提出的关于学习障碍的定义。根据此次界定,学习障碍是一个概括性的术语,指一系列功能失调的症候群。主要表现为在听、说、读、写、推理、计算等能力的获得和运用方面存在显著困难。这些困难是个体内在因素引起的,据推测是由中枢神经系统功能失调所引起并通过日常生活表现出来的。虽然学习障碍儿童也可能伴随有行为自制、社会知觉、人际互动方面的问题,但这些问题不是导致学习障碍的直接原因。虽然学习障碍也可能伴随有其他方面的障碍(例如,感官缺陷、智力落后、严重的情绪紊乱等)或其他外在因素的影响(例如,文化差异、不恰当的教育等),但它们都不是造成学习障碍的直接原因。

判断一个学生是否属于学习困难,至少需要符合以下三个条件:①个体的智力正常或接近于正常,一般认为智商应该在80以上。②无法在正常的教学条件下从事有效的学习,学习结果远未达到教学目标的要求,只有接受特殊的教育服务才能学习成功。这一学业不良标准,以代表性较好的样本学科统测平均分为参照标准,个体成绩低于平均分25个百分等级。当然,他们的学习困难可能是多门学科,也可能是一门学科。③他们的学习困难不是感官障碍、情绪困扰或缺乏学习机会等因素造成的。

因此,我们认为学习困难学生是指感官和智力正常而学习结果远未达到教学目标的学生。他们大多有注意障碍、记忆障碍、思维障碍以及阅读障碍、计算障碍、拼写和书写障碍等。美国的柯克将这些学习障碍区分为发展性障碍和学业性障碍。发展性障碍包括注意障碍、记忆障碍、知觉运动障碍和知觉障碍等原始性缺陷,以及思维障碍、语言异常等衍生性障碍。学业性障碍则包括阅读障碍、计算障碍、拼写障碍和书写障碍等。所有这些学习障碍的鉴别,首先要进行智力测验,然后是标准化学绩测验,比较著名的有加利福尼亚成就测验、斯坦福成就测验和依阿华基本技能测验。

据美国教育部的统计,2017—2018学年度在3—21岁的人群中,学习障碍儿童有234.2万人,是接受特殊教育服务的学生中比例最大的群体,占比超过三分之一(见表3-5)。

表3-5 美国2017—2018学年度3—21岁接受特殊教育儿童的人数、百分比和流行率

类别	人数(万)	占特殊儿童的比例(%)	流行率(%)
学习障碍 learning disability	234.2	33.6	4.6
言语或语言障碍 speech or langauge impairment	135.7	19.5	2.7
健康障碍 other health impairment	100.2	14.4	2.0
自闭症 autism	71	10.2	1.4
发展迟缓 development delay	46.1	6.6	0.9
智力落后 mental retardation	43.6	6.3	0.9
情绪障碍 emotional disturbance	35.3	5.1	0.7
多重障碍 multiple disabilities	13.2	1.9	0.3
听觉障碍 hearing impairment	7.5	1.1	0.1

续 表

类　　别	人数(万)	占特殊儿童的比例(%)	流行率(%)
肢体障碍 orthopedic impairment	4.1	0.6	0.1
视觉障碍 visual impairment	2.7	0.4	0.1
脑外伤 traumatic brain injury	2.7	0.4	0.1
盲聋双残 deaf-blindness	0.1	/	/

6. 注意力缺失

注意力缺失，也叫多动症，它有三个典型特征：一是注意无法集中；二是多动；三是冲动。他们很难专心做事，对事情很容易厌烦；活动量过大，无法安静下来；难以控制自己的行为反应。以前，研究者认为当儿童进入青春期，多动症就会消除，但最近有专家认为问题会持续到成年以后。对于多动症的孩子，教育的主要问题是如何帮助他们集中注意力，而不仅仅是控制他们的身体行为。

三、特殊儿童的流行率

流行率是指在某一特定时间内一定人口中已经存在某种障碍人数所占的百分比，它是实际发生某种障碍的人数与可能发生该障碍的同龄儿童总人数的比值。流行率不同于发生率。发生率是指在某一特定时间内一定人口中所发生的新障碍人数所占的百分比。

表 3-5 所显示的是美国 2017—2018 学年度 3—21 岁接受特殊教育儿童中不同类型的人数、在特殊儿童中的占比和它的流行率。美国在该学年度特殊儿童的流行率是 13.9%，学习困难、言语或语言障碍、健康障碍、自闭症这四类特殊儿童在流行率排行中位居前列。

从我国教育部网站发布的《全国教育事业发展统计公报》中每年义务教育阶段接受特殊教育的学生人数、义务教育阶段在校学生人数，可以计算出我国 6—15 岁儿童中接受特殊教育的儿童的比率，可以将此作为特殊儿童流行率的一个参考值。表 3-6 显示，2016—2018 年，在义务教育阶段我国接受特殊教育的学生人数比例分别为 0.34%、0.39% 和 0.44%。与美国 13.9% 的流行率相比，我国的数据要低得多。导致数值明显偏低的原因主要来自这两方面：一是特殊儿童概念范畴不同。我国教育机构和教育管理部门在实际操作中，执行的是"狭义的特殊儿童"的概念，像"学习障碍""注意力缺失"等在特殊儿童中占比较高的特殊儿童尚未进入统计范围；二是统计的年龄区间不同，美国统计的是 3—21 岁的学生，我国统计的是 6—15 岁的学生。

表 3-6　2016—2018 年义务教育阶段我国接受特殊教育学生人数和占在校学生人数的比例

年份	接受特殊教育的学生人数(万)	义务教育阶段在校学生人数(万)	接受特殊教育的学生人数占比(%)
2016	49.17	14242.38	0.34%
2017	57.88	14535.76	0.39%
2018	66.59	14991.84	0.44%

资料来源：中华人民共和国教育部网站《全国教育事业发展统计公报》。

四、特殊儿童的教育

(一) 基于尊重和理解的关爱

人类生而平等，包括特殊儿童在内的所有人都有其尊严和价值，只是特殊儿童有较多的困难，需要更多的特殊服务而已。我们要在教育中充分发挥他们健全部分的潜能，对于缺陷的部分实施补救教育，使他们的某些功能得到补偿和康复。要相信每一个特殊儿童都有受教育的可能性，只要有持续的、适当的教育，每一个特殊儿童都会进步，只是进步的大小不同而已。

(二) 特殊教育要从医学模式向社会生态学模式转变

20 世纪五六十年代以前，特殊教育的医学模式流行，认为特殊儿童的障碍主要是内部生理条件或疾病造成的，因而多从医学角度出发去清除儿童内部的不利条件。可是事实上除了从生长和学习的环境中去寻找原因，还要注意重新设计儿童的学习和社会环境。

(三) 坚持因材施教，提供合适的教育

特殊教育出现的主要原因是特殊儿童与同龄学生在学业成就和学习能力方面存在着明显的差异。特殊儿童的个体内差异与个体间差异都非常大，比普通学生更需要针对他们的个别差异和特殊需要进行教育。比如教学内容更应该同他们的家庭、亲属以及街坊等密切关联的直接经验相联系，也需要考虑与职业安置有关的职业训练知识。针对特殊儿童的心理特点，应该让他们掌握一些特殊的技能。盲童和耳聋儿童需要通过掌握盲文和手势语而获得独特的交流思想的技能，学习电子计算机以增强职业技能，以及让超常儿童掌握音乐、美术、表演、体育、制作和领导技能等等。

(四) 坚持正常化，推行融合教育

正常化和融合教育是第二次世界大战后提出的一种特殊教育思想，主张改革原来教养机构中的封闭形式，将受教育者置于正常的社会环境中学习和生活，使其更好地适应社会生活。目前，西方国家的特殊教育强调正常化(normalization)、一体化(integration)、回归主流(mainstreaming)和最少限制环境(least restrictive environment)。正常化是让特殊儿童像

正常儿童一样地居住、受教育、工作和娱乐。一体化是指特殊儿童要与普通儿童融合在教育和社区环境中。回归主流又称随班就读,是指让特殊儿童进入普通学校的课堂中进行全日制或半日制的教育活动,即将他们置于学校生活的主流中去,而不是将他们分隔开来,进行单独的教育。最少限制环境是指最接近普通课堂又能满足特殊学生特殊需要的教育环境。比如普通班加巡回辅导,将特殊学生置于普通班中,由巡回教师定期或不定期地向特殊儿童提供部分时间的教学;普通班加资源教室,特殊学生除了在普通课堂接受教育之外,再去配有特殊材料、设备的资源教室接受专门教师的补救教育。

资源教室是推行融合教育的一项重要措施,它使得随班就读学生在普通教育中享受到特殊教育的专业服务和支持。特殊儿童大部分的时间在普通班级中学习一般课程,部分时间在资源教室内接受资源教师的指导。**资源教室**设在普通学校,是一种集课程、教材、专业图书以及学具、教具、康复器材和辅助技术于一体的专用教室,它通过资源教师为有特殊教育需求儿童提供咨询和诊断、个别化教育计划、教学支持、学习辅导、补救教学、康复训练和教育效果评估等服务和支持。

练习题

一、填空题

1. 人格又称_____,人格差异主要包括_____、_____和_____等方面的差异。
2. 世界上最早的智力测验是由法国的_____和_____编制的,后经美国斯坦福大学的心理学家_____多次修订,现称_____量表。
3. 韦克斯勒儿童智力量表共有12个分测验,其中有6个分测验主要测量_____方面的能力,另外的6个分测验主要测量_____方面的能力。
4. 在传统的教学条件下,中学生的 IQ 与其学习成绩的相关系数为_____。
5. _____和_____是影响人格差异的两个主要因素。
6. 卡特尔将人格特征分为_____和_____两部分。
7. 阿尔波特将性格特征分成_____和_____。
8. 智力差异体现在_____差异与_____差异两方面。
9. 性格的个别差异表现在_____差异和_____差异两个方面。
10. 通常将特殊儿童分为_____和_____两大类。
11. 注意力缺失有三个典型特征:一是_____,二是_____,三是_____。
12. 通常按照以下标准来判断是否为弱智:一般智力功能明显低于_____,同时存在_____方面的障碍,并发生在_____。

13. 广义的特殊儿童是指一切_____且需要接受_____才能满足其发展需要的儿童,既包括发展水平_____的儿童,如智力落后儿童、视觉障碍儿童、听觉障碍儿童等,也包括发展水平_____和有轻微违法犯罪行为的儿童。

14. 性格是指个体在生活中形成的_____以及与之相适应的_____。

15. 认知方式又称_____,是指个体知觉、记忆、思维和解决问题等认知活动_____中和组织信息时所显示出来的_____的风格。_____与_____是认知方式的主要特征。

二、选择题

1. 场依存且沉思型认知方式的学生适合选修的学科是(   )。
   A. 物理学   B. 历史学
   C. 数学   D. 社会学

2. 指出下述各项中错误的说法是(   )。
   A. IQ 分数与学习成绩有显著的相关
   B. IQ 分数可以预测个人的性格特征
   C. 学生的情绪和动机对智力测验分数没有影响
   D. 一个人的 IQ 保持相对稳定

3. 反映儿童的智力水平且能被测量的个人特征是(   )。
   A. 言语能力   B. 动作的灵活性   C. 社交能力   D. 学习成绩

4. 对学生的学习速度产生最稳定影响的因素是(   )。
   A. 智力水平   B. 性格特征   C. 学习态度   D. 认知方式

5. 程序教材不同于传统教材的原因是(   )。
   A. 直接提供反馈和强化   B. 系统组织
   C. 用教学机器呈现   D. 给学生个别阅读

6. 计算机辅助教学与程序教学的相同点是(   )。
   A. 资料贮存   B. 教材程序化
   C. 直接提供反馈   D. 能分析学生的错误

7. (   )不属于特殊儿童。
   A. 长白头发的学生   B. 交往障碍儿童
   C. 弱智儿童   D. 学习困难儿童

三、问答题

1. 试述加德纳的多元智力理论及其教育意义。
2. 如何根据学生的性格差异进行因材施教?
3. 什么是学习困难?如何对学习困难学生实施特殊教育教学?

重点概念

1. **认知方式**：又称认知风格,是指个体在知觉、记忆、思维和解决问题等认知活动中加工和组织信息时所显示出来的独特而稳定的风格。持久性与一致性是认知方式的主要特征。

2. **学习风格**：是学习者持续一贯的带有个性特征的学习方式,是学习策略和学习倾向的总和。

3. **智力**：指个人潜在的能力,是个体稳定的个性心理特征。

4. **智力商数**：智力测验结果是用智力商数来表示的,简称智商(IQ)。智商的计算有两种方法,一种叫比率智商,将智力测验测得的智力年龄与实足年龄比较;另一种称为离差智商,将个人实际得分与同龄组的总平均数比较。

5. **多元智力理论**：由美国哈佛大学的加德纳提出。该理论认为智力是由八个相对独立的因素所构成的,每一个因素都是独立的功能系统,但各个系统相互作用,从而产生整体的智力活动。这八个相对独立的智力分别是言语智力、逻辑—数学智力、空间智力、音乐智力、肢体—动觉智力、人际智力、内省智力和自然智力。不同的智力使用不同的符号系统,发源于特定的脑部位,受不同的学校教育影响,而且被不同的人所运用。

6. **掌握学习**：由美国教育心理学家布卢姆提出,是指向不同能力水平的学生提供最佳的教学和给予足够的学习时间,而使绝大多数学生达到掌握程度(通常要求成功地完成80%—90%的教学评价项目)的教学方式。

7. **性格**：是指个体在生活中形成的对现实的稳固的态度以及与之相适应的习惯化的行为方式。

8. **气质**：是不以个体活动的动机和内容为转移的,表现在心理活动的强度、速度、稳定性和指向性方面的动力特征。

9. **特殊儿童**：广义的特殊儿童是指一切偏离常态且需要接受特殊教育措施才能满足其发展需要的儿童,既包括发展水平低于正常标准的儿童,也包括发展水平高于正常标准和有轻微违法犯罪行为的儿童。狭义的特殊儿童指盲、聋、弱智、言语障碍和肢体残疾等身心有障碍的儿童,他们需要借助教育上的特殊扶助才能充分发展其潜能。

10. **超常儿童**：是天才儿童和在艺术、音乐、数学等领域有超常才能儿童的总称。

11. **学习困难**：又称学习障碍,目前比较公认的是全美学习障碍联合会(NJCLD)1988年提出的关于学习障碍的定义:指一系列功能失调的症候群,主要表现为在听、说、读、写、推理、计算等能力的获得和运用方面存在显著困难。

12. **资源教室**：设在普通学校,是一种集课程、教材、专业图书以及学具、教具、康复器材和辅助技术于一体的专用教室,它通过资源教师为有特殊教育需求儿童提供咨询和诊断、个别化教育计划、教学支持、学习辅导、补救教学、康复训练和教育效果评估等服务和支持。

推荐读物

1. 黄希庭著:《人格心理学》,浙江教育出版社2002年版。

    该书全面阐述了人格研究的范型和人格特征,介绍了人格研究的方法和鉴别技术。

2. [美]珀文著,周榕等译:《人格科学》,华东师范大学出版社2001年版。

    该书全面阐述了人格的构成成分、人格的发展以及有关人格的各种理论。

3. [美]伯格著,陈会昌等译:《人格心理学》,中国轻工业出版社2000年版。

    该书围绕精神分析理论、特质理论、生物学流派、行为主义、人本主义和认知理论等六种人格理论流派,对有关人格的理论进行了全面而系统的介绍。

4. [美]R·赖丁、S·雷纳著,庞维国译:《认知风格与学习策略——理解学习和行为中的风格差异》,华东师范大学出版社2003年版。

    该书对认知风格、学习风格、学习策略以及认知风格的相关性研究有比较详实的介绍。

5. 赵微编著:《学习困难儿童的发展与教育》,北京大学出版社2011年版。

    该书全面阐述了学习困难的含义、特征、成因、鉴别与评估以及教育教学策略。

6. 王振宇等著:《儿童社会化与教育》,人民教育出版社1992年版。

    该书阐述了儿童的亲子关系、亲社会行为、同伴关系和自我认知等社会化过程。

第二部分
学习心理

　　帮助学生有效地学习是教师的天职。若要有效地帮助学生学习,就必须懂得和熟练地运用学习规律。学习心理部分共有四章。第四章是学习概论,概述学习的定义、展示历史上有关学习的不同观点,介绍三种著名的学习分类理论和学习的一般心理过程;第五、六、七章分别论述知识的学习、技能与综合能力的学习、态度和品德学习的过程和条件。

　　由于心理学中认知领域学习研究较多,且理论繁多,本书在综合各家学习理论的基础上,提出了知识分类学习论。这一理论对知识、技能和能力给予了新的定义,并根据新的定义对知识的习得、保持及其向技能和认知策略的转化作了新的解释,为教学设计提供了现代认知科学基础。

第四章 学习心理概论

记　忆

1. 陈述中国古代哲学家和教育家关于学习的主要观点。
2. 陈述加涅提出的五种学习结果和智慧技能的五个亚类。
3. 陈述奥苏伯尔意义学习的五个亚类。
4. 陈述信息加工过程涉及的三个系统和主要认知加工环节。

理　解

1. 用自己的话解释下列术语：学习、性习论、学知论、知行论、联想学习、条件反射、强化、学习理论、三大学习定律、短时记忆、注意、复述、编码、提取。
2. 比较和说明加涅认知领域学习结果分类与奥苏伯尔学习分类的异同：①分类的依据，②彼此对应的亚类，③适用的范围。
3. 举例说明安德森的学习分类。

运　用

用学习分类思想分析所给予的材料的学习类型。

第一节　学习的定义与学习的研究

一、学习的定义

可以拿医生和教师作个类比。医生这个职业是帮助人们预防和治疗疾病的，教师则是帮助人们尤其是青少年学习的。医生要有效地防治疾病，必须通晓人体生理学原理；同理，教师要有效地帮助别人学习，必须通晓人类学习的原理。

学习现象在人和动物中是普遍存在的。例如，马戏团的动物学会了许多连人都难以完成的动作，警犬可以学会识别毒品，许多鸟可以学会模仿人的简单话语。人的一生都在不断进行学习，即所谓"活到老，学到老"。然而，对于什么是学习，心理学家在给它下一个科学的定义时，出现了许多争论。

最初，行为主义心理学家倾向于把**学习**定义为"由经验引起的个体的行为的相对持久的变化"。例如，幼儿有过一次或两次去医院打针的经验，以后只要走近打针间门口，见到护士，就会哭闹。这种哭闹的行为是由先前的打针经验引起的。这里学习出现了。从学习研究方便考虑，这一定义便于操作，但有明显缺陷。因为学习引起的变化的本质不是行为，而是内在的心理，单纯考虑外部行为变化，有时会对学习作出错误判断。例如，在一百多年前，德国心理学家艾宾浩斯(Ebbinghaus，H.)在记忆实验中发现，由于练习不充分，经过一段时间间隔，原先学习过的无意义音节已被全部遗忘。从这种回忆的行为结果看，学习似乎没有了。后来艾宾浩斯改变测验方法，即让参试者重学原先学过的音节以达到原先的水平，结果节省了很多时间。所以认知心理学家一般把学习定义为"由经验引起的能力或行为倾向的相对持久的变化"。

本书把学习定义为主体与环境相互作用所引起的能力或行为倾向的相对持久变化。必须注意这个定义中的三个要点：第一，并非人们从事的任何活动都产生学习，只有那些给人的能力或行为倾向带来变化的活动才是学习。例如在流水线上工作的工人，整天只重复做几个简单动作，不可能产生新的学习。教师的工作总是要面对新情境，会不断产生新经验，教师专业的成长之所以是一个长期的过程，就是因为其工作与学习密不可分。第二，能力或行为倾向的变化是由后天经验引起的。这一定义强调学习不同于发展。人的发展是由两个因素决定的：一个因素是自然成熟。例如婴儿出生后到一定时间会爬行、会走路、会开口讲话。这些变化在很大程度上是由成熟决定的，后天的系统训练效果并不佳；另一个因素是学习。我们经常能听到"教育促进发展"这个口号，然而严格地说，教育只能促进学习，因为只有可以学习的东西才能教，必须将学习与发展这两个概念加以区分。第三，能力或行为倾向的变化必须能"相对持久保持"。这一定义强调学习的变化不同于因疲劳、疾病或药物引起的暂时性变化。这些变化一般是可逆的，它会随着体力的恢复、药效的降低等因素的变化而趋于消失。

我们在向中小学教师讲述心理学中的学习定义时，有些老师觉得，"什么是学习，我早就知道了，经你这么一讲，我反而糊涂了"。教师为什么会产生这种想法呢？其原因可能是：心理学中的许多概念都是人们在日常生活中熟知的，但有关人的心理的日常概念与科学心理学概念不完全相同。教师应用这些日常概念并不妨碍他们交流。但是如果要对心理现象做科学研究，仅知道有关心理现象的日常概念是远远不够的。人们在学习物理学时必须消除自己有关物理现象的日常概念中的错误才能接受科学的物理概念。教师在学习心理学时，也必须这样，要用科学的心理学概念替代自己头脑中不完全正确的日常心理概念。

学习的研究可以从三条途径入手：从哲学的层面进行一般的概括；用实证的方法从心理与行为的层面进行研究；通过严格控制的实验，揭示学习活动的神经生理学基础。下面重点介绍哲学层面以及早期科学心理学层面的学习研究。

二、学习的哲学研究

在现代科学心理学诞生之前，人类的学习现象早已被哲学家注意，许多学习规律已被概括出来。

（一）中国古代哲学中的学习论思想

在中国古代哲学中，学习论思想极为丰富。例如，中国古代伟大的哲学家和教育家孔子提出了许多有深远影响的学习观点。有人把这些观点归纳如下：

1. 性习论

这里的"性"指人性，"习"指学习。性习论主张人性是可以改变的，而变化的原因主要来自后天的学习。孔子说："性相近也，习相远也。"孔子的这一思想显然对后人有重大影响。如宋朝所编的儿童启蒙读物《三字经》开头第一句就是："人之初，性本善。性相近，习相远。"这正是孔子思想的延续。

2. 学知论

学知论主张人的知识不是与生俱来的，而是从后天学习中得到的。孔子说："生而知之者，上也；学而知之者，次也；困而学之，又其次也……"又说："我非生而知之者，好古，敏以求之者也。"联系孔子前后两段话来看，孔子虽然承认有生而知之，但他更强调学而知之。他身体力行，一生都在"学而不厌，诲人不倦"。孔子的这一思想被后人继承。如王充说："不学自知，不问自晓，古今行事，未之有也。""故智能之士，不学不成，不问不知。"

3. 知行论

"知"指认识以及作为认识的结果——知识，"行"指认识指导下的行为或实践。广义的实践也包括练习（即习）。孔子说："学而时习之，不亦悦乎?"这里的"学"和"习"都含有"行"的意蕴。学即多闻多见，兼有知、行之义；习即练习、复习，也有行或实践的意思。在知和行的关系上，孔子更强调行。他说："诵诗三百，授之以政，不达；使于四方，不能专对；虽多，亦奚以为?"这段话的意思是，一个人把《诗》三百篇背得烂熟，让他处理政务，他不会处理国事；让他去当外国使节，他不会处理外事，虽然背得很多，又有什么用呢？这种知行统一观被后人继承与发扬。如南宋的朱熹认为："学之之博，未若知之之要；知之之要，未若行之之实。""知之愈明，则行之愈笃；行之愈笃，则知之益明。"

4. 阶段观

有人根据孔子的言论，把孔子关于学习阶段的思想归纳为"立志—博学—审问—慎思—明辨—时习—笃行"。① "立志"指下定决心，坚持学习。要像他的得意弟子颜渊那样，虽然过着"一箪食，一瓢饮，在陋巷，人不堪其忧"的生活，而他"不改其乐"，通过刻苦求学，终成七十二贤人之一。"博学"主要指多见多闻，即大量占有感性材料。他说："吾尝终日不食，终夜不寝，以思，无益，不如学也。"这表明，孔子认识到思考必须建立在详细占有大量第一手材料的基础上。"审问"是指在多见多闻的基础上，对有疑惑的事物提出问题，要有"不耻下问"的态度，做到"每事问"。"慎思"是指通过独立思考，对掌握的材料进行"由此及彼，由表及里，去粗取精和去伪存真"的加工改造工作。所以孔子提出"学而不思则罔，思而不学则殆"，要把学与思紧密结合起来。"明辨"是指在慎思的基础上，明辨是非真假，获得准确的知识。"时习"是指要对学过的知识进行及时和经常的复习。做到"学而时习之""温故而知新"。"笃

---

① 高觉敷主编：《中国心理学史》，人民教育出版社1985年版，第33页。

行"指用习得的知识指导自己的行为，做到知行统一。

孔子的这些思想也被后人继承和发扬。例如，宋代大思想家朱熹通过总结读书经验，提出：" 大抵观书先须熟读，使其言皆若出于吾之口，继以精思，使意皆若出于吾之心，然后可以有得尔。"又说，"读了又思，思了又读，自然有意。若读而不思，又不知其味；思而不读，纵使晓得，终是觉脆不安。一似请得人来守屋相似。不是自家人，终不属自家使唤。若读得熟，又思得精，自然心与理一，永远不忘"。朱熹也认同孔子的"温故而知新"的思想。他说："言学能时习旧闻，而每有新得，则所学在我，而其应不穷，故可以为人师。"朱熹也强调"行"（实践）的重要性。他说"欲知知之真不真，意之诚不诚，只看做不做如何。真个如此做的，便是知致、意诚"。这些思想都继承和发扬了孔子的学习过程观。

（二）西方哲学中的学习论思想

在西方哲学思想中，学习问题也是被讨论的一个重要主题。例如德国哲学家、心理学家和教育家赫尔巴特(Herbart, J. F.)用统觉说阐明了学习和记忆的心理学机制。他认为，人与外部世界相互作用，外部世界在人脑中形成印象，这些印象被称作观念。由于事物的性质不同和作用于感官的方式不同，我们便有了性质各异的观念。这些具有不同性质的观念可以互相排斥或吸引，其联合方式有两种：一是融合，当两种观念性质不同，但彼此不相抵抗而属于一致的连续体时，两个观念可融为一体，就像蓝色可融于紫色一样；二是复合，若两个观念的性质不相抵抗但属于不同的连续体，如声音与颜色，两者的结合便为复合。据此可以解释知识的习得与组织。

一个观念若需要由一个完全被抑制的状态进入有意识的状态，便需要跨过一道意识的分界线，处在界限之上的观念是有意识的，而处于界限之下的观念为无意识的。这道意识的界限便是意识阈。据此可以解释记忆与遗忘。处在意识阈上的观念可以被回忆出来（即知识的提取）；处于意识阈下的观念被暂时遗忘，在一定的条件下，被遗忘的观念也可以恢复。

赫尔巴特认为，升入意识的任何观念便可引起统觉。统觉是意识观念由无意识中选择那些能通过融合与复合而与自身合为一体的观念的同化过程。由统觉过程所形成的观念的统一体称为"统觉团"。

美国实用主义哲学家、教育家杜威(Dewey, J.)根据其哲学观，对学习的核心成分——反省思维和解决问题过程作了经典概括："现在，我们已经掌握资料用以分析反省思维的全部活动。在前一章，我们看到每个思维的两个极限，思维开始于困惑的、困难的或混乱的情景；思维的结尾是清晰的、一般的、确定的情境。第一种情景可称为反省前(pre-reflective)的情境。它提出需要解决的问题，提出反省思维要回答的问题。后一种情境中，怀疑消除了，这是反省后(post-reflective)的情境，它的结果是控制直接经验，获得满足和愉快。反省思维就是在两种情境之中进行的。"

"……思维处在两种情境之间，有如下的几种状态，它们是：①暗示，在暗示中，心智寻找可能的解决办法；②使感觉到的（直接经验到的）疑难和困惑理智化，成为有待解决的难题和必须寻求答案的问题;③以一个接一个的暗示作为导向意见,或称假设,在收集事实资料中开始并指导观察及其他工作;④对一种概念或假设从理智上加以认真的推敲(推理是推论的一部分,而不是推论的全部);⑤通过外显的或想象的行动来检验假设。"[1]后人把杜威反省思维的这五种状态称为解决问题的五个阶段。

三、学习的科学心理学研究

(一) 最早的学习心理学研究

学习的科学心理学研究始于19世纪后期。1885年,德国心理学家艾宾浩斯出版了《论记忆》一书,该书记载了他研究记忆的全部成果。他首创无意义音节,以此作学习材料,便于控制参试者的原有经验。他用节省法或重学法,以检验实验的效果。所谓节省法指一次完全记忆后,隔了一段时间,当遗忘已经发生时,再来学习原材料至能背诵,看能节省多少时间或节省多少重复次数,以推测保持量。节省的数量就是记忆或保持数量的一种指标。这一研究表明高级心理过程也能作定量分析。他发现所保持住的材料的数量随时间而发生变化的趋势,即保持住的材料最初减少得快,后来逐渐减慢。这一结果被描绘成曲线,即是著名的艾宾浩斯遗忘曲线(或保持曲线,见图4-1),这一研究结论至今仍为各国心理学教科书所引证。

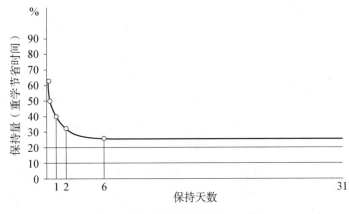

图4-1 艾宾浩斯的遗忘曲线

(二) 早期学习研究的三种范型

20世纪科学心理学的研究重心移至美国,那里集中了全世界90%以上的研究人才和研究成果。早期学习心理学研究主要采用三种范型。

一是人类联想学习研究。**联想学习**(associative learning)是在环境事件之间或在环境事件与机体的反应之间建立联系的过程。人类联想学习包括三种形式:系列材料的学习(如背一首诗或一段文章);配对材料的学习(如中外单词的配对记忆和回忆);自由回忆材料的学

---

[1] [美]约翰·杜威著,姜文闵译:《我们怎样思维:经验与教育》,人民教育出版社1991年版,第88页。

习(如给出20个项目,学习和回忆不限次序)。这条路线继承了艾宾浩斯的研究传统,进行了严格的实验控制,主要研究得出了许多学习和记忆规律。如在系列学习中,两端的材料易记,中间的材料受两端的材料干扰,难学、易忘等。

二是主要以动物为被试的条件反射研究。**条件反射**(conditioned reflex)是通过后天经验在外界刺激与机体反应之间所建立的联系。该类研究范型起源于俄国心理学家巴甫洛夫(Pavlov, I. P.)的条件反射实验,后被美国心理学家华生(Watson, J. B.)、桑代克(Thorndike, E. L.)、斯金纳等广泛采用并加以改造和发展。条件反射也被改称条件反应。这些研究得出了一条著名的学习定律,即强化律。所谓**强化**(reinforcement)乃是伴随于行为之后并使行为出现的概率增加的事件。例如,幼儿学步时经常摔跤。假定有幼儿甲和乙。若幼儿甲摔倒后,父母说,"不要紧",并鼓励他自己爬起来。若干次重复以后,每当该幼儿摔跤后他会自己爬起来。反之,如果幼儿乙摔跤,其父母惊讶地说,"你怎么摔跤呀",并赶快去将他扶起来。若干次重复后,每当该幼儿摔跤,他一定要父母将他扶起,否则赖在地上哭。两名幼儿的行为为什么有如此差异呢?这可以用强化原理来解释。幼儿甲的父母的行为强化了幼儿甲自己爬起来的行为,而幼儿乙的父母的行为强化了幼儿乙要父母扶起来的行为。强化原理是说,如果希望某种行为出现与保持,则应紧随该行为之后出现令行为者满意的事件。例如口头赞扬、给予金钱或其他物质奖励,都是令行为者满意的事件。强化原理可以在多方面运用,尤其适用于行为管理和行为矫正方面。

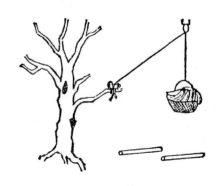

图4-2 柯勒的黑猩猩实验

三是动物和人的认知研究。早期在动物认知研究方面最著名的实验是德国心理学家柯勒(Kohler, W.)的黑猩猩解决疑难问题的实验。柯勒在黑猩猩笼外放上香蕉和两根可以接起来的棒子。香蕉离笼子较远,黑猩猩用一根棒子不可能够到香蕉。柯勒观察到黑猩猩用一根棒子尝试若干次以后,它似乎突然"顿悟",将两根棒子接起来,够到了远处的香蕉,于是解决了它面对的问题(见图4-2)。

如果在高处挂着香蕉。地面上有两个箱子。黑猩猩爬上任何一个箱子都够不着香蕉。但它尝试若干次以后,会突然将两个箱子叠起来,爬上去摘下香蕉。柯勒认为黑猩猩在解决问题过程中不完全靠尝试与错误,其中包含了"顿悟"。后来心理学家对人类思维和解决问题作过一些研究,据这些研究提出了人类解决问题的思维过程和影响解决问题的因素。但在早期的研究中,问题情境往往带有人为性,所得出的结论难以应用于现实的问题情境。

(三)早期学习理论关于学习过程和有效学习条件的争论

学习理论是研究学习结果、学习过程和有效学习条件的各种学说。早期学习理论的争论主要涉及学习过程和有效学习的条件。围绕学习过程和有效学习条件的争论，早期学习理论分为行为派（或联想主义派）和认知派。20世纪50年代前，心理学家研究的是比较简单的学习现象。持行为观或联想主义观的心理学家主张，学习是刺激和反应建立联系的过程。如艾宾浩斯、巴甫洛夫、桑代克、斯金纳都持这样的观点。刺激呈现方式，反应后的强化以及重复练习的数量等是影响刺激与反应之间建立联系的主要因素。

美国著名教育心理学家桑代克是早期行为主义学习理论的代表人物。他做了许多动物学习的实验，下面以饿猫学习逃出迷箱为例说明他关于学习的一般过程和条件的早期观点。他设计了"迷箱"：箱子用木条做成，有一扇可开启的门，箱内有某种开门的设施：一圈金属绳、一个把柄或一个旋钮，箱子内的闩子若被拉开，箱门就会打开（见图4-3）。被关进"迷箱"里的饿猫，如碰巧抓到这种开门设施，门便开启，猫得以逃出"迷箱"并吃到放置在箱子附近的鱼。

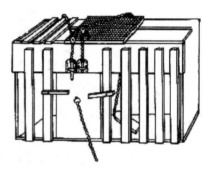

图4-3 桑代克的迷箱

桑代克认为，在猫学习打开迷箱的情境中，猫通过多次尝试与错误，终于在复杂的刺激情境中辨识出一个开门设施（S），并做出正确的开门动作（R）。这就是说，在相应的刺激（如金属绳）与反应（如拉动）之间形成了巩固的联系时，学习便产生了。所以，在上述实验中可以把学习看作是刺激与反应的联结，即S—R之间的联结。因此，人们又称各种联想主义的理论为S—R理论。这种学习过程是渐进的"尝试与错误"直至最后成功的过程。故联结论又称尝试与错误论。

S—R联结的形成需要怎样的条件呢？桑代克在实验基础上提出的**三大学习定律**从另一个角度揭示了联想或联结学习产生的内外条件。学习者在学习开始时要有一定的预备定势，即为准备律。在学习过程中，一个联结的应用会增强这个联结的力量；一个联结的失用（不练习）则会导致这一联结的减弱或遗忘，即为练习律。凡是导致满意后果的行为会被加强，而带来烦恼的行为则会被削减或淘汰，这就是效果律。前两个定律是效果律的从属性定律。这三个定律反映了学习动机、练习、强化和反馈在这类学习中的重要作用。在早期的学习研究者看来，学习的实质是条件反应形成和巩固的过程，影响学习的最重要的条件是动机和强化。

由于历史条件的限制，在学习研究的早期，研究的学习类型主要是人类的机械记忆和动物的学习，其研究结论比较适用于指导对动物的技能训练、人类的联想学习和机械学习，如记忆外语单词、人名、地名等。以格式塔心理学家为代表的持理性主义观的心理学家认为，学习是学习者的主观组织和顿悟的过程，外界刺激的结构和学习者的原有经验对主观组织和顿悟有重要影响。但直到20世纪50年代前，心理学家对学习过程和条件的争论很少涉及课堂知识和技能的学习。20世纪50年代中期之后，心理学研究逐渐以认知观为主，至今认知观点仍占绝对优势。认知心理学重点研究人的知识的习得、在大脑中的储存和重组以及在新情境中运用的规律,也研究行为怎样受人的认知调节的规律。这些研究结果为学校的教育和教学提供了科学心理学基础。

第二节　学习的分类及其教学含义

上一节谈到,艾宾浩斯利用无意义音节作为记忆材料而得出的遗忘曲线表明,无意义音节的遗忘速度极快。通过学习达到能够背诵的材料,20分钟后,只保持了58.2%,8—9小时内只保持了37.7%。但后来的研究证明,如果学习材料是有意义的概念和原理,一旦学生理解之后,就很难遗忘。显然不能用艾宾浩斯的遗忘曲线来描绘概念和原理的学习与遗忘。又如,柯勒观察到黑猩猩在解决问题时表现出"顿悟"现象,而桑代克在观察猫解决迷笼问题时,发现猫的行为只是"尝试与错误",全无"顿悟"迹象。再如,行为主义心理学家认为,运用强化技术可以塑造机体的行为。但研究表明,他们的这一结论只适合于动物和婴儿的行为学习,而难以适合于成人的学习。从上述例子可见,人的学习现象是极为复杂的,把在一定实验条件下得出的学习结论推广到一切情境是很困难的。但是在科学心理学研究初期,许多心理学家并不这样认为,相反,他们常常希望把他们在一定条件下得出的学习结论推广到其他情境或其他学习领域,由此而形成了学习理论中不同观点的对立,进而催生了许多不同的学习论派别。20世纪60年代以后,心理学家开始注意学习的分类,认为不同的学习类型有不同的学习规律,于是出现了对学习现象作分类研究的趋势,这样就能调和不同学派之间的冲突。

一、奥苏伯尔的有意义与机械学习分类

奥苏伯尔(Ausubel, D. P.)学习分类是在20世纪60年代提出的。在《教育心理学——认知观点》[①]一书中,他进一步对这一分类作了系统阐述,其要点主要有两方面,一是从两个维度对学习作出了分类,二是区分了意义学习的复杂层次。

(一)奥苏伯尔的两维学习分类

奥苏伯尔根据学习者是否理解要学习的材料,将学习分为有意义的和机械的。如艾宾浩斯的无意义音节的记忆学习,是纯机械学习,因为这里的学习材料本身没有意义。有意义的材料如唐诗,两岁的幼儿虽能背诵但无法理解,这是有意义材料的机械学习。此外,根据学习材料的意义是由学习者发现的还是他人告知的,将学习分为发现学习和接受学习(见图4-4)。例如,2岁半到3岁的幼儿可以掌握"你、我、他"三个人称代词的含义。这三个词的含义不能通过告诉的形式习得。如告诉幼儿:"我表示你自己,你表示谈话的对方,他表示第三方。"幼儿是不能理解这些话的含义的。但在与成人的交往中,幼儿逐步能正确运用"你、我、他"三个代词,表明他在言语实践中发现了这三个代词的含义。接受学习可以通过告知

[①] [美]D·P·奥苏伯尔等著,佘星南、宋钧译:《教育心理学——认知观点》,人民教育出版社1994年版。

	接受学习	有指导的发现学习	独立的发现学习
有意义学习	明确概念之间的关系	聆听导师精心设计的教学	科学研究
	听讲演或看课本	学校实验室工作	例行的"研究"或智慧工作
机械学习	背乘法表	应用公式解决问题	尝试与错误"迷题"解决

图 4-4 根据"接受—发现"和"有意义—机械"两个维度划分的学习的例子

资料来源:[美]D·P·奥苏伯尔等著,佘星南、宋钧译:《教育心理学——认知观点》,人民教育出版社 1994 年版,第 26 页。

的方式进行。例如妈妈手上拿一个苹果,对幼儿说:"苹果又叫 apple。"重复若干次以后,问幼儿:"苹果又叫什么?"幼儿说:"apple。"这表明幼儿习得了苹果的英文名称。当然这是简单的接受学习。在加涅的分类中,这是言语信息中的符号记忆。有些概念和规则也可以通过告诉的方式学习。例如,当儿童已掌握比率和圆的概念,知道什么是圆周长和直径之后,告诉他:"任何圆的周长和直径之比是固定不变的,约为 3.14159……这个比值被称为圆周率。"这一命题表述了圆周率的定义。如果再通过举例说明这一命题,儿童理解了这一定义,则儿童习得了圆周率的概念。这样的学习也是接受学习,但必须具有严格的条件限制才可进行。

(二) 奥苏伯尔的有意义学习复杂层次分类

奥苏伯尔将有意义的学习由简到繁分为如下五类:

1. 表征性学习

学习单个符号或一组符号所表示的意义。如"上海"表示一个城市,"车祸"表示一类事件,"小白兔"表示一类动物。表征性学习包括学习符号和符号所指称的人、事物或性质。符号最初表示个别事物。如"狗"只表示儿童最初所见到的某条狗。当符号如"狗"表示一类事物如犬类,而不论其大小、毛色、习性时,"狗"这个符号所表示的是狗的概念。

2. 概念学习

概念是一类事物共同本质特征。如"三角形"这个概念是对所有三角形的本质特征的概括:在同一平面上,有三条不在同一直线上的线段,两两相连接。概念学习意味着掌握一类事物共同本质特征。如掌握三角形这个概念,就是能理解三角形是"同一平面内不在同一直线上的三条线段首尾顺次连接所组成的封闭图形",也意味着学习者能从大量图形(包括三角形和非三角形)中识别三角形。

3. 命题学习

命题这个术语来自逻辑学,指表达判断的语言形式,由句子把主词和宾词联系而成。例如,"北京是中国的首都"在逻辑学中就是一个命题。在心理学中,命题是语词组合表示的意义的最小单位,由两个成分构成:一个成分是两个以上的论题,另一个成分是它们的关系。假定用 P 表示命题,S 表示主词,O 表示宾词,R 表示关系,则可以将"我爱梅花"和"我爱冬天的梅花"图解如下:

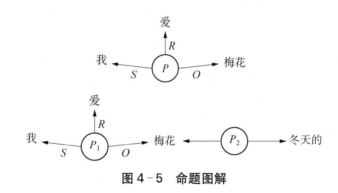

图 4-5 命题图解

命题有两类:一类是概括性的,如"圆的半径相等",指一切圆的所有半径都相等。一类是非概括性的,如"月亮绕地球转"。前一类命题往往是揭示几个概念之间的关系,表示某种规律、定理、规则或原理等;后一类命题表示一个事实。所以命题学习包括事实学习和规律、定理或原理学习。后者是掌握概念之间的关系,是有意义学习的核心成分。

4. 概念和命题的运用

前三类学习是有意义学习的基本类型。在此基础上,是概念和命题(概括性命题)在简单情境中的运用。如掌握圆周率之后,当已知圆的半径的条件下,可以利用公式 $C = 2\pi r$ 求周长。

5. 解决问题与创造

解决问题是概念和命题在复杂情境中的运用。学习者遇到的新情境越复杂,新情境与原先学习的情境越不相似,问题解决的难度越大,所要求的创造性越高。创造是解决问题的最高形式。奥苏伯尔认为解决问题涉及问题条件命题和目标命题、背景命题、推理规则和解决策略。

二、加涅的学习结果分类

20 世纪 60 年代,加涅明确认识到,人类学习现象极其复杂,不可能用一种理论来解释全部学习现象,必须对学习作分类研究。1965 年他出版了《学习的条件》一书,该书于 1970 年、1977 年和 1985 年三次修订再版,最后一版的书名改为《学习的条件和教学论》,并在书中将人类学习的结果分为五种类型:

(一) 言语信息

言语信息指能用言语(或语言)表达的知识,其中又分三个小类:①符号学习,包括人名、地名、外语单词、数学符号等的记忆。如知道上海简称"沪",苹果在英文中叫"apple"等。②事实学习。如知道"中国的首都是北京""北京在 2008 年举办了第 29 届奥运会"等。③有组织的整体知识的学习。如有关进化论的知识,有关日本地理状况的知识,有关义和团运动的知识等。

(二) 智慧技能

智慧技能主要指运用概念和规则办事的能力。具体分为五个小类。

1. 辨别

区分事物的差异的能力,如区分两张不同的面孔,区分两个不同字母如 b 与 d 的音和形。

2. 具体概念

识别同类事物的能力。如从大量餐具中识别"碗"和"杯子",从大量动物中识别"马"类。具体概念一般不能下定义,其本质特征是人们在日常生活中逐渐发现并归纳出来的。

3. 定义性概念

指运用概念定义对事物进行分类的能力,如"舅舅""资产阶级"这样的概念不能直接通过观察习得,必须通过下定义即"舅舅是妈妈的兄弟"才能把握这一概念的关键属性。学生如果能按该定义,参照人际关系的描述,正确识别某个人的"舅舅",则他习得了定义性概念。

4. 规则

应用概念之间的关系办事的能力。如圆的面积(S)等于圆的半径(r)的平方乘以 π,即 $S = \pi r^2$。当学生运用这个定律(公式)做事时(如求某个圆形花坛的面积),则该定律变成了指导人行为的规则。

5. 高级规则

由若干简单规则组合而成的新规则。如,$(a+b)(a-b) = a^2 - b^2$ 是由如下简单规则组合而成:

- 符号相同的两个变量相乘,积为正,如 $a \times b = ab$;
- 符号不同的两个变量相乘,积为负,如 $a \times (-b) = -ab$;
- 单项式乘多项式即用多项式中的每一项乘以单项式,如 $(3a)(3a + 5b + 6c) = 9a^2 + 15ab + 18ac$;
- 同类项应合并。

(三) 认知策略

认知策略是指运用有关人们如何学习、记忆、思维的规则支配人的学习、记忆或认知行为,并提高其学习、记忆或认知效率的能力。例如,阅读心理学家提出阅读中可采用 SQ3R 方法。这里 S 指浏览全文(surrey),略知文章大意;Q 指提出疑难问题(question);"3R"中第一个 R 指带着问题阅读课文(read),第二个 R 指对重要文段进行诵读(recite),最后一个 R 指回顾或复读课文(review)。如果学生用这套规则进行阅读,提高了阅读效果,则可以认为,学生掌握了这种阅读策略。

(四) 动作技能

动作技能是指通过练习获得的、按一定规则协调自身肌肉运动的能力。如背越式跳高能力是以动作技能为主的运动能力。动作技能中含有两个成分：一是运动的规则，如背越式跳高这项技能中有如何助跑、单脚蹬地、腾空、身体过竿等复杂规则；二是肌肉协调，如背越式跳高中手、脚、身躯，甚至呼吸之间有复杂的肌肉协调。运动技能学习的实质是通过练习，使运动规则支配学习者的肌肉协调，最后达到自动化。

(五) 态度

态度是指习得的对人、对事、对物、对己的反应倾向。例如，若父母给幼儿讲大灰狼假装兔妈妈，闯进小白兔家里，想吃小白兔的故事。故事中的大灰狼狡猾、凶残。故事多次重复以后，幼儿一听到大灰狼这个名称就感到憎恶，说要打死大灰狼。一提到小白兔，幼儿就表现出愉快，露出想接近它的神态。这两种反应倾向表明幼儿习得了对两种动物的不同态度。

上述五种学习结果中，第一到第四种结果属于能力范畴。人的能力有先天成分和后天习得的成分。后天习得能力是由习得的言语信息、智慧技能、认知策略和动作技能构成的。这四种成分中前三种属于认知领域，第四种结果即动作技能，属于心因动作领域。第五种结果即态度属于情感领域。

表 4-1 加涅的学习结果分类及其行为样例

学习结果	使行为表现成为可能的例子
智慧技能： 　辨别 　具体概念 　定义性概念 　规则 　高级规则	演示符号应用，详见如下： 　区分印刷体字母 m 和 n 　识别空间关系"下面"；识别某一物体的"边" 　使用定义给"家庭"分类 　演示句子主语与动词的一致性 　生成一条规则预测在给定光源距离和透镜曲率条件下成像的大小
认知策略	使用有效的方法回忆名称；为储存汽油问题提出一个解决办法
言语信息	陈述中国四大古典名著的名称和作者
动作技能	打印字母 R；作"S"形溜冰
态度	作出听古典音乐的行为选择

三、安德森的学习分类

20 世纪 80 年代，认知心理学家安德森（Anderson, J. R.）根据哲学家赖尔（Ryle, G.）1949 年对"知什么"与"知如何"的划分，主张区分知识的两种类型：陈述性知识与程序性知识。陈述性知识是指个体能有意识地提取因而能用言语或其他方式直接陈述的知识;程序性知识则是指个体不能有意识地提取因而其存在只能通过某些形式的行为而间接展示的知识。[①] 如我们能有意识地回忆并说出五四运动的历史意义,就说明我们具有相关的陈述性知识;我们虽不能明确地描述自己是如何骑自行车的,但拿来自行车就能轻松地骑行,就说明我们具有骑自行车的程序性知识。

J·R·安德森不仅主张区分陈述性知识和程序性知识,还对这两类知识在人的大脑中保存的方式(心理学家一般称之为知识的心理表征)以及两类知识的关系做了论述。陈述性知识是以命题与命题网络的形式储存在我们的记忆中。这里的命题就是上文提及的表示意义的最小单位,命题网络是由两个或两个以上的命题通过共同的成分连接而成的。程序性知识则以产生式和产生式系统的方式储存在我们的记忆中。产生式是"条件—行动"的规则,表示的是在一定的条件下或要达成一定的目标需要采取的行动,可以用"如果……,则……"的形式来表示,如学生听到"4两米饭",就能将其换算成"200克米饭",是因为他具有了如下的产生式:如果要将以"两"为单位的重量换算成以"克"为单位的重量,则用"两"的数值乘以50。单一的产生式只能完成很简单的任务,要执行复杂的技能或完成复杂的任务,需要很多按一定关系组织起来并顺次执行的产生式,这些产生式被称为产生式系统。此外,J·R·安德森还认为,陈述性知识与程序性知识并不是两种孤立的知识,在一定条件下,一些陈述性知识可以转化为程序性知识。

陈述性知识和程序性知识的区分也得到了神经科学研究的支持。如健忘症病人可以学会镜像追踪,而且随着练习的进行,会在这一任务上越来越熟练。但每天进行追踪练习时,他都否认曾见过这一任务。可见,病人对这一任务缺乏有意识的认识,但能通过实际的追踪行为而向我们展示他具备与这一任务有关的知识。这说明,病人对镜像追踪这一任务,只具有相关的程序性知识,不具备相关的陈述性知识。此外,在正常人身上也发现了与健忘症病人类似的表现,即在一定的情境中,正常人能学会一些程序性知识,会执行一些技能,但没有习得相关的陈述性知识,对自己掌握的技能也难以意识到。一些心理学家将这种现象称之为内隐学习。

我国教育界通常将学生习得的学习结果分为知识、技能、态度三类,表4-2以我国教育界的学习结果分类为基础,对加涅、奥苏伯尔、J·R·安德森的学习分类做了比较。从表中可以看出,我国教育界所讲的"知识",相当于加涅的言语信息,或奥苏伯尔的表征性学习、概念学习、命题学习,或J·R·安德森的陈述性知识;"技能"相当于加涅的智慧技能、动作技能、认知策略,或奥苏伯尔的概念和命题的运用,解决问题与创造,或J·R·安德森的程序性知识;"态度"仅与加涅学习结果分类中的"态度"对应,奥苏伯尔和J·R·安德森的分类中没有与之对应的类别。将国际上流行的学习分类与我国教育界流行的分类体系进行对照和关

---

① Eysenck, M. W. (1990). *The Blackwell Dictionary of Cognitive Psychology*, Cambridge, MA: Basil Blackwell, p. 93.

联,不仅有助于阐明"知识""技能""态度"等重要概念的含义,也有助于促进国外的学习分类理论在我国教学实践中的运用。

表4-2 加涅、奥苏伯尔、安德森的学习分类比较

	加涅	奥苏伯尔	J·R·安德森
知识	言语信息	表征性学习,概念学习,命题学习	陈述性知识
技能	智慧技能,认知策略,动作技能	概念和命题的运用,解决问题与创造	程序性知识
态度	态度	—	—

四、学习分类研究的教学含义

上述学习分类的研究不仅有助于克服我国教育研究与实践中的非分析思想,也有助于在教学实践中指导教育工作者进行科学而恰当的学习分类。

长期以来,我国教育理论和实践中,非分析的思想很流行,有关教学的文章往往只是泛泛而谈,强调学生是主体、教师是主导,强调学生自主学习、探究式学习、研究性学习,提倡"教学有法,教无定法",等等,在总结优秀教师或特级教师的教学经验时,也使用这些标语口号。这种不看具体情况和具体对象而提出的一般性的教育主张,在教育实践中很难得到落实。我们认为,我国的教育研究在强调整体观的同时,可以引进分析观,注重对学习做分类研究。然后在此基础上,建立起新型的教学论。这样的教学论不是主张"教学有法,教无定法",而是使人感到"学有定律,教有优法"。

一些教育工作者在教学实践中会不自觉地采用学习分类的思想,但由于缺乏科学理论的指导,其分类常常不够准确和恰当,难以对教学实践提供有力的指导。如对于"小学六年级学生学过有关圆的数学知识后自己用圆规画一个圆"这一课后练习题,有人将其分为"操作技能学习"。在中国教育心理学中,"操作技能"是西方心理学中的动作技能的别称。这一划分是一典型的学习分类错误。上述"用圆规画圆"的例子是典型的智慧技能,是学习过的圆的概念的运用。这里实质上没有动作技能学习的要求。如果是动作技能学习,则必须包含手指肌肉协调和手眼协调的学习。在圆的知识学习中并无这方面的要求。作为动作技能手持圆规、转动圆规是六年级学生早已掌握的技能,不必学。他们要学的是按圆的概念的要求画圆。要知道动作技能的学习规律与智慧技能的学习规律是完全不同的,搞错了学习分类,等于医生作出了误诊。医生搞错了病症分类,轻则贻误病情,重则要人性命。教师搞错了学习分类,其教学就误人子弟。

第三节 学习的信息加工观

人类的各类学习主要是在大脑中进行的,但长期以来,大脑中进行的学习过程难以客观

地观察和研究,因而心理学家将人的大脑称之为"黑箱"。从 20 世纪 60 年代开始,心理学受计算机科学和信息论、控制论等新兴学科的影响,产生了以信息加工心理学的出现为标志的认知革命。信息加工心理学家认为,计算机是一个信息加工系统,人脑也是一个信息加工系统,因此可用计算机加工信息的过程来比拟人类的学习和记忆过程。自 20 世纪 60 年代以来,心理学家先后提出了多种学习与记忆的信息加工过程模型,比较有代表性的是加涅的学习的信息加工过程模型。

一、加涅的学习的信息加工过程模型

加涅认为,学习是一系列认知过程,这些过程涉及把来自环境的刺激转化为一种新能力所需的信息加工的几个阶段。也就是说,学习是学习者通过自己对来自环境的信息进行内在的认知加工而获得能力的过程。他提出了一个较为完整和系统的学习与记忆的信息加工过程模型,形象地反映了学习与记忆的内在过程(见图 4-6)。

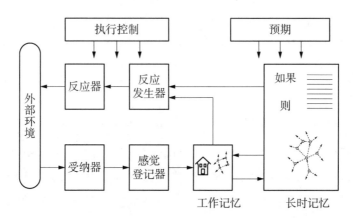

图 4-6　加涅的学习与记忆的信息加工过程模型

资料来源:[美]R·M·加涅著,皮连生等译:《学习的条件和教学论》,华东师范大学出版社 1999 年版,第 80 页。

从以上模型可以看出,学习是以下三个系统协同活动的过程。

(一) 加工系统

加工系统又称操作系统,它由受纳器、感觉登记器(又叫感觉记忆)、短时记忆(工作记忆)、长时记忆、反应发生器、反应器构成。来自环境的刺激作用于受纳器,受纳器将接收到的信息传递至感觉登记器。信息在此处只保存 1 秒左右或者只有几分之一秒。在这一阶段,绝大多数信息未受到注意,只有一小部分信息被注意选择而进入短时记忆加工阶段。信息进入短时记忆便被编码和贮存。但短时记忆对信息的贮存时间很短,一般只有 30 秒左右,而且容量极为有限,只有 7±2 个信息单位。如果学习者能进行复述,信息就能保持较长时间,即进入下一个加工阶段——长时记忆加工阶段,否则就被遗忘。

短时记忆又叫"工作记忆",这两个术语分别强调同一概念的不同方面。短时记忆强调信息保存的时间,工作记忆强调对信息的处理功能。与短时记忆相比,长时记忆对信息保留的时间很长,且贮存容量很大,由此看来,容量有限的工作记忆成了信息加工的"瓶颈"。存贮在长时记忆中的信息如果要用,必须通过"提取",提取的信息构成"反应发生"的基础。对有意识的认知活动而言,信息从长时记忆流向短时记忆,然后到达"反应发生器"。而对于熟练的自动化反应而言,信息可以直接从长时记忆流向反应发生器。反应发生器对反应序列进行组织并指引反应器。反应包括人的所有肌肉活动和腺体分泌。对学校学习活动来说,主要的反应器是书写中的手臂及讲话时的发音器官。

(二) 执行控制系统

在图4-6中,执行控制系统的箭头不与任何一个操作成分直接相连,意味着它对整个加工系统进行调节和控制。好比一个工厂或企业的生产活动,需要有专门部门和专门人员进行监督、协调和控制,以提高生产效率和产品质量。同理,学习活动作为一个信息加工过程也需要自我调节和控制。比如,通过对感觉系统的调节,可以使之选择适当的信息加以注意;对记忆的编码方式进行调节,可以提高信息的贮存质量等。这种对信息加工过程的内在调节控制能力,在加涅学习结果的分类系统中称为"认知策略",从知识分类的角度看,属于程序性知识。

(三) 预期

预期是信息加工过程的动机系统,它通常不包括在完整的信息加工过程中,但对加工过程起定向作用。任何学习活动都是指向一定目标的活动,如读完一段文章后回答课后的问题,或给该文章分段,归纳段落大意等等。这些目标有时是教师或学校确定的,有时是学生自己设定的,它会影响学习者的努力程度和注意集中水平。如果学习者对达到预定目标有强烈的愿望,即处在较高水平的动机状态,他就能集中注意,专心学习,选择行之有效的学习和记忆策略。学习目标的实现会令学习者感到满足、愉快,从而增强了学习信心,更加努力地投入下一个学习活动。

二、学习涉及的认知加工环节

信息要在感觉登记器、工作记忆、长时记忆等组成的加工系统内流转,就需要相应的认知加工来执行。目前,心理学家识别出如下几种认知加工环节是信息加工顺利进行所必需的。

(一) 注意

注意(attention)又叫选择性知觉,是从登记在感觉记忆的信息中选择一部分送到工作记忆中进一步加工。只有被注意选中的内容才有可能送到工作记忆中加工,也才有可能进一步进入长时记忆中保存,成为我们学习的结果,从这一点看,注意对学习的重要性不言而喻。如果注意的对象不是要学习的内容,那么接下来也就不可能发生正确的学习。注意受外部信息特征的影响,运动的、突出的对象容易引起我们的注意,但注意也受长时记忆中储存的信息的影响,也就是说,长时记忆中的信息可以通过预期过程而影响选择性知觉,即影响我们关注环境中的哪些信息。"一部《红楼梦》,经学家看见《易》,道学家看见淫,才子看见缠绵,革命家看见排满,流言家看见宫闱秘事",说明的就是长时记忆中的知识影响选择性知觉的情况。

(二) 复述

复述(rehearsal)是对信息的重复,作为一种认知加工环节,复述主要指对工作记忆中的信息进行的重复。由于工作记忆短时保存信息的时间短暂(不超过 30 秒),超过保存时限的信息就从工作记忆中消失了,要想让信息较长时间地保存在工作记忆中,就需要不断地对信息进行复述。如要拨打某个人的电话,在看过他的电话号码到实际拨号前,我们一般会在心里默默重复该号码,这种重复的工作就是复述,其目的是让信息保存在工作记忆中。由于这里复述的目的仅仅是保存信息,因而心理学家称之为维持性复述。

(三) 编码

编码(encoding)是指将新信息送入长时记忆中储存的认知加工。由于信息在长时记忆中是以组织化、结构化的方式储存的,因而新的信息进入长时记忆储存,意味着新信息要与长时记忆中已储存的信息建立联系,这样才能融入已有的信息结构中。由此看来,编码其实质是对新信息进行组织加工以将其与长时记忆中的原有信息关联起来的过程。如教科书上呈现了如下的新信息:动脉自心脏发出,经反复分支,血管口径逐步变小。学习者运用注意过程,将该信息送入工作记忆中进行如下加工:可以把血管网比作树木的枝杈,离树叶越近,枝杈越细。学习者的这种加工活动,将新信息与其长时记忆中储存的树木枝杈的信息关联了起来,从而将新信息纳入到原有的信息结构中并送入长时记忆,属于典型的编码过程。

(四) 提取

提取(retrieval)是指将长时记忆中储存的信息送入工作记忆的认知加工环节。将信息从长时记忆提取到工作记忆中,或者是为了上述的编码活动,或者是为了对外界作出反应。从长时记忆中提取信息的方式主要有两种:回忆和再认。回忆要求重现所学过的信息,再认是指将学过的材料与未学过的材料混在一起,要求学习者指出哪些是学习过的。如测验当中的部分选择题就要求学生再认,而论述题和简答题通常要求学生回忆。

本书把学习定义为"主体与环境相互作用导致的能力与倾向的相对持久变化",但这样的相互作用过程是怎样展开的呢?加涅的上述模型对学习的一般过程作了很好的刻画。从图中可见,学习者在环境刺激作用下,在外部因素(主要是教师)和自身执行控制过程的调节下,外界输入的信息经过受纳器、感觉登记器,进入工作记忆,工作记忆中的信息与从长时记忆中提取出来的信息经过复杂的相互作用(编码过程)后,被储存于长时记忆中,在需要时,又可以激活,从而被提取出来反作用于环境,完成一定的任务。

加涅的上述模型不仅反映了认知学习的一般过程,而且暗含了有效学习的一般条件:除了外部环境条件之外,内部条件包括:①学习者的预期。对学习有一定预期的学生会把自己的注意指向要学习的新知识;②激活长时记忆中与要学习的新知识有关的原有知识(图中以从长时记忆指向工作记忆的箭头表示);③有意识地对自己的学习和记忆过程进行调节和控制(图4-6中以"执行控制"表示)。

练习题

一、填空题

1. 学习定义中的三个限制条件是:＿＿＿＿、＿＿＿＿、＿＿＿＿。
2. 人们把孔子关于学习阶段的思想归纳为:立志、＿＿＿＿、＿＿＿＿、＿＿＿＿、＿＿＿＿、＿＿＿＿、笃行。
3. 杜威提出反省思维的五个阶段是:＿＿＿＿、＿＿＿＿、＿＿＿＿、＿＿＿＿、＿＿＿＿。这五个阶段也称问题解决的五阶段。
4. 学习的科学研究以艾宾浩斯＿＿＿＿年发表的＿＿＿＿一书为标志。
5. 早期学习心理研究大概可以归纳为三种范型:＿＿＿＿、＿＿＿＿、＿＿＿＿。
6. 20世纪50年代前,学习心理学研究的主要取向是＿＿＿＿;之后,学习心理学的主要研究取向是＿＿＿＿。
7. 加涅的著作《＿＿＿＿》对学习结果分类与条件作了系统阐述,该书自1965—1985年共出了＿＿＿＿版。
8. 奥苏伯尔的意义学习分类是于＿＿＿＿年代提出的,意义学习是与＿＿＿＿学习相对而言。
9. 加涅把学生的学习结果分成五类:＿＿＿＿、＿＿＿＿、＿＿＿＿、＿＿＿＿、＿＿＿＿。
10. 桑代克在实验基础上提出的三大学习定律是:＿＿＿＿、＿＿＿＿、＿＿＿＿。
11. 学习的信息加工过程涉及＿＿＿＿、＿＿＿＿、＿＿＿＿三个系统的协同活动以及＿＿＿＿、＿＿＿＿、＿＿＿＿、＿＿＿＿四种认知加工环节。
12. J·R·安德森主张将知识分为两种类型:＿＿＿＿和＿＿＿＿。

二、选择题

1. 根据心理学关于学习的定义指出下列现象是否属于学习并陈述理由(＿＿＿＿)。

    A. 每天早晨做广播操

    B. 每天浏览报纸

    C. 幼儿初次上托儿所怕生人,时间长了就不怕了

D．成人用筷子吃饭

2．属于加涅的符号学习的例子是( )。

A．记住如"中国的首都是北京"这样的事实

B．知道书的英文名称叫"book"

C．能说出圆周率是"3.14159……"

D．婴儿背儿歌如"我爱北京天安门"

3．加涅学习分类中的言语信息、智慧技能和认知策略与我国教育方针中的( )相对应。

A．德　　　　　　B．智　　　　　　C．体　　　　　　D．美

4．按加涅和奥苏伯尔的学习分类，幼儿在日常生活中学习区分"你""我""他"和"1、2、3、4、5……"，这里学习的本质是( )。

A．符号学习　　　B．概念学习　　　C．知识学习　　　D．动作技能学习

5．加涅学习结果分类中的符号学习等同于奥苏伯尔学习分类中的( )。

A．机械学习　　　B．符号表征学习　C．概念学习　　　D．命题学习

6．被称为信息加工"瓶颈"的是( )。

A．感觉登记器　　B．工作记忆　　　C．长时记忆　　　D．执行控制过程

三、问答题

1．假定在以下几种情形中学习古诗《锄禾》(锄禾日当午,汗滴禾下土,谁知盘中餐,粒粒皆辛苦)。请按加涅学习结果分类指出最适当的学习结果类型,并陈述理由：(1)2—3岁儿童,(2)小学一年级学生,(3)中学生,(4)大学中文系学生。

2．选择某一门学科(如历史、数学等)的部分教学内容,根据奥苏伯尔、加涅、J·R·安德森的学习分类体系,分析学生学习这些教学内容时涉及的学习类型。

重点概念

1. **学习**：主体与环境相互作用所引起的能力或行为倾向的相对持久变化。

2. **性习论**：中国古代伟大的哲学家和教育家孔子提出的学习观点。这里的"性"指人性,"习"指学习。性习论主张人性是可以改变的,而变化的原因主要来自后天的学习。

3. **学知论**：中国古代伟大的哲学家和教育家孔子提出的学习观点。主张人的知识不是与生俱来的,而是从后天学习中得到的。

4. **知行论**：中国古代伟大的哲学家和教育家孔子提出的学习观点。"知"指认识以及作为认识的结果——知识,"行"指认识指导下的行为或实践。在知和行的关系上,孔子更强调行。

5. **联想学习**：在环境事件之间或在环境事件与机体的反应之间建立联系的过程。人类联想学习包括三种形式：系列材料的学习、配对材料的学习、自由回忆材料的学习。

6. **条件反射**：也被称为条件反应，指通过后天经验在外界刺激与机体反应之间所建立的联系。起源于俄国心理学家巴甫洛夫的条件反射实验，后被美国心理学家华生、桑代克、斯金纳等广泛采用并加以改造和发展。

7. **强化**：是伴随于行为之后并使行为出现的概率增加的事件。

8. **学习理论**：有关于学习结果、学习过程和有效学习条件的各种学说。早期学习理论的争论主要涉及学习过程和有效学习的条件。围绕学习过程和有效学习条件的争论，早期学习理论分为行为派（或联想主义派）和认知派。

9. **三大学习定律**：是桑代克在实验基础上提出的。学习者在学习开始时要有一定的预备定势，即为准备律。在学习过程中，一个联结的应用会增强这个联结的力量；一个联结的失用（不练习）则会导致这一联结的减弱或遗忘，即为练习律。凡是导致满意后果的行为会被加强，而带来烦恼的行为则会被削减或淘汰，即为效果律。前两个定律是效果律的从属性定律。这三个定律反映了学习动机、练习、强化和反馈在这类学习中的重要作用。三大学习定律从另一个角度揭示了联想或联结学习产生的内外条件。

10. **短时记忆**：短时记忆又叫"工作记忆"，这两个术语分别强调同一概念的不同方面。短时记忆强调信息保存的时间，工作记忆强调对信息的处理功能。

11. **注意**：又叫选择性知觉，是从登记在感觉记忆的信息中选择一部分送到工作记忆中进一步加工。

12. **复述**：是对信息的重复，作为一种认知加工环节，复述主要指对工作记忆中的信息进行的重复，其目的是让信息在工作记忆中保存较长时间。

13. **编码**：是指将新信息送入长时记忆中储存的认知加工，其实质是对新信息进行组织加工以将其与长时记忆中的原有信息关联起来的过程。

14. **提取**：是指将长时记忆中储存的信息送入工作记忆的认知加工环节，方式主要有两种：回忆和再认。

四 推荐读物

1. 高觉敷主编：《中国心理学史》，人民教育出版社 1985 年版。

    该书系统研究了中国古代和近现代包括学习心理在内的心理学思想的发展情况。

2. [美]G·H·鲍尔、E·R·希尔加德著，邵瑞珍、皮连生、吴庆麟等译：《学习论——学习活动规律的探索》，上海教育出版社 1997 年版。

    该书是研究学习理论的一本经典名著，其第一章对学习的性质、定义、学习论流派的哲学根源、主要分歧等理论问题作了概述。

3. [美]D·P·奥苏伯尔等著,佘星南、宋钧译:《教育心理学——认知观点》,人民教育出版社1994年版。

该书第二章系统阐明了有意义学习的性质、类型、同化机制和学习条件等理论问题。

4. [美]R·M·加涅著,皮连生等译:《学习的条件和教学论》,华东师范大学出版社1999年版。

该书是第一本将教学论建立在学习论基础上的著作,它对知识、技能,包括智力技能与动作技能以及能力提出了与我国传统理论不同的解释。有关观点可以在该书"译者序言"中找到。

5. 王小明,庞维国著:《儿童认知与学习》,华东师范大学出版社2014年版。

该书第二、三、四章详细介绍了信息加工过程涉及的认知加工环节,既引用了相关的研究证据,又注重用具体的例子来说明。

第五章　知识的学习

本章目标

记　忆

1. 能说出广义与狭义知识的概念。
2. 能陈述广义知识分类和知识学习阶段的基本框架。
3. 能说出三种狭义知识的学习过程和内部条件。

理　解

1. 能用自己的话解释下列术语：知识（广义、狭义）、陈述性知识、程序性知识、能力、变式练习、图式、符号学习、事实性知识学习、有组织的整体知识、心理模型。
2. 能结合学科例证，说明知识、技能与能力之间的关系。
3. 能用某一知识学习的理论模型解释说明狭义知识习得的过程。
4. 结合实例，说明不同类型知识学习的过程和内部条件。

运　用

1. 能运用知识学习的过程和条件，在自己熟悉的学科中，设计一个知识获得的教学方案。
2. 能依据奥苏伯尔的同化学习理论，分析某一教学单元所教新概念与原有知识间的关系。
3. 根据陈述性知识和程序性知识之间的关系，能设计前者转化为后者的一个教学片段。

在本书第四章概要地介绍了学习的概念、学习的分类以及学习的信息加工观点之后，从本章开始，将用三章分别阐述知识、技能及态度（包括品德）学习的过程和有效学习的条件。

本章首先阐述知识及与知识相关的概念，在此基础上探讨广义知识学习的一般过程，最后分析三种常见的知识学习的过程和条件。

第一节　知识、技能与能力学习概述

知识、技能、能力是与学校教育教学目标关联的重要概念，而且彼此密切关联。对知识概念的认识和界定，会直接影响对技能和能力概念的界定。虽然心理学的发展早在19世纪后期就进入科学心理学的发展阶段，但对"知识"的认识长期停留在哲学层面。人们习惯于按照哲学认识论中的反映论来定义"知识"，在心理学的话语体系始终没有出现"知识"这样的术语。随着认知心理学及建构主义心理学的兴起，知识的研究才开始受到重视，知识学习成为当代学习心理学研究的主要内容。

一、知识、技能与能力的概念

(一) 知识概念

1. 知识概念的演变

受哲学认识论的影响,国内教育类典籍中通常是这样定义知识的:"对事物属性与联系的认识。表现为对事物的知觉、表象、概念、法则等心理形式。"① 具体地说,知识"就它反映的内容而言,是客观事物的属性和联系的反映,是客观事物在人脑中的主观映象。就它的反映活动形式而言,有时表现为主体对事物的感性知觉或表象,属于感性知识;有时表现为关于事物的概念或规律,属于理性知识"②。这两个定义都强调知识是客观事物的主观反映。

从学习和教学的观点看,历史上对知识、技能和能力关系的第一次系统研究,是布卢姆的教育目标分类学研究。其起源是20世纪40年代末,美国有些大学发现他们测量学生学习结果的试题大多是测量知识的回忆,而没有真正测量到学生运用知识的能力,于是哥伦比亚大学联合几所大学成立了以布卢姆为首的一个委员会,来系统研究如何制定教育目标分类标准。布卢姆等人经过多年研究,把教育目标分成认知、情感和心因动作技能三个领域。1956年公布了认知领域的教育目标分类系统。认知教育目标被分成知识、领会(也译作"理解")、运用、分析、综合、评价六级水平。由于当时心理学的研究重点是行为,对于知识的本质是什么缺乏研究,只能借助操作来定义知识:"学生几乎是用一种非常接近于当初遇到的观念或现象的形式,回想起这种观念或现象。"③ 于是,凡是教学情境与测验情境相同或很相似,测量的结果是知识;如果测验情境与教学情境发生明显变化,测量的结果是能力。但这个定义未涉及知识的心理实质。

按照布卢姆认知领域的目标分类,知识主要的获得方式是记忆,涉及的认知加工过程是识记、保持与回忆。这一变化形态是最简单的一种教育经验结果,但又是后继教育经验的基础。

心理学家皮亚杰认为,知识是主体与环境或思维与客体相互交换而导致的知觉建构,知识不是客体的副本,也不是由主体决定的先验意识。借鉴皮亚杰的知识建构观和信息加工心理学的观点,皮连生教授提出:"**知识**是个体通过与其环境相互作用获得的信息及其组织。贮存于个体内,即为个体的知识。通过书籍或其他媒介贮存于个体外,即为人类的知识。"④ 知识的本质是信息在人脑中的表征。这一定义强调三个要点:

首先,知识是个体学习的结果,这种结果表现为信息及其组织的获得。信息及其组织反映了知识范围的广泛性,从具体信息的获得到心理结构的变化都属于知识的范畴。其次,知

---

① 顾明远主编:《教育大辞典》,上海教育出版社1990年版,第144页。
② 中国大百科全书出版社编辑部主编:《中国大百科全书·教育》,中国大百科全书出版社1992年版,第525页。
③ [美]布卢姆等著,罗黎辉等译:《教育目标分类学(认知领域)》,华东师范大学出版社1986年版,第28页。
④ 皮连生著:《智育心理学》(第二版),人民教育出版社2008年版,第34页。

识获得的过程是主客体相互作用的过程。第三，知识的获得需要两个基本的变量：具有知觉辨识能力的学习者和具备可反复感知的客体事件。当主客体相互作用的时候，学习者既具备一定领域的已有知识，又具有不同程度的主观偏好和选择倾向。尽管客体事件是可反复感知验证的，但因为个体变量的主观性，不同的个体对同一客体事件相互作用获得的"信息及其组织"又具有明显的主观特征。

2. 区分两个知识概念

从概念范畴而言，有广义的知识和狭义的知识之分。J·R·安德森将知识分为**陈述性知识**(declarative knowledge)和**程序性知识**(procedural knowledge)，其知识概念是广义的；从哲学上的认识论界定的知识概念也是广义的。陈述性知识用来回答世界是什么的问题。比如"狗叫'犬'，在英文中叫'dog'""中国的首都是北京""三角形有三条边和三只角"等。这类知识一般通过理解和记忆获得，可以称为语义知识，与加涅学习结果分类中的"言语信息"相一致。程序性知识用来解决怎么办的问题。比如，学生利用三角形的概念去识别几何图形中的三角形；学生按照异分母分数相加法则求出 $\frac{1}{3}+\frac{1}{4}=?$ 等，必须用到程序性知识。由于运用概念和规则办事的指向性不同，程序性知识又分为两个亚类：一类为运用概念和规则对外办事的程序性知识；另一类为运用概念和规则对内调控的程序性知识。从加涅学习结果分类的角度看，前一类程序性知识被称为智慧技能，后一类程序性知识被称为认知策略。智慧技能和认知策略的根本区别在于：前者运用习得的概念和规则加工外在的信息，后者运用习得的概念和规则来调节、控制自己的认知加工活动。狭义的知识，就是加涅的学习结果分类中的言语信息或J·R·安德森知识分类中的陈述性知识。广义的知识包含陈述性知识和程序性知识，程序性知识又涉及认知和动作两个领域，认知领域的程序性知识又分为对外办事的智慧技能和对内调控的认知策略(见图5-1)。

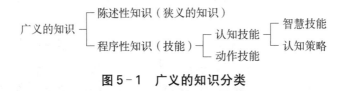

图5-1 广义的知识分类

(二) 技能概念

国内教科书上的技能概念受20世纪50—60年代苏联心理学的影响，通常用"……活动方式"或"……动作方式"来定义技能，没有真正揭示技能与知识的本质联系。从广义知识概念来看，学生掌握某种技能，不论是认知技能还是动作技能，其实质是习得了程序性知识。换言之，技能的本质是规律性知识(即规则)的运用，表现为学习者受规则支配的外显行为或内隐的思维活动。例如，学生知道"三角形有三条边和三只角"是获得了"三角形"的概念性知识，学生能利用三角形的概念去识别几何图形中的三角形，便是运用概念解决问题，这就是技能(加涅称之为智慧技能)。图 5-1 广义的知识分类,清晰地示意了技能的知识本质。

技能概念也有广义和狭义之分:狭义的技能即动作技能;广义的技能,包括动作技能、认知技能。认知技能是可以在人脑中完成的技能,可区分为对外办事的智慧技能和对内调控的认知策略。有关技能(广义的)将在本书第六章专门论述,此处不作详述。

(三) 能力概念

受 20 世纪苏联心理学的影响,国内心理学界通常将能力归入人格范畴,把能力定义为"顺利完成某些活动所需要的个性心理特征"[①],这个定义直接来自苏联 1956 年莫斯科出版的《心理学》。该书这样定义:"作为成功地完成某些活动的条件的那些个性心理特征,叫能力。"[②]认为能力是一种与活动效率相关联的稳定的个性心理特征,并进一步将其中的一般能力分为观察力、记忆力、思维力和想象力。其可取之处在于将人格中的"能不能"(能力范畴)与"愿不愿"(性格范畴)区分了开来。但这种能力概念存在的最大问题是,未能区分能力的先天成分和后天成分,不能解释能力与知识之间的逻辑关系,难以为学校学生能力的发展提供有效的建议。

在心理学中,**能力**有两个概念:一个能力概念强调人的学习潜能,主张能力是个体相对稳定的个性特征。另一个能力概念强调能力就是个体习得的知识与技能,它决定个体能否顺利做什么。前一种能力就是我们经常说的个体聪明程度,通常以 IQ 来标志,它一般决定着个体的学习速度。实际上,这种"二分能力"的概念来自美国心理学家卡特尔关于"流体智力"和"晶体智力"的概念。前者指一种潜在能力,主要和神经生理的结构及功能有关,如瞬时记忆、思维敏捷性、反应速度、知觉的整合能力等,这种智力较少受后天教育的影响;后者则主要是后天获得的,与知识经验的积累有关,如知识、词汇、计算等方面的能力。当前课程改革中所说的学科核心素养,英文是 key competence,指可以用知识和技能解释的能力。

所以,在教育教学工作中要区分两个能力概念。一个能力概念指作为个体的稳定个性心理特征的能力,它通常由智力测验测得的智商来表示它的水平。另一个能力概念指作为学习结果的能力。这个能力在广义上包括加涅所区分的四种学习结果,即言语信息、智慧技能、认知策略和动作技能;有时在狭义上,能力仅指技能。前一个能力因不易受后天教育的影响,是影响教育的重要因素,但不宜作为教学目标;后一个能力才是教育教学目标的重点。

二、广义知识学习阶段模型

第四章有关学习理论的介绍让我们知道,尽管每一个学习理论的提出者都希望用自己的理论来解释学习的一般过程和条件,但事实上,任何学习理论只在一定范围内适用。如早

---

① 顾明远主编:《教育大辞典》,上海教育出版社 1998 年版,第 1145 页。
② [苏联]阿·阿·斯米尔诺夫总主编:《心理学》,人民教育出版社 1957 年版,第 488 页。

期的联想主义学习观和行为主义学习观适合解释机械言语材料的学习和人的行为习惯学习;信息加工模型适合解释学习的感知、储存与提取的一般过程和条件,但不适合解释知识的理解;奥苏伯尔的同化论适合解释知识学习中的理解过程和条件,但不能回答知识怎样向技能或认知策略转化。为此我们综合运用多种理论,提出广义知识学习阶段和分类模型,来解释认知、技能学习的一般过程和条件。

(一) 广义知识学习阶段

广义知识学习过程可描述为"三个阶段、六个步骤、两个分支"。具体见图5-2。

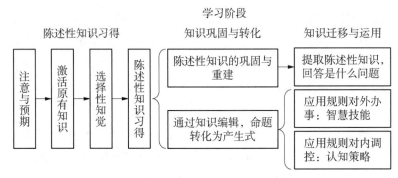

图5-2 广义知识学习阶段模型

资料来源:皮连生著:《智育心理学》(第二版),人民教育出版社2008版,第128页。

1. 新知识习得阶段

新知识习得经历四个步骤,前三步可以运用加涅的信息加工模型中的相关成分解释。从学习者自身而言,广义知识的学习始于学习者的注意和预期。由于对学习目标的期望,学习者处于一定的唤醒状态。与预期要获得的新知识有关的原有知识被激活进入工作记忆中,随时准备吸纳新知识。在学习目标的指引下,学习者有选择地接受新的信息,并将它暂时贮存于短时记忆中。习得阶段的第四步实际上是被学生感知的新信息与学生认知结构中的相关知识发生相互作用,新知识获得心理意义的过程,可以用奥苏伯尔的同化论解释。

2. 新知识的巩固和转化阶段

广义知识学习的第二阶段可以兼用产生式理论和认知策略学习理论来解释。一般认为,当新知识进入原有命题网络时,知识是以命题网络的形式表征的。所以此时的知识并未分化,都属于陈述性知识。当学习进入第二阶段,知识出现分化,即出现两个分支:一部分知识继续以命题网络的形式储存,通过适当的复习,这部分知识得到巩固,同时原有命题网络得到改组或重建;另一部分陈述性知识(一般而言是概括性命题知识)通过在变化的情境中练习和运用,转化为学习者受规则支配的行为。这时,陈述性的命题知识转化为以产生式表征的规则。例如,E·D·加涅曾举过一个命题知识如何转化为产生式规则的例子,见图5-3。

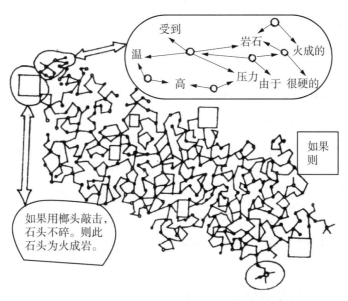

图 5-3 两类知识的不同表征

资料来源：皮连生著：《智育心理学》（第二版），人民教育出版社 2008 版，第 129 页。

人们通过学习知道"火成岩是由于受到高温和高压所以很硬"，这一知识是以命题网络表征的。当人们用这一知识做事时，总结出一套判断石头是否为火成岩的行动规则："如果用榔头敲击石头，石头不碎，则把该石头归入火成岩。"这时，陈述性知识转化成了以产生式表征的办事规则。

同理，人们在学习和记忆中发现，"凡是难以记忆的数字、人名、地名或外语单词，若人为地给它们赋予某些意义，记忆就变得容易"。据此，心理学家提出了记忆的精加工策略。用产生式表达是："如果要记数字或字符等无意义材料，则可以人为地赋予它们某些意义的方法帮助记忆。"通过变式练习，儿童掌握了这一规则，改进了记忆，则儿童掌握了精加工策略。以命题表征的概括性命题知识向以产生式表征的智慧技能和认知策略转化的关键条件，是规则在变化的情境中练习和运用。

所谓**变式练习**（variable practice），就是在其他有效学习条件不变的情况下，概念和规则例证的变化。具体说来，就是在知识习得阶段概念和规则正例的变化，它有助于学习者排除无关特征的干扰；在知识转化和应用阶段题型或问题情景的变化，将有助于学习者获得熟练解决问题的技能。比如，医科大学学生需要进行较长时间的临床实习。这是因为从课堂上习得的病理知识属于陈述性知识，接触大量临床病例的过程，就是进行变式练习的过程。其结果将会导致陈述性知识转化为以产生式系统表征的诊治疾病的技能。因此，医生的临床经验越丰富，医术（技能）就越高超。值得指出的是，在概念和规则习得的最初阶段，应设置与原先学习情景相似的问题情景进行练习，练习课题之间要保持一定的同一性。随着知识的渐趋稳定和巩固，问题类型要有变化，可逐渐演变成与原先的学习情景完全不同的新情景，以促进学生概念和规则的纵向迁移。比如，学生从一篇阅读课文中习得了"按照一定的顺序写"的作文规则,课文中是按形—色—味的顺序写某一水果的。为了让学生掌握这条写作规则,教师可先要求学生仿照课文的写作手法记一种自己喜爱的水果。然后,逐步要求学生按一定的顺序(时间顺序或空间顺序)记一件事。最后,可以要求学生按一定的顺序记一个人。依次训练下来,学生就能真正掌握这条规则,获得一定的作文技巧。

3. 知识的迁移和运用阶段

在知识的运用阶段,不同类型的知识被用来解决不同的问题。陈述性知识被提取出来用于解决"是什么"的问题,如"行为主义心理学的主要观点是什么"。程序性知识一部分被提取出来用于对外解决"怎么办"的问题,另一部分被提取出来用于对内解决"怎么办"的问题。陈述性知识的提取是一个有意识地依据线索提取的过程,对外办事的程序性知识的提取往往是一个快速、自动化的激活过程,对内调控的程序性知识的运用一般是在意识控制下自觉进行的。

(二) 掌握知识、技能与发展能力的关系

我们平常总是说,学校教育既要传授知识、形成技能,更要发展能力。这里所说的"知识",实际上是指狭义的知识,即陈述性知识,它们在历史、常识、生物、地理等课程中占有很大的比重。这里所说的"技能",从广义的知识观来看,实际上是个人习得的一套程序性知识并按这套程序去办事的能力。如果学习者通过练习,习得了按某种规则或程序顺利完成身体协调任务的能力,则表明他已习得了动作技能;如果学习者通过练习,习得了按某种规则或程序顺利完成智慧任务的能力,则表明他习得了认知技能。认知技能包含智慧技能和认知策略两类。这里所说的"能力"是指后天习得的能力,是习得的陈述性知识和程序性知识相互作用的结果。

用广义知识的分类和学习过程来看掌握知识、技能与发展能力的关系,掌握知识,就是习得和巩固陈述性知识;形成技能,就是通过变式练习,将陈述形态的概念和规则转化为程序性知识;发展能力,就是创设问题情境,促进不同类型知识(包括动作技能和认知策略)的迁移和运用。用广义知识来解释技能、能力,无疑能帮助人们走出试图脱离知识教学进行能力培养的观念误区,避免在培养技能的实践教学中忽视概念、原理、理论的教学。

三、知识(狭义)学习的理论

尽管知识不是学生学习的全部,但却是他们学校学习的重要内容。因此,了解知识学习的理论,对理解知识及知识学习的实质有重要的意义。

(一) 知识习得的心理机制:同化理论

奥苏伯尔认为,知识和意义是等价的。他区分了言语材料的逻辑意义、潜在意义和学习者个体的心理意义。逻辑意义相当于人类的知识,潜在意义是指具有适当的原有知识的条件下能被个体同化的人类知识,心理意义是个体习得的知识,具体包括单个符号引起的具体

事物的表象，一类事物的共同本质属性（概念）以及一组符号引起的命题。他用同化的思想来解释知识（意义）的习得，即逻辑意义如何转化为个体的心理意义。"同化"一词的基本意思是指接纳、吸收、合并成自身一部分的过程。在生理学中，指机体吸收食物并使之转化为原生质。

奥苏伯尔认为，在新知识的学习中，认知结构中原有的适当观念起决定作用。这种原有的适当观念对新知识起固定作用。新知识的获得必须通过新旧知识的相互作用，原有起固定作用的适当观念同化新知识，进而形成更为高度分化的认知结构。

新知识与原有知识可以构成三种关系：第一，原有观念是上位的，新的知识是下位的；第二，原有观念是下位的，新知识是上位的；第三，原有观念和新知识是并列的。新旧知识的三种关系就导致了三种形式的学习，即下位学习、上位学习和并列结合学习，见图5-4。

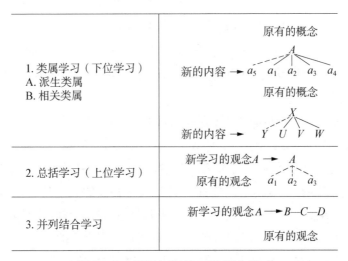

图 5-4 新旧知识的三种同化形式

资料来源：邵瑞珍主编：《教育心理学》，上海教育出版社1988年版，第79页。

1. 上位学习

当学生的认知结构中已经形成了几个观念，现要在原有观念的基础上学习一个概括和抽象水平更高的命题或概念，便产生上位学习或总括学习。例如，儿童在日常生活中已经知道了"麻雀""乌鸦""燕子"等概念，再学习鸟类这个新的总括性概念时，新概念通过归纳、总结原有下位概念的属性而获得意义。一旦上位概念形成，又可以成为下次新的学习中同化下位知识的上位知识。这时学习转化为下位学习了。

2. 下位学习

学习者认知结构中原有的有关观念在包摄性和概括水平上高于新学习的知识，因而新知识与旧知识构成类属关系，又称为下位关系，这种学习便称为下位学习。下位学习又有两种形式，一种叫派生类属学习，另一种叫相关类属学习。当新的学习材料作为原先获得的概念的特例，或作为原先获得的命题的证据或例证加以理解时，即为派生类属学习。在这种关系中，所要学习的新材料完全可以直接从上位概念或命题中推演出来，新知识只是旧知识的派生物。例如，学生在学习正方形、长方形、三角形时已形成了轴对称图形概念。在学习圆时，将"圆也是轴对称图形"的命题纳入或类属于原有轴对称图形概念，学生立即能发现圆具有轴对称图形的一切特征。这种类属学习的结果，不仅使新的命题获得了意义，而且使原有概念或命题得到了充实或证实。

当新知识类属于原有的具有较高概括水平的观念后，使得原有的观念得到扩展、精确化、限制或修饰，这种形式的下位学习称为相关类属学习。在这种形式的学习中，新学习的材料与原有观念只有相关关系，不能从原有观念中派生出来。例如，学生的认知结构中已具有"挂国旗是爱国行动"的命题，现在要学习的新命题是"保护能源是爱国行动"。这两个命题只有相关关系，后者不能从前者派生出来。但新的观念被纳入原有的"爱国行动"之后，原有概念的内涵加深了。以后随着学生学到垃圾分类、保护环境、反击外来侵略等都是爱国行动时，"爱国行动"的内涵就不断加深和扩展。因此，在相关类属学习中，每次新知识类属于原有概念或命题，原有概念的本质属性或被扩展、深化，或被限制、精确化。而在派生类属学习中，新知识纳入原有的旧知识中，原有概念或命题只是得到证实或说明，其本质属性未变。

3. 并列结合学习

当新的概念或命题与认知结构中的原有观念既不是类属关系，也不是总括关系，而是并列结合关系时，便产生并列结合学习。假如学生已经知道了质量与能量、热与体积、遗传结构与变异等关系，现在要学习需求与价格的关系。新学习的关系虽不能类属于原有的关系之中，也不能总括原有的关系，但它们之间因具有某些共同的关键特征而呈现并列关系，如后一变量随前面的变量的变化而变化等。新关系通过与原有关系的并列结合获得意义。

以上分析显示，知识的构建和组织是遵循以下两条原则进行的：第一，渐进分化的原则。知识在头脑中组成一个有层次的结构，最具概括性或包摄性的观念处于这个层次结构的顶点，它下面是包摄范围较小和越来越分化的命题、概念和具体知识。学习者在接触一陌生的知识领域时，从已知的较一般的整体中分化细节，要比从已知的细节中概括整体容易一些。下位学习是由一般到个别、由抽象到具体的认知过程，它导致认知结构不断分化和精细化。上位学习是由个别到一般、由具体到抽象的认知过程，它导致具体知识统合在一个更概括的观念之下，为新的具体知识的学习提供上位观念。学前儿童主要是通过由具体到一般的方式获得知识，而当他们入学后，获取知识的方式逐渐成为由一般到具体。因此，教材内容的编排和呈现应遵循由整体到细节的顺序。第二，综合贯通的原则。从一般到个别，渐进分化是知识在纵向上的构建方式，知识的组织还应注重横向上的融会贯通。比如，将学过的知识和当前的学习材料进行比较和分析，发现彼此间的共同点和不同点，加深对新材料意义的理解。横向的比较和联系既可以在相似的材料间进行，也可以在观点对立的材料间进行。并列结合学习是促使知识综合贯通的典型方式。

总之，奥苏伯尔认为，有意义学习涉及新的要学习的知识和个体已有知识之间的关系，必须具备三个条件：第一，学习材料具有逻辑意义。逻辑意义中的意义是对人类而言的。例如,"如果两个三角形两边夹一角对应相等,则两个三角形全等"这个命题对于有中学文化程度的成人来说是有意义的,对于未学习平面几何的儿童来说并不具有实际意义,而只有逻辑意义。学生在学校学习的学科知识都是有逻辑意义的材料。第二,学生认知结构中具有同化新知识的原有知识基础。对于学习上述命题而言,学生必须具有三角形、夹角边、对应相等和三角形全等等概念。如果学生已具有同化新材料的原有知识,则有逻辑意义的新材料对学生来说是可以学会的,因此这种材料被称为潜在有意义的材料。第三,将材料的潜在意义转化为学生心理意义的一个重要条件是学生具有有意义学习的心向。具有有意义学习心向的学生,能主动将新材料与自己头脑中的原有知识进行相互作用,其结果是获得心理意义。

(二) 知识学习的图式理论

在心理学中,图式概念最早用于解释记忆中的重建现象,即回忆的内容不同于原先学习的内容,学习者会根据自己的经验进行重建。20世纪70年代中期诺曼(Norman, D. A.)和鲁梅哈特(Rumelhart, D. E.)开始用这一概念来解释学习的结果、过程和条件,逐渐形成一种新的学习理论,被称为学习的图式理论。德国哲学家康德于1787年在其著作《纯粹理性批判》一书中首先提出图式概念,他认为图式是人类认识世界中的一种与生俱来的先验的心理结构。皮亚杰在解释儿童的认知发展时,假定儿童先天就存在某些认知图式,如吸吮图式与抓握图式。这些先天图式通过与后天环境作用,不断同化新内容,发生量变与质变。在皮亚杰看来,儿童认知发展过程也就是其认知图式不断量变与质变的过程。儿童的图式最初是动作的,后来发展为具体运算的,最后发展为抽象运算的。

鲁梅哈特把图式定义为:"表征记忆中贮存的一般概念的数据结构(date structure)。"这里的"数据结构"也就是一种认知框架,与奥苏伯尔"有意义言语学习理论"中讲的认知结构是相类似的,即人脑中贮存的整块的有知识的组织。这种认知结构既用于同化新信息,又用于回忆信息。J·R·安德森认为,图式是对范畴中的规律性作出编码的一种形式,这些规律性既可以是知觉性质的,也可以是命题性质的。知觉性质表明信息编码的形象性,命题性质表明信息编码的语义特征。由此可见,**图式**(schema)就是围绕某个主题组织起来的认知框架或认知结构,它是一些观念及其关系的集合。图式中不仅包含知识的命题表征,而且包含了事物的表象。表象又称心象,是信息在空间上的连续性在人脑中的表征。如人们在有关房子的图式中,不仅有关于房子定义和功能的命题所组成的网络,也包含人们所见到的各种房子的表象。

心理学家梅耶认为图式具有这样一些特征:①普遍:图式作为理解新信息的一个框架而被用于许多不同的情境;②知识:图式作为个体已经知道的内容而存储于记忆中;③结构:图式是围绕某个主题而组织起来的;④包含:具有空位或"空槽",可由环境中的信息来加以填充。[①] 人们对材料的理解是缘于能识别图式。图式是抽象的,它为相互联系的观念留有

[①] 理查德·梅耶著,姚梅林等译:《教育心理学的生机——学科学习与教育心理学》,江苏教育出版社2006年版,第58页。

"空位"。当学习者学习课文中的新信息时,便能按图式捕捉关键信息并填入这些空位。R·C·安德森(Anderson,R.C.)研究了一位专业精熟的民族问题专家,发现该专家在阅读有关不熟悉的民族情况的研究文献时,由于其头脑中已形成关于民族研究文章内容结构的图式(见图5-5),便能按图式迅速捕捉文章中的关键信息,并一一填入相应的空位,所以其阅读速度较快。而头脑中缺乏相应图式的新手,只能逐字逐句阅读,阅读速度就很慢。

地理位置:＿＿＿＿＿＿＿＿＿＿＿＿＿＿＿＿＿＿＿＿＿＿＿＿＿＿＿＿＿＿
政治状况:＿＿＿＿＿＿＿＿＿＿＿＿＿＿＿＿＿＿＿＿＿＿＿＿＿＿＿＿＿＿
经济状况:＿＿＿＿＿＿＿＿＿＿＿＿＿＿＿＿＿＿＿＿＿＿＿＿＿＿＿＿＿＿
科技发展:＿＿＿＿＿＿＿＿＿＿＿＿＿＿＿＿＿＿＿＿＿＿＿＿＿＿＿＿＿＿
文化特点:＿＿＿＿＿＿＿＿＿＿＿＿＿＿＿＿＿＿＿＿＿＿＿＿＿＿＿＿＿＿
教育情况:＿＿＿＿＿＿＿＿＿＿＿＿＿＿＿＿＿＿＿＿＿＿＿＿＿＿＿＿＿＿
民间习俗:＿＿＿＿＿＿＿＿＿＿＿＿＿＿＿＿＿＿＿＿＿＿＿＿＿＿＿＿＿＿
其　　他:＿＿＿＿＿＿＿＿＿＿＿＿＿＿＿＿＿＿＿＿＿＿＿＿＿＿＿＿＿＿

图5-5　民族问题研究文章图式表征

曼德勒(Mandler,J.M.)和约翰逊(Johnson,N.)在1977年提出"故事语法",他们发现许多民间故事都是按以下结构编创的:[①]

故事分为两个部分:故事＝背景＋情节;情节又分为两个部分:情节＝开头＋展开;情节展开又分为两个部分:展开＝反应＋结尾;反应可以由两个简单部分组成:反应＝简单回应＋动作,也可以由两个较复杂部分组成:反应＝复杂回应＋目标路径;而目标路径又由两部分组成:目标路径＝意图＋后果。

人们听、读某个故事时,一般会用头脑里已有的"故事语法"预测故事情节如何展开,故事中的人物做哪些反应?他为什么要这么做?结果怎样?善于阅读的学生就是借助头脑里的"故事语法",预测故事情节走向、可能有的结果,甚至会发现故事中不合理的部分。

皮连生教授领导的一项历时数十年的有关小学语文学习分类与教学设计的研究,明确提出句子图式、段落图式、篇章图式是小学语文教学的重要内容,其研究表明,如果教师将句子和语篇图式作为教学内容清晰明了地教给学生,能有效帮助学生读懂句子、理解段落和篇章,并且能迁移到写作中去。

第二节　几类常见知识的学习

在实际课堂教学活动中,教师更多的是想要了解符号、事实或组织化的命题(如概念或原理)的学习是如何进行的,需要怎样的内外条件。下面就以第四章加涅学习结果分类中的"言语信息"分类,分别介绍陈述性知识学习的过程和条件。

[①] 理查德·迈耶著,姚梅林等译:《教育心理学的生机——学科学习与教育心理学》,江苏教育出版社2006年版,第58页。

一、符号和事实性知识的学习

(一) 符号学习

符号学习(label learning)也可称为事物的名称学习。若干字符连成一串的符号学习被称为言语连锁学习。如人名、地名、电话号码以及外文单词的记忆都属于符号学习或言语连锁学习范畴。符号学习的结果是获得以命名方式对客体或客体类别做出一致性反应的性能,即学习者根据符号或者指认符号所标志的客体,或者内在地将符号与某种观念进行匹配。

在奥苏伯尔的有意义言语学习分类中,这种学习属于机械学习。其学习过程是:外界提供刺激,如给出英语单词"book"(统称刺激),学生感知后跟读或默写(统称反应),教师或其他外部环境对反应正确与否给予反馈,告知学习者反应是否正确。告知正确,学习者学习行为受到强化;告知反应不正确并予以纠正,其学习行为也会受到强化。因此,学习者学习过程和条件可以用机械联想理论或刺激—反应和强化理论来解释。

由于符号学习属于机械学习,重复练习与反馈和纠正是学习的最重要条件。除此之外,学习者可以在无意义材料中人为地赋予某些意义,使机械材料易于记忆。这种改进记忆的方法被称为记忆术。如明成祖将首都由南京(当时称为应天)迁至北京的年份是1421年,教师告诉学生用"一事二益"这一年代的谐音来记。将年代赋予一定意义(迁都这一件事,有两大益处:奠定北京城市建筑基础和巩固北方边防),学生便易于记住这个年代。

(二) 事实性知识学习

加涅说:"事实是表示两个或多个有名称的客体或事件之间的关系的言语陈述。"奥苏伯尔认为,事实性知识是一种非概括的命题知识。人的一生要习得大量事实性知识,有些是在日常生活中习得的,有些是在学校教学中习得的。有些事实性知识是孤立的,如记住"《红楼梦》的作者是曹雪芹"。有些事实性知识是相互联系的,如记住中国地形特点:"地势西高东低呈三级阶梯下降;主要河流黄河、长江、珠江、淮河等都是由西向东流;西部地形是山脉、高原,东部多平原和丘陵"等。这些事实性知识并非是孤立的,因为地形分布、河流流向都与地势有关。**事实性知识学习**(learning factual knowledge)的结果是学习者形成有关事实的命题表征、表象以及心理图式,并以口头或者书面陈述具有句子句法形式的事物的各种关系。

事实性知识学习可以用奥苏伯尔的有意义言语学习理论解释。因为像"中国的首都是北京"和"小明爱冬天的梅花"这种事实性知识都是由句子(言语符号)表达的。背诵这两个句子属于言语连锁学习,不是事实性知识学习。习得这两个句子表达的事实的标准,是这两个句子在学习者头脑中引出实质性的和非人为的心理意义。其前提条件是构成这两个句子的词,如"中国""北京""首都""小明""梅花""冬天"等名词对学习者已经有意义,并对表达关系的动词"是"和"爱"已经有意义。这些词的意义是在儿童与成人的日常交谈中习得的。如果这些前提条件能满足,事实性知识学习并不难,其难点在于记忆。记住一本书的作者不难,如果要记忆十本书的作者便会产生困难。因为这种事实性知识容易相互干扰、混淆,导致遗忘。可以利用认知心理学家发展起来的组织策略改进对事实性知识的记忆。

由此可以看出,事实性知识学习的内部条件是学习者头脑中储存相关的字词、表象与图式,并可以从记忆库中提取出来。外部条件是通过多元方式将新信息呈现给学习者,并以经济有效的方式将新旧知识联系起来。

二、有组织的整体知识的学习

在许多时候,学生不是学单一的命题或事实,而是成块的知识,如一篇内容具体、结构完整的文章,这在语文、历史、地理、社会等学科的课程中最为常见。比如初中地理"(中国)地形特点"内容的学习,我们并不仅仅要求学生记住"高原、丘陵、平原、盆地"等地形的名称(符号学习),也不只是要求学生记住我国的地势"西高东低,逐级下降"的特点(事实性知识学习),我们希望学生能够了解地形、地势对河流走向、气候和植被等方面的影响以及与这一地区的经济发展的关系。"地形、地势对河流走向、气候和植被等方面的影响以及与这一地区的经济发展的关系",就是地理课程中有组织的整体知识。可见,**有组织的整体知识**(organized knowledge)是指围绕某个主题或者按照一定的关系组织起来的一整块的知识。在布卢姆认知目标分类学2001修订版中,提出知识可以分成事实性知识、概念性知识、程序性知识、元认知知识四类,其中概念性知识有一个亚类,叫理论、模型和结构的知识,侧重于将原理和概括以某种方式相联系,用于描述、理解、解释和预测现象。有组织的整体知识学习的结果是由相互联系的事实构成的更大知识体系的结构化表征,包括图式的构建和形成。

有组织的整体知识的学习过程可以用广义知识学习阶段和分类模型中第一阶段前四步和第二与第三阶段中的巩固和提取过程来解释。这类知识学习的重点是理解。用奥苏伯尔的同化理论解释,理解的本质是原有的适当观念同化新的知识,影响这类知识学习的唯一最重要条件是原有知识及其组织的特征。原有知识及其组织统称为原有认知结构,有时认知心理学家把这种原有认知结构称为认知图式(schema),所以对有组织的整体知识间关系的理解可以用图式理论来解释。

有部分心理学家用"**心理模型**(mental model)"解释这类知识的学习。梅耶提出文本学习的心理模型是某一系统主要部分及这些部分状态变化间的因果关系的表征,主要包括两种成分:成分模型和因果模型。成分模型指系统各主要部分的位置及潜在状态,如自行车打气筒工作原理,成分模型指打气筒包括一个可上可下的手柄,一个可上可下的活塞,一个可开可闭的进气阀,一个可开可闭的排气阀,一个气压可高可低的气缸等等;因果模型指某一部分状态的变化如何影响另一部分状态变化的因果链,如随着手柄的下压,活塞会下移,导致进气阀关闭,引起气缸中空气压力增大,又导致排气阀开启等等。梅耶认为,心理模型的建构会给学习者带来沉重的认知负荷,所以学习过程要考虑如何减轻学生的认知负荷。因此,梅耶主张将心理模型的学习分为两个阶段,第一阶段构建成分模型,第二阶段构建因果模型,即先了解"是什么",再理解"为什么"。①

促进有组织的整体知识学习的重要外部条件是提高言语材料的可懂度,包括设计先行组织者,采用符号表征技术和设计附加问题等。本教材第十章对此有详细阐述,此处不赘述。

三、作为技能前身的陈述性知识的学习

从图5-2的广义知识学习阶段模型可以看出,所有知识在习得阶段都是陈述性的,在长时记忆中以命题网络表征,其中反映事物规律的知识,如概念、规则、原理、理论在第二阶段的变式练习的条件下转化为程序性知识或者叫操作步骤,即由知识转化为技能。这类知识处于理解水平时,我们姑且称之为"技能前身的陈述性知识"。有些知识如言语信息中的符号、事实性知识,因它不反映事物与事物间的规律,就不能转化为办事的操作步骤,不能转化为技能。

(一) 陈述性知识与程序性知识的相互转化

1. 程序性知识向陈述性知识的转化

这种转化通常表现为,个体先掌握技能,后习得知识。② 例如,儿童学习母语的过程就是"先技能、后知识"的例证。在母语学习的早期,婴幼儿通过模仿成人,先学习单个词,并用单个词与成人交流。稍后习得双词句或三词句,到三四岁,儿童掌握了大量的口语词汇和句式,能在日常生活中与成人正常交流。这个时期,他们已掌握了言语技能。他们的口语基本上符合语法规则,但他们不能清晰地意识到支配其言语行为的规则。进入学校后儿童接受正规教育,他们开始学习词法和句法规则。当其能清晰地意识到言语行为的规则时,便是程序性知识向陈述性知识的转化。这样的例证很多,如完全不识乐谱的民间艺人,由开始的演奏能手逐渐成为既能表演、又可以识谱的学习过程;教师在长期的教学实践中摸索出许多行之有效的教学方法(知其然,程序性知识),但并不清楚方法背后的科学原理,经过培训学习,能说明方法背后的科学原理(知其所以然,陈述性知识)。

2. 陈述性知识向程序性知识的转化

学校情境中学生的技能学习更多符合陈述性知识向程序性知识转化的情形。儿童入学后,他们主要接受书面语言的语法和文章作法方面的教育。知识与技能转化的方向与婴幼儿语言习得的方向相反,一般是先习得知识,后掌握技能。如学生在语文或英语的学习中习得句法知识或词法知识之后,然后运用于说话或书面作文;平面几何课程中学生习得"等腰三角形的顶角平分线、底边上的中线、底边上的高互相重合"后利用这一定理解决相关的问题;学习物理的学生习得"欧姆定律"之后能正确串并线路,都是符合"先知识-后技能"的例子。

---

① 王小明著:《学习心理学》,中国轻工业出版社2009年版,第116—121页。
② 皮连生等著:《语文教学科学化——跨越30年的研究》,江西教育出版社2018年版,第102页。

(二) 基础教育阶段的概念性知识多数要转化为技能

本教材第二章在介绍了加涅关于学生的心理构成及其分类理论后，明确主张"智慧技能的教学应是中小学素质教育的重点"，而且要做到四化：结构化、自动化、策略化、条件化，为学生以后的学习创造良好的内部条件；有些基本的智慧技能应达到自动化的程度，使学生能腾出有限的认知资源来处理复杂的问题。

基础教育阶段学生会学习许多概念和规则，这些概念和规则的学习同样经过三个阶段（图5-2）：在习得阶段，理解概念或规则的定义或概念间的关系；在转化阶段，则需要大量的变式练习，通过练习，概念转化为区分类别的能力，规则转化为受其支配的行为。

有些概念、规则通过一定量的变式练习，学生能在非常熟练的水平上掌握，这类概念和规则的运用通常称为基本技能，如语文学科中与拼音、字、词、句有关的概念、规则的运用，数学中的加减乘除运算规则的运用。以往的课程标准强调打好"双基"（基础知识、基本技能），是有其科学依据的。但有些概念、规则，由于其概括性强，适用面比较广，在转化过程中其运用难以达到自动化，这类技能通常称为高级技能，例如，语文学科中与篇章有关的概念、规则（如段落和篇章结构、表达方法和技巧等）的运用，历史学科中有关历史发展的规律、历史事件图式的运用等。高级技能难以通过短时间教学达到熟练掌握，需到通过一个或几个单元的持续教学，或者不同年级段回旋提升教学，甚至终身持续学习才能运用自如、得心应手。

练习题

一、填空题

1. 广义的知识分为＿＿＿＿和＿＿＿＿，狭义的知识就是＿＿＿＿。
2. 广义知识学习必须经历＿＿＿＿、＿＿＿＿和＿＿＿＿三个阶段。知识分流出现在＿＿＿＿阶段。
3. 陈述性知识的习得需要经历＿＿＿＿、＿＿＿＿、＿＿＿＿、＿＿＿＿四个阶段。
4. 奥苏伯尔认为，同化学习有三种形式，它们是＿＿＿＿、＿＿＿＿、＿＿＿＿，其中下位学习又有两种形式，它们是＿＿＿＿和＿＿＿＿。
5. 认知领域的程序性知识主要有＿＿＿＿、＿＿＿＿。

二、选择题

1. 根据布卢姆对知识的界定，下列不属于知识范畴的是（　　）。

   A．学生正确默写课本中的字词
   B．学生背出"九九乘法表"
   C．学生以字组词、以词造句
   D．学生陈述"鸦片战争"发生的背景及经过

2. 对于习得知识的下列表述,错误的说法是( )。

A. 将自己背下来的知识回忆出来

B. 通过学习者的操作表现出来

C. 口头或书面说出来或写出来

D. 将习得知识与认知结构中已有知识组合成更大的组织化信息

3. 学生学习"等腰三角形的顶角平分线、底边上的中线、底边上的高互相重合",是属于( )。

A. 事实性知识　　　　　　　　B. 概念性知识

C. 程序性知识　　　　　　　　D. 反省认知知识

4. 根据奥苏伯尔的同化学习理论,"举一反三"最适当的解释是( )。

A. 上位学习　　　　　　　　　B. 相关类属学习

C. 派生类属学习　　　　　　　D. 并列结合学习

5. 数学课、物理课的作业总是比历史、政治课的要多,用知识分类学习论解释,这是因为,相对而言( )。

A. 前两门课程的程序性知识多　　B. 后两门课程的认知要求低

C. 前两门课程的抽象水平高　　　D. 后两门课程的陈述性知识多

6. 从例子到规则的学习,符合同化论中的( )。

A. 派生下位学习　　　　　　　B. 上位学习

C. 相关下位学习　　　　　　　D. 并列结合学习

7. 指出下列属于反省认知知识的实例是( )。

A. 学生考试之后,能很准确地预测自己的考分

B. 学生在学习中能举一反三

C. 学生在阅读时,遇到难点立即停下来思考,或回到前面重新阅读

D. 儿童能利用复述策略记忆

三、问答题

1. 根据广义知识的分类,请你分析这些分类及其关系。

2. 请你根据教材对派生类属学习和相关类属学习的阐述,通过举例的方式,比较两者的异同。

3. 根据知识学习的过程与条件,请结合具体学科阐释符号知识、事实性知识和有组织的整体知识学习的特征与内部条件。

4. 根据广义知识学习阶段理论,请你结合学科例证说明知识学习的三个阶段。

5. 根据广义知识学习阶段理论,请你说明为什么医学院、高职院校的学生需要有大量的实习时间。

重点概念

1. **知识**：是个体通过与其环境相互作用获得的信息及其组织,贮存于个体内的,为个体知识,通过书籍或其他媒介贮存于个体外的,为人类的知识。知识有广狭义之分。狭义的知识仅指陈述性知识,广义的知识包含陈述性知识和程序性知识。

2. **陈述性知识**：指个人有意识地提取线索,因而能直接陈述的知识,这类知识主要用来回答世界是什么的问题。

3. **程序性知识**：指个人没有有意识地提取线索,只能借助某种作业形式间接推测其存在的知识。这类知识用来解决怎么办的问题。

4. **能力**：在心理学中,能力有两个概念：一个能力概念强调人的学习潜能,主张能力是个体相对稳定的个性特征。这个能力就是我们经常说的个体聪明程度,通常以 IQ 来标志,它一般决定着个体的学习速度。另一个能力概念强调能力就是个体习得的知识与技能,它决定个体能否顺利做什么。

5. **变式练习**：就是在其他有效学习条件不变的情况下,概念和规则例证的变化。具体说来,就是在知识习得阶段概念和规则正例的变化,它有助于学习者排除无关特征的干扰。在知识转化和应用阶段题型或问题情景的变化,将有助于学习者获得熟练解决问题的技能。

6. **图式**：是围绕某个主题组织起来的认知框架或认知结构,它是一些观念及其关系的集合。图式既具有表象的特征,又具有命题的特征。

7. **符号学习**：也可称为事物的名称学习,即习得符号或名称所代表的意义,在心理上将符号与其所指代的意义联系起来。符号学习的结果是获得以命名方式对客体或客体类别做出一致性反应的性能,即学习者根据符号或者指认符号所标志的客体,或者内在地将符号与某种观念进行匹配。

8. **事实性知识学习**：包括对孤立事实和彼此关联事实的学习,前者是学习单一的事实,后者学习一组关联性事实。事实性知识学习的结果是学习者形成有关事实的命题表征、表象以及心理图式,并能以口头或者书面陈述具有句子句法形式的事物的各种关系。

9. **有组织的整体知识**：是指围绕某个主题或者按照一定的关系组织起来的一整块的知识。

10. **心理模型**：有组织的整体知识的心理表征。梅耶提出文本学习的心理模型是某一系统主要部分及这些部分状态变化间的因果关系的表征,主要包括两种成分：成分模型和因果模型。成分模型指系统各主要部分的位置及潜在状态,因果模型指某一部分状态的变化如何影响另一部分状态变化的因果链。

推荐读物

1. 吴红耘、皮连生:《试论与课程目标分类相匹配的学习理论》,《课程·教材·教法》2005 年第 6 期。

    该文概括地论述了知识分类学习论的基本思想。

2. Gagne, E. D. (1985). *The cognitive psychology of school learning*, Boston: little, Brown.

    该书第四章根据安德森的激活论系统阐明了关于陈述性知识学习的意义、过程和条件的基本观点。

3. [美]德里斯科尔著,王小明等译:《学习心理学——面向教学的取向》(第三版),华东师范大学出版社 2008 年版。

    该书第三章为"认知的信息加工",第四章为"有意义学习与图式理论"。这两章系统介绍了信息加工理论、同化论和图式论关于陈述性知识学习的基本观点。

4. 皮连生:《认知结构同化论在几何概念和规则教学中的应用初探》,《华东师范大学学报(教育科学版)》1986 年第 1 期。

    这是最早用奥苏伯尔同化模式研究概念和规则教学的尝试,该文表明,同化论可以较好地解释概念和规则的教学。

5. 皮连生主编:《教育心理学》(第四版),上海教育出版社 2011 年版。

    该书第四章系统阐述了知识的性质、陈述性知识学习的过程与条件及其教学意义。

第六章　技能与综合能力的学习

记　忆

1. 能陈述技能分类的两种主要框架。
2. 能说出概念、规则学习的过程和内部条件。

理　解

1. 能用自己的话解释下列术语：认知技能、强方法、弱方法、概念学习、规则学习、反省认知、动作技能。
2. 能用广义知识学习的模型说明智慧技能习得的过程。
3. 能结合实例说明智慧技能与认知策略学习的异同。
4. 结合实例，说明不同类型知识在复杂知识学习中的作用。
5. 能结合学科学习说明智慧技能与动作技能的关系。
6. 能说明动作技能学习的阶段以及影响动作技能学习的主要因素。

运　用

1. 能运用概念和规则学习的过程和条件，在自己熟悉的学科中，设计一个概念或规则学习的教学方案。
2. 能在自己熟悉学科的课堂教学中，找出概念(或规则)形成和概念(或规则)同化的教学实例，并分析其学习的过程和条件。
3. 能结合学科实例，分析综合能力学习的过程和条件。

上一章我们阐述了知识及其类型、知识学习的理论与阶段，以及知识学习的过程和条件。学习的目的绝不限于仅仅能够"复现"知识，也应包括对知识进行加工并生成新的能力，这就涉及本章所探讨的技能与综合能力的学习。

下面我们先介绍技能及其主要类型，然后重点探讨几种重要技能的学习过程和条件，最后阐述涉及不同学科领域的综合能力学习。

第一节　技能学习概述

一、技能及其性质

知识与技能是学生学习的主要内容，基础知识和基本技能也是学校教育的重要目标。尽管人们常常将知识与技能并提，但对于是否习得知识更多通过"动口"表现，对于是否习得技能则通过"动手"表现，两者既有联系，又有区别。

(一) 技能的定义

我国教育学与心理学一直沿用活动方式来定义技能,这种将技能定义为活动方式的传统来源于苏联心理学。如克鲁捷茨基在其主编的《心理学》中将"人已掌握的活动方式叫技能"[①]。

这种将技能定义为活动方式的缺点是,人们从这样的定义中看不出知识与技能有什么关系。看不清知识与技能的联系,就难以有效指导技能的学习。

从本质上讲,技能就是程序性知识,个体习得某种技能,意味着他可以表现出序列化或程序化的操作行为。因此,我们将技能定义为:在练习的基础上形成的、按某种规则或操作程序顺利完成某种智慧任务或身体协调任务的能力。[②] 不论是个体学会汽车驾驶还是计算一道两位数乘两位数的数学题,其实质都是按照某种规则操作所表现出来的一种能力。

(二) 技能的心理实质

从上述技能的定义可以看出,技能具有以下性质:

第一,技能是后天习得的,先天的禀赋对技能的习得有重要影响。后天习得意味着,技能不可能通过遗传获得,必须通过后天的大量练习;但技能的习得及熟练程度确实受先天遗传素质的影响,不论表现为认知技能的推理能力还是表现为动作技能的乐器演奏,都是如此。

第二,技能的显著特征表现为序列化步骤,即程序化的特征。所以技能学习的初期,往往是先学习"局部的"步骤,然后将局部的序列步骤整合为一体化的步骤。这种技能序列化的特征在对动作技能的分析中可以明显看出来。

第三,作为学习的结果,技能主要通过个体的操作活动表现出来。与知识不同,技能的表现形式主要是"动手",因此,对技能的测试不能以"纸笔测验"(即语言表述)来进行,而要在特定的情境中通过认知加工或动手操作来表现。

二、技能的分类

第五章已经述及,技能是广义知识中的一种类型,即程序性知识,因此,技能的分类实质上就是程序性知识的分类。下面介绍两种类型的技能分类。

(一) 按学习的领域分类

技能是经练习而引发的能力变化,这些变化主要涉及两大不同的领域——认知领域和动作技能领域。前者包括对外办事的智慧技能与对内调控的认知策略(统称**认知技能**(cognitive skills)),智慧技能可进一步分为辨别、概念、规则和高级规则;后者包括与体育有关的动作技能以及与智育有关的动作技能,见图6-1。

---

① [苏]B·A·克鲁捷茨基著,赵璧如译:《心理学》,人民教育出版社1984年版,第86页。
② 皮连生主编:《教育心理学》(第四版),上海教育出版社2011年版,第104页。

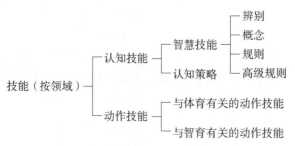

图 6-1 按学习领域的技能分类

(二) 按程序性知识的不同维度分类

技能(程序性知识)的另一种分类是 E·D·加涅提出来的。E·D·加涅从两个维度对程序性知识进行分类,见图 6-2。

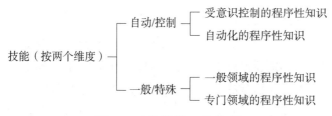

图 6-2 技能的两维分类

根据一般—特殊维度,E·D·加涅将技能分为专门领域的程序性知识和一般领域的程序性知识。顾名思义,专门领域的技能是指向具体的特定领域的,如学生学习"质数、合数"概念后对大于 1 的自然数进行分类;我们习得了英文中的强调句型"It is ... who(that)"之后进行强调句的相关练习都是这种专门领域的技能。一般领域的程序性知识也称思维或解决问题的一般方法或步骤的知识,也即跨领域的思维技能或解决问题的方法。如利用"两直线平行,则内错角相等"这一规则解决问题是前述的专门领域的技能,而在解决问题的时候从已知条件(起点)→目标(终点)进行顺向思考还是从目标(终点)→已知条件(起点)的逆向思考则是可以通用于数学、物理及许多生活问题解决的一般领域的技能。

根据自动化—受意识控制的程度,E·D·加涅又将程序性知识分为自动化的程序性知识和受意识控制的程序性知识。前者是由经过系统练习而能自动激活的产生式系统构成的,也可以称为经过充分练习而达到的熟练技能,如口算或心算中对"九九乘法表"的利用;后者是由一系列未达到自动激活程度的产生式构成的,如问题解决中的条件认知(驾驶员驾车中路面条件的变化、学生解题中问题表征的变化),由于解决问题的条件始终会发生变化,变化了的条件需要我们的有意识认知加工,因此这类技能是受意识高度控制的,是难以自动化的。

上述程序性知识的两维分类是相互独立的,但它们之间存在某种关联性,见图 6-3。

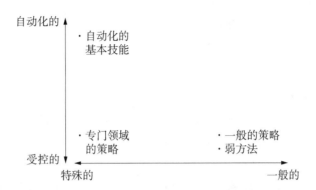

图 6-3 据自动化维度和特殊性维度对技能的分类

由于专门领域的方法、步骤只能适用于较小的领域,其适用范围有限但能保证解题成功,所以被称为**强方法**(strong method);跨领域的策略具有广泛的适用性,但往往不能保证解决具体的领域问题,所以又称**弱方法**(weak method)。

第二节 几种重要技能的学习

前已述及,技能表现为认知领域和动作技能的学习结果变化,认知领域的技能包括加涅学习结果分类中的智慧技能和认知策略;动作技能则体现在因为练习而出现的肌肉和骨骼协调能力的变化。本节重点论述智慧技能与认知策略的学习过程和有效学习的条件,同时简要介绍动作技能及其学习。

一、智慧技能的学习过程和条件

按照加涅的观点,智慧技能可分为五个亚类,由简单到复杂构成一个层级关系。最低级的智慧技能是辨别,辨别是指发现事物或符号间的差别,在此基础上逐级形成具体概念、定义性概念、规则和高级规则,见图 6-4。

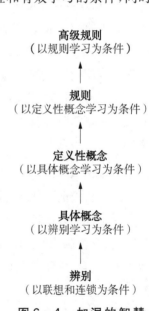

图 6-4 加涅的智慧技能及其层级关系

资料来源:R·M·加涅著,皮连生等译:《学习的条件和教学论》,华东师范大学出版社 1999 年版,第 63 页。

(一)辨别学习的过程和条件

学会辨别在日常生活及学校学习中起着极其重要的作用,如分辨形状和大小、确定方位和距离、估测时间和温度等。唯有能对刺激物的特征作基本的分辨,才能将它作为同一类的成员作出反应(概念学习)。辨别学习作为智慧技能的最低一级能力,在日常生活和课堂学习情境中是随处可见的。人的辨别能力有些是先天的,如空间知觉和对红、黄、蓝等颜色的辨别。辨别能力的习得过程可以用模式识别来解释。

模式是由若干个元素集合在一起组成的一种结构,如物体、图像、语言、文字或人物的脸都可以看成是模式。较为复杂的模式往往又可分为若干子模式,这些子模式也是由若干元素按一定关系组成的结构。模式识别是人们把输入的刺激(模式)的信息与长时记忆中有关的信息进行匹配,从而辨认出该刺激属于什么范畴的过程。模式识别可以分两个阶段。在感性阶段的识别是刺激模式的外部识别;在理性阶段的识别是概念的运用。

正常儿童先天的识别能力是极相似的,其发展主要受后天环境和教学的影响。在课堂教学中,教师可采用以下一些技术来促进学生的识别学习。

1. 扩大有关特征

研究表明,当学生遇到难以辨别的细微特征时,扩大需要辨别的特征,可以促进辨别学习。教师常采用卡片、投影、彩色粉笔等手段来扩大有关特征。在识字教学中,教师会用不同颜色的粉笔把"己、已、巳"三字的关键部分标出,以便学生加深印象。

2. 对比

辨别学习可分为简单辨别学习(如学习过字母 b 后,在新的情境中将 b 识别出来)和多重辨别学习。多重辨别是指同时辨别多个刺激物或多个刺激特征,如辨别 b、d、g、p、q 等。在多重辨别学习中,刺激越相似,辨别越困难,而且很容易产生混淆。克服这种混淆的重要技术是刺激对比。如将 b 与 d 比,指出 b 的尾巴在左面,d 的尾巴在右面;将 b 与 p 比,注意 b 的尾巴向上,p 的尾巴向下,等等。在语音学习中,对比的作用更为重要。

3. 发挥多种知觉系统的作用

在博物馆或展览厅,常可看到"请莫动手"的牌子。这说明,人们想获得清晰、完整的知觉印象,除了用眼睛看之外,还要用手摸。在知觉学习中,应提倡发挥多种知觉功能的作用。有实验表明,智力落后儿童难以辨别较复杂的知觉模式,但是通过把这些模式的某些部分切割下来,让他触摸以后,该儿童便能学习较复杂的辨别。有经验的教师在识字教学时不仅让儿童看字,还让他们动嘴念,用手写(书空)。这里就利用了视觉、听觉和运动觉的协同作用。多种知觉系统参与知觉,既有助于辨别的精确性,也有助于知觉印象的保持。

4. 强化或反馈

这里所说的强化或反馈是指当学生识别了有关特征时,教师给予肯定,如识别错误,则给予否定并加以纠正。这会起到两种作用:第一,激发动机的作用。学生的学习受到教师肯定时,会产生愉快的体验,这种愉快感反过来又可推动学习的进行。第二,提供信息的作用。教师的反馈可以使学生知道自己的知觉是否正确。强化或反馈在与言语或动作技能有关的知觉学习中更为重要。例如,在言语学习中,由于受母语的干扰,学生往往以母语中近似的语音代替正确的语音,而自己又难以辨别,这就需要教师及时纠正。与动作技能有关的知觉学习也是如此。

促进知觉学习的技术远不止上述四条,而且在具体的教学中,这些技术也不是孤立应用的。教师应根据任务的特点,综合运用各技术。

(二) 概念学习的过程与条件

1. 概念分析

概念一词在心理学中意味着什么呢?通过对概念的分析,我们可以把握其确切含义。每一概念都可以作以下四方面的分析:

(1) 概念名称

人类的大多数概念有名称。如"书""三角形""学习"等词,若它们所代表的是同类的"事"或"物",则它们就是概念的名称。儿童可能获得了某些具体概念,但他们说不出这些概念的名称。例如,两三岁儿童在交际中已经掌握了本族语,实际已形成许多口语的概念,但他们并不知其语言学上的名称。反之,儿童能说出许多概念名称,但这些名称实际上并不代表概念。这种"名实不符"的现象在儿童甚至成人的概念学习中普遍存在。

(2) 概念例证

由于概念是用符号(概念名称)所代表的同类事物,同类的个别事或物便是概念的例证。例如,"哺乳动物"这个概念的例证是大象、猪、牛、马、羊、人、猩猩、猴子,等等。它们同属哺乳动物这一类,故称之为正例(positive instances,也译肯定例证)。不属于这一类的事物叫反例(negative instances,也译否定例证)。

(3) 概念属性

又称关键特征或标准属性,是指概念的一切正例所具有的共同本质属性。例如,一切哺乳动物都有胎生和哺乳这两个属性,则胎生和哺乳便是哺乳动物这一概念的属性。

(4) 概念定义

指对同类事物共同本质属性的概括。如"平行四边形是两组对边平行且相等的四边形",这一命题是平行四边形概念的定义。世界上的事物错综复杂,有些事物共同特征明显,易下定义;有些事物共同特征不明显,难下定义。例如,"游戏"与"运动"两个概念的例证彼此交叉,难以用明确的定义将两者严格区分。这就给概念学习带来了复杂性。还有些概念,如知觉、思维、智力等,所指的并不是世界上存在的事物,而是事物的某些属性,这些属性又不能直接观察和测量,只能从人的行为或反应中间接推测。这些概念一般难以严格定义。科学家为了研究方便,常采用操作性的定义。例如,"学习"与"智力"这两个概念,离开了学习实验和迁移实验的一套操作程序,其科学含义便模糊不清。

概念学习(concept learning)意味着学生掌握一类事物的共同本质属性。概念的正例除了共同本质属性以外,还有许多非本质属性(又称无关属性或无关特征)。例如,鸟的本质属性是长羽毛,而"能飞"是非本质属性。所以概念学习也意味着学生能辨别同类事物的本质属性与非本质属性。对于那些难下定义的概念来说,学生应能列举有关概念的多个例证,同时辨别它们与邻近概念的异同。对于那些间接推测出来的概念,学生还必须掌握概念被推测出来的一套操作方法。

按概念的抽象水平可以将概念分为具体概念和定义性概念两类。前者指一类事物的共同本质特征可以直接通过观察获得。比如,对鸟类的本质属性"长羽毛",我们能从各种鸟类身上观察到。后者指一类事物的本质特征不能通过直接观察获得,必须通过下定义来揭示。比如,物理学中的"功"这一概念,人们无法直接观察,如给它下定义"功＝力×距离",功的本质就揭示出来了。概念类别不同,其学习的过程和条件也不同。

2. 概念学习的过程和条件

概念可以分为具体概念和定义性概念两类。这两种不同概念学习的过程和条件也有所不同。

(1) 概念形成

具体概念的学习在低幼年级中颇为多见。如在日常生活中,父母叫小孩拿"碗"来,若小孩拿对,则受到肯定;若拿了"杯子",父母会说"不对,这不是碗"。儿童经过拿大碗、小碗、陶瓷碗、塑料碗,用碗吃饭、盛菜等,最后逐渐发现"碗"是一种有特定形状和功能的器皿,其本质属性与材料、色彩和大小无关。儿童虽不能给碗下一确切定义,但能正确分辨出碗,这就意味着掌握了"碗"的概念。

在教小学数学中的"圆柱体"概念时,教师首先给学生呈现预先准备的实物如"电池""易拉罐""竹笛子"等,并告诉学生,这些都是圆柱体。然后呈现一些非圆柱体实物,如"粉笔""胡萝卜""塔型水壶",并告诉学生,这些不是圆柱体。接着请学生仔细观察这些物体的形状特点,并请他们用语言概括出这些特点。最后,学生发现圆柱体"上下两个面是大小一样的圆,中间一样粗细",并能从学具中、生活用品中正确找到圆柱体物体。

从以上例子可以看出,具体概念的习得过程经历了知觉辨别(辨别碗和圆柱体的形状、大小)、假设("圆柱体的上下两个面好像是圆的""碗好像比杯子浅")、检验假设和概括四阶段。概念越是复杂,检验和假设间的往复次数越多。在这个过程中,外界必须为学习者提供概念的正反例证,正例要有变化,否则学习者会将非本质属性作为本质属性来概括。如儿童看到的碗都是瓷质的,就可能把"瓷"作为碗的本质属性,把"木质的""竹质的"碗排除在外。反例的呈现有助于学生辨别,使概念的概括精确化。另外,学习者必须从外界获得反馈信息,以检验自己的假设是否正确。在课堂教学中,这两个外部条件必须由教师来提供,以促进学生具体概念的学习。

这种从辨别例证出发,逐渐发现概念属性的方式,奥苏伯尔称之为概念形成。其心理机制可用奥苏伯尔提出的上位学习模式来解释。

(2) 概念同化

在学校的各门学科中,许多概念属于定义性概念,它可以通过直接下定义的方式来揭示某类事物的共同特征。比如,学生先前已学过"哺乳动物"的概念,知道"哺乳、胎生"是其本质特征。现在要学"鲸"这一新概念,学生可以通过查字典或听老师讲解,了解到"鲸是哺乳动物,种类很多,生活在海洋中,胎生,形状像鱼,俗称鲸鱼"。另外,通过观看一些鲸的挂图,积累感性资料。尽管学生并未见过真实的鲸,通过这种方式,也能掌握它的本质属性。

上述获得概念的方式被奥苏伯尔称为概念同化。其心理机制可用奥苏伯尔提出的下位学习模式来解释。概念同化是从上位到下位的学习,所需的条件与概念形成不同。它要求学生认知结构中具有同化新概念的适当的上位结构,而且这一上位结构越巩固、越清晰,新的下位概念的同化就越容易发生。在满足这一条件的情况下,教师可以用下定义的方式将概念的本质特征呈现给学生,同时举少量具有典型意义的例子作分析说明,证实定义中涉及的那些共同属性。尽管都是呈现例子,这里例子的功能与概念形成中例子的功能是不同的。这里举例的目的是为了让学生证实定义中所揭示的共同属性;概念形成中的正反例证,不仅要有一定的数量,而且其目的是让学生从中发现蕴含的共同属性。

定义性概念的教学,也可用概念形成的方式。比如,圆周率(π)是一个定义性概念。在教π这个概念时,让学生测量直径分别为1厘米、2厘米、3厘米和4厘米的圆的周长(用绳子绕一周,绳子长度即为圆周长),然后让学生将量出的周长填在表6-1内。由该表可见,若圆的直径为1厘米,则周长为3厘米多;若圆的直径为2厘米,其周长为6厘米多……

表6-1 圆周率教学中周长与直径的关系

直径(厘米)	周长(厘米)	周长/直径
1	3.…	3.…
2	6.…	3.…
3	9.…	3.…
4	12.…	3.…
5	…	…
6	…	…
…	…	…

接着,再让学生计算各圆的周长与直径之比,结果发现它们的值大致相同。最后,教师告诉学生,这个值的精确数为3.14159……它就是圆周率。为了加深学生的认识,还可以取直径为任意长度的圆,测量其周长,并计算其周长与直径之比。如果测量很精确,那么这个比值是3.14多一点,从而证实了原来的结论。

总之,概念形成与概念同化是学生掌握概念的两种重要形式。

随着学生知识结构越来越复杂,概念同化这种学习形式更为重要。两种学习形式所要求的心理过程不同,在概念形成中,要求学生进行辨别,提出与检验假设和发现概念的本质属性;在概念同化中,要求学生辨别新学习的概念与认知结构中原有上位概念的异同,同时要将概念组成按层次排列的网络系统。学习条件方面,在概念形成中,学生必须辨别正、反例证,同时还必须从外界获得反馈信息;在概念同化中,学生认知结构中必须具有同化新材料的有关概念。外界给学生呈现的是新概念的定义或概念特征的描述,在概念同化与概念形成中,都要求学生将自己原有的知识与新呈现的材料在头脑里发生积极的相互作用,才能将外部提供的材料转化为自己的认知内容。所以这两种概念学习都是积极的有意义学习。

(三) 规则学习的过程和条件

1. 规则分析

概念一般以词或符号来表示,规则以言语命题或句子来表达。比如,"当昆虫的幼虫变成蛹时发生变态",该命题表达了一条生物学规则;"在动词前面的修饰词的结构助词带'地'字",它表达了一条语法规则;"饭前洗手",它表达了一条行为规则。自然科学中的许多规则常用公认的符号表达,如"圆柱体体积(V)等于它的底面积(S)乘以它的高(h),即 $V=Sh$"。

规则同概念一样,也有例证。不过规则的例证不是一类事物的例证,而是几类事物的关系的例证,更确切地说,是几个概念之间的关系的例证。如"饭前洗手"的例证是无数的,可以是早饭前洗手,也可以是晚饭前洗手,可以是自己洗手,也可以是父母帮助孩子洗手。同样,也可以找到无数例证来演示这种关系。所谓**规则学习**(rule learning),实质上就是能用大量的例证来说明规则反映的关系,或者说,能运用规则在其适用的各种不同情境中办事。所以加涅认为,掌握与运用规则可能是人类最主要的一种智慧技能。

2. 规则学习的过程和条件

(1) 从例子到规则的学习(例—规法)

这是一种先呈现规则的若干例证,学生从例证中概括出一般结论的学习过程。在这种情形下,学生进行的是发现学习。用奥苏伯尔的同化学习理论来看,它属于上位学习。

在某小学五、六年级进行的"几个连续奇数和的简便计算公式"的实验,显示出规则发现学习的一般过程和条件。这一计算公式的命题表述是:几个连续奇数和等于奇数个数 n 的平方。被试分 A、B 两组,两组被试所看到的例子如下:

A 组例子	B 组例子
$1=1^2$	$1+3+5=3^2$
$1+3=2^2$	$1+3=2^2$
$1+3+5=3^2$	$1+3+5+7+9=5^2$
$1+3+5+7=4^2$	$1+3+5+7=4^2$
$1+3+5+7+9=5^2$	$1+3+5+7+9+11=6^2$

要求两组学生根据呈现的例子,找出规律,用最简便的方法求 $1+3+5+\cdots\cdots$ 一直加到 99 的和。结果看到 A 组例子的学生多数能发现规则,而看到 B 组例子的学生无人发现规则。

在上述例子中,学生的认知过程同概念形成的过程相似,都需要进行辨别,提出假设与检验假设并进行概括。但这里对认知要求更高,因为这里的认知对象不是具体事物,而是由概念构成的关系。因此,规则学习必须在学生已经掌握有关概念的基础上才能进行。这是规则学习的内部条件。规则学习的外部条件是教师呈现若干体现规则的例证,而且例证的排列方式要具有线索意义。A和B组学生学习结果的差异，明显受规则例子呈现方式的影响。在有些情况下，呈现模型、图表等直观教具，有助于学生发现规则。在学生遇到困难时，教师应给予适当提示。在课堂教学情境中，完全由学生独立发现规则的情况较少，更多的是在教师指导下的发现学习。

（2）从规则到例子的学习（规—例法）

这是一种先呈现学生要学习的规则，然后用例子来说明规则的学习过程。在这种情形下，学生进行的是接受学习。它符合同化理论中的下位学习模式。

规—例法教学的最重要条件是学生对构成规则的概念已经掌握，否则，学生不可能真正掌握这一规则。例如，在语文教学中，教师告诉学生，动词前面的修饰词后带"地"，名词前面的修饰词后带"的"，并举出许多例子来帮助学生理解这两条规则。结果学生还是不能掌握这条规则。原因是汉语中的名词和动词的词性随它们在句子中承担的不同语法功能而变化。当学生未完全掌握名词和动词两个关键概念时，他们就不可能掌握由这些概念构成的规则。

另外，如果学生认知结构中具备适当的上位规则，将会使新规则的学习更加稳固和容易。例如，在学生学习了圆柱体的体积计算公式后，接着学习圆锥体的体积计算公式。由于锥体的体积是它等底等高的柱体体积的三分之一，教师可以依据这一关系，将圆柱体体积计算公式作为同化圆锥体体积计算公式的上位规则，引导学生发现新旧知识的相同点和不同点，促使学生形成清晰和分化的认知结构。

二、认知策略的学习

认知策略是一种特殊的智慧技能，两者既有相似性，但也有其特殊性。

（一）与智慧技能学习的相似性

可以从两方面考察智慧技能与认知策略的相似性。第一，从广义知识分类的角度来看，认知策略也是程序性知识，前面论述的概念和规则学习的规律也适合于指导认知策略的学习。也就是说，认知策略学习的实质也是掌握概念和由概念构成的规则，并使之支配自己的行动。第二，从广义知识学习的阶段来看，认知策略与智慧技能一样，都经历知识的习得阶段、知识的转化阶段和知识的迁移与运用阶段。尤其在转化阶段，需要进行变式练习。

（二）与智慧技能学习的区别

尽管认知策略与智慧技能本质上都是程序性知识，但构成策略性知识的概念和规则，不同于反映具体事物性质的概念和对它们加工操作的规则。智慧技能涉及利用习得的概念和规则处理外部环境中的客体事件，而认知策略则指向学习者的内部认知过程，换言之，智慧技能用于对外办事，认知策略用于对内调控。

所以教师还必须注意认知策略学习的特殊性。认知策略的学习受以下几方面特点的影响：

第一，策略学习的内隐性。如上所述，认知策略是对内调控的技能，它所涉及的概念和规则反映人类自身认识活动的规律。而人类的认识活动潜藏于人脑内部，无法从外部直接观察到，这类概念和规则难以通过直观演示的方法教给学生。所以认知策略教学的一个难点是教师如何通过具体实例向学生示范策略应用的情境。

第二，策略学习的概括性。认知策略所涉及的概念和规则一般都有较高的概括性，在应用时有很大的灵活性。如语文课上学到的"按一定的顺序写"这条写作规则，适用于写人、写事、写物，也适用于记叙文、说明文和议论文。小学生学习这一规则，到了中学后还要学习这一规则。由于这样的规则的应用必须适合于变化的情境，所以认知策略的学习一般不可能短期见效。

第三，策略学习的制约性。儿童认知策略的学习与应用受其认知发展水平制约。对于智慧技能来说，它们的学习主要取决于低一级智慧技能的掌握情况。而认知策略的学习则与认知发展水平的关系更密切。例如，如果儿童尚未形成事物类别的概念，他们就不能应用将事物分类这种组织策略来帮助记忆。

梅耶在详细考察了学习与记忆中的复述策略、分类组织策略和表象加工策略的研究后，认为儿童认知策略的发展经历早期、过渡期和后期三个阶段。

大致在学前期，儿童处于策略学习的早期阶段。这时，儿童尚未掌握策略，即使自发地获得了某些简单的策略，但由于他们的反省认知能力尚未发展，不知道在什么时候和什么条件下适当应用这些策略。

在小学时期，策略发展处于过渡阶段。这时，儿童已经自发地掌握了许多策略，但是他们不能有效地运用这些策略来提高学习效率。倘若成人给他们在策略上予以清晰的指导，他们能利用已有的策略来改进学习。

到了初中和高中时期，策略发展处于后期阶段。某些青少年在他们熟悉的知识领域，可以在无成人指导的条件下，自觉运用适当的策略改进学习，而且能根据任务的需要来调整策略。

认知策略的学习和运用还受儿童自我认知发展水平的制约。儿童认知发展的自然顺序是先认识外部世界，后认识自身。儿童对自己认知过程和结果的认知被称为**反省认知**（metacognition），反省认知也译成元认知或反审认知。认知策略学习的最高水平是学习者不仅能在训练过的情境中应用某种学习过的策略，而且能把习得的策略迁移到未训练的情境中。研究表明，要使策略训练经受迁移测验的检验，学习者必须清晰地意识到所学习的策略是什么（what），它所适用的范围（where）以及怎样（how）和什么时候（when）应用。解决这四个"w"的问题，显然是学生对自己认知过程的认知问题。所以认知策略的训练必须与反省认知相结合。

三、动作技能的学习

青少年不仅应该具有丰富的知识、高度发展的智慧技能，而且还要掌握熟练的动作技能

(motor skill)。因此,学生不仅要善于"动脑",也应该善于"动手",以适应现代社会的需要。在中小学的许多学科中,都不同程度地有动作技能学习的任务。如小学生在语文课上要学习书写、发音和朗读;在数学、物理和化学课上学习作图、演示和操作;在体育与健康课上要学习体操、投球等动作;在音乐课上要学习唱歌和演奏乐器;在美术课上要学习用铅笔、蜡笔等工具绘画;在科学课上要学习使用仪器、工具;……作为这些学科的任课教师,仅仅知晓学生认知技能的学习规律是不够的,还要了解动作技能的特点与学习过程,这样才能有效地促进学生学习动作技能,更全面地实现课程目标。

(一) 动作技能的含义

动作技能又称心因运动技能(psychomotor skill)。这个术语中的 psychomotor 是由"psycho"和"motor"两个词合成的,意在强调这里的动作不是简单的外显反应,而是受内部心理过程控制的。动作技能往往与知觉不可分,所以有人常常把知觉与动作联系起来,称之为知觉—动作技能(perceptual-motor skill)。这些不同的术语,其含义实质上相同。心理学家普遍认为,**动作技能**是一种习得的能力,是按一定的技术要求,通过练习而获得的迅速、精确、流畅和娴熟的身体运动能力,可以通过诸如顺利地书写、跑步、做体操、驾驶汽车、操纵生产工具、打字等借助骨骼、肌肉及相应的神经过程实现的活动而表现出来。

动作技能有以下几个突出特点:

一是动作技能的目标指向性。作为身体运动,总是指向一定目标的,目标不同,相应的身体运动模式也不尽相同。如都是把篮球投掷出去,将篮球投到篮板上、投进篮圈中、投给另一名队友,所需要的投掷动作却是不同的。

二是动作技能的习得性或随意性。这一特点主要是相对于不随意的反射性动作而言的。眼前出现轻微刺激,我们会迅速做出眨眼反应;轻轻敲击膝盖下部,我们的小腿会不自主地弹起,这些反应是与生俱来的,不属于动作技能,动作技能是后天习得的。

三是动作技能的执行涉及实际的肌肉运动。这一特点是动作技能与其他技能(智慧技能、认知策略)的本质区别所在。数学运算的技能(如两位数乘以两位数的技能),可以在心里进行而不涉及实际的肌肉运动,最终也能得到答案。但向靶子投掷飞镖的技能,必须要有肌肉的实际运动才能将飞镖投掷出去并命中目标。

(二) 体育动作技能的学习

中小学体育课程和课外的运动项目训练,主要教学目标是不同类型动作技能的学习。动作技能学习的心理过程与认知技能的学习,既有共同之处,也有显著差异。

1. 体育动作技能的分类

动作技能学习的规律常因动作任务的不同而有所变化,在心理学中,一般从下述两个维度来对动作技能进行分类:动作的连续和离散、动作的开放与封闭。

连续的动作技能没有明确的开端和结尾,行为一直持续下去,直到人为打断为止,如游泳、跑步、开车等动作。离散的动作技能有明显的开端和结尾,其精确性可以计数。如射箭、投篮、举重、按电钮、紧急刹车等都是典型的离散动作技能。离散的动作技能可以很快完成,只需几分之一秒的时间(如踢、扔等动作),但有的也需要相当长的时间才能完成(如签名的动作)。

开放的动作技能的环境是一直变化的、不可预测的,因此操作者不能事先有效地计划整个运动。如撑船、捉蝴蝶、摔跤等活动都属于开放的动作技能。开放性动作技能的成功往往取决于个体以其行为成功地适应变化环境的程度。通常,这种适应必须非常快,而且有效的反应者还必须有许多不同的行为供其选择使用。封闭的动作技能的环境是可以预测的。可以预测的环境主要有两种情况:一是非常稳定的环境,如射箭、打保龄球、刷牙以及在支票上签名等动作的环境。二是当环境的变化是可预测的,或者这种变化已作为练习的结果而习得时,也会形成可预测的环境,如变魔术。在这些任务中,随后几秒钟的环境是可以预测的,因而可以事先对运动做出计划。

动作技能的这两种分类维度是相互独立的,也就是说,同一项动作技能,可以从不同维度进行分类,如表6-2所示。

表6-2 动作技能的分类及其实例

	连续的	离散的
封闭的	跳高、发牌	定点跳水、射箭
开放的	开车、打乒乓	刹车、拍打苍蝇

2. 体育动作技能学习的过程和条件

1967年,费茨(Fitts, T. M.)和波斯纳(Posner, M.)将动作技能学习的过程分为三个阶段。

(1) 认知阶段

在学习一种新的动作技能初期,学习者通过指导者的言语讲解或观察别人的动作示范,或从标志每一个局部动作的外部线索中,试图理解任务及其要求。同时也做一些初步尝试,把任务的组成动作构成一个整体并试图发现它们是如何构成的。在这一阶段,学习者的注意范围比较狭窄,精神和全身肌肉紧张,动作忙乱、呆板而不协调,出现多余动作;不能觉察自己动作的全部情况,难以发现错误和缺点。

(2) 联系形成阶段

在这一阶段,练习者逐步掌握了一系列局部动作,并开始将这些动作联系起来,但是各个动作结合得不紧密。在从一个环节过渡到另一个环节,即转换动作的时候,常出现短暂的停顿。练习者的协同动作,是交替进行的,即先集中注意一个动作,然后再注意做出另一个动作,反复地交替,进行不同的动作。这种交替慢慢加快,技能结构的层次不断增加,然后逐渐形成整体的协同动作。在这一阶段,练习者对动作技能的视觉控制作用逐渐减弱,肌肉运动感觉的控制作用逐渐增强,动作间的相互干扰减少,紧张程度有所减弱,多余动作趋于消失。

(3) 自动化阶段

技能形成的最后阶段是一长串的动作系列已联合成一个有机的整体并已巩固下来。各个动作的相互协调似乎是自动流出来的。这时,练习者的多余动作和紧张状态已经消失。练习者能根据情况的变化,灵活、迅速而准确地完成动作:能自动地完成一个接一个的动作,几乎不需要有意识的控制。需要指出,这一阶段不是每个练习者都能达到的,要达到这一阶段,不仅需要教师或教练的指导,还需要大量的、充分的练习。

影响动作技能学习的因素有许多,如动机、疲劳、练习的安排及反馈等。一般来说,练习前的言语指导和示范、练习方式以及反馈的方法对动作技能的获得有更为持久的影响。练习是影响动作技能学习的最重要的因素。这里练习是指有意练习(deliberate practice),即练习者要抱着掌握技能的目的,按挑战水平逐渐提高的层次持续不断地练习某项技能。显然,这种练习并不是快乐有趣的,而是需要付出一定努力的。研究发现,练习的不同形式对动作技能的学习有重要影响。

与运动有关的信息分两类:一是在运动之前得到的,二是在运动之中或运动之后得到的。在运动之前,我们会得到一些与所学的动作技能有关的信息,如动作技能练习前的言语指导和示范。在运动之中或运动之后会得到运动产生的信息,如感受到的、听到的、看到的及运动在环境中产生的结果,这种信息通常叫做运动产生的反馈,简称反馈。许多研究者认为,反馈是仅次于练习的影响动作技能学习的重要因素。

(三) 与智育有关的动作技能的学习

与智育有关的动作技能大量地表现在语文、英语、数学及物理等学科的学习中,如语文和英语学习中字词发音、朗读、书写以及背诵等方面表现出来的技能;数学、物理和化学等学科学习中作图、实验操作等方面表现出来的技能。教师需要谨慎区分上述学科学习中提及的与智育有关的动作技能。

动作技能与智慧技能联系密切。一方面,动作技能的掌握可以促进智慧技能的学习,如学生掌握了英语音标与单词读音的技能,就可以促进他们学会用英语进行口头交流的技能;另一方面,智慧技能的掌握要通过动作技能表现出来,如科学家霍金全身只有两根手指能自由活动,他有关天文学的许多思考和推理(智慧技能)是在头脑内部进行并通过他的手指在键盘上的敲击(动作技能)而表现出来的。

在具体的学科教学中,动作技能与智慧技能很容易混淆。如小学三年级学生用铅笔在作业本上按"无论……还是……都"的句式写了一句话:无论刮风还是下雨,李老师都按时到校;在学习圆的概念后,教师要求学生用圆规画圆。在这里,学生学习的是动作技能还是智慧技能?很多人都错误地认为是动作技能。

导致动作技能与智慧技能容易混淆的主要原因是动作技能中包含有智慧技能的成分,

正如加涅指出的,"动作技能实际上有两个成分:一是描述如何进行动作的规则,即动作程序;二是因练习与反馈而逐渐变得精确和连贯的实际肌肉运动"。其中的第一种成分属于完全可以在头脑内部执行的智慧技能。为将动作技能与智慧技能区分开,加涅建议将学习者学习之前能做的与学习之后能做的加以比较,如果学习之前不会做,学习之后会做的是肌肉的协调运动,则所学习的就是动作技能;如果学习之前不会做,学习之后会做的是可在头脑内部执行的程序而不需涉及实际的肌肉运动,则所学习的就是智慧技能。例如,小学三年级学生在造句前是会用铅笔书写他造的那句话的,学习之前和之后都会用铅笔书写这句话,因而新学习的就不是动作技能,而是按一定句法规则在头脑内生成句子的智慧技能,书写的动作技能不过是新的智慧技能的表达工具而已。

教学中还要注意区分动作技能与操作步骤。操作步骤是一套做事的程序,如通分的步骤、计算小数除法的步骤、使用显微镜的步骤。操作步骤有时会涉及肌肉运动,但这里的肌肉运动通常是学生早已掌握的,不需要学习的。因而操作步骤实质上是可在头脑内部进行的智慧技能,不同于动作技能。

第三节　综合能力的学习

综合能力学习涉及学科领域的复杂问题解决,由于阅读、写作和解决问题涉及陈述性知识、程序性知识以及策略性知识的相互作用,所以本章最后我们要讨论学习的更高级和更复杂的形式——阅读、写作和问题解决。

一、阅读的过程和阅读理解的条件

(一)阅读过程

阅读是从呈现的文本中推导出意义的复杂交互行为。阅读有两层含义,广义的阅读是指人们用于获取文本内容的阅读,如人们每天看报、阅读杂志以及其他书籍;狭义的阅读是指中小学生在语文课上的阅读。本节所讨论的阅读是狭义的阅读。心理学家认为,阅读过程中有两种加工:一是自下而上的加工。这时学习者感知每一个字、词和句子,音形刺激的感知激活认知结构中所储存的字、词、句的意义,从句意再到段意和篇的意义。二是自上而下的加工。学习者通过感知部分课文信息,如大标题、小标题或开头、结尾的关键句子,便能激活认知结构中有关篇章结构的图式,利用篇章结构图式预测文本内容,补充某些文本中未直接交代的部分内容,从而迅速理解文本。一般来说,学生在学习语文课文时,会反复从事这两种形式的加工。当遇到比较陌生的新课文时,前一种加工较多。通过查阅词典了解生字新词的意义;在此基础上理解句意和段意;最后获得整篇课文内容的意义。

所以新课文的学习大致可分三步:第一步,通过从下至上的加工(即从局部到整体的加工),理解课文的内容;第二步,在初步掌握课文内容的基础上,通过由上至下的加工,即从整体到局部的加工,理清作者的写作思路,找到课文分段与分层的依据;第三步,在前两步的基础上,反复品读课文,学习课文在遣词、造句和表达方面的特色,并通过多种形式的练习使课本上的语文知识转化为学生自身的读写技能和策略。

(二) 阅读理解的条件

认知教育心理学家梅耶认为,在儿童达到阅读流利水平之后,支配阅读理解能力的是下面的三类知识:[①] ①内容知识,是指文章中所涉及的与学科内容领域有关的信息。例如,如果阅读的是一篇有关足球比赛的文章,这里的文章内容知识是关于足球比赛的知识。对足球比赛越熟悉、知识越多的球迷,理解文章内容越快。通过阅读又可以进一步丰富这类知识。课文内容主要来自日常生活。多读课外书,也是课文内容知识的重要来源之一。②策略性知识,是指学习者为了更有效地学习而采取的各种程序。③元认知知识,是指读者对自己是否成功地达到任务要求的意识。

为便于中小学教师的理解和操作,皮连生等人将构成阅读能力的知识和技能分为如下三类[②]:

1. 文章内容知识

指有关文章所描述的主题的知识,也包括有关作者和写作时代背景的知识,以及作者在文章中表达的情感和价值观。

2. 语文基本技能

这主要是指遵循语法和词法规则,熟练运用字、词、句表达思想和情感的技能。即通过对字、词、句的解码,从中获得意义的技能。例如,如果一篇文章生字、新词很多,而且有不熟悉的句型,读起来将很困难。因为这种技能中的单一技能(无论是表现在读或是写方面)都可以在一节课内或短时间内学会,而且其运用可以达到自动化。

3. 与篇章阅读和写作有关的高级技能

包括鉴赏文章抒情、描写、说明、议论和记叙方面的技能以及分析、评论文章的立意、材料取舍和修辞手法等方面的技能。例如,给予一篇陌生的课文,学习者应能分析文章的分段,提取段意,品评作者的写作手法,如人物神态、动作、外貌描写等。我们称这类技能为高级技能。因为这种技能中的单一技能都不可能在一节课内或短时间内学会,而且其运用很难达到自动化。

阅读过程是上述三类知识与技能相互作用的过程。因此,阅读能力的提高必须从如下三方面入手。下面以三年级学生读懂《灰雀》这篇课文(人教版,三年级第五课)为例,来分析他们所需要的条件:

第一,课文内容知识:课文记叙了列宁和一个小男孩,围绕公园里一只灰雀失而复得所

[①] 理查德·梅耶著,姚梅林等译:《教育心理学的生机——学科学习与教育心理学》,江苏教育出版社2006年版,第60页。
[②] 皮连生等著:《小学语文学习与教学论》,华东师范大学出版社2018年版,第178—179页。

进行的一连串对话。伴随课文,教科书呈现了列宁和小男孩、白桦树和三只灰雀的插图。由于这些内容与学生的生活经验十分接近,三年级学生理解这些内容一般没有难度。

第二,语文专门知识:三年级学生一般缺乏如何独立读懂课文内容与结构的专门知识。

第三,语文基本技能:三年级学生能听懂与其个体生活经验接近的对话和言外之意。所以借助朗读,三年级学生能读懂课文内容。

第四,语文高级技能:三年级学生通过听故事,已经获得一般的故事结构图式。所以借助故事结构图式,三年级学生能读懂课文结构。

二、写作过程和条件

心理学对阅读的研究比较早,已有百年历史,而对写作研究较晚,一般认为,写作的科学研究始于20世纪80年代弗劳尔(Flower, L. S.)和海斯(Hayes, J. R.)的研究。弗劳尔和海斯通过专家和新手的对比研究,采用大声思维的研究方法,揭示人们在写作过程中的思维特征及其所应用的知识类型。例如,他们给被试布置一项写作任务,要求他描述在执行这项写作任务时的想法,然后对这种思维过程的原始报告加以记录并作仔细分析。基于这样的研究,弗劳尔和海斯提出了写作过程模型(见图6-5)。

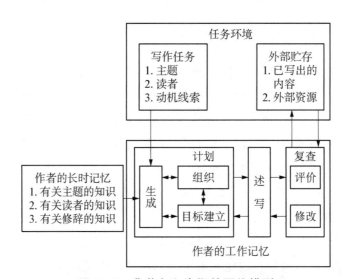

图6-5 弗劳尔和海斯的写作模型

资料来源:吴庆麟等编著:《认知教学心理学》,上海科学技术出版社2000年版,第271页。

(一) 写作过程

从上述写作的认知模型可以看出,写作时在作者的工作记忆中经历三个独特阶段:计划、述写、复查。

1. 计划

计划也称构思,指学生在动笔前头脑中考虑写什么、如何写等问题的活动,是写作的最关键阶段。它由生成信息、建立目标、组织信息三个亚过程构成。

(1) 生成信息

这是指收集、获取与写作有关的内容或素材的过程。获取信息的方式主要有三种途径。一是从长时记忆中提取有关的信息,例如,要写一篇有关温室效应对人类生活影响的文章,需要回忆起有关温室效应以及对人类影响的一些专门知识。二是基于生活体验,获得切身感受。三是查找资料,补充和积累一些必要的素材。

(2) 建立目标

这是作者对自己的写作活动提出的要求,以便对写作活动进行自我引导和监控。这样的目标可以是面向结果的,如,"这次我要写出一篇够得上优秀的文章""文章字数要800字以上",也可以是面向过程的,如,"文章中要多举些例子""这里用过渡段"。建立目标不是一时性的,整个写作过程中都会发生。

(3) 组织信息

这是指选择所提取出来的最有用的信息,并使这些信息形成合理的结构。例如,对于写温室效应对人类生活影响的文章,考虑从三个方面写:温室效应的种种表现、对人类生活产生的影响、我们的应对之策。在组织信息过程中涉及对生成的写作内容或素材的评价与取舍。

构思的三个亚过程并不是按照严格线性顺序进行的,在实际写作过程中,这三个过程是相互作用、相互交叉的。比如组织好信息后,因生成了新的信息,需要组织到已经形成的结构中;或者因生成信息的变化,导致原定目标的调整。

2. 述写

述写是把观念转化为文本的过程,包括书写与文本生成两方面的活动。对于年幼儿童,由于书写动作效率较低,书写明显是一种挑战,需要消耗较多的工作记忆资源。文本生成是在工作记忆中进行的将思想转化为词、句子和篇章的过程。在写作时生成的语言流中的停顿受诸如段、句子和句子边界的句法连接、文本种类、工作记忆空间等因素的影响。与书写不同,文本生成从来不会自动化,即使是大学生仍然需要利用工作记忆的资源。

3. 复查

复查是指将写好的初稿与理想文本的心理表征相对照,并进行修改的过程。它涉及评价和修改两方面的活动。对所写文章的评价不仅仅依赖于作者关于所写文章的内容知识,也依赖于作者对所写文章体裁的熟悉程度。例如,如果作者熟悉议论文的写作要求,就有利于他对自己的初稿是否满足议论文的要求作出评价。复查通常发生在初稿完成之后,但也会发生在写作过程的任何时候。研究发现,熟练的写作者要比新手花更多的时间在修改上,作出的修改也多,写出的文章质量也高。

写作过程不是从计划到述写再到复查这样一次性完成的,而是存在着复杂的相互作用,彼此间有反复,有循环。弗劳尔和海斯认为这种相互作用是通过作者自我认知监控过程来完成的。图6-5的写作模型中,在计划、述写和复查之间箭头的往返,就隐含了这种监控过程。

(二) 有效写作的条件

从上述模型可以看出，学生在进行写作前至少应具备两方面的条件：一是头脑中（长时记忆）要具备有关的主题知识（内容知识）、读者的知识和遣词、造句、谋篇的技能；二是明确写作任务，即写作主题是什么，写给谁看，写作的动机是什么。

与阅读理解一样，有效写作也是不同类型知识相互作用的结果。阅读是运用不同类型知识理解与品评他人的文章，学习的重点是吸收和借鉴。写作的重点是输出，用习得的适当的读写基本技能和高级技能正确表达自己的思想。

关于从写作计划向书面文本转化的条件，梅耶引用奈斯特兰德（Nystrand, M.）的观点，列出如下五类条件：① 格式类：写出的句子必须是读者易懂的；必须使用读者熟悉的规范书写方式、版面设计、空格、段首缩进以及拼写等。② 句法类：写出的句子必须符合书面语言的规则，语法、标点和句子的组织必须易于读者理解。③ 语义类：写出的句子必须能够向读者准确地表达意图；准确预期读者阅读时可能具有的相关的已有先前经验。④ 文本类：写出的句子必须适合于组成前后连贯的段落和篇章。⑤ 语境类：写出的句子必须考虑到文体的特点或全文的写作风格。

同阅读相比，写作要难很多。主要有三方面原因：一是文章内容，阅读的课文内容只需要理解，写作内容需要生成；二是基本技能，在排除字词障碍之后，读者凭借日常生活中形成的句法感和篇章感可以听懂课文内容与结构，从而获得阅读理解；但写作需要有清晰的词法、句法知识的指导；三是高级技能，在能读懂文章的内容与结构的条件下，支持高级技能的规则理解不难，但运用于写作并表现出创造性非常困难。

三、解决问题的过程和条件

哲学家和教育家杜威最早对解决问题的过程进行了描述。他将问题解决过程分成五个阶段（详见本书第四章第一节）。此后不同的心理学家对解决问题的过程提出过许多看法。现代信息加工心理学家一般认为解决问题过程包括表征问题、设计解题计划、执行解题计划和监控这样四步。问题表征涉及对问题的表层理解，即理解问题陈述的字面意义和对问题的深层理解，识别问题类型和区分问题陈述中的有关与无关信息。监控贯穿解题过程的始终。

奥苏伯尔指出，自杜威于1910年对问题过程进行论述之后，"60多年来并没有对杜威的描述作过明显的改进"。他于1978年提出了一个解决问题模型，见图6-6。

该模型不仅论述了解决问题的一般过程，而且提出了"问题背景"知识、"推理规则"和"策略"等不同类的知识在解决问题过程中的作用。这一观点与现代信息加工心理学的主张是一致的。

现代信息加工心理学家认为解题不仅需要理解语言文字所涉及的事实，而且要把新的

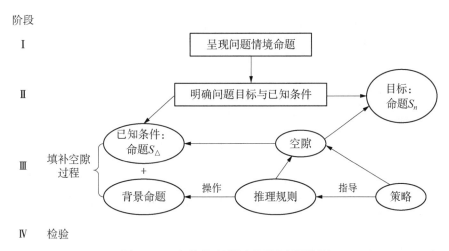

图 6-6 奥苏伯尔解决问题过程模型

资料来源：皮连生主编：《教育心理学》(第四版)，上海教育出版社 2011 年版，第 148 页。

问题归入原有问题图式，因此这里涉及言语技能和问题内容知识。设计解题计划涉及解题策略，有些策略是专门领域特有的，有些策略是跨问题领域的。执行解题计划需要具体的计算技能，对解题过程进行监控涉及元认知知识和元认知策略，所以解决问题的条件也离不开上述几类知识的相互作用。

下面，以数学应用题为例，分析问题解决的心理过程和条件。

题目：地砖按每块 7.2 元出售。地砖每边长 30 厘米。用这种地砖铺满长 7.2 米宽 5.4 米的房间，需要花多少钱购买地砖？

（一）表征问题

对问题的表征又叫对问题的理解。所谓理解，其心理学的涵义就是学生用原有的适当的知识同化新知识，也是把问题中的每一陈述转换成解题者内部的心理表征的过程。对于地砖问题，转换成如下内容：

(1) 房间是一个 7.2 米长 5.4 米宽的长方形；
(2) 每块地砖是边长 30 厘米的正方形；
(3) 地砖每块 7.2 元；
(4) 求出与房间地面积相等面积的地砖的价钱。

完成上述表征需要两种知识，一是语文知识，学习者应具有"地砖""出售"等语词的知识；二是事实知识，知道每边长 30 厘米的地砖是正方形，1 米＝100 厘米等。这些均属于陈述性知识。

（二）设计解题计划

设计解题计划即解题者朝着问题的终点目标，根据已知条件选择合理的已知条件的过程。在地砖问题中，学生可以把问题分解成以下几步：

(1) 求出房间面积,7.2×5.4;

(2) 求出每块地砖的面积,0.3×0.3;

(3) 求出需要地砖的数量,(7.2×5.4)÷(0.3×0.3);

(4) 求出需要地砖的总价钱,(7.2×5.4)÷(0.3×0.3)×7.2。

在这个过程中解题策略非常重要,如何从已知条件出发走到终点目标呢？学习者可以用顺推法,也可以用逆推法。在解决数学问题中,后者是一种重要的思维策略。

(三) 执行解题计划

这是将设计的解题计划付诸实施、达到终点状态的过程。在地砖问题中,学生要完成以下几步计算:

(1) 7.2×5.4＝38.88(平方米)

(2) 0.3×0.3＝0.09(平方米)

(3) 38.88÷0.09＝432(块)

(4) 7.2×432＝3110.4(元)

在这个过程中,是否熟练掌握相应的数学运算技能即程序性知识是关键,其间也伴随着反省认知等监控过程。

(四) 回顾与评价

计划实施完成后,学生还要对自己的求解过程和结果进行检验和评价,判断解题过程是否合理、简便,结果是否正确。如发现错误,应找出原因,并予以纠正。在这个过程中反省认知与计算技能都很重要。

练习题

一、填空题

1. 按技能学习变化的领域,可以将技能分为认知技能和_____,其中前者又含_____和_____。按程序性知识的两维来分,技能又有_____和_____之分。

2. 按学习方式分,概念学习有_____和_____,规则学习有_____和_____。

3. 具体概念的学习较适宜于采用_____的学习方式。

4. 有研究表明,儿童认知策略能力的发展大致可以分成_____、_____、_____三个阶段。

5. 动作技能又叫_____技能或_____技能,动作技能的学习是指_____。

6. 动作技能除含有认知成分外,还包含智慧技能中所没有的_____成分。

7. _____和_____是影响动作技能学习的两个重要因素。

8. 弗劳尔和海斯提出写作的三个阶段：_____、_____、_____。

二、选择题

1. 根据现代认知心理学的研究结果，知识(广义的)和技能的关系是(   )。
   A. 知识与技能是同质的概念
   B. 技能是能力的表现，而知识不是
   C. 技能可以用知识来解释
   D. 知识和技能是迥然不同的两个概念

2. 下列不属于认知技能的是(   )。
   A. 概念分类   B. 投篮动作
   C. "顺向"或"逆向"解题策略   D. 分式运算

3. 根据心理学中关于概念的定义，选出下列代表概念的词(   )。
   A. 天安门   B. 地铁   C. 高尔夫球   D. 华盛顿

4. 儿童在日常生活中已经能分辨你、我、他，上、下、左、右等概念，这些概念一般是通过(   )。
   A. 概念形成   B. 概念同化
   C. 接受学习   D. 幼儿园系统教学获得的

5. 掌握概念的行为指标(   )。
   A. 能区分概念的正反例   B. 能记住概念的定义特征
   C. 能理解同类事物的共同关键特征   D. A、B、C都对

6. 关于认知策略能力的培养，得到心理学家较一致赞同的方法是(   )。
   A. 独立开设思维训练课
   B. 像形式训练说所主张的那样，培养一般的观察力、记忆力和思维力等能力
   C. 结合教材内容，训练具体的策略并使之能迁移
   D. 普遍开展创造性思维

7. 学会如何学习，实质上是(   )。
   A. 学会在适当的条件下采用适当的认知策略
   B. 掌握系统的科学概念与原理
   C. 掌握大量而牢固的言语信息
   D. 培养对学习的浓厚兴趣

8. 下列不属于动作技能的例子是(   )。
   A. 婴幼儿叫"ma ma"
   B. 在教练指导下缓慢地进行深呼吸运动
   C. 走楼梯
   D. 吞咽食物

三、问答题

1. 根据概念或规则学习的内外条件,请设计一个概念或规则学习的教学片段。
2. 通过具体的学科学习实例,说明认知技能与动作技能之间的关系。
3. 根据弗劳尔和海斯的写作过程模型,请你分析在写作的构思阶段,学生的哪些知识起到重要作用。

重点概念

1. **认知技能**:认知技能是个体的一种内在性能,是个体在阅读、理解、思考以及解决具体问题的过程中获得的,包括对外办事的智慧技能与对内调控的认知策略。

2. **强方法**:与弱方法相对,指专门领域的策略,这类策略只能适用于具体的较小的领域,其适用范围有限但能保证解题成功,所以被称为强方法。

3. **弱方法**:与强方法相对,指一般领域的策略,这类跨领域的策略具有广泛的适用性,能对解决问题有规范和启发,但往往不能保证解决具体的领域问题,所以称为弱方法。

4. **概念学习**:指学习者掌握一类事物的共同本质属性,概念学习的结果是能对概念的正例和反例进行分类。

5. **规则学习**:指能用大量的例证来说明规则反映的关系,或者能运用规则在其适用的各种不同情境中解决问题。规则学习的结果是表现出受规则支配的行为。

6. **反省认知**:儿童对自己认知过程和结果的认知,也译成元认知或反审认知。

7. **动作技能**:与认知技能相对,是一种习得的、按一定技术要求,通过练习而获得的迅速、精确、流畅和娴熟的身体运动能力。

推荐读物

1. 吴红耘、皮连生:《试论与课程目标分类相匹配的学习理论》,《课程·教材·教法》2005 年第 6 期。

   该文概括地论述了知识分类学习论的基本思想。

2. [美]R·M·加涅著,皮连生等译:《学习的条件和教学论》,华东师范大学出版社 1999 年版。

   该书第五章论述智慧技能、辨别;第六章论述智慧技能:定义性概念与规则。这两章系统阐明四种智慧技能习得的行为指标和有效学习的内、外条件。

3. 皮连生:《认知结构同化论在几何概念和规则教学中的应用初探》,《华东师范大学学报(教育科学版)》1986年第1期。

这是最早用奥苏伯尔同化模式研究概念和规则教学的尝试,该文表明,同化论可以较好地解释概念和规则的教学。

4. 皮连生主编:《教育心理学》(第四版),上海教育出版社2011年版。

该书第五、六两章分别阐述了智慧技能和认知策略的学习过程和条件;第八章从动作技能的性质、学习过程和条件论述了动作技能的学习。

5. 皮连生等著:《语文教学科学化——跨越30年的研究》,江西教育出版社2018年版。

该书第三章论述了语文学习中的知识、技能与能力概念及其关系;第八章谈及语文教学目标的分类。

6. 王小明著:《学习心理学》,中国轻工业出版社2009年版。

该书第六章论述认知技能学习的理论以及影响认知学习的因素;第七章论述动作技能及其学习、影响动作技能学习的因素。

7. 王映学、张大均著:《认知技能获得研究》,科学出版社2013年版。

该书第一章阐述了认知技能及其相关概念,认知技能的分类、获得阶段及其理论;第四、五两章分别探讨学习材料特征和条件认知对认知技能学习的影响。

第七章 态度和品德的学习

本章目标

记　忆

1. 陈述态度与品德的区别和联系。
2. 陈述影响态度和品德学习的内部条件。
3. 陈述皮亚杰和柯尔伯格的道德判断发展阶段。

理　解

1. 用自己的话解释下列术语：态度、品德、内化、观察学习、替代强化、自我强化、亲历学习、认知失调论、榜样示范、价值观辨析、移情。
2. 列举教育中的实例，说明如何运用替代强化原理促进班集体中的优良行为和抑制不良行为。
3. 举例说明态度与品德的改变过程。
4. 举例说明有效说服的必要条件。

运　用

用本章所学到的有关心理学知识和原理，为品德不良学生设计一个有效的教育方案。

当下，我国已迈入建设中国特色社会主义新时代，"立德树人"成为教育的根本任务，这就要求学校教育不仅要传授知识，培养能力，更要帮助学生树立社会主义核心价值观，培养具有社会公德、家庭美德、职业道德和个人品德、全面发展的社会主义建设者和接班人。个人品德的形成也是一个学习的过程，是个体从学习社会态度逐渐内化为品德的过程。很明显，态度与品德是既有区别、又有联系的两个概念。本章将从学习心理学角度，首先阐述态度与品德的性质，再分析有关态度与品德学习的一般过程与条件，最后探讨良好态度与品德的培养。

第一节　态度与品德的概述

一、态度的性质

（一）态度的涵义

加涅在《学习的条件和教学论》一书中提到了社会心理学家阿尔波特为态度所下的定义，经受住了时间的考验："态度是心理的和神经中枢的准备状态，它们通过经验来组织，并施加直接的间接的与所有对象或情境有关的个体反应。"这一定义首先指出态度是一种内部准备状态，它使某些类型行为的出现成为可能，但它不是实际的行为反应本身。例如一位学习态度认真的学生，在一般情况下总是能够按照教师的要求完成各科作业。但学习态度与学习行为不是一一对应的关系，学习态度认真的学生，偶尔也会出现不按教师要求完成作业的行为。其次,态度这种内部准备状态有可能直接或间接地影响个体的行为反应。但这种影响与能力是不同的,能力决定人们能否顺利完成某些任务,但态度则决定人们的行为选择,即决定人们是否愿意完成某些任务。例如在公共汽车上是否给老人或怀抱婴儿者让座,不是由能力决定的,而是由态度决定的。最后,态度是通过经验组织或学习而形成的。也就是说,态度不是先天的,而是后天通过与环境相互作用而形成和改变的。因此我们认为,**态度**是通过学习形成的影响个体行为选择的内部状态。

(二) 态度的构成成分

态度是由哪些成分构成的,有三种流行的看法。第一种是单成分说,认为态度是情感的表现。瑟斯顿(Thurstone, L. L.)认为:"态度是人们对待心理—客体(人、物、语词或观念等)肯定或否定的不同情感。"第二种是二成分说,认为态度是感情和认知的统一表现。罗森伯格(Rosenbeng, M.)曾经指出:"对于态度客体的情感反应是以对客体进行评价的信念或知识为依据的,所以态度既有情感成分,也必须包括认知成分。"第三种是三成分说,认为态度包括情感(affect)、行为(behavior)和认知(cognition)三种因素,因此又叫态度的 ABC 模式。正如瓦格纳(Wagner, R. V.)所言:"态度是由情感、认识和行为的成分组成的,它们与个人对态度对象的评价、知识与行为的心理倾向是符合的。"

当前,态度的三成分说在我国比较流行。大多数心理学家认为,态度是由认知因素、情感因素和行为倾向因素所构成的。

1. 态度的认知因素是指个体对态度对象所具有的带有评价意义的观念和信念。这些观念和信念通过赞成或反对的方式表现出来,是由许多观点构成的认知体系。有些观点直接指向态度的对象,如"知识就是力量",直接指向了学习态度的对象。但是,像"一对夫妇只生一个孩子,以后的孩子将承担对四位老人的生活照顾"的观点,显然没有直接指向计划生育,但应该说已经间接地反映了对计划生育的态度。

2. 态度的情感因素是指个体对态度对象喜爱或厌恶的情感体验。态度的情感因素是伴随着认知因素而产生的情绪与情感。兰金(Rankin, R. E.)等人通过皮肤电测量发现态度变化与皮肤电反应变化(一种常用的情绪变化指标)有明显的相关,可见态度的情感因素是个人很难掩饰的比较真实的一个态度因素,被许多心理学家视为态度的核心因素。

3. 态度的行为倾向因素是指个体对态度对象试图表现出来的行为意向,它构成态度的准备状态,即准备对特定对象作出某种反应。例如"我准备报考研究生"就属于学习态度的行为倾向因素。行为倾向不等于行为本身,有行为倾向不一定发生实际的行为。

大量的研究表明,态度的这三种构成成分通常是协调一致的。认为"努力学习是学生的应尽职责"的学生,就会喜欢学习,并产生挤时间看书和完成作业的意向。可是,这三种构成因素有时也会出现不协调的情况。有研究表明,态度的情感因素与行为倾向因素之间的相关比较高,而认知因素与情感因素、认知因素与行为倾向因素之间的相关就比较低,因而容易出现人们口头表示的态度却不能付诸行动的现象,即出现"言行不一""表里不一"。

(三) 态度的功能

态度作为通过学习形成的影响个体行为选择的内部准备状态，会对个体的心理和行为发生深刻的影响，具有十分重要的功能。

1. 价值表现功能

价值观是人们对某一事物的善恶、是非和重要性的评价。个体的态度与其所持有的价值观紧密相关，价值观不同，态度也会不同。某一事物对个体社会意义的大小，往往取决于其价值的大小，而个体对某一事物的态度往往取决于对其价值的评价。因此，个体内心所持有的价值观可以通过其态度表现出来。

2. 调节的功能

态度是刺激与反应之间的中介变量，一定的刺激通过个体所持有的态度而作出不同的反应。一般而言，积极的学习态度容易产生积极的学习行为，而消极的学习态度则容易产生消极的学习行为。李波特（Lambert, W. E.）等人曾在加拿大的蒙特利尔让美裔大学生和法裔大学生根据录音判断说话者的人格特征。录音带里录有5个人朗诵同一篇文章的声音。首先让他们用英文念，再让他们用法文念。结果发现，美裔学生与法裔学生都对说英语者有较高的评价，而法裔学生对说英语者的评价比美裔学生还要高。原因是加拿大现实社会的社会态度对说英语者有利，学生们便按照这种现实态度去调节自己的言行，即使是处于少数地位的法裔学生也力图以大多数人的态度作为自己的行为准则，以提高自己的地位和价值，消除内心的不安全感。实验表明态度既调节个体的言语行为，也调节个体的非言语行为。当然这种调节也不是绝对的，因为个体的行为并不完全取决于态度，它还要受到各种情境因素的制约。

3. 过滤功能

态度不但影响个体行为的方向性，而且还影响个体对信息获得的选择。在一般情况下，人们总是接受与个体态度一致的信息，拒绝与个体态度不一致的信息。而且认知与个体态度一致的信息时，容易注重和评价其好的方面。否则就容易产生歪曲和过分评价其消极的方面。美国的琼斯（Jones, E. E.）等人曾将一批美国南部的大学生分成两组，第一组学生的态度是反对白人与黑人分校，第二组学生的态度是赞成分校。他们让两组学生分别阅读11篇反对黑人与白人分校的文章，然后要求他们将读过的文章内容尽量完整地写出来。结果发现，第一组学生的成绩优于第二组。这是因为第一组学生的态度与文章内容相吻合，因而文章内容比较容易被吸收、记忆和同化。而第二组学生的态度与学习材料内容相违背，所以学习就被阻止或歪曲。实验结果充分表明态度对信息选择的过滤功能。

二、品德的性质

(一) 品德的涵义

品德是道德品质的简称，指个体依据一定的社会道德、行为准则行动时所表现出来的稳定特征。品德作为个体心理现象,是社会道德内化的结果。"内化"是目前心理学界用得十分广泛的一个概念。最早提出这个概念的是法国社会学家杜克海姆(Dukheim, E.),他认为内化是社会意识向个体意识的转化。后来美国的英格利希(English, H.)将内化理解为采纳别人的或社会的观念、做法、标准与价值观作为自己的东西的过程。美国社会心理学家阿伦森(Aronson, E.)则将内化视为准则、信念纳入自己体系的过程。很明显,**内化**就是指外在的行为要求(规范)转化为主体内在需要并成为自己行为取向标准的过程。这个过程实际上就是个体品德心理结构形成和发展的过程。

品德的形成和发展,有赖于社会的道德。没有社会道德,也谈不上什么个体品德。但社会道德毕竟是社会规定的要求人们共同遵守的行为准则,其存在和发展取决于社会的存在与发展。品德仅仅是社会道德在个体身上的反映,它的形成和发展经历了外在准则规范不断内化和内在观念外显的复杂过程。

品德是个性的一部分,但品德不等于个性。个性中的气质和能力显然不是品德,而且性格也不全是品德。人的性格特征中,既有道德评价意义的一个层面,也有不具有道德评价意义的一个层面。像内向、外向、粗心、细心等不具有评价意义的性格特征,不属于品德;而像诚实、虚伪、勤奋、懒惰等具有评价意义的性格特征则属于品德。

(二)品德的构成成分

品德的构成成分包括认知、情感和行为三个方面,即道德认识、道德情感和道德行为。

1. 道德认识

它是指个体对道德概念、命题和规则的认识。道德认识的结果同样是在个体的头脑里形成认知结构,其形成的过程与其他知识的建构一样,是以层次网络化的形式不断地构造和改建的。通过学习,个体首先获得的是许多具体的道德知识。

道德知识的掌握是指理解具体的行为准则、规范或观念,以及执行它们的社会意义。学生掌握什么道德知识完全取决于包括教育在内的社会环境。在理解的基础上形成道德评价,即运用已有的道德知识对行为的是非、好坏、善恶进行评定和判断。若对他人的行为进行评定和判断,叫道德判断。若对自己的行为进行评定和判断,则是自我评价。当一系列的道德知识组成一定的体系,对个体的道德生活起内部指导作用,并按照该体系的道德观去评价他人,便形成道德信念。这时,学生对某种道德知识的正确性都坚信不疑。稳定的道德信念成为个性的有机组成部分时,便起到"良心"的作用。一系列的道德信念又有可能组成道德价值观念,道德价值观念是道德价值的反映,道德价值是对道德观念和道德行为社会意义的衡量。我国当前倡导"富强、民主、文明、和谐;自由、平等、公正、法治;爱国、敬业、诚信、友善"的社会主义核心价值观,前四项是国家层面的价值目标,中间四项是社会层面的价值取向,后四项是公民个人层面的价值准则。虽然有层面的区分,但作为一个社会的核心价值观,均属于个体道德认知的重要内容。

2. 道德情感

它是指个体的道德需要是否得到满足而引起的一种内在体验。它的内容包括爱国主义情感、集体主义情感、义务感、责任感、事业感、自尊感和羞耻感。对青少年来说，义务感、责任感与羞耻感具有特殊的意义。义务感是个人对所负担的社会道德任务的认识和体验，它促使人们在活动中对社会积极承担一定的道德责任。责任感是与义务感密切联系的情感体验。如果说义务是认清道德任务要求，并在生活中努力加以实现的话，那么责任是关于这个任务完成的程度，或者如果这个任务没能完成个人对此有过错的程度。而羞耻感则是个人自我道德意识的表现，是个人谴责自己的行为、动机时的情感体验。如果学生没有义务感、责任感和羞耻感，就无所谓个人品德的发展。

道德情感的形式包括直觉的道德情感、想象的道德情感和伦理的道德情感。直觉的道德情感是由于对某种道德情境的直接感知而迅速发生的情感体验，由于其产生非常迅速，因而对这个过程的道德准则的意识往往不明显。想象的道德情感是通过对某种道德形象的想象而发生的情感体验。道德形象之所以能引起人们的情感体验，是因为这种直观形象是作为社会道德标准的化身而存在的，能给人以强烈的感染，并扩大了个人的道德经验。个人的直接经验是想象的道德情感的基础，这种道德经验既可以由个人的亲身经历获得，也可以由观察他人的行为获得。伦理的道德情感是以清楚地意识到道德观念、道德理论为中介的情感体验，具有较大的自觉性和概括性。例如，爱国主义情感是对爱家乡、自觉保护环境、对工作高度负责等较具体情感的概括，同时又是对道德要求和意义的深刻认识，自觉性极高。

3. 道德行为

它是个人在一定的道德认识指引和道德情感激励下所表现出来的对他人或社会所履行的具有道德意义的行为。它是人们确认道德认识和道德情感的正确与深浅程度的一个重要依据。它包括道德动机、道德习惯和道德意志。道德动机是推动个体产生道德行为的内部动力。在道德动机的推动下，还必须有一系列的行为方式才能保证道德行为的实现。行为方式在类似情境中多次重复，有可能变成道德习惯。道德意志使人克服困难，坚定不移地实现道德行为。美国的雷斯特（Rest, J.）认为，道德行为的产生经历了解释个人面临的道德情境、作出道德判断、进行道德抉择和履行道德行动计划等一系列复杂的过程。尽管这个过程受个人认识和情感所支配，但主要为个人的道德意向所决定。忽视了行为的道德意向和动机，就不可能真正理解个人的道德行为。

三、态度与品德的关系

通过对态度和品德这两个概念的定义及其构成成分的分析，我们可以发现，态度的定义对品德也是适合的。首先，态度和品德都是一种习得的影响个人行为选择的内部状态。如我们说某学生具有尊敬老人的品德，这里所说的品德实际上也是影响该学生在遇到老人时将作出何种行为选择的内部状态或倾向。其次，态度和品德都是由认知、情感和行为等三个方面因素构成的。

但是,态度和品德这两个概念也有区别。

第一,两者所涉及的范围不同。态度所涉及的范围大,包括对集体、对他人的态度,对劳动、对学习的态度,对物品的态度,以及对自己的态度等等。这些态度有的涉及社会道德规范,有的不涉及道德规范。只有涉及道德规范的那部分稳定的态度才能被称为品德。例如我们可以认为做作业马虎、字迹潦草、粗心大意的学生学习态度不认真,但不能由此认为他品德不良。

第二,价值(或行为规范)的内化程度不同。克拉斯沃尔(Krathwohl, D. R.)和布卢姆等认为,因价值内化水平不同,态度可以从轻微持有和不稳定到受到高度评价且稳定之间发生多种程度的变化。他们认为,价值内化的最低水平是"接受"(或注意)。如教师向学生宣讲雷锋精神,学生愿意听,属于这种水平。价值内化的稍高一级水平为"反应"。如学生愿意参加学校组织的向雷锋学习的活动属于这一级水平。价值进一步内化,达到"评价"阶段。这里的评价指学生按价值准则行动后获得满意感或愉快感,对行为赋予价值。价值内化的更高水平是个体的价值标准的"组织"。通过组织克服各种不同价值标准的矛盾和冲突,最后成为个人性格的一部分,使价值内化达到最高的"价值性格化"。上述价值内化的各级水平也就是态度变化的水平。但是,只有价值内化达到高级水平的态度,也就是价值标准经过组织且成为个人性格一部分的稳定态度才能被称为品德。

由此可见,年幼儿童的许多行为表现,如讲假话或损坏别人的物品等,因其价值标准没有内化或完全缺乏价值标准应该被视为态度的表现,不能视为品德的表现。

由于态度和品德所涉及的是同质的问题,而且有时难以严格区分,所以下面的讨论对两者不作严格区分。

第二节 态度与品德学习的过程和条件

态度与品德的学习过程既包括态度与品德的形成,也包括态度与品德的改变。一般而言,形成是从无到有的过程,而改变则是原有态度与品德发生方向或程度变化的过程。我们首先分析态度与品德的形成过程,再分析态度与品德的改变过程,最后讨论态度与品德学习的心理条件。

一、态度与品德的形成过程

20世纪70年代,学习心理学的研究呈三足鼎立之势。行为主义学习论强调"因行动而学到行为",继续致力于考察外部因素对行为的影响;人本主义学习论着眼于"因需求而求知"的观点,深入探讨意志、情感、需要等内部因素对学习的影响;认知学习论沉溺于对个体的认知过程的研究,试图回答"由既知而获得新知"的问题。所有这些研究或因过于强调个体直接经验,或因过于看重个体的认知和情感因素,都一度淡化了对影响学习的社会因素的研究。美国斯坦福大学心理学家班杜拉敏锐地看到了这一点。他致力于博采众家学习理论之长,弥补其不足,把影响学习的社会因素凸显出来,赋予其与个体的内部心理因素、行为因素等同等的地位,建构一种更全面的、能更好地解释人类学习的理论体系。1977年,班杜拉的《社会学习理论》一书出版,初步阐述了以人、环境和行为三者交互作用的观点为基础的社会学习理论。其后,班杜拉又深入探讨了自我系统尤其是自我效能感对行为和情绪的影响机制。在此基础上,他系统地总结、提炼了自己的研究成果,出版了《思想和行动的社会基础——社会认知论》。该书以个体、行为和环境的交互决定论为组织框架,深刻地阐述了人类的机能发挥是个体心理因素、行为和社会交互影响的结果,形成著名的社会认知理论,较好地回答了个体态度和品德形成的机制。社会认知理论认为人们是通过观察学习和亲历学习形成态度和品德。

(一) 观察学习

态度与品德的形成过程实质上是学生通过社会认知实现社会化的过程。班杜拉认为,个体以旁观者的身份观察他人的行为表现,以形成态度和行为方式,属于**观察学习**。观察学习只是从他人的经验而学到新的经验,不需要经过亲身经历刺激—反应的联结,班杜拉称之为"勿需练习的学习"。观察学习经历注意过程、保持过程、生成过程和动机过程等四个环节(见图7-1)。

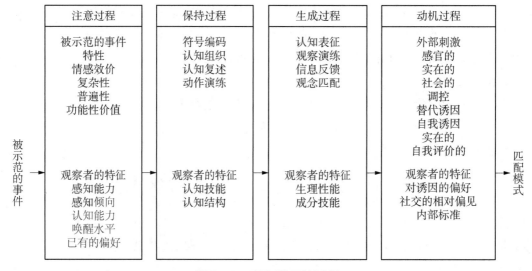

图7-1 观察学习的过程

资料来源:A·班杜拉著,林颖、王小明等译:《思想和行动的社会基础——社会认知论》,华东师范大学出版社2001年版,第69页。

1. 注意过程

它是观察者将其认知活动等心理资源贯注于示范事件的过程,决定着观察者从大量的示范影响中选择观察的对象以及从示范对象中提取有关的信息。注意要学习的事件是形成态度的首要条件,示范对象的特征和观察者的特征直接影响注意的效果。

2. 保持过程

它是指记住示范者的行为特征。观察者将注意到的示范信息转换成表象、语义概念的符号表征并贮存于记忆之中,还能在头脑里像放电影一样一遍一遍地放,即认知演练。所以保持有赖于符号转换、表象和言语的表征和复述,表象和言语符号是未来态度的认知基础。

3. 生成过程

它是指将符号内容转化为相应的行为,实际上是观察者在外显行为水平上实现示范行为的符号表征,因而又称动作复现。学习者需要理解行为的表征性指导,理解被抽象地表征为行为的概念和规则,并分析行为的概念和规则,然后从时间和空间上组织类似于示范者的行为反应。可见,动作复现实际上就是模仿。模仿是仿照别人的态度和行为举止而行动,使自己的态度和行为方式与被模仿者相同。被模仿者就称之为榜样。

对榜样的模仿包括四种类型。一是直接模仿,学生依照榜样发生行为直接学到一定的态度。二是象征模仿,学生通过广播、电视、电影和小说等象征性媒介物所显示的榜样态度来学习。三是创造模仿,学生将各种榜样的态度和行为方式综合成全新的态度体系来模仿。四是延迟模仿,学习观察榜样一段时间之后才出现模仿。

4. 动机过程

由于生成的行为有可能受到强化,增加以后重复出现的可能性,成为以后行为发生的动机。尽管班杜拉否认强化为态度学习的必要条件,但他还是强调了强化的作用,因为强化为个体对环境的认知提供了信息和动力。

班杜拉认为在社会认知学习中存在三类强化。一是直接强化,当个体出现合乎要求的行为后所导致的学习结果的知悉,或实物、金钱、表扬及其他象征物的获得,有可能加强该态度和行为。二是**替代强化**(vicarious reinforcement),个体因观察他人的某种行为受到强化而增强了自己出现榜样行为的频率或强度。班杜拉特别重视替代强化的作用,因为观察他人的行为得到强化,会给观察者产生信息作用和情感作用,从而促使其学习与保持那些他人受到强化的态度与行为。三是**自我强化**(self-reinforcement),个体的态度会因是否达到自己设置的目标而自我肯定或自我否定。

(二) 亲历学习

班杜拉将个体通过自己的行为反应结果而获得的学习称为**亲历学习**。与行为主义不同的是,社会认知理论强调主体因素在亲历学习中的作用,认为行为结果对行为的塑造是一个自动作用的过程。行为结果之所以能够引起学习,取决于个体对行为结果功能价值的认识。

首先是认识到行为结果对反应者的信息价值。个体从反应结果中得出关于结果与反应之间关系的认识,由这一认识所指导的反应及其结果又有选择地加强或否定着这一认识,从而不断地改善和提高个体的态度与行为。所以,亲历学习也是一个信息加工过程。不过,这时的观察对象从外部示范者转变为自己的行为及其结果,而且习得的往往是有关行为的抽象规则,而不是具体的反应方式。

其次还要认识到反应结果对主体的动机价值。个体在行动之前,往往会预期行为的未来结果,这种预期通过符号形式表征于个体当前的认知表象中,就有可能转化为当前行为的动机。所以在亲历学习中,行为结果主要是作为居先的而不是后继的决定因素而发挥作用的。

班杜拉的社会认知理论将由结果引起试误学习和由示范作用引起的观察学习有机地统

一在一起,较好地说明了态度和品德的形成过程。

二、态度与品德的改变过程

态度改变这一术语是否包含价值内化之前的不稳定态度的变化,或者仅指价值内化之后的稳定态度的变化,在心理学中没有明确界定。如果仅指后者,则态度改变与品德改变是同质的问题。品德和态度改变都是指个体在同环境的相互作用中已形成的特定道德品质或态度的变化,包括方向的变化和程度的变化。方向变化可以由好变坏,也可以由坏变好;程度变化可以从轻微到彻底的改变。据社会心理学家凯尔曼(Kelman, H. C.)的研究,态度的改变经历顺从、认同和内化等三个阶段。

第一阶段,顺从。顺从是表面上放弃自己的意见或观点,在外显行为方面与他人相一致,而在认识与情感上与他人并不一致。顺从具有被动性、工具性和情境性等三个特点。被动性是指态度的改变是由外在压力引起的,缺乏态度改变必要性的认识。工具性是指个人的态度受外部奖励与惩罚的影响,因为顺从可以得到奖励,不顺从将受到惩罚。所以顺从只是满足自己安全需要的工具。情境性是指态度的改变同情境的引发直接相关。如果外在情境发生变化,态度也会随之变化。

第二阶段,认同。认同是在思想、情感上认为他人的意见是正确的而主动接受他人的影响来改变态度,比顺从深入一层。认同具有自觉性和稳定性的特点。认同基本上不受外在压力的影响,而是主动接受他人或集体的影响。因而他们不但在行为上与他人保持一致,而且在感情上也与他人一致。同时,由于个体相信所认同态度的正确性和必要性,一旦认同便比较稳定,通常不再随情境的改变而轻易改变。

第三阶段,内化。内化是指从内心深处相信和接受他人的观点而与他人一致,并将自己所认同的思想和自己原有的观点、信念融为一体,构成一个完整的价值体系。由于在内化过程中解决了各种价值的矛盾和冲突,当个人按自己内化了的价值行动时,会感到愉快和满意;而当出现了与自己的价值标准相反的行动时,会感到内疚和不愉快。这时,新的态度成了自己个性的一部分,稳定的态度和品德便形成了。因此,内化具有高度的自主性和坚定性,不会因外界的威胁或诱惑而动摇。

也有些心理学家在研究态度和品德的形成过程时,采用分别研究的方法,对其中的认知、情感和行为习惯的形成过程分别进行描述。这样的描述有助于揭示态度和品德的三个成分各自的学习规律,有助于指导教育实践。

三、影响态度与品德学习的心理条件

影响态度学习的心理条件是指影响学生态度学习的自身的各种心理因素,如智力水平、原有态度和道德水平、教育程度等因素。

(一) 认知失调

1957年,美国的费斯廷格(Festinger, L.)提出态度改变的**认知失调论**(cognitive

dissonance)。他认为态度的认知因素可以分成若干个基本元素,几个认知元素之间,有的是协调的,有的则可能是不协调的。例如:

认知元素 A——我学习数学的潜力很大。

认知元素 B1——我的数学成绩总是名列前茅。

认知元素 B2——我的数学成绩连续几次不及格。

认知元素 A 与认知元素 B1 是协调的,认知元素 A 与认知元素 B2 是不协调的。当个体发现自己所持的两个或两个以上认知元素之间不协调时,就会出现认知失调,内心会有不愉快或紧张的感受。在这种情况下,个体总是力求通过改变自己的观点或行为,以达到新的认知协调。因此,认知失调便成为态度改变的先决条件。

费斯廷格等人的研究发现,认知失调主要来源于四种情况。第一,逻辑上不一致。学生一方面认为抽烟对人的身体有害,另一方面又认为抽烟是男子汉的风度。第二,与社会风气不一致。周围的人都在学雷锋、做好事,自己却只关心个人利益。第三,个人的一贯行为倾向与其特殊的行为不一致。如一向待人和气的学生偶然对人发脾气。第四,新出现的事物与个人的旧经验不一致。由于个人经常遭遇上述四种不一致,因而随时都有可能出现认知失调,导致态度发生改变。

但认知失调仅仅为态度改变提供了先决条件,它不一定必然导致态度改变。教师的任务就是要及时抓住认知失调的时机,采取有效的措施促使态度转变。首先,设法改变其中的一个认知元素,使它与其他元素协调一致。例如,将认知元素 A"我学习数学的潜力很大"改变为"我学习数学的潜力不大",就会与认知元素 B2"我的数学成绩连续几次不及格"相协调。其次,设法增加新的认知元素,以加强认知系统的协调。例如,增加认知元素 C"这几次数学考试太难,班里许多同学都不及格",会使不协调的强度自然降低。最后,也可以强调某一认知元素的重要性,或者减弱不协调认知元素的重要性。例如,减弱认知元素 B2 的重要性,"这几次考试不及格是身体不好造成的,而且都是无关紧要的小测验"。

(二) 认知不平衡

1958 年,美国社会心理学家海德(Heider, F.)提出了态度改变的平衡理论。他认为认知者对某一对象的态度取决于第三者的态度。他用 P 代表认知主体,O 代表第三者,X 代表态度对象,"+"表示肯定的态度,"-"表示否定的态度。这样,P、O、X 之间便形成了相互关联的八种模式(见图 7-2)。

在图 7-2 的上面四种模式中,认知主体对单元中两个对象的态度趋向于一致,属于平衡的模式,态度不容易改变。在下面的四种模式中,认知主体对两个对象有相反的看法,其认知体系呈现不平衡状态。海德认为,人类普遍地有一种平衡、和谐的需要,不喜欢不平衡状态。一旦在认知上有了不平衡,就会从心理上产生紧张和忧虑,从而促使主体按照"费力最小原则"将其认知结构向着平衡与和谐的方向转变。学生的态度便伴随着这种认知不平衡的改变而改变。

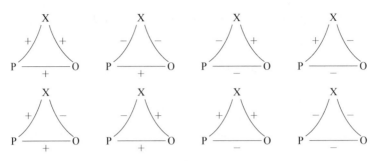

图 7-2　P-O-X 关系模式

资料来源：张爱卿著：《动机论》，华中师范大学出版社 2002 年版，第 100 页。

海德的认知不平衡论与费斯廷格的认知失调论一样，都重视个体认知协调对态度改变的影响。但费斯廷格强调的是个体内部各认知元素间的失调，而海德强调的是个体对人际关系平衡与否的认知。

（三）智力和受教育水平

心理学研究发现，个体的智力水平与其品德的关系是复杂的。例如，有人对 500 名有法庭记录的青少年犯的智商进行测量，结果发现他们的智商分布与随机抽样的儿童的智商分布相似。但他们的平均智商低 8 至 10 分。而且，在他们当中，相对而言，智商低的较多，智商高的较少。但是在智商全距的各种水平上都有青少年犯罪，也就是说，他们中既有天才，也有智力落后者。许多研究比较一致地发现，考试作弊与智商水平成负相关。智商水平越高，考试欺骗行为越少。心理学家认为，智商低且成绩不良的学生，由于失败的经验导致他们企图通过欺骗来提高自己的成绩。但聪明与道德并不是同一回事，当测验涉及非知识性问题时，智商与欺骗行为的上述关系便消失或下降。聪明用得不当，往往使欺骗行为更狡诈。

青少年的道德认识与道德判断，不仅与智能有关，也随着年级升高、教育水平的提高而进步。例如，有人以小学二年级、五年级和初中二年级学生为被试，研究者告诉他们许多问题情境和纠纷事件，要他们设想最好的解决方法。如，"一天早晨甲把乙书桌上的一支计算尺拿走了，甲不愿归还乙。这时乙应怎么对待甲呢？"被试回答的类型和各年级所占人数的百分数载于表 7-1。

表 7-1　道德解释的年级差异（按相互原则）

回答	小学二年级	小学五年级	初中二年级
拒绝共用工具	72	21	7
宣扬他的坏品德	55	39	6
夺取他的用品	57	40	3
毁坏他的器具	69	31	0

（注：表内的数字为百分数）

由表 7-1 的数据可见，在被试回答的四项破坏性和报复性的解释中，拒绝共用工具，小学二年级占 72%，小学五年级占 21%，而初中二年级仅占 7%；毁坏他的器具，小学二年级占 69%，小学五年级占 31%，而初中二年级为 0%，即完全无人作此设想。尽管这一研究未涉及真实的道德行为，但人的道德观念可以迁移到道德行为。低年级学生或受教育程度不高的成人，常常因道德认知水平较低，为细小的事而感情冲动，发生不道德的行为。

（四）道德认知水平

皮亚杰采用对偶故事法研究儿童道德判断的发展，提出著名的道德认知发展论。他认为儿童道德认知发展可以分为四个阶段。

第一，自我中心阶段（2—5 岁）。儿童不能将主体与客体分离，把外部环境看作自我的延伸，因而不顾规定，仅按自己的想象去执行规则。

第二，权威阶段（6—7、8 岁）。儿童表现出对外在权威的绝对尊敬和顺从的愿望。一方面，他们绝对遵从父母、权威者或年龄较大的人；另一方面，他们尊敬和顺从规则本身。

第三，可逆性阶段（8—10 岁）。儿童不再视准则为一成不变的东西，而是把它们看成同伴间的一种共同约定。准则已经具有了一种保证相互行动和相互给予的可逆特征。

第四，公正阶段（10—12 岁）。儿童的道德观念开始倾向于主持公正和平等认知到公正和平等应符合每个人的特殊情况，公正感成为情感领域内的一个核心规范。

美国的柯尔伯格（Kohlberg, L.）在吸取皮亚杰对偶故事法优点的基础上，采用一个像"海因茨是否应该偷药"这样的两难故事来研究儿童道德判断的发展。结果发现，儿童道德判断的发展经历了三级水平、六个阶段（表 7-2）。

表 7-2　柯尔伯格关于儿童道德判断的三级水平与六个阶段

一、前习俗水平（根据行为的直接后果和自身的利害关系判断好坏是非）	儿童对偷药故事可能的反应
第一阶段：服从与惩罚定向 儿童评定行为好坏着重于行为的结果，认为受赞扬的行为就是好的，受处罚的行为就是坏的。	赞成：他可以偷药，因为他先提出请求，又不偷大的东西，不该受罚。 反对：偷药会受到惩罚。
第二阶段：朴素的利己主义定向 儿童评定行为好坏，主要看是否符合自己的要求和利益。	赞成：他的妻子要这种药，他需要同他的妻子共同生活。 反对：他的妻子在他出狱前可能会死，因而对他没有好处。
二、习俗水平（依据行为是否有利于维持习俗秩序，是否符合他人愿望进行道德判断）	儿童对偷药故事可能的反应
第三阶段：好孩子定向 儿童认为，凡取悦于别人，帮助别人以满足他人愿望的行为是好的，否则就是坏的。	赞成：他只不过做了好丈夫应做的事。 反对：他这样做会给家庭带来苦恼和丧失名誉。
第四阶段：维护权威和社会秩序的定向 儿童认为，正确的行为就是尽到个人责任，尊重权威，维护社会秩序，否则就是错误的。	赞成：不这么做，他要为妻子的死负责。 反对：他要救妻子的命是自然的，但偷东西犯法。

三、后习俗水平(能摆脱外在因素,着重根据个人自愿选择的标准进行道德判断)	儿童对偷药故事可能的反应
第五阶段:社会契约定向 儿童认为,道德法则只是一种社会契约,可以改变,不能以不变的规则去衡量人。	赞成:法律没有考虑到这种情况。 反对:不论情况多么危险,总不能采用偷的手段。
第六阶段:普遍的伦理原则定向儿童已具有抽象的以尊重个人和个人良心为基础的道德概念。认为个人一贯地依据自己选定的道德原则去做就是正确的。	赞成:尊重生命、保存生命的原则高于一切。 反对:别人是否也像他妻子那样急需这药,要考虑所有人生命的价值。

学生原有的道德认知水平将制约新的态度和品德的学习。道德判断水平的高低,虽然不能完全决定道德行为选择,但对道德行为选择有重要制约作用。我国在品德教育中流行的一句名言是"晓之以理"。皮亚杰和柯尔伯格的研究对我们在品德教育中为什么要晓之以理和如何晓之以理提供了重要启示。根据皮亚杰和柯尔伯格的研究,我们对儿童和青少年讲"理",即传递社会认可的道德观念时,不能脱离儿童和青少年的接受能力。若他们的道德判断能力处于其发展的第三阶段,我们最多只能向他们讲属于第四阶段的理,以促进其道德判断能力的发展。若不顾他们的发展现状,一味向他们灌输属于发展的第五阶段或第六阶段的大道理,儿童可以将这些大道理背得烂熟,但是不能被他们的认知结构同化,自然也不能作为一种内在的道德价值而付诸行为。

第三节 良好态度与品德的培养

根据学生态度和品德形成与改变的过程及规律,教师主要通过说服、榜样示范、利用群体规定、角色扮演、价值辨析、移情训练等方法培养学生良好的态度与品德。

一、说服

教师经常通过言语说服促使学生改变态度。在说服过程中,教师向学生提供对其原有态度的支持性和非支持性的论据,使学生获得与教师要求的态度有关的事实和信息,以改变他们原有的态度。有效的说服技巧主要有:

(一) 提供单面论据与双面论据

美国的霍夫兰德(Hovland, C. L.)等人在第二次世界大战末期,曾根据美国政府的要求,希望说服士兵们相信对日本的战争可能要延长,以防止他们产生日本会提前投降的幻想。霍夫兰德等人准备了两种不同的说服信息。第一种是只提供正面论据,强调日本军队人数多,士气高,有武士道精神,还控制了不少当地资源。而美国到太平洋盟军基地的补给线很长,不容易迅速供应补给品,因而战争可能要继续两年。第二种是提供正反两面的论据。除介绍上述第一种论据外,还强调了不利于日军继续作战的因素。如"盟军的海军力量强于日本""在过去两次海战中,日本海军损失惨重"等等,结论还是战争要继续两年。结果发现,对于受教育程度较高的士兵来说,提供正反两方面论据比较容易改变态度。而只提供正面论据更有助于受教育程度较低的士兵改变态度。这可能是因为受教育程度较低的士兵理解能力较差，分不清楚正反两方面论据中，哪些是正确的，哪些是不正确的，因此，他对正反两方面的论据感到无所适从，较难改变态度，而受教育程度较高的士兵，理解能力较强，能对相反的论据进行客观分析，而且还会对说服者产生公正感，从感情上倾向于说服者，因而较易改变态度。所以，教师说服低年级学生，主要应提供正面论据；而说服高年级学生，则可以考虑提供正反两方面的论据。

另有研究表明，如果教师提出自己的观点之后，学生不产生相反的观点，则教师只提出正面的观点和材料有助于学生形成肯定的态度。如果在这种情况下再提出反面的观点和材料，则会引起学生对反面材料的兴趣，进而怀疑正面观点和材料，不利于形成积极的态度。如果学生本来就有反面的观点，就应主动提出正反两方面的观点和材料，并用充分的论据证明反面的观点和材料是错误的。这会使学生感到教师是公正的，容易改变态度，并增强对错误观点的免疫力。

此外，提供正面论据还是提供正反两方面的论据，还取决于说服的任务。若说服的任务是解决当务之急的问题，只提出正面的观点和材料比较有效。这时提出反面的观点和材料，会延长学生作出正确反应的时间。若说服的任务是培养学生长期稳定的态度，提出正反两方面的观点和材料比较有利。

（二）以理服人与以情动人

教师的说服，有些主要是以理服人，有些则主要是以情动人。那么，说服的情感因素与理智因素哪一个更有利于学生的态度改变呢？20世纪50年代，美国的哈特曼（Hartman, S.）研究了三种说服选民的竞选宣传方式的效果。第一种是散布有强烈情绪色彩的传单，第二种是散发条理清楚，说理充分的传单，第三种是没有散发传单。结果发现，接受第一种说服的选民立即投赞成票的最多，可是两个月以后的调查发现，这些选民大多不记得传单的内容了。而接受第二种说服的选民则仍然对传单的内容记忆犹新。可见，说服内容的情感因素对态度的改变容易收到立竿见影的效果，但这种影响往往不能持久。而说服内容的理智因素则容易产生长期的说服效果。

说服的情感因素与理智因素对态度改变的影响还受学生成熟度的制约。如果教师期望低年级学生改变态度，富于情感色彩和引人入胜的说服内容容易发生影响。而期望高年级学生改变态度，说理充分，逻辑性强的说服内容有更大的影响力。对于一般的学生来说，说服开始时，加强情感感染会有助于引起学生的兴趣，然后再用充分的材料进行说理论证，会产生长期的说服效果。

教师的说服内容与学生一定的需要发生联系时，会引起各种情绪反应。如果教师的说服引起了学生的恐惧情绪，心理学家们称其为恐惧唤起。平时，我们经常看到，母亲告诫横穿马路的孩子要注意来往的车辆，否则会被汽车压成肉饼的，有助于孩子形成遵守交通规则的态度。这说明能唤起恐惧情绪的说服有助于学生改变考试作弊、吸烟酗酒、抄袭作业等比较简单的态度，但不利于改变比较复杂的态度。如果能将恐惧唤起与明确的指示结合起来，就能最有效地改变学生的态度。

（三）逐步提高要求

学生原有态度与说服者态度之间的距离是影响态度改变的一个重要因素。如果个体原先的态度与说服者的差距小，容易发生同化判断，即具有不自觉地缩小自己与说服者之间态度差异的倾向，其态度容易改变。若个体原先态度与说服者态度之间的差距大，则个体具有不自觉地扩大自己与说服者之间态度差异的倾向，即容易产生异化判断，而使态度改变发生困难。

有研究者做过改变学生对睡眠时间的传统态度的实验研究。实验者先询问被试最恰当的睡眠时数，平均为 7.89 小时，作为被试原先对睡眠时数的态度。然后根据被试的回答将他们分为 7 个组，每组被试都读一篇三页长的文章，并告诉他们文章的作者是一位获得诺贝尔奖的著名心理学家。各组的文章分别认为，从健康和工作效率考虑，每天最恰当的睡眠时间应该为零至 8 小时。读完文章后，要求回答两个问题。一是你是否相信作者所讲的道理？有无说服力？二是你现在认为，最恰当的睡眠时数是多少？结果发现，文章提倡的睡眠时数与被试的原先态度比较接近，其态度就会发生改变。若两者超过了一定的限度，被试会仍然坚持原来的态度。

所以，为了有效地改变学生的态度，必须先了解其原先的态度，估计与说服者态度的距离。若两者过于悬殊，就要逐步提高要求，将态度改变的总目标分解为不同层次的子目标，先向学生提出要求较低的目标，达到此目标后再提出更高一些的目标，使说服者与被说服者的态度差距不断缩小，从而促进学生态度的改变。如果急于求成，一开始就提出不切实际的过高要求，不但难以改变学生原先的态度，而且还容易产生对立情绪。

二、榜样示范

榜样示范（demonstration）是指向学习者提供榜样、示范榜样行为并使学习者进一步作出模仿操作而习得良好态度与品德的过程。这个过程包括榜样呈现、观察榜样的示范和模仿榜样的操作等三个步骤。榜样可以由教师来呈现，也可以由学生自我呈现。榜样包括真实榜样和符号性榜样两大类。真实榜样是由榜样现场示范，如现场报告或行为表演。这样的榜样真切生动，容易激发学生的兴趣，引起学生的注意。符号性榜样是通过传播媒介来呈现的榜样，如电影、电视、小说、戏剧所呈现的榜样。这类榜样在事先经过精心制作，能突出要求学习的关键特征，并能反复使用。无论是真实榜样还是符号性榜样，都要体现社会的道德要求，尽可能与学习者的年龄、性别、生活环境、文化背景、兴趣爱好和价值观念相接近。学生必须认真观察榜样的示范，产生选择性知觉，并将榜样的示范行为转化为认知表象或语词符号储存于自己的头脑中。然后，学习者必须仿照榜样的行为进行反复的演练，不断总结自己学习的进展情况，及时作出自我矫正。对于模仿的行为，需要给予必要的强化。可以由教师向学生提供外部强化,也可以由学生观察榜样所受到的强化,而对自己产生替代强化。还可以由学生向自己提供自我强化。不论何种强化,其目的都是为了巩固从榜样身上习得的良好行为,并使这些行为能够在以后频繁发生。

榜样示范的作用,取决于榜样的性质、榜样的呈现方式及学习者的特征等众多的变量影响。因此,首先,要慎重地选择示范的榜样,使榜样具有典型性、道德性和感染性。其次,要注意榜样呈现方式的多样性,既要有利于学生的观察,又要有利于学生的模仿。再次,榜样示范要遵循模仿行为发展的规律,为学生对榜样的注意、保持、生成和动机等一系列社会学习的环节创造有利的条件。最后,教师要在榜样示范中以身作则。教师本身就是学生模仿的榜样,应该为人师表。同时,教师也应该努力向榜样学习,为学生提供模仿榜样的示范。

三、利用群体规定

在第二次世界大战期间,由于食品短缺,美国政府希望能说服家庭主妇们购买一些不受欢迎的动物内脏做菜。社会心理学家勒温(Lewin, K.)将家庭主妇们随机编成六个小组,每组13至17人,其中的三个小组是听取口齿伶俐的人作半个小时的讲解和劝说,使她们知道这些食品味美、营养丰富,吃动物内脏就是对国家作贡献。另外三个小组的主妇们共同讨论动物内脏的营养、价值和烹调方法,然后由小组作出决定,大家都要去购买动物内脏。结果发现,在前三组中,只有3%的主妇们食用动物内脏,而在后三组中,却有32%的主妇们食用动物内脏。由此可见,经集体成员共同讨论决定的公约、规则会有助于学生态度的改变。因为经成员讨论的规定,使成员承担了执行的责任,这样的规定对学生会产生约束力。这种约束力随学生觉察到群体内意见一致程度的提高而增强。一旦某个学生出现违规行为,就会遇到群体的有形或无形的压力,迫使他们改变自己的态度。据裴宁同(Penigton, D. F.)等人研究,如果群体讨论和群体决定在程序上结合进行,群体中的意见一致性最高,最有可能引起态度的改变。所以,如果教师期望有效地改变学生的态度,不妨使用集体讨论后作出集体规定的办法。

教师引导学生集体讨论和集体决定的过程包括七个阶段。第一阶段,清晰而客观地介绍问题的性质。第二阶段,帮助班集体唤起对问题的意识,认识到只有改变态度才能更令人满意。第三阶段,清楚而客观地说明要求形成的新态度。第四阶段,引导全体学生讨论改变态度的具体方法。第五阶段,使全体学生一致同意把计划付诸行动,每位学生都承担执行计划的义务。第六阶段,在学生执行计划过程中改变态度。第七阶段,引导群体成员对已改变的态度作出评价,使态度进一步概括化和稳定化。如果改变学生态度未获成功,教师只能强调计划有缺点,不能责怪群体,应该鼓励学生再从第四阶段开始,制定出一个新的程序来,直至态度改变。

四、角色扮演

在日常生活中,当人们进入一个新环境用一种新的方式去行动时,或者是社会地位发生变化,履行新的社会角色之后,其原有的态度也会随之改变。角色扮演就是让个体处于一个新的位置并产生与此相适应的行为模式的过程。据沙夫特(Shaftel)等人的研究,角色扮演法是让一部分学生当演员,另一部分学生当观众。演员和观众都处于一种真实的情境中,形成解决问题的愿望和对参与的理解,产生移情、同情、愤怒及爱慕等情感,再在此基础上进行分析、讨论。这样,演员与观众都形成了一定的看法、态度和价值观。因为角色扮演设置了一个与现实生活类似的学习情境,可以使学生学到真实、典型的态度和情感。同时,角色扮演的群体情境能使个体融入群体意识中,也有助于形成新的态度和情感。沙夫特认为角色扮演可以分成九个阶段(见表7-3)。

表7-3 角色扮演活动的阶段

第一阶段:小组准备活动	第二阶段:挑选扮演者
确定问题并进入情境	分析角色
明确问题	选择角色扮演者
讲解问题,探究事件	
解释角色扮演	
第三阶段:布置场景	第四阶段:组织观众
确定表演程序	布置观察任务
重述角色	
进入问题情境	
第五阶段:表演	第六阶段:讨论和评价表演
开始表演	评论角色扮演(事件、地点、真实性)
继续表演	讨论要点
表演结束	决定新的表演
第七阶段:重新表演	第八阶段:讨论和评价表演
表演修改过的角色	如第六阶段
提出关于下一步或改换角色的建议	
第九阶段:总结	
把问题情境与现实经验和当前问题联系起来	
探究行为的一般原则	

在角色扮演的过程中,教师负责引导学生从一个阶段过渡到另一个阶段。但大部分讨论和表演的具体内容都由学生自己决定。教师和学生形成平等与信任的关系,鼓励学生自由地、真诚地表达思想和情感。通过反应、解释与总结,学生们提高自己的观点和情感的意识。

在一个有关角色扮演的经典性实验研究中,研究者先测量被试对某一事物的态度,然后要求几个被试扮演演说家的角色,按照既定的要求作一次发言,每次发言所表达的是一种比被试本人原有态度更为极端的态度,其他被试则仅仅是这几位发言者的听众。角色扮演后,实验者对被试的态度重新作了测量。结果发现,扮演演说家角色的被试的态度沿着发言时所表现的态度方向,发生了重大的改变,而听众的态度却很少受影响。还有一些研究进一步揭示,在角色扮演中所花费的力气愈大,改变态度的效果就愈好。他们让被试作一次与他们原有态度不一致的讲话,并且让他们同时通过耳机听自己讲演的声音。为提高任务的难度,讲话的声音延迟几秒钟后才通过耳机传入其耳朵。这时,被试既要讲话,又要听自己刚刚讲过的话,相当困难。结果显示,"延期听反馈"的被试有双倍的可能被他们自己的言论所说服,这是因为为自己不相信的某件事花费巨大的力量,要比只花费轻微力量能够引起更大的不协调,更有可能改变态度。

在实际的教育情境里,角色扮演也常常产生神奇的力量。一位对外语不感兴趣,学习外语消极被动的学生,一旦扮演外语课代表的角色,很快就会产生与外语课代表身份相符的行为模式,外语学习就会显得格外认真和努力,甚至学习外语的成绩也会显著进步。

五、价值观辨析

青少年学生的不良态度与品德大多起因于自身不正确的价值观念导向,或是由价值观念模糊、混乱造成的。因此有必要引导学生利用自己的理性思维和情感体验来辨析和实现自己的价值观念,这就是心理学家提倡的**价值观辨析**(values clarification)。价值辨析学派的代表人物是纽约大学的拉斯(Raths,L.)和他的学生西蒙(Simon,S.)与哈明(Harmin,M.)。随着该学派理论和应用的发展,价值观辨析学派又出现了一位代表——柯申鲍姆(Kirschenbaum,H.)。他于20世纪70年代发表的《超越价值观辨析》(1973)、《对价值观辨析的辨析》(1976)和《高级价值观辨析》(1977)等一系列关于价值观辨析的论著,不但澄清了人们对价值观辨析学派的一些误解,而且对这一方法体系进行了丰富和完善。

他们认为,价值观念是个体的一种内在价值,往往不能清醒地意识到,因而难以指导人的行为。为了让这些潜在的价值观念发挥作用,就需要对它们进行一步步的辨析。价值观辨析所采用的形式是使学生在他们的直接生活中思考一些价值选择途径,同时使他们对学校生活的周围人产生积极的态度。它帮助学生利用理性思维和情绪体验来检查自己的行为模式,鼓励学生辨认自己的价值观念以及这些价值观念与其他价值观念的关系,揭示并解决自己的价值冲突,将自己的价值观念与别人交流,并根据自己的价值选择来行事。他们还认为,价值是动态发展的,对学习者来说,价值观辨析能力比某一具体价值的内容更重要,因为价值是不断变化的,今天教授的价值也许在明天就过时了,而学生一旦掌握了价值观辨析的技巧,就能够终身受用。所以他们更重视学生价值观辨析能力的培养和提高,用他们的话说,就是:"我们对价值进行的过程,而不是确定作为这一过程的结果即儿童拥有什么样的价值感兴趣。"

虽然价值观辨析的最终目的是教给学生辨析技巧,但是价值观不是在真空中产生的,辨析技巧的学习需要借助于具体的生活经验和事实。在价值观辨析学派那里,"价值"是一个相当广泛的概念,小到个人与宠物之间的关系处理、寒假期间活动的选择,大到个体与社会利益关系的处理、国际和平与发展的问题等。通过对这些问题的思考,帮助学生利用理智和情感检查自己的行为方式,揭示个人的价值冲突,明确个人的价值观念及其与其他价值观念的关系,从中学习到能够终身受用的辨析技巧。

价值观辨析包括三个阶段七个子过程:

第一阶段 选择

① 自由地选择。让学生思考:"你认为你是从什么时候第一次产生这一想法的?"

② 从可选择的范围内选择。让学生思考:"在你产生这一想法之前,你常考虑其他什么事情?"

③ 对每一可选择途径的后果加以充分考虑后的选择。让学生考虑每一可选择途径(想法)的后果将会怎样。

第二阶段 赞赏

④ 喜欢这一选择途径并感到满足。让学生考虑:"你为这一选择感到高兴吗?"

⑤ 愿意公开承认这一选择。让学生回答:"你会把你知道的选择途径告诉你的同学吗?"

第三阶段 行动

⑥ 按这一选择行事。教师对学生说:"我知道你赞成什么了。现在你能为它做些什么呢?要我帮忙呢?"

⑦ 作为一种生活方式加以重复。教师问学生:"你知道这一途径已经有一段时间了吗?"

从价值观辨析的七个子过程来看,教师首先必须诱发学生的态度和价值陈述。其次,教师必须无批评地和无判断地接受学生的思想、情感、信念和观念。最后,教师必须向学生提出问题以帮助学生思考自己的价值观念。因此,柯申鲍姆认为价值观辨析可以定义为一种利用设计好的问题和活动来教授评价过程和熟练地帮助人们在生活中的多元价值观领域应用评价过程的方法。

总之,价值观辨析主张采用诱导性的品德教育方式,反对呆板的说教和强硬的灌输式教育,教师易于掌握,学生乐于接受,有助于提高自我认识,直接导致道德行为发生积极的变化。但是这一方法中对学生的价值观念不辨好坏,一概予以承认的态度是不可取的。我们既要帮助学生辨析自身已有的价值观,而且还要帮助学生去评价各种价值观本身的价值,从而让他们自觉地选择符合党的十八大提出的社会主义核心价值观。

六、道德移情训练

移情这个概念最初是由立普斯(Lipps, T.)在 1897 年提出来的,当时是用德语"Einfühlung"表示对美的感知与欣赏。1909 年,美国心理学家铁钦纳(Titchener, E. B.)首先用英文"empathy"来指移情,之后几年立普斯才将这个概念由物扩展到人。目前,一般认为**移情**(empathy)是指个体进行判断和决策之前,将自己放在他人的位置上,考虑他人的心理反应,理解他人的态度和情感,并作出与他人一致反应的能力。所以移情既是亲社会行为的动机基础,又是一种替代分享他人情绪情感状态的心理过程。它是自我与亲社会行为之间的中介变量。儿童在道德情境中的移情能力是其履行道德行为的一个必不可少的条件。现有的研究表明,产生移情必须具备三个条件:一是对他人情绪表达的觉知;二是对他人所处情境的理解;三是自己具有相应的情绪体验。因此,我们可以通过创设这些条件来进行移情训练,进而培养学生的品德。

移情训练是一种能够提高人们体察他人情绪、理解他人情感,从而与之产生共鸣的训练方法。许多研究表明通过不同的移情训练,人们的移情能力是可以得到提升的。专门研究移情训练的费希巴赫(Feshbach, N. D.)等人设计了针对7—11岁小学生的儿童认知、情感体验、行为表现方面进行约30个小时的训练,发现这些学生的攻击性行为下降,而亲社会行为则增强了。在这些移情训练中,最常用的方法有表情识别、情境讨论法、角色扮演法、做游戏、讲故事、看视频等,这些方法能有效促进亲社会行为的产生。在通常情况下,移情训练的基本步骤如下:

第一步,为学习者提供移情训练的道德情境材料,鼓励学生从日常生活中体验该情景,能够产生身临其境的感觉。

第二步,参与者分组,根据移情训练所需要的角色数量确定小组人数。

第三步,小组讨论,在小组内学生相互讨论对情境的理解,确定每个人要表演的角色,交流对角色的理解。

第四步,分小组依次进行道德情境表演,力求使自己的表演符合道德情境的要求,努力承担别人的角色,从而产生与角色一致的情感。没有表演的其他小组须认真观察,学习借鉴。

第五步,小组评议和教师点评。全体学生对每组表演进行评议,教师对表现好的小组予以表扬,鼓励需要继续努力的小组。

练习题

一、填空题

1. 柯尔伯格的研究发现,儿童和成人道德判断的发展经历三级水平:_____水平、_____水平、_____水平,大多数少年的道德评价处于_____水平。
2. 社会学习理论认为,态度和品德的形成通过_____和_____。
3. 心理学认为态度和品德都包括:_____、_____、_____三个成分。
4. 态度与品德的区别在于:_____,_____。
5. 社会心理学家凯尔曼提出态度改变需要经历的三个阶段为:_____、_____、

_____。

6. 态度的功能有：_____、_____和_____。

7. 社会学习理论是由_____提出来的,适合解释_____行为。

8. 费斯廷格提出的四种认知失调情境是：_____、_____、_____、_____。

9. 观察学习的过程包括_____、_____、_____、_____四个阶段。

10. 价值观辨析包括三个阶段：_____、_____、_____。

二、选择题

1. 某些教科书把态度和品德分别安排在两章教授。这两个概念可能的关系是（ ）。
   A. 态度概念包含品德概念　　　　B. 两者分别指本质上不同的东西
   C. 态度是一种比品德更稳定的心理品质　　D. 品德是态度形成与改变的条件

2. 让宿舍里的同学共同讨论制定出宿舍守则,这种方法是（ ）。
   A. 说服　　　　　　　　　　　　B. 利用群体规定
   C. 价值观辨析　　　　　　　　　D. 角色扮演

3. 在一个好的集体里,差生的不良言行很少有市场;在一个不好的集体里,好学生也会附和不良言行。这一现象的适当解释是（ ）。
   A. 群体凝聚力的作用　　　　　　B. 从众
   C. 老师的威信　　　　　　　　　D. 认知失调

4. 甲孩子因偷吃东西,打破一只碗;乙孩子因帮妈妈洗碗,打破15只碗。根据儿童道德判断发展水平,认为乙孩子的行为更坏的儿童可能是（ ）。
   A. 学前儿童　　　　　　　　　　B. 小学儿童
   C. 中学生　　　　　　　　　　　D. 无法确定

5. 假如家长想用看电视作为强化物奖励儿童认真按时完成家庭作业的行为,最适合的安排是（ ）。
   A. 让儿童看完电视后立即督促他们完成作业
   B. 规定每周看电视的适当时间
   C. 惩罚过度看电视的行为
   D. 只有按时完成家庭作业后才能看电视

6. 国外有座收费的桥。当局规定,凡乘一人的车收税,乘两人以上的车可免收税,于是人们纷纷多人乘一辆车过桥。根据强化原理,这种行为最适当的解释是（ ）。
   A. 受负强化加强　　　　　　　　B. 受正强化加强
   C. 受收税的影响而加强　　　　　D. 人们怕罚款

7. "杀鸡吓猴"的教育效应最宜用现代心理学（ ）理论来解释？
   A. 强化原理　　　　　　　　　　B. 认知失调说
   C. 从众说　　　　　　　　　　　D. 观察学习说

三、问答题

1. 试比较态度与品德的区别与联系。
2. 怎样说服才能有效地改变学生的态度与品德？
3. 班杜拉提出的观察学习过程有哪几个环节？
4. 下面是一位读者给《文汇报》写的一封信，信中提出了一个儿童品行教育的问题，请你根据本章学得的心理学原理，为该读者提供一个矫正儿童行为的教育方案。

三岁男孩耍脾气全家对他没办法怎么办？

编辑同志：

我有个外甥，今年3岁。过去，他随父母与爷爷、奶奶住在一起，一直由两位老人带领，去年9月才进托儿所。最近一个时期，与母亲一起住到外祖父家里后，我们发现他非常任性，什么事都要称他的心，稍不如意就大哭大闹，甚至躺在地上。例如吃东西，我女儿和他各吃一份，他就要哭，非得让他多吃一份不可。他妈妈告诉他，不要把积木放进嘴里，不要在地上爬，他就是不听。给他洗脸洗脚也要大发脾气。类似情况，几乎每天都有几例。

孩子的母亲是教师，外公外婆都是干部，平时还比较注意教育方法，全家也比较一致，但收效甚微，真是好话不听，打骂无效。我们全家为此烦恼不堪，恳请编辑同志能提供有效的教育方法。

一位读者

 重点概念

1. **态度**：通过学习形成的影响个体行为选择的内部状态。

2. **品德**：是道德品质的简称，指个体依据一定的社会道德、行为准则行动时所表现出来的稳定特征。品德作为个体心理现象，是社会道德内化的结果。

3. **内化**：是指外在的行为要求（规则）转化为主体内在需要并成为自己行为取向标准的过程。

4. **观察学习**：班杜拉提出，指个体以旁观者的身份观察他人的行为表现，以形成态度和行为方式。班杜拉称之为"勿需练习的学习"。观察学习经历注意过程、保持过程、生成过程和动机过程等四个环节。

5. **替代强化**：个体因观察他人的某种行为受到强化而增强了自己出现榜样行为的频率或强度。

6. **自我强化**：个体的态度会因是否达到自己设置的目标而自我肯定或自我否定。

7. **亲历学习**：班杜拉将个体通过自己的行为反应结果而获得的学习称为亲历学习。与行为主义不同的是，社会认知理论强调主体因素在亲历学习中的作用，认为行为结果对行为的塑造是一个自动作用的过程。行为结果之所以能够引起学习,取决于个体对行为结果功能价值的认识。

8. 认知失调论:是费斯廷格于1957年提出的态度改变的理论。他认为态度的认知因素可以分成若干个基本元素,几个认知元素之间,有的是协调的,有的则可能是不协调的。当个体发现自己所持的两个或两个以上认知元素之间不协调时,就会出现认知失调,内心会有不愉快或紧张的感受。在这种情况下,个体总是力求通过改变自己的观点或行为,以达到新的认知协调。因此,认知失调便成为态度改变的先决条件。

9. 榜样示范:即向学习者提供榜样、示范榜样行为并使学习者进一步作出模仿操作而习得良好态度与品德的过程。这个过程包括榜样呈现、观察榜样的示范和模仿榜样的操作等三个步骤。

10. 价值观辨析:一种诱导性的品德教育方式。拉斯、柯申鲍姆等心理学家认为,青少年学生的不良态度与品德大多起因于自身不正确的价值观念导向或价值观念模糊、混乱,因此有必要引导学生利用自己的理性思维和情感体验来辨析和实现自己的价值观念。具体包括选择、赞赏、行动这样三个阶段以及七个子过程。

11. 移情:一般认为移情是指个体进行判断和决策之前,将自己放在他人的位置上,考虑他人的心理反应,理解他人的态度和情感,并作出与他人一致反应的能力。

推荐读物

1. 李伯黍主编:《教育心理学》,华东师大出版社2001年版。
   该书的第一篇详尽地阐述品德的概念、构成成分、形成过程与培养方法。

2. A·班杜拉著,林颖、王小明等译:《思想和行动的社会基础——社会认知论》,华东师大出版社2001年版。
   该书阐述了态度形成的亲历学习与观察学习过程,分析了社会认知的动机、自我调节、自我效能和认知调节等机制。

3. 章志光主编:《社会心理学》,人民教育出版社1998年版。
   该书的第六章阐述了态度的概念、形成与改变的过程以及影响态度改变的因素。

4. 林崇德著:《品德发展心理学》,陕西师范大学出版社2014年版。
   该书阐述了品德的概念与结构、介绍了品德发展的理论、分析了影响品德学习的因素。

5. 岑国桢等编著:《品德心理研究新进展》,学林出版社1999年版。
   该书阐述了品德发展研究的理论,介绍了道德认识、道德情感、道德行为以及品德测量等方面研究的最新进展。

第三部分
教学心理

在西方教育心理学中,教学心理学也称教学论,即基于学习科学的教学理论。这种学习科学与教学论的关系类似于物理学与工程学、生理学与医学的关系。如果教师很好地掌握了这种教学论,那么其教学行为就可以建立在现代学习科学的基础之上。教师的教学行为可以分为课前、课中和课后行为。教师在课前要进行备课,即课堂教学设计;在课中执行教学计划,同时要激发学生的学习动机和管理课堂活动;在课后要对学生学习的结果进行测量,作出诊断和评价。

为此,本部分首先对教学和教学心理学作一概论(第八章);然后分别论述目标导向教学设计的三个主要环节,即教学目标的设置、陈述与分析(第九章),教学策略的选择和运用(第十章);接着讨论学习结果的测量、诊断与评价(第十一章);最后讨论影响课堂活动效果的两个重要因素,即学习动机的激发(第十二章)和课堂管理(第十三章)。目的是为在职教师和未来教师的教学活动提供心理学依据和运用技术,使其教学行为建立在教学心理学的基础之上。

第八章 教学心理概论

本章目标

记 忆

1. 能陈述有关教学的代表性定义。
2. 能陈述ADDIE教学设计过程模型的各个阶段名称及主要内容。
3. 能陈述马杰的教学设计的三个重要问题。
4. 能陈述目标导向教学设计的主要环节。

理 解

1. 能用自己的话解释下列术语：教学、教学设计、ADDIE模型、目标导向教学设计。
2. 能根据有关教学的概念和教学设计的基本原理，阐述在"预设与生成"问题上心理学的立场。

运 用

运用从本章习得的教学设计思想，分析当前我国教师教学设计中的优点与问题。

上一部分"学习心理"着眼于学生的学习，自本章开始，关注点从学生转向教师，重点阐释教师的教学工作。教学工作的重要性毋庸多言。本章首先对教学和教学论作一概述，而后阐释如何对教学进行设计以更好地支持和促进学生的学习。

第一节 教学与教学论概述

一、教学概述

(一) 教学的定义

在我国出版的有关教育学、教学论的教科书、专著、辞典中，不难找到我国教育工作者对"教学"这一概念的明确界定。

王策三在分析了对"教学"一词的五种理解之后，给出了如下的一般定义："所谓教学，乃是教师教，学生学的统一活动；在这个活动中，学生掌握一定的知识技能，同时身心获得一定的发展，形成一定的思想品德。"[①]

顾明远主编的《教育大辞典》"教学"条目给出的定义是："以课程内容为中介的师生双方教和学的共同活动。"[②]

---

① 王策三著：《教学论稿》，人民教育出版社1985年版，第88—89页。
② 顾明远主编：《教育大辞典》，上海教育出版社1998年版，第711页。

施良方等把教学定义为:"教师引起、维持与促进学生学习的所有行为。"[①]

王策三的定义强调"教学永远是教师和学生统一的活动",认为教与学两者不可分割,"没有学,教就不存在,如果再有什么'学',那就不是教学中的'学'"。《教育大辞典》的定义增加了"以课程内容为中介"这一限制条件,暗含教学是在学校或其他培训机构中有计划进行的,排除在日常条件下如父母对子女的教育等非正式的教学活动。施良方等的定义认为"教与学在理性思维中是可分的","教学理论关注的是教师的行为,而不是学生的行为"。这意味着教和学是可以分开的。没有教,人们可以自学成才。但没有学,教是不能成立的。

其他学者对教学的界定多是遵循王策三的定义,从教师教与学生学的统一活动或协同活动的角度来把握教学的本质,典型的定义如"教学是教师的教和学生的学的共同活动。学生在教师有目的、有计划的指导下,积极、主动地掌握系统的文化科学基础知识和基本技能,发展能力,增强体质,并形成一定的思想品德"[②]。

(二) 教学的目标领域与活动过程分析

为了加深对"教学"这一概念的认识,可以对教学的目标领域和活动过程加以分析。

首先,我们来看教学的目标领域。心理学一般把学习分为三个领域,即认知领域、情感领域和动作技能领域。据此,帮助"学习"的教也可相应分为三个领域,即以帮助学生认知领域学习为主要目的的教,以帮助学生情感领域学习为主要目的的教和以帮助学生动作领域学习为主要目的的教。这三个领域的学习既有共同规律,也存在明显不同的规律。教学研究应该探讨这三个领域的一般教学规律和每个领域的特殊教学规律。

其次,学习活动常常需要经历一系列的阶段,因此帮助学生学习的教学也会经历一系列阶段,加涅称之为一系列事件。他根据学习的信息加工阶段把教学相应分为9个事件(见表8-1)。

表8-1 学习的内部过程及其相应的教学事件和行动例子

内部过程	教学事件	行动例子
接收	1. 引起注意	使用突然的刺激变化
预期	2. 告知学习者目标	告诉学习者在学习之后他们将能做些什么
提取原有知识到工作记忆中	3. 刺激学习者回忆先前的学习	要求学习者回忆先前习得的知识或技能
选择性知觉	4. 呈现刺激	显示具有区别性特征的内容
语义编码	5. 提供学习指导	提出一个有意义的组织框架

[①] 施良方等主编:《教学理论:课堂教学的原理、策略与研究》,华东师范大学出版社1999年版,第13页。
[②] 李定仁、徐继存主编:《教学论研究二十年》,人民教育出版社2001年版,第56页。

续　表

内部过程	教学事件	行动例子
反应	6. 引出行为	要求学生表现出行为
强化	7. 提供反馈	给予信息性反馈
提取和强化	8. 评价行为	要求学习者另外再表现出行为并给予强化
提取和概括	9. 促进保持和迁移	提供变式练习和间隔复习

资料来源：[美]R·M·加涅著，皮连生等译：《学习的条件和教学论》，华东师范大学出版社1999年版，第247页。

上表所描述的事件只是师生面对面发生信息交流时发生的事件。教学远不止师生面对面的交流。所以加涅说："为什么我们用instruction(译成教学)而不用teaching(译成教授)这个词呢？原因是，我们希望描述对人们的学习有直接影响的所有事件，而不只是描述由教师个人发起的那些事件。教学包括由文字教材、图片、电视节目生成的事件，或者包括由物理的客体的联合所生成的事件。当然教师也在这些事件的可能安排中起重要作用。或者，如上所述，学生也能安排教学事件。这样教授也许可以被视为教学的一种形式，不过是很重要的一种形式。"①

R·C·安德森和福斯特(Faust, G. W.)提供了如下教学过程模型：

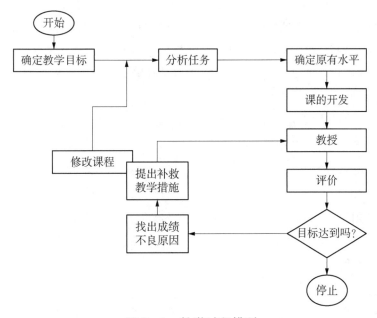

图8-1　教学过程模型

这个模型用9个方框描述教学(instruction)的全过程。而教授(teaching)只是9个方框中的一个。可见在西方教育心理学家眼中，教学的大部分时间不是处于师生面对面的教授

---

① [美]R·M·加涅等著，皮连生等译：《教学设计原理》，华东师范大学出版社1999年版，第3页。

活动中,其他事件只是为面对面的师生活动做准备,大体上可以归入现代教学设计的范畴中。

总之,本书把**教学**(instruction)定义为教师帮助学生学习的一切活动,包括课前、课中和课后的活动。

二、教学论及其研究取向

(一) 关于教学论的定义

我国学者一般从教学论研究的对象和任务来给教学论下定义。例如,顾明远主编的《教育大辞典》给出的定义是:"教学论(didactics)亦称'教授学'。以研究教学规律为对象的学科。研究范围包括教学任务(目的)、内容、过程、原则、方法、形式、评价等。"[1]施良方等主编的《教学理论:课堂教学的原理、策略与研究》给出的定义是:教学论是"教育学的一门分支学科。它是研究教学情景中教师引导、维持或促进学生学习的行为,构建一种具有普遍性的解释框架,提供一般性的规定或处方,以指导课堂实践的一门学科"[2]。《中学百科全书·教育学·心理学卷》把教学论定义为:"探讨如何促进最佳学习的理论体系。其研究范围包括教学的目标、过程、策略和评价等。"[3]

我们认为,教学论可作广义和狭义两种理解。广义上的教学论包括对学生的"学"与教师的"教"的研究。狭义的教学论专注于教师的教的研究,研究的主要任务(或课题)是教学目标、教学过程、教学原则、教学内容、教学方法、教学的组织形式、教学评价等。

教学论主要研究什么?这个问题可以从分析教学论教科书的内容得到回答。我们统计了2001—2016年间国内学者编著出版的、在学界颇具影响力的7种教学论教材,发现这些教材讨论的主题主要集中在以下方面:

(1) 绪论、研究对象、方法	6本	共6章
(2) 教学论产生、发展以及趋势和展望	5本	共12章
(3) 教学目标(目的)	6本	共6章
(4) 教学过程	7本	共7章
(5) 教学原则	6本	共5章
(6) 教学主体	4本	共4章
(7) 课程、教学内容、教材	4本	共6章
(8) 教学方法、手段、媒体、模式、策略	7本	共16章
(9) 教学组织形式	6本	共6章
(10) 教学结果、评价和反馈	6本	共6章
(11) 教学环境、教学管理	4本	共5章

---

[1] 顾明远主编:《教育大辞典》,上海教育出版社1998年版,第717页。
[2] 施良方等主编:《教学理论:课堂教学的原理、策略与研究》,华东师范大学出版社1999年版,第19页。
[3] 邵瑞珍、张人杰主编:《中学百科全书·教育学·心理学卷》,华东师范大学出版社1994年版,第146页。

(12) 教学艺术(教学风格)　　　　　　　3本　　　　　　共3章
　(13) 学习方法、学会学习　　　　　　　1本　　　　　　共1章

上面的统计数据表明,教学论侧重于研究教师教的方面,包括教学目标、教学过程、教学原则、教学内容、教学方法与手段(包括教学模式、教学策略、教学媒体)、教学组织形式、教学结果评价与反馈等。与以往类似的统计作比较,发现近十几年的教学论研究更加聚焦于教师如何教,对学生的学习过程和方法的关注非常少。

(二) 两种取向的教学论

皮连生主编的《教育心理学》提出区分两种取向的教学论。依据哲学思辨和经验总结而形成的教学论被称为哲学和经验取向的教学论(简称哲学取向的教学论);依据科学心理学并通过实证研究建立起来的教学论被称为科学心理学与实证研究取向的教学论(简称科学取向的教学论)。[①]

1. 哲学取向的教学论

这种教学论的历史源远流长,中国可以追溯到先秦,西方可以追溯到古希腊。科学心理学自19世纪末诞生至今,其研究成果对哲学取向的教学论产生了一些影响,但教学论主要依赖哲学和经验总结的状况未变。例如,20世纪影响深远的美国实用主义哲学家杜威主张的教学论和苏联凯洛夫(Kaiipob, N. A.)的教学论都是哲学和经验取向的。我国的教学论在新中国成立前主要受西方教学论思想影响;在新中国成立后主要受苏联凯洛夫教学论影响。直到当前,我国流行的教学论,包括新一轮课程改革中提倡的教学论基本上是哲学取向的教学论。

这种教学论之所以长盛不衰,是因为它有一定的应用价值:第一,能给教学实践提供一般原则性指导,如认识在教学中教师主导和学生的主体作用;第二,许多哲学取向的教学论观点反映了教学规律,如提出循序渐进教学原则等;第三,能及时反映社会发展需要。

哲学取向教学论的主要局限性是:第一,许多重要概念未经严格定义。如知识与技能是教学论中两个核心概念,随着心理学科学的进步,心理学家对这两个概念的理解发生实质性变化,可是我国流行的哲学取向教学论仍然在使用半个多世纪前的知识和技能概念。第二,缺乏可操作性,难以指导教学实践。如教学目标到底是什么,"过程"能否作为目标,哲学取向的教学论对两者不作严格区分,使教师操作起来发生困难。第三,用它指导教学,难以使教学实践取得实质性进步。例如,用这样的理论培训教师,教师感到教学观念很新,由于缺乏可操作性,他们往往还是觉得不如模仿其他有经验的教师的教学效果更好。

2. 科学取向的教学论

与哲学取向的教学论相比,科学取向的教学论产生和发展的时间很短。原因是科学心理学从诞生至今大约只有100余年的历史。而且20世纪60年代前,科学心理学受行为主义观支配,主要研究动物和人类的低级学习。在这样的学习研究基础上不足以产生指导人类

---

① 皮连生主编:《教育心理学》(第四版),上海教育出版社2011年版,第359—367页。

高级和复杂学习的教学理论。20世纪60年代后，出现了许多研究人类高级学习的理论，如奥苏伯尔的有意义言语学习理论、加涅的学习分类与学习条件理论、J·R·安德森的陈述性知识与程序性知识相互作用理论、班杜拉的观察学习理论以及他后来发展出来的社会认知理论、弗拉维尔（Flavell, J. H.）的元认知理论等。这些学习理论的提出和发展为科学取向教学论的建立奠定了科学心理学基础。

20世纪60年代后，教育心理学家不满足于研究学生的学习规律，直接研究教师的教学行为。典型的例子如教育心理学家将奥苏伯尔有意义言语学习论转化为先行组织者教学模式（接受教学模式），将布鲁纳（Bruner, J. S.）的发现学习原理转化为发现教学模式。维特洛克（Wittrock, M. C.）提出生成学习原理，在此基础上他开发了一系列生成教学技术。加涅集学习与教学研究之大成，于1985年出版了《学习的条件和教学论》（第四版），并于1992年出版了《教学设计原理》（第四版）。加涅的两本著作从学习论、教学论和教学设计技术三方面为科学取向的教学论奠定了坚实的基础。

第二节　教学的设计与实施

一、教学设计的含义与性质

从教学的定义来看，教学涉及的活动是设计的结果，于是"**教学设计**"（instructional design）一词就被用来指称有意识、有目的地安排教学活动这一工作。

根据教学定义，教学设计的根本目的是安排合适的教学活动、措施或事件来促进、帮助或支持学生的学习。从性质上讲，这种安排、设计的活动是一种涉及创造的问题解决活动。首先，教学设计要以解决问题为导向。心理学家认为，问题解决是指向目标的一系列认知操作，在教学设计的情境中，要达成的目标是学习者习得相应的学习结果，实现这一目标，需要教育工作者经过细致的分析、思考和规划，为学习者安排、提供一系列的活动或学习的条件，实施、落实这些活动或条件能有效地帮助或推动学习者达成目标，因而从问题解决的角度看，教学设计实质上是问题解决的活动。

其次，教学设计还是一项涉及创造的问题解决活动。根据修订的布卢姆认知目标分类学的观点，创造是将多种要素组成具有一定功能的整体。[1] 教学设计涉及对多项教学活动的安排，安排的目的是让这些活动具有特定的功能，即推动或帮助学生达成学习的目标。由于学生与学生之间的差异以及学生要习得的学习结果类型与内容的多样，教学设计常常需要根据具体情况创造出具有相应功能的教学活动整体。但教学设计这种创造活动不是凭空进行的，它需要教师具备相应的知识基础。[2] 由于教学设计要安排一些能促进学生学习的活

---

[1] ［美］L·W·安德森等著，蒋小平等译：《布卢姆教育目标分类学：分类学视野下的学与教及其测评》（完整版），外语教学与研究出版社2009年版，第64页。

[2] ［美］L·W·安德森等著，蒋小平等译：《布卢姆教育目标分类学：分类学视野下的学与教及其测评》（完整版），外语教学与研究出版社2009年版，第82页。

动,因而有关学生学习过程与规律的知识以及有关教学措施如何影响学生学习的知识,就成为教学设计特别倚重的知识基础。此外,由于教学还涉及学习者、教师、教学材料、学习环境等诸多要素的相互作用以及信息在这些要素之间的传播,因而系统论和传播理论也是教学设计的重要知识基础。考虑到学习者涉及不同年龄的个体,有关学习者发展的知识也是教学设计的基础。[1] 有了这些来自不同学科的不同类型知识作基础和后盾,教学的设计者才有可能设计出合适的教学来促进学习者的学习。

二、教学设计的过程

为进一步了解教学设计的概念,深入探讨教学设计时经历的一系列过程是很有必要的。教学设计的专家提出了多种描述教学设计过程的模型以指导教学设计的进行。根据其影响力以及与教学实践的相关性,这里介绍三种有关教学设计过程的描述。

(一) 教学设计的 ADDIE 模型

教学设计的 **ADDIE 模型**将教学设计的完整过程分为如下五个螺旋推进的阶段:分析(analysis)、设计(design)、开发(development)、实施(implementation)、评价(evaluation),ADDIE 源自五个阶段英文名称的首字母。[2]

"分析"是指对学习者的现有表现水平和期望其达到的表现水平进行描述,以确定缩小两者的差异是否需要借助教学,同时识别出有可能影响学习者达到期望表现水平的因素,如可以利用的资源、管理上的一些措施以及学习者已经具备的知识和技能等。"设计"紧承上一阶段,由于分析阶段识别出需要教学来使学习者达到期望的表现水平,因而这一阶段便根据这一要求构建相应的教学计划,主要是确定为让学习者达到预期表现水平,需要教哪些内容以及教的策略。"开发"主要是指准备教学材料,如教科书、课件、媒体制作等。有时,在开发前有一些教学材料可以利用,因而开发便是对现有教学材料的扩充、修改和完善;有时,在开发前没有可资利用的教学材料,这时就要准备所有的教学材料。"实施"是指将设计、开发好的教学内容、策略、材料等投入使用,即用于对学习者的实际教学中。"评价"是对前述教学设计过程及其产品的效果作出有根据的判断,即确定所提供的促进学生学习的教学是否解决了学生学习上遇到的问题。这里的评价不单纯是指对学习者的主观感受和实际的学习结果的评价,也包括对所开发的教学材料以及教学设计过程每一阶段执行情况的评价。评价的结果可作为一种反馈,促使教学设计者对教学设计的前几个阶段作出修改。这一反馈、修改的过程还可以多次循环进行,直至得出令人满意、效果良好的教学产品来。

(二) 迪克与凯里的教学设计过程模型

迪克(Dick, W.)与凯里(Carey, L.)、凯瑞(Carey, J. O.)等人对教学设计过程作了更为

---

[1] [美]P•L•史密斯、T•J•雷根著,庞维国等译:《教学设计》(第三版),华东师范大学出版社2008年版,第34—49页。
[2] [美]R•M•加涅等著,王小明等译:《教学设计原理》(第五版),华东师范大学出版社2007年版,第21—38页。

细致的描绘(见图 8-2),各阶段的具体内容如下。

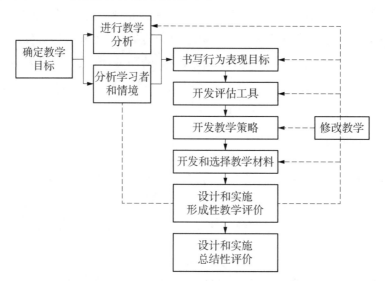

图 8-2 迪克和凯里的教学设计模型

资料来源:W·迪克、L·凯里、J·凯瑞著,庞维国等译:《系统化教学设计》(第六版),华东师范大学出版社 2007 年版,第 1 页。

第一,确定教学目标(instruction goal)。这里的教学目标是由教学完成之后学生会做什么界定的。教学目标设置的依据是社会需要和学生个人发展的需要。所以在确定教学目标之前要做需要评估。例如,研究表明,中国公民要做到流利读书看报,必须认识约 3000 个汉字;要能读懂鲁迅著作,必须认识约 5000 个汉字。由此而决定不同人群的语文识字教学目标。

第二,进行教学分析。进行教学分析包括分析学生完成教学目标所需要的知识技能,例如一个教学目标是:当完成教学任务以后,学生能用"的、地、得"三个结构助词造句或改病句。要实现这个目标,学生必须依次掌握句子、句子主要成分和次要成分概念;同时,还要掌握主语和宾语的修饰词带"的",谓语前的修饰词带"地",谓语后的修饰词前带"得"的规则。教学分析的最后一项任务是确定学生的起点能力,即确定开始新的教学任务之前,学生已具有哪些知识和技能。

第三,分析学习者和情境。分析学习者包括分析他们的已有知识、技能、爱好、态度和其他与学习有关的个性特征。分析情境包括分析知识与技能学习的环境,以及知识与技能运用的环境。这些分析所提供的信息有助于决定教学过程和方法。

第四,书写行为表现目标。行为表现目标也称作业目标(performance objectives),是用可以观察的行为书写的具体教学目标。这样目标将便于测量和评估。

第五,开发评估工具。目标设置和明确陈述以后,在教学实践中,目标是否实现,教学设计者预先需开发测量工具来评估目标实现的情况。此时所考虑的重点是测验与目标之间的对应关系。

第六,开发教学策略。教学策略的范围广泛,包括预备活动、呈现信息、提供练习与反馈、测验以及课后活动等。教学策略主要是根据任务分析的结果决定的。

第七,开发和选择教学材料。教学材料包括学生的手册、教材、测验和教学指导书。开发和选择教学材料依赖于学习类型、已有的可以利用的有关教材和资源。

第八,设计和实施形成性评价。形成性评价是在教学过程中进行的,为改进教学提供数据。形成性评价分三级水平:第一级水平是一对一评价,即一名教师对一名有代表性的学生,详细了解学生掌握教学目标的情况;第二级水平是小组评价,所得到的数据更有代表性;第三级水平是针对全班学生的评价。

第九,修改教学。根据形成性评价结果,如果学生未达到教学目标,或发现学生存在学习困难,教学设计者应重新考虑教学设计,包括考察目标定位是否适当、教学任务分析是否准确等。如果上述设计不适当,则应予以修改,并重新书写行为表现目标和进行修改教学;如果发现目标定位适当,且任务分析正确,则需要重新考虑教学策略及其实施情况,并进行修改教学,直到达到原定目标为止。

最后,根据形成性评价结果对教学进行修改之后,对教学效果进行总结性评价。一般来说,这一步并不是教学设计的一个组成环节,因为对一个教学设计的优缺点及其效果的客观评价不是由教学设计者自己进行的,而是由某个独立部门委托专门人员进行的。[①]

虽然表面看来迪克与凯里的教学设计模型与 ADDIE 模型不同,但实际上可将它看作是 ADDIE 模型的细化。迪克与凯里模型中的"确定教学目标""进行教学分析""分析学习者和情境"就是 ADDIE 模型中的"分析"阶段;接下来的"书写行为表现目标""开发评估工具""开发教学策略"就是 ADDIE 模型的"设计"阶段;"开发和选择教学材料"就是 ADDIE 模型的"开发"阶段;其余的步骤是 ADDIE 模型的"评价"阶段。ADDIE 模型中的"实施"并未体现在迪克与凯里的模型中。相比之下,ADDIE 模型是对教学设计过程更为概括的描述。

(三) 马杰的教学设计过程

ADDIE 模型以及迪克与凯里的模型都是对教学设计过程全面系统的描述。在面对只有教学的需要但不具备实施教学的条件(如没有相应的课程、教材、策略等)的情境中,这两个模型可以为教学的设计提供程序和规范方面的指导。企业、军事领域的一些培训情境就具有这样的特征,因而这两个教学设计过程模型在企业、军事培训领域应用较多。但在中小学教学情境中,已经具备了一些教学的条件,如中小学都能提供完整的课程、教科书、评价手段等等条件,在这种情况下,教师的教学设计不可能严格按照上述两个教学设计模型展开,为此,马杰(Mager, R. F.)提出了一个教学设计过程模型,更适合刻画学校教育情境中的教学设计过程。

马杰认为,教学设计者的工作是要回答如下三个问题:①我要把学生带到哪里?②我如何把学生带到那里?③我如何知道已经把学生带到了那里?这三个问题对应于教学设计过

---

① [美]W·迪克、L·凯里、J·凯瑞著,庞维国等译:《系统化教学设计》(第六版),华东师范大学出版社 2007 年版,第 6—8 页。

程的三个主要阶段：①

① 实施教学分析，以确定教学的目标（问题①）；

② 开发教学策略，以确定使用什么样的教学策略和教学媒体（问题②）；

③ 开发和实施教学评价，以确定如何测验学生以及如何评价和修改教学材料、教学策略（问题③）。

三、目标导向的教学设计与实施

在领会教学设计的基本思想以及研习教学设计过程的基础上，结合我国中小学教学的实际，我们提出**目标导向的教学设计**（goal-oriented instructional design），旨在描述出中小学教师在面对有课程标准、教科书、教学参考书、辅导练习册以及丰富的线上与线下教学资源的情境时的教学设计过程，以便为中小学教师的教学设计过程提供既基于理论又贴近实践的指导。目标导向的教学设计是我们多年不断研究与探索的结晶，本书编者之一于20世纪90年代中期，根据认知心理学和教学设计研究的最新发展，出版了《智育心理学》一书，首次提出"目标导向的教学设计"，用一套新的教学设计技术规范教师的教学行为，使其教学设计和教学行为建立在现代心理学尤其是知识分类学习论的基础之上。1995—1997年间，这套理论与技术在上海市宝山区十所中小学推广应用，经广泛讨论后更名为"知识分类与目标导向教学"的理论与技术。

目标导向教学设计主要包括如下六个操作环节。

（一）设置并陈述教学目标

教学目标是预期的学生学习结果。用预期的学习结果来陈述教学目标，要求教师掌握现代心理学中有关学生学习结果分类的知识。一旦教师明确了预期的学生学习结果及其类型，他就可以自觉运用学习心理学原理选择教学方法，并依据学习结果类型对教学结果进行测量与评价。

（二）分析学习任务

任务分析是一项复杂的教学设计技术。教学目标只是确定了学习的最后结果（即终点目标），一般是一节课或一个教学单元之后预期学生的能力和倾向的变化。在这种以预期的学习结果陈述的目标中，一般未对达到终点目标之前的先行条件进行分析，也未包括学生原有知识、技能或学习方法等方面的起始状态的分析。学习任务分析则是在终点目标明确之后，完成后两项工作，即确定学生的起始状态和分析从起点到终点之间学生必须掌握的知识、技能或行为倾向。这些中介的能力或倾向就构成了终点目标实现的先行条件。本书所主张的目标导向的教学设计，指教学设计者自觉运用学习结果分类的学习论思想，确定由单课或若干节课组成的教学单元的终点目标。通过任务分析，终点目标被细分为一系列彼此

---

① ［美］P·L·史密斯、T·J·雷根著，庞维国等译：《教学设计》（第三版），华东师范大学出版社2008年版，第10—11页。

关联的子目标。这些子目标就构成了达到终点目标的先行条件,即学习者自身的内部条件。教师提供的教学活动及其所创设的学习环境是学习的外部条件,外因通过内因起作用。所以,目标导向的教学设计要求教师在选择和采用一切教学行为、教学步骤、方法、媒体等时,都要考虑教学的终点目标和子目标。目标决定教法,目标决定教学结果的测量和评价。

(三) 根据任务分析,选择和设计适当的教学步骤与方法

我国传统的备课侧重研究教学步骤、方法和技术,但很少研究学习结果类型(或教学目标)对教学步骤、方法或技术的选择的制约作用。目标导向的教学设计与这种传统观念相反,它要求教师在决定教学步骤、选择教学方法或技术时,首先考虑教学的终点目标及其子目标和目标的类型以及学生的起点。这正是任务分析要做的事。所以一旦适当的任务分析完成以后,教学步骤、方法和技术自然明确了。我国传统教学思想往往把教学看成一种艺术,其流行的口号是"教学有法,教无定法"。目标导向的教学设计承认教学既有艺术性一面,也有科学性一面,但它更倾向于将教学看成一种科学,我们的口号是"学有规律,教有优法",其含义之一是:一旦学习类型及其发生的条件确定以后,教学过程、方法的选择余地就很少了。

(四) 对照教学目标,开发检测与评价教学结果的测验

学生学习的结果是内在能力和倾向的变化,这种变化不可观察,也不能直接测量,但是可以用外在的行为表现来推测学生内在的心理变化,这就是学业测量的基本原理。如果教师要及时测验和诊断学生学习后产生的心理变化,他们必须掌握学习分类理论,善于用外显的学生作业来推测学生内在的能力和倾向的变化。如果目标导向教学设计的第一步"目标陈述"已陈述了学生的内在心理变化,那么教学结果的测验题已蕴含在教学目标中了。所以陈述得好的教学目标可以对测验的开发起到很好的导向作用。

(五) 实施所设计的教学

这一阶段是将所设计好的教学(具体体现为教师的教学设计或教案)付诸实施。在这一阶段,首先要避免机械、生硬、不顾学生实际地执行原先预设的教学方案。在实施教学的过程中,教师常常会遇到设计时考虑不到或考虑不周的方面,最为突出的是学生的课堂表现出乎教师的预料:或者提出了教师未准备的问题,或者教师问了问题之后无论怎么启发都没有学生来回答。在这种情况下,一些教师选择生硬地执行原先的计划:或者对学生提出的意料之外的问题以"课下讨论"搪塞,或者在无人回答的情况下,教师自问自答,从而让教学按原先预设的流程执行下去。教师课堂上的这类表现,也属于有意做出的活动,但活动的目的变了,不再是"促进学生的学习",而是为了忠实执行原先设定好的计划,活动目的从"促进学生学习"上的偏斜,表明教师有意做出的活动本质上已不属于教学。对这种现象,在实施的过程中要尽量避免。

其次,要正确看待实施教学过程中的"生成"现象。"生成"是相对于预设而言的,指教学过程中教师或学生做出的偏离原先计划的教学目标、教学策略的活动。"生成"现象表明,教

师对教学目标、学生基础、教学策略的分析与设计上还存在考虑不周的地方,因而课堂教学中的"生成"现象的价值在于提示教师对自己设计的教学进行反思、总结和修改,这项工作也是教学设计过程的一个重要阶段。教师在实施教学过程中注意收集课堂上"生成"的情况,既是为教学设计的下一阶段做铺垫,也是为自己设计教学能力的提升打基础。由此看来,教学实施中的"预设"与"生成"其实是统一的,都统一到促进学生的学习上,没有必要厚此薄彼。

(六) 反思、评价与修改教学

这一阶段着眼于整个教学设计过程。由教师根据教学实施的结果,对教学目标、教学过程与策略、教学检测作出反思、评价和修改,以便进一步完善教学的设计。对整个教学设计的评价可以按照预先设定的外部标准进行,也可以按照内在一致性的要求进行。由于这一阶段实施评价的主体是教师,而且教学设计的目的是要创造出有一定功能的整体,因而我们推荐使用以内在一致性标准来对教学设计进行评价,也就是说,要根据教学设计的要求,看所设计的教学目标、教学过程与策略、教学测验彼此之间是否一致,即教学过程与策略是为达成教学目标服务的,教学测验检测的就是教学目标,三者之间有良好的一致性时,说明所设计的教学是一个有内在一致性的、能达成相应教学目标的整体。教师所进行的这类评价工作涉及对教学的反思,这也是教师专业成长的重要途径。

为更好地做好这项评价工作,我们建议教师可以借助修订的布卢姆认知目标分类学的两维表(参见本书第九章)进行。两维表的知识与认知过程维度既可以用来刻画教学目标,也可以用来分析教学过程与策略,还适用于对测验进行分析。将目标、教学策略、测验的分析结果放入两维表的某一或某些单元格中,如果三者都处在同一单元格中,说明三者之间有良好的一致性;如果三者未落入相同的单元格中,这便提示教师教学的问题所在,可以引发教师对教学的反思与修改活动。① 这样的过程也是教师研究与学习的过程。不过,用好两维表这一分析与评价工具,不仅需要教师理解两维表涉及的四类知识和六类认知过程的含义,还需要教师能正确地将其用在对自己教学的分析中。

四、反映目标导向教学设计的新教案规格

教案又称课时计划,近年来也有人将其称为"导学案",以更好地体现教学的本质。为了规范教师的教学设计活动,我们提供了一种新的教案设计规格。其主要项目如下:①教学目标(具体要求见第九章);②教学任务分析(具体要求见第九章);③教学过程与方法或技术(具体要求见第十章);④教学效果的检测题(具体要求见第十一章)。如果新课之后学生有充分的练习,从练习中能反映学生的掌握情况,这类练习题也可以起教学效果检测作用。教案可以是文字式,也可以是表格式,如《总分句群》的教案。

---

① [美]L·W·安德森等著,蒋小平等译:《布卢姆教育目标分类学:分类学视野下的学与教及其测评》(完整版),外语教学与研究出版社 2009 年版,第 78—79 页。

《总分句群》教案(小学三年级语文)①

【教学目标】

能按提示要求写出符合总分关系的一段话。

【任务分析】

1. 学习结果类型：按加涅的学习结果分类，属于智慧技能中的规则学习。

2. 起点能力：(1) 给出一段总分段落，学生阅读后能用自己的话讲述内容。

　　　　　　(2) 能根据要求写出承接关系的句群。

　　　　　　(3) 给出学过和未学过的总分关系句群，能正确指出学过的句群。

3. 学习条件：按加涅的学习层次论，规则的学习以概念学习为先决条件，此处是"总"和"分"的概念。

教学过程	教师活动	学生活动
一、习得阶段	(一) 出示例 1 葡萄成熟了,收下来的葡萄真多啊! 有的葡萄运到城市去,深受市民的欢迎;有的运到当地的阴房里,制成葡萄干;有的运到酒厂去,酿成香醇的美酒。 1. 提问：下面我们一起来读读这段话，想一想：这一节主要写了什么？哪句话可以概括？(划句) 2. 提问：从哪几方面写了葡萄的多？(加点) 3. 小结：第一句总的写了葡萄真多，概括了全节的内容。其余的句子围绕这句概括句写了葡萄有的运到城市去,有的运到阴房里,有的运到酒厂去,具体写出了葡萄的多。 (二) 出示例 2 今天,天气非常闷热。树叶一动不动,知了不停地叫着。大滴大滴的汗珠从人们脸上滚落下来,人们多么希望来一阵大风啊! 可风却和我们捉迷藏,不知躲到哪里去了。 提问：(1) 哪句话概括了全节的内容？(划句) (2) 围绕天气闷热,写了哪几方面？(加点) (三) 出示例 3 乐山大佛是世界上最大的石刻雕像。它有二十多层大楼那么高。大佛的眼睛有三米多长,耳孔里能并排站两个人,一个脚趾上就可以放一张桌子,供十来个人吃饭呢! 提问：(1) 哪句话概括了全节的内容？ (2) 围绕乐山大佛的大,写了哪几方面？ (四) 得出结论 1. 出示三个例子,提问：以上三个例子有什么相同的地方？ 出示：第一句话概括了全节的内容,后面的句子围绕概括句分几个方面把意思写具体。 2. 讲述：第一句和其他几句句子之间的关系叫做总分关系。 板书：总分关系 3. 引读：总分关系的句子有什么特点？ (五) 告知目标 今天这节课我们就来学习写总分关系的句子。	1. 齐读短文。 2. 个别回答问题。 女生读短文。 个别回答问题(1)(2)。 个别读短文。 个别回答问题(1)(2)。 同桌讨论后交流。 齐读"总分关系"。 齐读出示内容。

---

① 该教案由华东师范大学附属小学丁亦文老师设计。

续 表

教学过程	教师活动	学生活动
二、练习阶段	讲述：首先,请你判断下列段落中的句子是不是总分关系,如果是,请划出概括句。 1. 出示第一题 日月潭是一个美丽的大湖。潭里有个小岛,把潭分成两半。"日潭"和"月潭"湖水相连,像个碧绿的大玉盘。小岛就像玉盘中的明珠。日月潭的四周是山,山上是茂密的树林。日月潭的水很深。山林倒映在潭里,湖光山色,非常美丽。(划句) 2. 出示第二题和第三题 周总理走到教室后面,看墙上的学习园地,一边看一边不住地点头。然后,他在我的身边坐下来,拿起我的语文课本,轻轻地问："是讲这一课吗？"我连忙回答说："是的。"周总理戴上眼镜,认真地看课文。看完课文,他把眼镜拿在手里,跟我们一起听讲。 煤可以用来做饭烧水、炼钢发电,开动火车和轮船也都要用煤做燃料。人们还可以从煤身上提取很多宝贵的东西做成原料,再加工成人造肥料、人造石油和染色的染料等。	个别读短文。 同桌讨论后交流。 自由读短文,判断。 交流。
三、就第三题进行变式练习	1. 提问：(1) 这段话有几句？每句各讲什么？ (2) 两句都讲了什么？ (3) 你能不能加上一句概括句,把它变成总分关系的一段话？ 出示：煤的用处可真大！ 2. 讲述：概括句除了放在一段话的开头,也经常放在最后来总结这段话的主要意思。谁来为大家读一读。 3. 在原文最后加上：人们称它是"工业的粮食""黑色的金子"。 讲述：最后这句话把煤比作"工业的粮食""黑色的金子",说明煤的用处很大,对我们的生产生活很重要,起到了总结的作用。像这样,段落开头概括主要意思,结尾时再总结一下,也是常见的写作手法。	个别回答。 齐读短文。 个别读短文。 个别读短文。
四、应用练习与目标检测	讲述：下面,老师要来考考你们,看你们是不是学会了。自己来说一说,写一写。 1. 分几方面把句子写具体： (1) 清晨,树林里的小动物都醒来了,可热闹啦！_____。 (2) 大扫除开始了,同学们干得可带劲了。_____。 2. 写一段总分关系的话。_____。	同桌讨论。 口头练习。 自由练习后交流。

练习题

一、填空题

1. 我国教育学通常将教学界定为_____和_____的协同活动。
2. 本章区分的两种教学论分别是_____和_____。
3. ADDIE教学设计模型包括_____、_____、_____、_____、_____五个

阶段。

4. 迪克与凯里的教学设计过程模型的九个成分是：确定教学目标、进行教学分析、_____、_____、_____、开发教学策略、开发和选择教学材料、_____、_____。

5. 心理学家马杰主张，教师的教学设计通常要回答如下三个重要问题：_____、_____、_____。

6. 目标导向教学设计主张的教案包括的四个项目是：_____、_____、_____、_____。

二、选择题

1. 有人曾用"教过了、教对了、教会了"来描述教学的三个境界。这三个境界符合教学定义的是( )。
   A. 教过了　　　　　　　　B. 教对了
   C. 教会了　　　　　　　　D. 都不符合

2. 根据现代教学设计思想，各门课程的教学目标来源于( )。
   A. 教材知识　　　　　　　B. 学生发展的需要
   C. 政府的政策　　　　　　D. 需要评估

3. 根据目标导向的教学设计理论，选择教学方法的主要依据是( )。
   A. 教师的经验　　　　　　B. 教学指导参考书
   C. 学生学习结果的学习规律　D. 教育专家的建议

4. 一位优秀教师，面对许多陌生学生提出的各类问题，都能从容应对。该教师介绍其经验时说，他对学生会提哪些问题，教师提问后学生有几种回答都了然于胸。这名教师的教学能力最有可能源自教学设计的( )阶段。
   A. 目标设置与陈述　B. 任务分析　C. 测验开发　D. 反思与修改教学

5. 有人曾搜集有关农耕园艺方面的书报14种以及借据、请帖等多种农村应用文件，检得单字3659个，从中选取1500个字用来编纂《农民千字课》。根据教学设计的ADDIE模型，上述工作属于模型中的( )工作。
   A. 分析　　　　B. 设计　　　　C. 开发　　　　D. 评价

6. 根据教学的心理学研究，下面有关公开课的论述正确的是( )。
   A. 公开课要获得评委的好评　　B. 公开课要展示教师的口才及课件
   C. 公开课要让学生有扎实的收获　D. 公开课要能让听课的老师信服

三、问答题

根据目标导向教学设计的要求，评价一位特级教师的优秀教案，指出其优点与可改进的地方。

重点概念

1. **教学**：教师帮助学生学习的一切活动，包括课前、课中和课后的活动。

2. **教学设计**：是指有意识、有目的地安排合适的教学活动、措施或事件，以促进、帮助或支持学生的学习。

3. **ADDIE 模型**：将教学设计的完整过程分为如下五个螺旋推进的阶段：分析（analysis）、设计（design）、开发（development）、实施（implementation）、评价（evaluation），ADDIE 源自五个阶段英文名称的首字母。

4. **目标导向教学设计**：皮连生在 20 世纪 90 年代中期，根据认知心理学和教学设计研究的最新发展，出版了《智育心理学》一书，首次提出"目标导向的教学设计"，用一套新的教学设计技术规范教师的教学行为，使其教学设计和教学行为建立在现代心理学尤其是知识分类学习论的基础之上。

推荐读物

1. 皮连生著：《智育心理学》（第二版），人民教育出版社 2008 年版。

   该书分智育目标论、知识分类学习论和知识分类教学论三部分，本章的理论主要来源于该书第三部分的观点。

2. 王小明著：《教学论：心理学取向》，上海教育出版社 2005 年版。

   该书是一部阐述教学心理的专著，其中第一章阐述了教学的定义以及教学的心理学研究。

3. ［美］R·M·加涅等著，王小明等译：《教学设计原理》（第五版），华东师范大学出版社 2007 年版。

   该书是教学设计领域的一部名著，对教学设计的完整过程做了详细阐释，同时也突出了如何基于学生学习的规律来进行教学设计。

4. ［美］P·L·史密斯、T·J·雷根著，庞维国等译：《教学设计》（第三版），华东师范大学出版社 2008 年版。

   该书针对学校教育情境中各类学习结果类型，详细阐释了其学习的规律以及如何进行教学的设计，与 R·M·加涅等人的《教学设计原理》的思想一脉相承。

5. ［美］W·迪克、L·凯里、J·凯瑞著，庞维国等译：《系统化教学设计》（第六版），华东师范大学出版社 2007 年版。

   该书是一本有影响的教学设计著作，其提出的教学设计模型可称作教学设计中的经典。

第九章 教学目标的设置、陈述与分析

本章目标

记 忆

1. 能陈述原布卢姆教育目标分类的框架和认知领域六级目标。
2. 能陈述布卢姆教育目标分类中情感领域的五级目标。
3. 能陈述修订的布卢姆教育目标分类的框架中四类知识和六类认知过程。

理 解

1. 能用自己的话解释下列术语：教学目标、教育目标分类学、行为动词、行为目标、表现性目标、任务分析、使能目标、必要条件、支持性条件。
2. 能举例说明教学目标的功能。
3. 能比较并说明布卢姆教育目标分类与修订的认知目标分类和加涅学习结果分类在提出的背景、目的以及应用价值方面的异同。
4. 能用实例说明传统教学目标陈述的弊病和克服这些弊病的方法。
5. 能用实例说明任务分析的作用。

运 用

1. 在给予熟悉的教材的条件下，能用本章的目标陈述技术陈述符合要求的目标。
2. 能按本章任务分析的理论和要求，在自己熟悉的教材领域进行任务分析，包括分析学习结果类型、学习的必要条件、支持性条件和子目标排序。

教学目标制约教学过程、教学方法和师生的课堂活动方式。所以在设计教学时，教师首先要关注的是教学目标，具体来说，教师要确保教学目标定位适当，而且还要尽可能用可以观察和测量的行为术语清晰地陈述目标，此外还要分析达成教学目标所需要的条件。做好这些工作，将为后来的教学过程安排以及教学效果的测评奠定良好基础。本章集中探讨如何做好上述工作的理论与技术，先论述指导教学目标设置的理论，而后介绍教学目标陈述的技术，最后阐述分析教学目标的方法或程序。

第一节 教学目标的设置

一、教学目标的含义与功能

（一）教学目标的含义

教学目标是预期的学生的学习结果。这就是说，教学目标关注的是经过教学之后，期望学生学到的东西，即教学之后学生能够有所"得"。学生新学到的东西可以是知识，也可以是技能,还可以是态度。可以从内容(content)与表现(performance)两方面来描述教学目标。内容是指某一专题的实质,通常体现为人类积累下来的知识经验;表现是指学生对内容能做些什么,如学生对内容进行记忆、理解、运用,或者喜欢某一内容等。教学目标就是期望学生对某一内容能作出相应的表现。

教学目标容易和教学活动混淆起来。如"学习××课文第三自然段"常被很多教师列作教学目标。课上学习某段课文属于教师安排的教学活动,而教学目标关注的则是学生学完该段课文后得到了什么(如学完之后学生能识别出承接段落,或者能正确读出若干个生字的音),学习课文的教学活动是达成目标的手段,将达成目标的手段作为目标本身来对待是不合适的。

厘清教学目标的含义,还需要将教学目标与课程目标、教育目标区分开。教育目标是对教育要培养的人的总体描述,目标的达成通常需要数年的时间。如"具有爱国主义、集体主义精神,热爱社会主义、继承和发扬中华民族的优秀传统和革命传统""具有适应终身学习的基础知识、基本技能和方法"之类的表述,以及我国教育工作者在"立德树人"思想指导下提出的发展学生"核心素养"的目标,都属于教育目标。课程目标是指预期学习者修习完一门课程之后达成的目标,达成这类目标通常需要数月的时间,如"学生具有阅读、分析、运用地理图表和地理数据的技能""关心我国的基本地理国情""理解人类赖以生存的自然地理环境的主要特征"描述的就是"高中地理"这门课程的部分课程目标。相比之下,教学目标关注的是日常教学在学生身上引起的预期变化,目标的达成一般需要数小时或几天时间,"学生能正确求出两个自然数的最小公倍数和最大公约数""学生能用自己的话说出太平天国运动失败的原因"描述的就是教学目标。综合来看,可将教育目标、课程目标、教学目标看作是一个有关目标的连续体,一端是关注范围宽泛、达成时间较长的教育目标,另一端是关注范围具体、达成时间较短的教学目标。①

(二) 教学目标的功能

我们把教学目标在教学和教学设计中的作用概括为导教、导学和导测评三种功能。

1. 教学目标能指导教学的过程与方法

一旦教学目标确定后,教学设计者就可以根据教学目标的类型选用适当的教学过程和方法。如对于要求学生记忆特定历史事实的教学目标,可以选择重复、测验等教学方法;对于要求学生掌握概念的教学目标,可以选择从多个概念的例子中概括出概念特征的教学方法。判断某种教学方法的优劣,关键要看其能否有效达成相应的教学目标,离开了教学目标,单纯地比较教学方法的优劣没有多大意义。

2. 教学目标能指导教学结果的测量与评价

一节课、一个教学课题或一个教学单元结束后,教师应自编测验题,测量教学效果;当教师或学校领导听完某位教师的一节课后,可能要对所听的课作出评价。评价有许多标准,如

---

① [美]R·E·梅耶著,盛群力等译:《应用学习科学——心理学大师给教师的建议》,中国轻工业出版社2016年版,第58页。

现代化教学技术的应用情况,教师的思维是否清晰以及学生参与的程度等等。但唯一最可靠和最客观的标准是教学目标是否达到。教学结果的测量必须是针对教学目标的测量。如一节语文课可能有多种目标,若教师的目标是侧重朗读技能训练,而测量的重点是阅读理解,如此就造成目标和测量不一致,那么测验就无效,评价也就缺乏可靠依据了。

3. 教学目标能指导学生的学习

上课一开始,教师清晰地告诉学生学习的目标,不仅能引起学生的注意,使他们把注意力集中在要掌握的目标上,还能为学生以后评价自己的学习状况提供依据。据此,教师应根据学生年龄、学科内容特点,灵活采用不同的方式方法给学生呈现教学目标。例如,对小学低年级的学生,教师不要生硬地在上课开始时宣布预先写好的几条目标,而应以生动的语言告诉学生,某个课题或某个教学单元学完以后,他们将要获得什么新本领,获得哪些新知识,以鼓励他们努力完成学习任务。对于中学生,教师可以直接向他们宣布教学目标,明确告诉他们,当学完某个课题或某个教学单元之后,他们应表现出哪些技能,会做什么事,或会分析、说明什么问题;而且应使学生逐步认识到,教师宣布的目标在课程或单元完成之后是一定要检查的,如果不能达标,还要补教与补学的。时间一长,有助于学生养成按时达成教学目标的习惯,提高学习的自觉性。

二、指导教学目标设置的理论

(一) 布卢姆教育目标分类学

布卢姆的**教育目标分类学**将教育目标分成三个领域:认知领域、情感领域和心因动作领域。

1. 认知领域的教育目标分类学

布卢姆的认知教育目标分类学有两个版本,第一个版本于1956年公布(下面简称"原认知目标分类学"),第二个版本于2001年公布(简称"修订的认知目标分类学")。

原认知目标分类学关于知识与能力测量的基本观点是:测验情境与学习情境基本相似,这样的测验所测量的是知识;如果测验情境与学习情境发生变化,那么这样的测验所测量的是水平不同的能力。原认知目标分类学将认知领域的教育目标分为六级。第一级为知识,指对学习过的材料的记忆。以下依次为领会、运用、分析、综合和评价。原认知目标分类学从操作上界定了知识与智慧能力,能较好地指导学习结果的测量与评价,有助于克服教育测量中偏重知识记忆的弊病,受到世界上许多国家教育界的欢迎。该分类学被翻译成20多种文字出版,广泛传播,被认为是20世纪对美国教育产生最大影响的教育著作之一。该分类学的不足之处是:由于时代的局限,心理学尚未解决知识的心理本质及其如何转化为能力的问题,所以该分类学可以指导教育的测量和评价,但难以指导学习和教学。

1994年,安德森(Anderson, L. W.)和索斯尼克(Sosniak, L. A.)出版了《布卢姆教育目标分类学——40年的回顾》一书。1995年L·W·安德森与克拉斯沃尔等8位美国有名的认知心理学家、教育与心理测量专家和课程与教学专家开会商讨修订布卢姆原认知目标分类学的工作。经过多年集体努力并得到有经验的中小学教师的支持，修订工作于2001年完成，出版了《学习、教学和评估的分类学：布卢姆教育目标分类学修订版》一书。[①] 修订版吸收了40多年来认知心理学的研究成果，较好地从心理机制上解决了知识与能力的关系问题。它将认知领域的学习归结为四类知识的学习。这四类知识是：

(1) 事实性知识

知晓一门学科或解决学科中的问题所必须获得的基本成分，其中又分术语知识和具体细节与要素知识。

(2) 概念性知识

能使各成分共同作用的一个大结构中基本成分之间的关系的知识，其中又包括分类或类目的知识、原理和概括的知识以及理论、模型和结构的知识。

(3) 程序性知识

知晓如何做事，探究方法，运用技能、算法、技术和方法的标准。其中又分具体学科的技能和算法的知识、具体学科的技术和方法的知识、决定何时运用适当程序的标准的知识。

(4) 元认知知识

一般认知的知识和有关自己认知意识的知识，其中又分策略性知识、包括情境性的和条件性的知识在内的关于任务的知识、自我知识。

修订版的作者认为，学生学习任何学科的知识（相当于智育）都可归结为以上四类知识的学习。这样教师就不必在广义知识之外去发展学生的能力（即观察力、记忆力、想象力和思维能力）了。

但在实施教学之前，上述知识是外在于学习者的，是由学科专家达成的共识，可被视作为人类所共享的知识。教学的任务就是使这些外在的知识转化为学生个体的知识。学生个体获得外在的知识的过程要经历记忆、理解、运用、分析、评价和创造这样渐次复杂的六级水平的认知过程。修订版认为，每一类知识的掌握都可按上述认知过程的水平加以划分。这样就构成了认知领域教育目标知识与认知过程两个维度的目标分类表（见表9-1）。

表9-1 修订的两维目标分类表

知识维度	认知过程维度					
	1. 记忆	2. 理解	3. 运用	4. 分析	5. 评价	6. 创造
A. 事实性知识						
B. 概念性知识						
C. 程序性知识						
D. 元认知知识						

---

① 中译本由皮连生等译，华东师范大学出版社2008年出版。

这就是说，教师在教学之前，应对所教内容按知识类型和掌握的水平两个维度制定教学目标，用以指导学习、教学和评价。

例如，小学低年级20以内加法事实的教学，在我国它是小学一年级的教学任务，在美国它是小学二年级的教学任务。学生的原有水平是会借助掰手指计算10以内加法。现在要在三个星期内学会不用掰手指，利用口诀快速进行和20以内的口算和笔算加法。

教师确定这个单元的主要目标：直接的目标是学生将能在不借助手指操作的条件下回忆加法事实（总和不超过18）。长期目标是帮助学生理解（在某些情形下）记忆的效率，获得各种记忆策略的运用知识。

修订版的作者们认为，上述目标可以归入修订的认知目标两维分类表中：

目标1：回忆加法事实（和不超过18），即记忆事实性知识。

目标2：理解（在某些条件下）记忆的效率，即理解元认知知识。

目标3：获得各种记忆策略的运用知识，即运用程序性知识。

为什么把第三个目标看成程序性知识，而不是元认知知识呢？修订版的作者们认为，这里的"策略"是针对记忆"数学事实的"（包括加、减、乘、除），策略的概括程度有限。元认知成分来自学生理解什么策略对他们个人而言是最为有效和无效的。表9-2呈现了上述三个目标在分类表中的位置。

表9-2 基于陈述的目标按分类表对加法事实教学目标的分析

知识维度	认知过程维度					
	1. 记忆	2. 理解	3. 运用	4. 分析	5. 评价	6. 创造
A. 事实性知识	目标1					
B. 概念性知识						
C. 程序性知识			目标3			
D. 元认知知识		目标2				

2. 情感领域目标分类学

情感领域的教学目标分类由克拉斯沃尔主持，于1964年公布。其分类依据是价值内化的程度。这一领域的目标由低到高共分五级。

（1）接受（注意）

指学生愿意注意特殊的现象或刺激（如课堂活动、教科书、文体活动等）。从教的方面来看，其任务是指引和维持学生的注意。学习结果包括从意识一事物的存在的简单注意到学生的选择性注意。它是低级的价值内化水平。

（2）反应

指学生主动参与。处在这一水平的学生，不仅注意某种现象，而且以某种方式对它作出反应（如自愿阅读规定范围外的材料），以及反应的满足（如以愉快的心情阅读）。这类目标与教师通常所说的"兴趣"类似，强调对特殊活动的选择与满足。

(3) 价值化

指学生将特殊的对象、现象或行为与一定的价值标准相联系，包括接受某种价值标准（如愿意改进与团体交往的技能）、偏爱某种价值标准和为某种价值标准作奉献（如为发挥集体的有效作用而承担义务）。这一阶段的学习结果所涉及的行为的一致性和稳定性，使得这种价值标准清晰可辨。价值化与教师通常所说的"态度"和"欣赏"类似。

(4) 组织

指将许多不同的价值标准组合在一起，克服它们之间的矛盾、冲突，并开始建立内在一致的价值体系。重点是将许多价值标准进行比较、关联和系统化。学习的结果可能涉及某一价值系统的组织。与人生哲学有关的教学目标属于这一级水平。

(5) 价值与价值体系的性格化

指个人能用新的价值标准长时期控制自己的行为。其行为是普遍的、一致的和可以预期的。这一水平的学习结果包括范围广泛的活动，但强调学生行为的典型性和性格化。这阶段的教学目标着重学生的一般适应模式（包括个人的、社会的和情绪的）。

3. 动作技能领域目标分类学

以布卢姆为首的委员会未完成动作技能领域的教育目标分类。该领域的目标分类是由其他心理学家完成的。它比情感领域的教育目标分类公布更晚，而且出现了好几种分类法。目前尚无公认的最好分类。这里介绍辛普森（Simpson, E. H.）等人1972年的分类。该分类学将动作技能教育目标分成七级。

(1) 知觉

指运用感官获得信息以指导动作。

(2) 定向

指对稳定的活动的准备，包括心理定向（心理准备）、生理定向（生理准备）和情绪准备（愿意活动）。知觉是其先决条件。

(3) 有指导的反应

指复杂动作技能学习的早期阶段，包括模仿和尝试错误。通过教师或一套适当标准可判断操作的适当性。

(4) 机械动作

指学习者的反应已成为习惯，能以某种熟练和自信水平完成动作。这一阶段的学习结果涉及各种形式的操作技能，但动作模式并不复杂。

(5) 复杂的外显反应

指包含复杂动作模式的熟练的动作操作。操作的熟练性以迅速、精确和轻松为指标。

(6) 适应

指技能的高度发展水平。学生能修正自己的动作模式以适应特殊的装置或能满足具体情境的需要。

(7) 创新

指创造新的动作模式以适合具体情境。强调以高度发展的技能为基础的创造能力。

(二) 加涅的学习结果分类

指导教学目标设置的另一种分类学是加涅的学习结果分类。由于教学目标是预期的学生学习结果,所以教学目标与学习结果是指同一件事。加涅的五种学习结果已在本书第四章作了介绍。为了便于教师应用加涅与原布卢姆分类系统,此处有必要说明这两个分类系统的异同(见表9-3)。

表9-3 原布卢姆的教学目标分类与加涅的学习结果分类比较

原布卢姆的教学目标分类		加涅的学习结果分类	
(一) 认知	1. 知识 2. 智慧技能: 　领会 　运用 　分析 　综合 　评价	(一) 认知	1. 言语信息 2. 智慧技能: 　辨别 　概念 　规则 　高级规则 3. 认知策略
(二) 情感		(二) 态度	
(三) 心因动作		(三) 动作技能	

由表9-3可见,这两个分类系统在三个大领域的划分上完全相同,所不同的只是用词上的差异。布卢姆的认知领域与加涅的认知领域在用词上和所涉及的范围上完全一致。布卢姆讲的情感即加涅讲的态度。布卢姆的心因动作也就是加涅讲的动作技能。布卢姆在动作前加"心因"两字,意指此处所说的动作是学习的结果,非天生的反应形式,其中含有许多习得的认知成分。加涅在动作之后加"技能"两字,也是意指此处的技能是后天学习的结果。这两个分类系统所不同的是认知领域内部各亚类的划分目的和标准。

三、教学目标的设置

在课堂教学前,在拿到课程标准和教科书的情况下,教师通常要根据学生的学习基础来设置合适的教学目标,这是教学设计的一项重要工作,也是教师的一项重要教学技能。但在实际的教学实践中,教学参考书、优秀教师的教案以及网络上发布的一些教学资源,常常详细列出了针对具体教科书内容的教学目标,很多教师便机械地把这些目标搬过来写到自己的教案中。这样做的结果或者教学目标不适合学生实际,或者搬过来的教学目标仅仅是摆设,纯粹是为了应付检查,教学目标无法发挥其相应的导向作用,所以我们建议教师要重视并亲自去实践教学目标的设置这一工作。

由于教学目标包括内容和表现两种重要成分,因而设置教学目标就是确定这两种重要成分的具体内容，换言之，设置教学目标就是教师确定教什么内容以及学生针对内容能够做出怎样表现的过程。这项工作的重点和难易程度因学科不同而有所变化。对于中小学开设的大多数学科（如数学、科学、历史、地理等）而言，相应的教科书通常明确规定了教的内容，因而设置教学目标时，内容的确定相对容易，重点和难点在于确定学生的表现。如数学教科书中介绍了用韦达定理解一元二次方程的内容。韦达定理就是要教的内容，设置教学目标就需要教师根据学生的实际情况和教学时间，确定期望学生做出的表现。如果学生基础较为薄弱，在一节课的时间内，教师可将学生的表现定位在"理解"水平，于是教学目标就变成了"理解韦达定理"；如果学生基础较好，在一节课的时间内，教师可将学生的表现定位在"理解"和"运用"水平，于是教学目标就设置为"理解韦达定理"和"运用韦达定理解一元二次方程"。

但对某些学科而言，在设置教学目标时，内容和表现两种成分都难以确定。语文学科的教学目标设置就属于这种情况。和其他学科教科书不同的是，语文学科的教科书主要由一篇篇的选文（或课文）组成，选文中的生字、生词是很明显的内容成分，对于小学低年级的语文教师而言，可以很容易地用"读、写、默"来描述表现成分，这时教学目标的确定还相对容易。但随着学生识字量的增加和学生自学生字生词能力的提升，到了小学高年级之后，面对学生自己能读懂的课文，教师在设置教学目标时会遇到很大的困惑，他们不知道"教什么、教到什么程度"，因为语文教科书和语文课程标准中都没有对此作出明确规定。在这种情况下，确定教学目标需要教师明确如下两个关键问题：借助课文这一例子想要让学生学习的语文方面的内容到底是什么？对这一内容，期望学生达到什么样的掌握程度？其中第一个问题尤为重要。如对于《小壁虎借尾巴》这篇课文，在学生没有字词句方面障碍的情况下，有教师首先确定了如下的语文方面的内容："选材要有代表性"这一规则，而后又确定了对学生表现上的要求，即要求学生"理解"上述规则（即结合课文能用自己的话说明课文为什么选择鱼、牛、燕子三种动物），这样就设置出了这篇课文的一个重要教学目标：理解"选材要有代表性"的规则。从长远来看，对语文这类学科，应当在教科书和课程标准中明确规定教学目标的内容成分，避免教师"暗中摸索"，从而让教师有更多精力放在研究学生上，为学生设置更合适的表现水平。

上文介绍的教学目标设置的理论是用来指导教师在面对课程标准、教科书以及特定学生的情境中，如何相对全面地设置合适的教学目标。首先需要指出的是，修订的布卢姆认知目标分类学特别适合用于认知领域教学目标的设置。该分类学中的知识是人类共享的知识，具体体现为教科书中的内容，因而目标设置的工作就是在明确教科书中呈现的具体知识的基础上，确定经过教学后要求学生对上述知识或根据上述知识执行何种认知过程，这一思想细化了教学目标的内容和表现成分，可以作为设置教学目标一个重要工具。其次，上述有关教学目标设置的理论是为教师设置教学目标而提供的提示或启示，具体的教学目标还需要教师自己来设置，即教师要在其理论指导下，结合实际的教学任务和教学对象，确定教学目标涉及的具体内容和表现水平。第三，不管是布卢姆还是加涅的目标设置理论，均较为全面地描述了目标的类型,在具体设置教学目标时,不要机械地认为要按照加涅的五种学习结果为每一节课都设置相应的教学目标,即将一节课的教学目标按照言语信息、智慧技能、认知策略、动作技能、态度五个类别逐一列出,或者按照修订的布卢姆认知目标分类学的框架,为某一节具体的课设置涉及四类知识和六类认知过程共计 24 个教学目标。如上所述,目标设置的理论仅仅提示教师可以在某个或某些方面设置教学目标,但在某个方面要不要设置目标,要视教科书的内容和学生实际而定。在实际的目标设置中,对于具体的教学内容,可能只有智慧技能方面的一两个目标可以设置,其他几类都没有目标可以设置。

第二节 教学目标的陈述

一、教学目标陈述中的问题

上一节指出,教学目标具有指导教学方法选择、指导测量评价、指导学生学习的作用,此外,教学目标的存在还可促进教师与教师、教师与教育管理人员、教师与家长之间的沟通和交流。教学目标实现上述功能的重要前提是陈述的规范化、清晰化,但在教学实践中,教学目标的陈述有时难以达到上述要求,从而有可能妨碍教学目标功能的发挥,具体问题表现如下。

(一) 以教师为主体来陈述教学目标

根据教学目标的定义,教学目标应描述经过教学后学生在知识、技能、学习方法和情感态度方面的变化,教学目标的隐含主体应当是学生。但在教学实践中,很多教师常常以教师为隐含主体来陈述教学目标。如"帮助学生学习……""通过……使学生……""培养学生……能力"等。这类目标陈述说的是教师做什么,不是学生学习的结果。

(二) 将学习的过程陈述为教学目标

教学目标要表述的是预期的学生的学习结果,而不是学习的过程,将学生的学习过程表述为教学目标容易产生误导,因为一种学习过程会导致多种不同的学习结果;同一种学习结果也会由不同的学习过程导致,①因此,诸如"学习雷锋的为人民服务的精神""经历……过程"之类的陈述不能称作目标。

(三) 陈述教学目标时用语含糊

教学目标陈述上的用语含糊主要体现在如下两方面。一是用一些未经严格界定的表示内在心理状态的动词来陈述教学目标。陈述教学目标离不开动词的使用,动词可以分为行为动词和非行为动词,所谓**行为动词**(action verbs)是指描述外显的、可观察行为的动词,如

---

① [美]Grounlund, N. E.、Brookhart, S. M. 著,盛群力等译:《设计与编写教学目标》(第八版),中国轻工业出版社 2017 年版,第 15 页。

指认、抄写、划出等是行为动词;所谓非行为动词主要是指描述内部的、难以观察的心理状态的动词,如理解、体验、热爱、掌握等都是非行为动词。非行为动词的意义常因人而异,如同是"理解",甲教师认为学生能用自己的话表述就是理解;乙教师则认为学生能举例说明才是理解。对"理解"的不同理解会导致教学目标表述的意义不一致而出现含糊不清。二是使用一些含糊的、表示掌握程度的术语来陈述教学目标。常用的这类词语如"进一步""初步""继续"等。但"进一步"与之前的掌握程度到底有何差异,不同人仍有不同理解。

(四) 误将教育目标或课程目标作为教学目标

如前所述,教育目标、课程目标与教学目标有所不同,但很多教师在编写教学目标时,对上述三个概念之间的区分不甚明确,出现了把教育目标或课程目标当作教学目标的现象,如"培养学生的表达能力和逻辑推理能力""发展学生分析和评价历史人物的能力""培养学生热爱祖国大好河山的思想感情",这类本该由学生以数月或数年时间修习一门或数门课程才能达成的教育目标或课程目标,被教师陈述为教学目标,在短短的几节课或几天时间内,是不可能实现这样的目标的,实际上,很多教师在教学时,也不大关注这类目标的达成,导致这类目标成为空泛的教学目标,无法发挥教学目标的导向作用。

二、克服教学目标陈述含糊性的技术

心理学家称以传统方式陈述的目标是"用不可捉摸的词语"(magic word)陈述的目标。这样陈述的目标很难起导教、导学和导测评作用。为此,在西方教育心理学界发起了克服教学目标含糊性运动。1962 年,马杰出版了《准备教学目标》一书,该书被誉为"陈述教学目标中发起的一场革命"[①]。随后,又有一些学者提出了一些清晰陈述教学目标的技术,下面介绍便于教师学习和掌握的四种教学目标陈述技术。

(一) 马杰的行为目标陈述技术

马杰于 1962 年根据行为主义心理学提出**行为目标**(behavioral objectives)的理论与技术。行为目标有时也称作业目标(performance objectives),指用可观察和可测量的行为陈述的目标。马杰提出,写得好的行为目标具有三个要素:一是说明通过教学后,学生能做什么(或说什么);二是规定学生行为产生的条件;三是规定符合要求的作业标准。例如,假设语文教师在教学目标中说"通过教学培养学生的分析能力",这是一种十分含糊的说法,不可能给教学及其评价提供具体指导。改用行为术语陈述的目标是:"提供报上的一篇文章,学生能将文章中陈述事实与发表议论的句子分类,至少 85% 的句子分得正确。"又如,"给出两个不同分母的分数,其中一个分母能被另一个分母整除(如 $\frac{3}{6}$ 和 $\frac{2}{3}$),学生能通分并求两个分数的和,15 道题中对 12 题为及格"也是一个规范的行为目标。

[①] Glover, J. A. & Bruning, R. H. (1987). *Educational Psychology: Principles and Applications*, p. 479.

由此可见，行为目标的优点是非常清楚的，它清楚地告诉人们，这里所指的分析能力意味着什么以及如何观察和测量这种能力。行为目标强调学习之后的行为变化和变化的条件。它的一般模式是行为主义心理学的刺激—反应模式。也就是说，它要求陈述提供什么条件（刺激）和学生能做什么（行为）。只要将刺激和反应规定得具体，陈述的目标也就具体了。

行为目标虽然避免了用传统方法陈述目标的含糊性，但它只强调了行为结果而未注意内在的心理过程，教师可能因此只注意学生外在的行为变化，而忽视其内在的能力和情感的变化。例如，假定我们的目标是培养学生的爱国主义情感，按行为目标的要求，是希望学生完成几项表明他的爱国主义情感的行动（如参加爱国卫生大扫除，写歌颂祖国的诗文等）。如果教师只着眼于学生的行为，而忽视了支持这些行为的内在情感过程的变化，则教学可能停留于表面形式。

（二）内部过程与外显行为相结合的目标陈述技术

为弥补行为目标的不足，格伦兰（Gronlund, N. E.）提出了一种折中的陈述目标的方法。格伦兰认为，学习的实质是内在心理的变化。因此，教育的真正目的不是具体的行为变化，而是内在的能力或情感的变化。教师在陈述教学目标时首先要明确陈述如记忆、知觉、理解、创造、欣赏、热爱、尊重等内在的心理变化。但这些内在的变化不能直接进行客观观察和测量。为了使这些内在变化可以观察和测量，还需要列举反映这些内在变化的行为样品。例如，语文的一个教学目标可以这样陈述：

1　理解议论文写作中的"类比法"。
1.1　用自己的话解释运用类比的条件。
1.2　在课文中找出运用类比法阐明论点的句子。
1.3　对提供的含有类比法和喻证法的课文，能指出包含了类比法的句子。

又如，一个态度方面的目标"欣赏优秀文学作品"可以这样陈述[1]：

1　欣赏优秀文学作品。
1.1　描述优秀文学作品与劣质文学作品的区别。
1.2　能说出将某个文学作品视为优秀作品的理由。
1.3　在自由阅读时间选择并阅读优秀文学作品。
1.4　描述对所阅读的作品的情感反应。

这样陈述的教学目标强调教学的总目标是"理解""欣赏"，而不是表明"理解""欣赏"的具体行为实例，这些实例只是表明理解与欣赏的许多行为中的样品。虽然内在的能力或情感变化有很多的行为表现，但格伦兰建议，对课堂教学中的一个教学目标，只需列出一两个行为样品即可。这样既避免了严格的行为目标只顾及具体行为而忽视内在心理过程变化的

---

[1] 改编自[美]Grounlund, N. E.、Brookhart, S. M.著，盛群力等译：《设计与编写教学目标》（第八版），中国轻工业出版社 2017 年版，第 107 页。

缺点，又克服了传统方法陈述的目标的含糊性。

(三) 知识与认知过程相结合的目标陈述技术

这一技术源自修订后的布卢姆认知目标分类学。该分类学认为，教学目标涉及知识与认知过程两种成分的结合，清晰陈述教学目标实质上就是要清晰地陈述出这两种成分及其结合方式。为此，修订后的认知目标分类学提出了两种教学目标陈述的方式。

第一种方式适合陈述与记忆、理解、运用三种认知过程有关的教学目标，其具体的陈述格式是"认知过程+知识"，其中认知过程常用动词表示，知识常用名词表示。如记忆事实性知识、理解概念性知识、运用程序性知识就是常见的三种类型的教学目标格式。这种目标陈述方式表明，知识是认知过程作用的直接对象，所陈述的目标体现的是教师预期学生对所要学习的知识采取何种认知操作，"记忆乘法口诀表""理解浮力定律""运用因式分解的十字相乘法"就是典型的这类目标陈述。

第二种方式适合陈述与分析、评价、创造三种认知过程有关的教学目标，其具体的陈述格式是"知识+认知过程+对象"。在这种陈述方式中，涉及的知识通常不止一类，知识也不再是认知过程作用的对象，而是认知过程得以执行的基础，认知过程另有作用的对象，通常是一些观点、假设、产品等。如"根据历史唯物主义原理和有关历史事实，评价李鸿章"就是这一类的目标，目标中涉及的认知过程是"评价"，评价的对象是"李鸿章"，评价所基于的知识是概念性知识(历史唯物主义原理)和事实性知识(有关李鸿章的史实)。在这种陈述方式中，由于其中的"知识"和"对象"都要用名词来表示，因而在这种情况下，陈述教学目标时易于仅仅陈述认知过程及其作用的对象而忽略知识成分。如"评价李鸿章"这样的目标陈述常被认为是理所当然的。但从修订后的布卢姆认知目标分类学的角度看，"李鸿章"虽然是名词，但表示的并不是教学目标中的知识成分，而是教学目标中认知过程作用的对象，或者是为促进学习而设计或提供的"材料"。因而要清晰地表述这样的目标，还需要补上所缺的知识成分：能根据辩证唯物主义原理和有关史实评价李鸿章。

从修订后的布卢姆认知目标分类学主张的教学目标陈述方式来看，许多教师在教案中陈述的"培养(或发展)学生的分析能力(或创造能力)"之类的目标，其实是很含糊的、难以落实的目标。其含糊处一是没有用名词陈述出"分析""创造"等认知过程作用的对象，二是没有用名词陈述出学生进行分析、创造所依赖的知识。虽然目标中用"分析""创造"等词语可能表述出了分析、创造之类的认知过程，但由于没有陈述出相应的知识成分和认知过程作用的对象，整个教学目标还是很含糊的，难以在教学过程中落实。如果陈述出诸如"学生会根据主题与环境描写之间的关系分析一篇小说"这样的目标，无疑会让教学目标更为具体，也便于在教学中落实以及教学之后进行测评。

(四) 表现性目标陈述技术

有时，人的认识和情感变化并不是参加一两次教育活动以后便能立竿见影的。教师也很难预期一定的教育活动后学生的内在心理过程将会出现什么变化。在品德教育方面，这种情况尤为明显。为了弥补上述三种目标陈述方法的不足,艾斯纳(Eisner,E. W.)提出了**表现性目标**(expressive objectives)。这种目标要求明确规定学生应参加的活动,但不精确规定每个学生应从这些活动中习得什么。心理学家认为,这种目标只能作为教学目标具体化的一种可能的补充,教师千万不能依赖这种目标,不然,他们在陈述目标时又会回到传统的老路上去。

三、良好陈述的教学目标实例

例1:《朗读技能中的"重音"指导》(小学六年级语文课)教学目标。

1. 提供带有重音符号和其他符号的句子,学生能指出重音符号。
2. 能根据所要表达的思想感情给课文中的一些句子标上重音符号;对已学过的课文中的句子标上适当的重音符号,并根据重音定义陈述理由。
3. 能用"加大音量,延长音节"的方法,正确读出已加上重音符号的句子。

例2:《长方形的面积》(小学四年级下学期数学课)教学目标。

1. 能借助透明方格胶片或带有方格的面积图,说明长方形面积等于它的长乘以宽的理由。
2. 对给予的长方形图形和实物,能正确计算它们的面积。

例3:《力的图示》(初中二年级物理课)教学目标。

1. 能说出力的三要素。
2. 对提供的实例,能用力的三要素来分析力的作用效果。
3. 对提供的实例,能用力的图示法正确作出力的图示。

例4:《小壁虎借尾巴》(小学二年级下学期语文课)教学目标。

1. 利用拼音读准生字的音;能看着课后练习中的拼音读出并写出句子(bì hǔ de wěi ba duàn le,hái huì zhǎng chū xīn wěi ba)。
2. 能写、默课文中的12个生字和16个词,并能说出这些字词在课文中所指的意思;能口头解释"摇着尾巴""甩着尾巴"和"摆着尾巴"三个带下划线动词的不同含义。
3. 能按下面的句式造句或仿写句子。

"谁—看见—谁(什么)—在哪里—怎么样地—干什么。"

4. 能独立找出课文中分别描写鱼、牛、燕子尾巴作用的句子;找出并说出课文第3、4、5段在形式和内容上的异同点。
5. 能流利朗读全文并能背诵课文第3、4、5段。

第三节 教学目标的分析

教学目标分析又叫任务分析,是教学设计中的一个重要环节。我们在长期的教学设计理论和实践研究中感到,在我国的教学设计中有必要引入任务分析这个环节。本节先概述任务分析的含义与作用,然后介绍指导任务分析的理论与方法,最后举例说明如何进行课堂教学中的任务分析。

一、任务分析的含义与作用

任务分析(task analysis)是指在开始教学活动之前,预先对教学目标中所规定的、需要学生习得的能力或倾向的构成成分及其层次关系详加分析,为学习顺序的安排和教学条件的创设提供心理学依据。具体来说,教师所要做的任务分析包括如下几项工作:①通过对教材与学生的分析,确定单元或单课的具体教学目标;②对教学目标中的学习结果进行分类;③根据对不同类型的学习的条件分析,揭示实现教学目标所需要的先行条件,即**使能目标**(enabling objectives)及其顺序关系;④确定与教学目标有关的学生起点状态。

在教学设计中,设置教学目标与分析教学目标(或任务分析)这两件事是难以严格分开的,因为一节课的目标达到以后,该目标便成了下一节课的起点,下一节课的目标则是更长远一些目标的子目标。所以也有人把任务分析称为目标分析。

任务分析的基本思想是主张学习有不同类型,不同类型的学习有不同的过程和条件。经过几代心理学家的努力,任务分析的思想已进入教学设计中。乔纳森(Jonassen,D.H.)甚至认为:"任务分析不论是被用于产生直接教学、作业支持还是建构主义的学习环境设计,它都是教学设计中唯一最重要的过程。"①任务分析在当今的课堂教学设计中为什么如此重要呢?

(一) 任务分析可以起沟通学习论和教师的教学行为的桥梁作用

任务分析的重要工作是将教学目标分类。所谓教学目标分类是指将教学目标归入特定的学习结果类型中,这些学习结果类型的学习过程与条件已被心理学家揭示出来,这样,教学设计者便可以利用这些学习的过程与条件来安排教学的过程和方法,也就是说,任务分析这一环节致力于将有关学生学习过程与条件的理论及研究同教师的实际课堂教学行为关联起来。

对学习作分类研究是20世纪后半叶学习心理学对教学的重大贡献。现代心理学一般把学习分为认知、情感和动作技能三个领域。在认知领域又分为知识(陈述性知识)、技能(程序性知识)和认知策略(一种特殊的对内调控的程序性知识)三类知识。所以对教学目标分类,需要设计者具有学习分类的知识。一旦教学目标中的学习类型被正确鉴别出来,就可以顺势分析作为教学目标的学生学习结果出现的条件。学习的条件包括内部条件(学生自身的条件)和外部条件(学生自身之外的条件)。内部条件又分必要条件和支持性条件。根据加涅对教学的定义,教学是为有效学习创设适当条件,或人与物的环境。如果教学设计者通过任务分析找到每类学习的适当条件,那么教学方法的选择、教学材料的设计等问题便迎刃而解了。

---

① Tennyson, R. D. et al. (ed.) (1997). *Instructional Design: International Perspective*, Volume 1: *Theory, Research, and Models*. New Jersey: Lawrence Erlbaum Associates, Publishers, p. 160.

（二）应用任务分析的思想能有效概括和提升我国优秀教师的教学经验

近 20 年来，我们研究了大量的优秀教师的课堂教学经验。研究发现，凡是被一致认可的好的教学案例，都符合任务分析的思想。例如，《湖南教育》1995 年第 4 期刊登了福建省实验小学特级教师黄育粤的《〈圆柱和球的认识〉教学过程》一文。"圆柱和球的认识"是小学数学第二册教材的内容。黄老师先教"圆柱体的认识"。教学方法是先呈现圆柱体的正、反例。正例如罐头盒、易拉罐、蜡纸筒、小电池等；反例如粉笔、蜡笔等。在呈现正、反例时，教师引导学生讨论：属于圆柱体的物体形状有哪些共同特征？不属于圆柱体的物体是否具有这些特征？最后，引导儿童归纳得出：圆柱体有上下两个面，都是圆形，大小一样，中间粗细一样。接着，利用幻灯片告诉学生如何用图形（其中含实线和虚线）表示圆柱体和球体。教学的最后阶段是通过游戏巩固并检验学生对上述两种形体的认识。

应用任务分析的思想来看这节课，其优点是：

1. 教学目标明确

黄老师的文章重点介绍了教学过程，未明确陈述教学目标。但教学目标可以从其最后组织的游戏中推测出来，因为该游戏起教学目标检测作用。游戏的做法是要求某学生蒙上眼睛，用手摸口袋中的物体（物体中混有圆柱、球、长方体和不规则形体）。其余学生作裁判：举绿牌表示对的，举黄牌表示错的。设计这一游戏的目的是检验学生能否运用学习过的概念来做事（找出已学过的两种形体）。

2. 教学目标的学习结果分类

根据加涅的智慧技能学习层次论，这节课的教学目标属于智慧技能中的具体概念的学习。

3. 学习条件分析

根据加涅的智慧技能层次论，具体概念的学习条件是辨别学习。

4. 学习起点能力分析

入学近一年的儿童在日常生活中已接触过许多属于圆柱形和球形的物体，且有用图画表示物体的经验。

5. 根据任务分析便能导出教学步骤和方法

加涅的智慧技能层次论表明，必须按如下顺序教学：

- 从儿童原有生活经验中引出所教形体的正例和反例。
- 引导学生观察和比较正、反例的异同。
- 抽象概括同类物体的共同本质特征（概念形成）。
- 如果所学概念有专门的符号表示，则教师直接将符号告诉学生。此类学习属于"符号表征学习"，是奥苏伯尔有意义学习中的最低层次，没有难度。
- 检测学生是否掌握所教的概念。

黄老师的案例中本质的东西是教学目标、教学过程和方法、教学结果的检测都符合学习心理学中有关具体概念学习的原理。如果我们总结优秀教师的经验，抓住了最本质的东西，优秀教师的经验便能迅速推广。例如，就具体概念的教学来说，如果能真正领会"圆柱和球的认识"这个案例中所体现的心理学原理，那么一般的教师也能教好这类概念，不论它们出现在数学中，抑或是其他学科中。

(三) 有利于诊断学生的学习困难

任务分析不仅可以导出教师教学行为的大致框架，而且在教学后，如果学生没有达到目标，利用任务分析的结果，还有助于对学生的学习问题进行诊断。这是因为，任务分析描绘的是预期的学生的能力"蓝图"，对于学生完成一定的任务表现所需要的成分、这些成分的性质与相互关系都作了清晰刻画。当学生没有表现出预期的行为时，可以对照这张"蓝图"逐一检查，找出学生在能力上的缺陷并及时补救。在实际的教学中，大多数教师往往要面对一些学习困难或智力上有缺陷的学生，这些学生通常难以跟上正常学生的学习进度，细致的任务分析可以识别出学习困难学生在达成某个教学目标上未能掌握的前提成分从而为相应的补救教学提供依据。对于从事特殊教育的教师而言，做好任务分析的工作尤其必要。[①]

二、指导课堂教学任务分析的理论及其应用技术

如上所说，任务分析的目的是揭示达到教学课题、单元或课时目标的先行的内部条件。从目标导向教学过程和教学方法的选择的观点看，这些内部条件被鉴别出来以后，还应进行相应分类，如进行必要条件与支持性条件、上位概念或规则与下位概念或规则方面的分类等。一旦学习类型确定以后，教学的外部条件的创设便有可靠的依据。我们可以应用本书第四章介绍的加涅的学习结果分类理论和奥苏伯尔的学习分类理论来指导学习任务分析。

(一) 运用加涅的学习结果分类理论指导任务分析

1. 运用加涅的学习结果分类分析学习类型

本书第四章概要介绍了加涅的学习结果分类。加涅认为，学生的学习结果不外乎五种类型：言语信息（也称语义知识）、智慧技能、认知策略、动作技能和态度。教师只需将教学目标中明确陈述的学生的行为样品归入上述类别，便能完成学习任务类型的分类。例如，若教学目标是"陈述记叙文一般应包括的五个要素"，则学习类型是言语信息。表 9-4 列举了学习任务的典型例子及其所代表的学习类型。

---

① Desberg, P. & Taylor, J. H. (1986). *Essentials of Task Analysis*. Lanham: University Press of America, p. 98.

表9-4 教学目标中的学习任务举例及其所代表的学习类型

学 习 任 务	学 习 类 型
1. 阅读刊登在日报上的关于一些事件的报道	智慧技能：应用规则将单词解码并理解语言
2. 从观看各种体育比赛和戏剧表演中寻求乐趣	态度：对特殊类型的娱乐作出个人行动过程的选择
3. 转述在安装玻璃纤维天花板绝缘板时必须注意的事项	言语信息：陈述信息，以便使其命题意义得以保持
4. 用手把唱针放入留声机唱片上的第一个纹道里	动作技能：平稳地执行一个有时间限制的动作
5. 想出一个"生态学"游戏，以便全家外出时在汽车中玩	认知策略：通过发明来解决一个新问题

资料来源：[美]R·M·加涅著，皮连生等译：《学习的条件和教学论》，华东师范大学出版社1999年版，第268页。

2. 运用加涅的学习理论分析学习的条件

加涅把学习条件分为**必要条件**和**支持性条件**。前者是学习中不可缺少的条件。缺少必要条件，相应的学习便不能出现。后者是使学习更容易或更快进行的条件。缺少支持性条件，学习不一定不能发生，但其效率不高。不同类型的学习的必要条件和支持性条件既有相同点，也有不同点。

（1）智慧技能学习的条件

在加涅的五类学习结果中，尤以各种智慧技能的学习明显存在一种层次发展关系，即低一级智慧技能是高一级智慧技能的先决条件。假定我们的教学目标是规则学习，教师在进行任务分析时必须鉴别构成该规则的有关概念。如果学生未掌握构成规则的有关概念，则应先教有关概念，即先完成使能目标，然后才能完成终点目标。除了分析智慧技能学习的这种必要条件之外，还应分析它们的支持性条件。例如，学习高级规则，除了必要条件——掌握简单规则之外，还应有认知策略和言语信息等支持性条件。

（2）其他各类学习的学习条件分析

言语信息、认知策略、动作技能和态度学习的条件与智慧技能学习的条件不同。认知策略的必要条件是某些基本心理能力，如记忆策略需要有心理表象的能力，在解决问题时需要有把问题分成组成部分的能力。其支持性条件是有关的言语信息和力求用新方法解决问题的态度。学习言语信息的必要条件是言语技能（如句法规则），其支持性条件是有关的背景知识和有意义学习的态度。表9-5概括了五种学习的必要条件和支持性条件，可供我们进行学习条件分析时参考。

表9-5 五种学习结果的必要性和支持性先决条件

学习结果类型	必要性先决条件	支持性先决条件
智慧技能	智慧技能的较简单组成成分（规则、概念、辨别）	态度、认知策略、言语信息
认知策略	具体的智慧技能	智慧技能、态度、言语信息

续表

学习结果类型	必要性先决条件	支持性先决条件
言语信息	有意义组织的一套信息	言语技能、认知策略、态度
态度	智慧技能(有时);言语信息(有时)	其他态度、言语信息
动作技能	部分技能(有时);程序性规则(有时)	态度

资料来源:[美]R·M·加涅等著,王小明等译:《教学设计原理》(第五版),华东师范大学出版社2007年版,第144页。

(二) 运用奥苏伯尔的同化论分析教学任务

奥苏伯尔的认知建构观的学习理论又叫同化论。该理论只涉及认知方面的学习,但它阐明了认知领域内各种类型学习的性质、过程和条件,也是进行教学任务分析的良好工具。

奥苏伯尔的学习理论将认知方面的学习分为机械学习和有意义学习两大类。机械学习的性质是形成文字符号的表面联系,学生不理解文字符号携带的意义的实质,其心理过程是联想。这种学习在两种条件下产生:一种条件是学习材料本身无内在逻辑意义(如无意义音节、电话号码、孤立的历史年代等),在这种条件下必然产生机械学习;另一种条件是材料本身有逻辑意义(如古诗、乘法口诀等),但学生原有认知结构中没有适当知识基础可以用来同化它们,在这种条件下也会产生机械学习。第一种条件下的机械学习是不可避免的,但第二种条件下的机械学习是教学中应力求避免的。倘若需要进行第一种条件下的机械学习,教师可以利用机械记忆的规律来促进这类学习。倘若要避免第二种条件下的机械学习,教师则应了解有意义学习的条件。只有在教学中满足了有意义学习的条件后,才会出现有意义学习。

有意义学习的实质是个体获得文字符号所表征的意义。如计算自由落体的位移公式是:

$$s = \frac{1}{2}gt^2$$

这一组文字符号,对教师来说是有意义的。这种意义被称为材料的逻辑意义。但对于未学过物理学的儿童来说,它们是无意义的。有意义学习过程就是个体从无意义到获得心理意义的过程。奥苏伯尔把这种个体获得的意义叫心理意义,以区别于材料的逻辑意义。有意义学习过程也就是个体获得对人类有意义的材料的心理意义的过程。

心理意义的获得必须满足下列条件:第一,学习材料本身有逻辑意义。学生学习的教材知识一般符合这一条件。无意义音节、配对联想词不符合这一条件。第二,学习者认知结构中具有同化新材料的适当知识基础,也就是具有必要的起点能力。如果这种条件不具备,教学任务应先教这种起点能力。第三,学习者还必须具有有意义学习的心向,即积极地将新、旧知识关联并区分其异同的倾向。上述三个条件中,第一个条件为外部条件,第二和第三个条件为学生的内部条件。其中,第二个条件为认知因素,第三个条件为情感或态度方面的因素。

在教学中,最不易处理的是第二个条件。因为奥苏伯尔提出,根据学生原有知识基础进行教学,乃是教育心理学中最重要的原理。他所提出的同化论为教师分析新知识与学生原有知识之间的关系,并依据原有知识基础进行教学设计提供了理论依据。

奥苏伯尔将有意义学习分为三种类型。最简单的形式是表征性学习,即学习文字符号代表什么。表征性学习的主要内容是词汇学习。如儿童学习用"狗"这个符号代表他见到的狗。这种有意义学习的条件是学习者已经获得符号所指的事物的经验。第二种形式是概念学习。第三种形式是命题学习。命题有概括性的,如加涅所说的规则;有非概括性的,如"《阿Q正传》一书的作者是鲁迅",这是加涅所说的言语信息中的事实。

根据同化模式,教师可以确定要教的新概念或命题的类型及其条件。我们提出如下的建议:第一,如果学生认知结构中原有的概念或命题的概括性与包容范围高于要学习的新概念或命题,则新概念或命题的学习属于下位学习,教师可以根据下位学习同化模式安排学习的内外条件。第二,如果新学的概念或命题的包容程度高于原有的观念,则新的学习属于上位学习,教师应根据上位学习的同化模式安排学习的内外条件。第三,如果新的概念或命题与原有知识既无上位也无下位关系,则可考虑它们是否与原有知识存在某种并列的相互吻合的关系。如果存在这种关系,则可以按并列结合学习模式安排学习的内外条件。

三、不同领域的教学任务分析实例

为了便于教师掌握任务分析的方法,这里分别介绍知识、技能和态度领域的任务分析案例供参考和模仿。

(一) 知识目标的任务分析

教学目标:

学完"中国地形的特点"这个课题后,学生能用自己的话说明中国地形的三大特点及其对地形、气候与经济的影响。

该目标包括三个子目标:

① 陈述地势由西向东变化的特点及其对河流的影响;
② 陈述沿海大陆架的特点及其对经济的影响;
③ 陈述地形的特点及其对经济的影响。

学习类型:

按奥苏伯尔的有意义言语学习理论,此处涉及的"地势"与"地形"是学生已学过的概念,它们处于上位,其下是"高山""平原""高原""盆地"和"丘陵"五种地形概念。至于中国的喜马拉雅山脉、青藏高原、华北平原等,分别是这些地形概念的具体例子。按奥苏伯尔的同化论,这些目标主要是下位例子学习;按加涅的学习结果分类,则是具体事实学习。此外,这些地理名称的学习包括符号学习;符号学习具有机械记忆的性质。按同化论,地势和地形特点与气候和经济的关系属于有意义的命题知识学习;按加涅的理论,属于有组织的整体知识学习。

学习条件：

(1) 必要条件

根据同化论，学生原有知识中必须具有同化下位例子的上位地势和地形概念（包括五种地形概念）和地势、地形对气候与经济的影响的一般认知图式。

(2) 支持性条件

给出一份分层设色地图，学生能指出其中的河流、山地、平原、盆地等主要地形类型。

起点能力：

起点能力的判定要视学生的具体情况而定。对于已上过数周中国地理课的正常学生而言，上述必要条件和支持性条件已经是他们的起点能力；对于学习困难的学生，上述条件他们可能都不具备，他们具备的与该目标有关的起点能力可能是：给出一段500字的文字材料，在阅读过后能用自己的话说出该段材料的主要意思。

（二）技能目标的任务分析

教学目标：

给予大小不同的圆锥体实物或图形，学生能正确计算它们的体积。

学习结果类型：

据加涅的学习结果分类，该目标所涉及的学习类型是智慧技能中的规则学习，即习得运用 $V_{柱} = \frac{1}{2} S_{柱} h_{柱}$ 公式办事的能力。

学习条件：

(1) 必要条件

按加涅的智慧技能层次论，规则学习的必要先决条件是概念，此处是构成要学习的规则的两个概念，即"圆锥体"和"圆锥体的高"。"圆锥体"是具体概念，不易下定义；圆锥体的高是定义性概念，易下定义。

(2) 支持性条件

推理策略。由于圆锥体的体积公式无法直接计算，必须借助已知的等底等高的圆柱体间接推算。所以圆锥体体积的计算公式的推导必须借助推理策略，即"将要学习的新知识转化为已知的旧知识"才能得出。按加涅的理论，该策略是新的智慧技能学习的支持性条件。

必要条件和支持性条件的区分是：必要条件将构成新的学习结果中的必要成分。如"圆锥体"和"圆锥体的高"这两个概念是 $V_{柱} = \frac{1}{2} S_{柱} h_{柱}$ 这个公式中的必要条件，它们是新的公式中的必要成分；而推理策略即"将新知识转化已知的旧知识"虽然有助于新的学习，但它不是新的学习结果中的必要构成成分。这一策略在先前的学习中曾多次使用，在今后的学习中仍将反复使用。所以认知策略对于智慧技能学习类似于化学反应中的催化剂，起催化作用，但不是必要条件。

起点能力：①能按公式计算圆柱体的体积；②会用分数乘法代替除法进行计算。

上述分析可以图示如下：

起点能力	使能目标一	使能目标二	终点能力
① 能按公式计算圆柱体的体积 ② 会用分数乘法代替除法进行计算	⇨ 识别圆锥体	⇨ 识别圆锥体的高	⇨ 给出任一圆锥体的高、底面半径、周长或底面积，能计算它的体积

图 9-1　圆锥体体积教学的任务分析

(三) 态度目标的任务分析

根据加涅对态度这类学习结果学习条件的阐释，在分析态度目标的先决条件时，设计者需要问三个问题。第一个问题问"是什么"，即"学生在表现这种态度时，他需要知道些什么"，其回答一般是有关态度对象的言语信息。第二个问题问"怎么做"，即"学生在表现这种态度时，他需要做什么"，其回答一般是有关态度对象的动作技能或智慧技能，这是学生针对态度对象做出相应的行为选择时所需要的条件。第三个问题问"为什么"，即"学生为什么做出此种行为选择"，其回答往往与针对态度对象做出相应行为选择的倾向程度有关。如对于"拒绝毒品"这一重要的态度教学目标而言，可以做如下的任务分析：

教学目标：拒绝毒品。

学习结果类型：态度。

学习条件：

(1) 必要条件

必要条件主要涉及言语信息和智慧技能，就这一目标而言，具体内容如下：①言语信息：能说出主要毒品的名称及其危害；能说出有可能遇到毒品的场所；②智慧技能：在别人提供毒品诱惑的条件下，能用具体的理由加以推脱。

(2) 支持性条件

支持性条件主要是指对该态度的学习有促进作用的其他态度和言语信息，这里分析出如下一种具有支持作用的态度，主要涉及对榜样（教师）的认同：在有多种信息来源的情况下，选择并听从教师的意见。

起点能力：学生的起点能力因学生的年级和所处地域而有所区别，这里以小学三年级学生为对象，其起点能力可初步分析为：能说出毒品是一种有害的东西；能识别主要的集体活动场景。

练习题

一、填空题

1. 教学目标的三个功能是_____、_____、_____。

2. 以美国教育家布卢姆为首制定的教育目标分类学的三个领域是：_____领域、_____领域、_____领域。

3. 克拉斯沃尔的情感领域教育目标共分_____级。依次有_____、_____、_____、_____、_____。

4. 修订后的布卢姆认知目标分类学从知识和认知过程两个维度来明确教学目标，其中的知识维度包括_____、_____、_____、_____四类知识，其中的认知过程维度包括_____、_____、_____、_____、_____、_____六类渐次复杂的认知过程。

5. 教学目标陈述上常出现的四类问题是：_____、_____、_____、_____。

6. 马杰提出的良好的行为目标的三个要点是：陈述_____、规定_____、规定_____。

7. 教师在进行任务分析时，需要做如下四件事：_____、_____、_____、_____。

8. 任务分析的作用体现在_____、_____、_____三个方面。

二、选择题

1. 语文教学中的一个目标是："通过语文的学习，学生形成对敌恨、对人民爱的革命精神。"这个目标陈述的是(   )。

   A. 教师的行为 　　　　　　　B. 学生的行为
   C. 学习的认知结果　　　　　　D. 含糊的教学目标

2. 政治课的一个教学目标是："学完本课以后，学生正确认识理想和物质利益的关系，以及只要物质利益、不讲理想的危害。"这个目标描述了(   )。

   A. 学生学习的认知结果　　　　B. 学生的行为变化
   C. 反映了认识的层次性　　　　D. 学生的态度变化

3. "通过训练，进一步培养学生的语感"是一个模糊的目标陈述，根据教学目标陈述原则，最适合的陈述是(   )。

   A. 通过训练，学生的语感能力有明显的提高
   B. 通过训练，促进学生语感发展
   C. 帮助学生提高语感能力

D．给予不合规范的句法或修饰结构,学生能迅速识别并加以改正

4．下列动词中属于行为动词是( )。

A．认可　　　　　　B．理解　　　　　　C．朗诵　　　　　　D．尊重

5．表现性目标所描述的是( )。

A．学生在活动中的体验　　　　　　B．学生参加的活动

C．学生在活动中的行为表现　　　　D．学生的行为变化

6．假如教学任务是圆面积计算公式($S = \pi r^2$),按加涅的理论,学生学习的必要条件是( )。

A．学生有认真学习的态度

B．知道π(圆周率)是我国古代数学家祖冲之最早发现的

C．对圆的形状有许多感性认识

D．构成圆面积计算公式的有关概念(圆面积、圆周率和半径)已被学生掌握

7．学习地理知识需要学生的阅读地图技能。根据加涅的学习条件分类,阅读地图技能是地理知识(言语信息)学习的( )。

A．下位子技能　　　　　　　　　　B．上位子技能

C．必要条件　　　　　　　　　　　D．支持性条件

三、问答题

1．指出下列目标陈述的问题并根据教学目标陈述的要求提出修改与完善的建议。

(1) 学生初步体验有些事件发生是确定的,有些则是不确定的。

(2) 培养学生辨析史料的能力。

(3) 通过对齐桓公、晋文公和越王勾践建立霸业过程的学习,认识到国家要富强,必须不断推进改革。

(4) 使学生认识圆,掌握圆的特征,了解圆的各部分名称。

(5) 读读记记"和睦、酷热、蜂拥而至"等词语。

2．在你熟悉的教材领域,选择一教学任务,先应用本章习得的目标陈述技术,用三种方法陈述目标:①用严格的行为目标陈述技术陈述目标;②用内部过程和外显行为相结合的方法陈述目标;③用知识与认知过程相结合的技术陈述目标。而后对所陈述的教学目标进行任务分析,至少要指出:①教学目标涉及的学习结果类型;②学习的必要条件(或使能目标);③需要学生具备的起点能力。

重点概念

1．**教学目标**:预期的学生的学习结果。教学目标关注的是经过教学之后,期望学生学到的东西,即教学之后学生能够有所"得"。

2. **教育目标分类学**：布卢姆的教育目标分类学将教育目标分成三个领域：认知领域、情感领域和心因动作领域。认知教育目标分类学有两个版本，第一个版本于1956年公布，将认知领域的教育目标分为六级，第一级为知识，指对学习过的材料的记忆，以下依次为领会、运用、分析、综合和评价；第二个版本于2001年公布，将认知领域的学习归结为四类知识的学习，学生获得外在的知识的过程要经历记忆、理解、运用、分析、评价和创造这样渐次复杂的六级水平的认知过程，每一类知识的掌握都可按上述认知过程的水平加以划分。情感领域的教学目标分类由克拉斯沃尔主持，于1964年公布，依据价值内化的程度，将情感领域的目标由低到高共分五级：接受、反应、价值化、组织、价值与价值体系的性格化。以布卢姆为首的委员会未完成动作技能领域的教育目标分类，辛普森等人1972年公布的分类将动作技能教育目标分成七级：知觉、定向、有指导的反应、机械动作、复杂的外显反应、适应、创新。

3. **行为动词**：是指描述外显的、可观察行为的动词，如指认、抄写、划出等。

4. **行为目标**：马杰于1962年根据行为主义心理学提出，有时也称作业目标，指用可观察和可测量的行为陈述的目标。马杰提出，写得好的行为目标具有三个要素：一是说明通过教学后，学生能做什么（或说什么）；二是规定学生行为产生的条件；三是规定符合要求的作业标准。

5. **表现性目标**：由艾斯纳提出。要求明确规定学生应参加的活动，但不精确规定每个学生应从这些活动中习得什么。

6. **任务分析**：又叫教学目标分析。指在开始教学活动之前，预先对教学目标中所规定的、需要学生习得的能力或倾向的构成成分及其层次关系详加分析，为学习顺序的安排和教学条件的创设提供心理学依据。

7. **使能目标**：实现教学目标所需要的先行条件。

8. **必要条件**：由加涅提出，指学习中不可缺少的条件。缺少必要条件，相应的学习便不能出现。

9. **支持性条件**：由加涅提出，指使学习更容易或更快进行的条件。缺少支持性条件，学习不一定不能发生，但其效率不高。

推荐读物

1. ［美］L·W·安德森等编著，皮连生等译：《学习、教学和评估的分类学：布卢姆教育目标分类学修订版》（简缩本），华东师范大学出版社2008年版。

　　该书第四章和第五章分别论述修订过的知识维度和认知过程维度分类。该书附录B是布卢姆1956年认知目标分类学的简缩版。

2. [美]Grounlund, N. E.、Brookhart, S. M. 著,盛群力等译:《设计与编写教学目标》(第八版),中国轻工业出版社 2017 年版。

　　该书全面而详尽地介绍了如何编写内部过程与外显行为相结合的教学目标技术,有很多的范例可供教师参照。

3. 皮连生主编:《知识分类与目标导向教学:理论与实践》,华东师范大学出版社 1998 年版。

　　该书有语文、数学、物理、化学、地理、历史、政治、外语等学科 20 多篇按知识分类与目标导向教学原理设计的教案,其中的目标是按新的教学设计理论陈述的。

4. 吴红耘、皮连生:《任务分析与教师的教学技能成长》,《心理科学》2004 年第 1 期。

　　该文在简要回顾任务分析的起源与发展之后,详细分析了为什么要在我国教师的课堂教学设计中引入任务分析这个环节。

5. [美]R·M·加涅等著,王小明等译:《教学设计原理》(第五版),华东师范大学出版社 2007 年版。

　　该书第八章"学习任务分析"重点阐述了如何根据加涅五类学习结果的学习条件来进行相应学习结果的任务分析。

6. 王小明:《例说基于学习理论的教学任务分析》,《教育参考》2016 年第 1 期。

　　该文在对任务分析的概念作介绍的基础上,举例说明了如何根据图式理论、动机理论和态度习得理论进行教学任务分析。

第十章　教学策略的选择和运用

本章目标

记　忆

1. 能陈述"六步三阶段"教学模型中的六步、三阶段的含义。
2. 能陈述广义知识教学过程模型与我国传统教学过程模型的区别。

理　解

1. 用自己的话解释下列术语：教学策略、课程水平的教学策略、课堂水平的教学策略、教学内容、符号标志技术、先行组织者、教学过程、教学方法、教学模式、合作学习。
2. 举例说明本章介绍的五种教学内容呈现技术对学生信息加工过程和结果的影响。
3. 举例说明教学方法选择的依据。
4. 结合实例，说明新授课、练习课和复习课一般的教学过程和方法。

运　用

1. 对所提供的教案或教学录像中所涉及的教学策略选用的目的性和适当性进行适当评价。
2. 设计一个智慧技能教学片断，演示某个概念或规则教学所常用的教学模式。
3. 对提供的研究型学习、合作学习实例，运用本章有关研究型学习和合作学习模式，分析属于哪种教学模式，并说明理由。

本章先论述教学策略的概念，然后分类介绍课程水平的教学策略和课堂水平的教学策略。教学内容的选择、教学内容的排序、教学内容的呈现属于课程水平的教学策略，放在第一节介绍；教学过程和方法，属于课堂水平的教学策略，在第二、第三节介绍。第二节着重介绍课堂教学的一般过程，阐述新授课、练习课（或者复习课）、测验课三种课型教学的一般过程。第三节按照学习结果的类型，分别介绍不同类型知识和问题解决的常见教学模式。

第一节　教学策略概述

中小学教师开展的教学设计主要解决三个问题：把学生带到哪里去？如何带学生去那里？如何判断学生是否已经到达了那里？第九章教学目标的设置和陈述重点解决"把学生带到哪里去？"的问题，基于第九章的教学任务分析，在明了教学目标的学习结果类型、学生的起点状态以及从起点到终点需要经历几个使能目标后，本章将重点解决"如何带学生去那里？"的问题，即安排怎样的过程、用什么方法帮助学生从学习的起点顺利抵达某个教学终点，实现预设的教学目标。

一、教学策略的含义

教学策略,英文表达有两种:instructional strategy 和 teaching strategy。英语 instruction 和 teaching 都可以译作"教学",所不同的是,前者是一个比后者更宽泛的概念,包括教师的课前准备,课中的师生相互作用和课后的测量、评价、诊断、辅导等工作;后者仅指课堂上师生的相互作用。因此,**教学策略**(teaching strategy)的含义也有宽泛的和狭义的两种。皮连生主编的《教育心理学》是这样定义的:"教学策略不是指具体教学方法,而是指适合达到一定教学目标的一整套教学步骤、方法、媒体的选择等。"① 施良方、崔允漷在《教学论:课堂教学的原理、策略与研究》中是这样定义的:"教学策略指的是教师为实现教学目标或教学意图(指难以明确或无需明确的目标)所采取的一系列问题解决行为。"② 前者为狭义的定义,后者为宽泛的定义。

二、教学策略的分类

美国著名教学设计专家赖格卢斯(Reigeluth,C.M.)于 1983 年将教学策略分为三类:第一类是内容组织策略,第二类是传输策略,第三类是管理策略。内容组织策略是指教学将如何组织、要选择什么特定的内容以及这些内容该如何呈现。传输策略是指要使用什么教学媒体以及学习者应该如何分组。管理策略包括安排进度和分配资源,实施按先前的组织策略和传输策略来加以规划的教学。这些策略既可以在课程或单元水平(宏观)上加以规划,也可以在单节课水平(微观)上加以规划。③

按照赖格卢斯的教学策略分类思想,可以将教学策略分为课程水平和课堂水平的教学策略。**课程水平的教学策略**(macro instructional strategy)指开发课程的策略。"课程设计关注在宏观水平上对内容的范围、组织和排序进行决策","课程设计者更多关注教什么而不是如何教,这已经成为课程设计的原理"。④ 所以课程水平的教学策略主要是教学内容的组织策略,其中也包括教学内容排序策略和教学内容呈现的策略。**课堂水平的教学策略**(micro instructional strategy)属于教学实施策略,是指课堂教学过程和各种具体教学方法,具体表现为教师实现教学目标所采用的教学行为。课堂教学实施行为可以分为三类:主要教学行为、辅助教学行为、管理行为(见表 10-1)。主要教学行为指教师作为教师角色在课堂中发生的主要行为,这种行为是以目标或内容为定向的,包括教师的呈示、对话与指导;辅助教学行为是指使主要教学行为产生更好的教学效果而在课堂中发生的教学行为,它是以学生或具体教学情景为定向的,包括学生学习动机的培养与激发、有效的课堂交流、课堂强化技术和积极的教师期望等;管理行为是为教学顺利进行创造条件,是教师实现教学所不可或缺的

---

① 皮连生主编:《教育心理学》(第四版),上海教育出版社 2011 年版,第 395 页。
② 施良方、崔允漷主编:《教学理论:课堂教学的原理、策略与研究》,华东师大出版社 1999 年版,第 27 页。
③ [美]P·L·史密斯、T·J·雷根著,庞维国等译:《教学设计》(第三版),华东师范大学出版社 2008 年版,第 186—187 页。
④ 同③,第 422 页。

一种行为,它主要涉及课堂行为问题的管理与时间的管理。

表 10-1 课堂教学实施行为分类

主要教学行为			辅助教学行为	管理行为
呈示行为	对话行为	指导行为		
语言呈示 文字呈示 声像呈示 动作呈示	问答 讨论	阅读指导 练习指导 活动指导	动机的培养与激发 有效的课堂交流 课堂强化技术 积极的教师期望	课堂规则 问题行为管理 课堂管理模式 课堂时间管理

资料来源:施良方、崔允漷主编:《教学理论:课堂教学的原理、策略与研究》,华东师大出版社 1999 年版,第 27 页。

本章将按照课程水平、课堂水平的教学策略分类逐项介绍。

(一) 课程水平的教学策略

课程水平的教学策略,主要包括教学内容的选择、教学内容的编排、教学内容的呈现。

1. 教学内容的选择

何为教学内容?王小明在其《教学论——心理学取向》中是这样界定的:贮存于一定媒介中有待加工转化为教学目标的信息[1]。按照此定义,教学内容有以下两个特点:

① 教学内容是针对和服务于教学目标的。应该是先确定目标,再选择和组织教学内容。只有那些经由学生的学习建构活动转化为教学目标的信息,才适合成为教学内容。

② 教学内容借助各种媒介而存在。语言(书面的、口头的)、图片、实物、模型、视频等是最常见的贮存教学内容的媒介。

在信息时代的今天,借助互联网和计算机技术,获得信息变得非常方便,但这给教学内容的选择带来困难。在海量的、以各种不同媒介贮存的信息中,教师应依据什么来选择教学内容呢?

(1) 党和国家确立的教育方针、教育使命和任务

在社会历史发展的不同时期,党和政府都会对这一时期的教育提出明确要求。例如,我国新时代教育的根本任务是立德树人,教育的重要使命是培养社会主义合格建设者和可靠接班人,服务中华民族伟大复兴。教材既是学校教育教学的基本依据,也是培养学生的重要载体,国家的教育理念、人才培养的目标都集中体现在课程教材中。由此,政府建立了国家教材制度,要求中小学的道德与法治、语文、历史等学科统一选用国家统编教材。其他课程在教学内容选择上也要注意与社会主流价值观保持一致。

(2) 教学目标

一节课、一个单元、一个学期、一个学段的教学目标直接指导着对教学内容的选择,不同

---

[1] 王小明著:《教学论——心理学取向》,上海教育出版社 2005 年版,第 148 页。

的教学目标要求选择不同的教学内容。如教学目标是学生习得对人、事、物的某种态度,按照社会学习理论,个体态度的习得主要通过对榜样人物的观察和模仿,所以教学内容就要选择能引起学生注意的榜样人物。如果教学目标是理解某个数学概念,那么,蕴含有概念所表征的事物的共同属性的例证就是合适的教学内容。

(3) 学生的心理发展水平

学生的心理发展水平尤其是认知发展水平制约教学内容的选择。例如,4—5岁的儿童认知发展处于前运算阶段,对事物的守恒、可逆关系难以理解,所以就不宜选择守恒、可逆关系作为教学内容;11—15岁的学生开始出现假设—演绎思维、抽象思维、系统思维,可以选择涉及抽象思维的代数为教学内容。

2. 教学内容的排序

教学内容选择之后面临的问题是如何组织和安排内容,即按照一定线索将教学内容组织成有内在联系的整体。按什么线索组织内容呢?教学内容的排序有课程(curriculum)水平的也有教程(course)水平的。这里谈的是教程(也称学程)的教学内容排序。

加涅在《教学设计原理》中提出教学有四种不同水平的组织,它们是:教程的、课题或单元的、单节课的、单个教学目标的。那么,教学内容的排序也可以分为相应的四种水平。

(1) 教程的排序

教程的顺序主要回答"各单元应按什么顺序呈现"的问题。加涅认为"课题顺序的教程计划主要通过一种常识性逻辑来完成。一个课题可能先于另一个课题,或者因为它描述了较早的事件,或者因为它是一个组成部分,或者因为它给后继的内容提供了一个有意义的背景"[①]。加涅说的常识性逻辑包括时间顺序、空间关系、社会关系等。如历史教学内容可以按历史年代,从原始社会、奴隶社会、封建社会到资本主义社会排序;地理教学内容可以按照空间顺序自西至东,依次介绍西欧、中欧、东欧各国,而对某一国家或地区的地理概况的介绍,通常是按照如下顺序介绍的:地理范围和位置——自然地理概况——经济地理概况。因为地理范围和位置在某种程度上决定了自然地理概况,自然地理概况又在某种程度上决定了经济地理概况,三者间存在着一种内在逻辑联系。中小学许多学科的教学内容是依照逻辑顺序排序的。

(2) 课题或单元的排序

一个课题(或单元)中常常有几个知识点,从而有几个目标。课题(或单元)的内容排序主要看教学目标的学习结果类型。如果是知识教学,则按照奥苏伯尔主张的学习内容组织的两条原则:纵向"渐进分化",横向"综合贯通",这是从一般到个别、从整体到细节、概括程度高到越来越具体的排序方式。这种内容排序有利于学生在头脑中建构有层次的知识结构,概括水平高的观念处于层次结构的顶层,它的下面是概括水平相对低并逐级分化的命题、概念和具体知识。我国小学数学的单元教学内容许多就是按此模式排序的。如果是智

---

① [美]R·M·加涅等著,王小明等译:《教学设计原理》(第五版),华东师范大学出版社2007年版,第167页。

慧技能教学，教学内容就要按照加涅提出的智慧技能的层级关系，从低到高的顺序组织，先是知觉辨别的内容，再是概念的内容，然后是规则的内容，最后是高级规则的内容。这是一种自下而上的内容排序原则。

(3) 单节课的排序

课(lesson)是教学内容的基本单位。在我国中小学，因学生年龄不同，每节课的授课时间不同，一般为35、40、45分钟不等。教学设计者需要在单元排序和内容组织的基础上，进一步将每一教学单元分解成若干相对独立的课。一节课可能包括一个或多个教学目标。单节课的教学目标或内容的排序与组织策略主要根据任务分析来确定。如果任务分析表明，一节课的主要学习结果类型是智慧技能，那么教学步骤应根据加涅的智慧技能层次论排序，即从辨别到概念学习，再到规则学习，最后到高级规则学习。如果主要目标是言语信息，那么可以采用奥苏伯尔的先行组织者策略或赖格卢斯的精加工策略排序。如果是动作技能，可以采用先整体，后局部再到整体的策略排序。

语文课的教学任务排序比较特殊，因为语文课的单元一般由若干单篇课文构成。单篇课文一般涉及字、词、句方面的目标和篇章结构方面的目标。其教学顺序一般是通过课文阅读，先让学生熟悉课文内容，在此基础上让学生掌握字、词、句方面的目标；然后进行深度加工阅读，掌握篇章结构方面的目标。篇章结构方面的目标属于语文高级技能（与认知策略学习相似），一般不可能通过单篇课文完全掌握，需要在后继的课或教学单元中，通过类似篇章结构的重复学习与变式练习才能逐渐掌握。

3. 教学内容的呈现

教学内容贮存于一定的媒介中，目前占主导地位的教学内容呈现方式是教科书。教科书的内容呈现如何有利于促进学生的学习，心理学家对此有许多有价值的研究。随后介绍的教学内容呈现的方法既可以是教材编写者使用的策略，也可以是教师在课堂教学过程中作为呈现教学内容的方法使用。如果是后一种情况，这些策略就是课堂水平的教学策略。

(1) 教材中生动有趣内容的添加

如何使教材吸引学生的兴趣、学生乐于使用教科书，这是所有教材编写者非常关心的问题。为此，编写者常常在教材中添加一些试图能激发学生兴趣但与教材主要内容无关的细节、轶闻、故事、图片等。研究表明，此举对促进学生学习不但没有实际帮助，而且是起干扰作用的。哈普(Harp, S. F.)和梅耶让学生阅读一段解释闪电形成原因的文章。这篇文章有550字，分为6段，每段有一说明性图片，其中一段如下：

在云中，空气的运动导致了电荷的生成。虽然科学家还不完全清楚这是怎么发生的，但大多数人认为，电荷是云中较轻的上升的水珠和细小的下落的冰珠、冰雹碰撞的结果。带负电的粒子落到了云的底部，大多数带正电的粒子则升到了云的顶端。

如想给这一段文字加诱惑性细节，可在这段的第一句话后加上："为理解这些过程，科学家有时通过往云中发射微型火箭来创造闪电。"还可以在这段文字的右边插入一幅科学家在开阔的原野上往云中发射微型火箭的图片。这些诱惑性细节增加了学生阅读的趣味,而且与"闪电"这个大主题有关,但与闪电形成的原因解释无关。

研究者让学生写下对闪电形成原因的解释(回忆测验),也让他们回答一些迁移性质的问题,如"假设你看到天上有云但没有闪电,这是什么原因",然后研究者计算学生回忆测验和迁移测验的成绩。结果发现,增加诱惑性细节对学生的回忆和迁移都有所损害。后来,研究者还利用多媒体技术,给已有文本添加了一些更加生动的诱惑性细节,结果发现给学生对文本的回忆和迁移都造成有害的影响。[1]

在教科书中添加诱惑性细节导致课文变长,包括许多无关细节,学生要花费更多的时间来阅读,对重要信息的学习没有促进作用,由此降低学生对重要信息的学习。

现代心理学区分了两种不同的兴趣,一种是认知兴趣,是学生理解教科书后对教科书内容产生的兴趣;另一种是情境兴趣,是由环境的有趣性引起的。教材中增加诱惑性细节激起的是情境兴趣。教材要能吸引学生的兴趣,应更多地从调动学生的认知兴趣入手,如教材内容具有良好的逻辑性、连贯性,内容表达语言流畅、生动、深入浅出等,由此使得学生乐于使用教材。

(2) 图片的使用

教科书中使用图片是必不可少的。这里涉及三个问题:

首先是用什么图片? 是逼真的照片还是突出关键特征的线条画? 很多教材编写者喜欢选用一些实物照片,认为这样更真实,效果自然更好。德威厄(Dwyer, F. M.)在1967年做了一个研究,让四组大学生学习人的心脏解剖结构。四组都听有关心脏知识的录音讲解,但使用的辅助手段不一样:第一组,一边听录音,一边在屏幕上看录音中提到的心脏各部位的名称;第二组,一边听录音,一边看屏幕上有关心脏各部位的轮廓图;第三组,一边听录音,一边看屏幕上有关心脏各部位的带有阴影的较详细的图;第四组,一边听录音,一边看心脏的照片。实验结果发现,轮廓图突出了心脏的关键特征,消除了无关特征,导致了最佳学习效果。而实物照片增加了无关特征,掩盖了有关特征,故导致学习效果最差。[2] 这项研究说明,使用图片进行说明时,图片要能突出事物的关键特征,其标准是看图片突出关键特征的能力。不是说轮廓图就是最好的图片。当照片能突出关键特征时,照片就是最合适的图片。教科书应按照这一标准来选择图片。

其次是图片与说明文字的匹配问题。文字与图片是以两种不同的形式说明一种信息。心理学的双编码理论认为,同一信息以两种不同的形式编码,其记忆效果要优于一种形式的编码。梅耶等人做了9项这样的研究,有6项研究发现,学习文字和图片内容的学生在保持和迁移测验上的成绩都优于只学习文字形式呈现内容的学生。梅耶将之称为"多媒体效

---

[1] Mayer, R. E(2003). *Learning and Instruction*. New Jersey: Merrill Prentice Hall, pp. 467-468.
[2] 邵瑞珍主编:《教育心理学》,上海教育出版社1988年版,第127—128页。

应",意为文字和图片两种媒体传递同一种信息,效果优于用一种媒体传递。

图片与文字是分隔开(图片和文字不在同一页面)还是整合在一起(图片和文字在同一页上,而且图片中有简单的文字说明)？人的工作记忆容量是有限的,人在同一时刻加工的信息也是有限的。如果呈现给学生的信息超过了他们的工作记忆容量,学生就不能进行很好的加工。所以,"多媒体效应"要实现其优势,还得注意文字与图片的搭配,避免学生在同时加工这两类信息时认知负荷过重。梅耶等人对这一问题做了系列研究。他们比较了文字与图片是分隔开和整合在一起对学生学习与迁移的影响。在五个系列实验中均发现,学习了图片与文字整合在一起的学生,要比学习了图片与文字分隔开的学生,能记住更多的内容,在问题解决方面,能提出更多的解决办法。[①]

第三是不同类型图片的使用。梅耶根据图片的用途,区分了四种教科书常用的图片：①装饰性图片,旨在取悦读者,如在一段描述自行车打气筒工作原理的文字中插入一张儿童骑自行车的照片；②表征性图片,描述的是单一的成分,如还是上边的例子,教科书中插入一张自行车打气筒的照片；③组织性图片,描述和成分间的关系,如用线条画的形式将打气筒各个组成部分画出并标明；④解释性图片,解释某个系统是如何工作的,如用一系列的画面演示打气筒手柄上提、下压时,打气筒的不同变化状态。[②] 这四种图片哪种对学生的学习最有用？研究表明,装饰性的和表征性的图片不能为学生建立各部分间的关系提供帮助,难以促进学习。组织性的和解释性的图片有助于学生理解各部分间的关系,因而能促进学习。

教科书编写者是否更多地使用后两种图片呢？梅耶调查了美国的科学教科书后发现,教科书有55%的空间是用于图片说明的,但85%的图片是装饰性的和表征性的,只有15%的图片是组织性的和解释性的。国内科学教科书图片使用情况因没有相关调查资料不得而知,但恐怕不容乐观。可见教科书编制中应注意使用图片类型的选择。

(3) 符号标志技术的使用

符号标志技术(signaling techniques)是在学习材料中加入未增加实际内容的标志或词语,以强调材料的概念结构和组织的技术。以下是一段关于"雷达"的学习材料：

雷 达

雷达意味着借助无线电波反射对远距离物体的侦察和定位。从建筑物或悬崖上返回的声波,在一短暂的间歇之后,能被观察者回收。这种效果与你在一峡谷里大喊一声,稍后就能听到回声的现象相似。雷达应用了与此完全相同的原理,只不过其波是无线电波罢了,其传播速度每秒达186000英里,且到达的距离远得多。因此,雷达涉及电波的传播及其随后返回之间的时间度量,然后将这种时间的度量转化为距离的度量。

为了发送无线电波,无线电波发射器与一个有方向的天线连接,通过天线,发射出一

[①] Mayer, R. E(2001). *Multimedia Learning*. Cambridge University Press, pp. 72 – 75.
[②] Mayer, R. E(2003). *Learning and Instruction*. New Jersey: Merrill Prentice Hall, p. 354.

系列短暂的无线电波脉冲。最初发射出去的无线电波脉冲同用一粒卵石扔进平静的湖水中引起的效果相似。投卵石引起了许多连续向外扩展的同心圆。通常,发射器和接收器同时应用,但也可只用一根天线,以便接收返回的脉冲,天线上的脉冲传播被暂时抑制。应记住,雷达的无线电波脉冲基本上沿直线传播,而地球的曲度终将干扰长距离的传播。当你考虑返回的脉冲或回波的接收时,你应记住,传播通道上的任何物体都向无线电接收器反射回某些能量。因此问题变成了这样的情形:为了便于视觉观察,需要将接收器拾起的脉冲传送到显示器上。广泛采用的一种显示装置是阴极射线管,它与机场控制塔用的一个装置相似,看起来像电视屏幕。

如果你从20世纪30年代最初使用的模型开始研究,你就可能最易于了解雷达是怎样显示出来的。这类显示能将宽阔的雷达脉冲集中成屏幕上从左至右的单一光束。当无物体被传播中的雷达脉冲击中时,脉冲将继续传播,最后从屏幕的右边消失。当有物体出现,则脉冲击中物体并开始向接收器返回。当物体被雷达脉冲击中时,物体便在屏幕上造成一个光点,而物体的距离便可以借助它从回到接收器来产生痕迹的时间长度来测量。不过,用这一模型,你只能测到物体的距离,而不能确定其具体位置,因为在屏幕上的光束实际上代表了较宽阔的雷达脉冲的总宽度。

现在应用这种简单技术就使得物体的定位非常容易。第一,现在用的发射器很像机场用的探照灯。它发出的单束雷达脉冲,对其警戒区作环形扫视。第二,显示屏可以调节,使它的中心总是对着雷达脉冲开始的点。屏幕上见到的雷达脉冲的运行像钟的秒针一样,不停地运转。当物体出现时,它便在屏幕上留下一光点。此外,屏幕上实际呈现出提供距离和定位的雷达区域的地图似的图形。因此,借助物体在屏幕地图上的位置,很容易确定它的空间定位。

在下面这段材料中使用符号标志技术,材料的内容没有变化,但结构变得非常清晰。

雷　达

定义

雷达包含五个基本阶段。一旦你知道了这五个阶段,你将对雷达如何工作有一个基本了解。这五个阶段是:

1. 传播——发送出雷达脉冲。
2. 反射——脉冲击中遥远的物体并返回。
3. 接收——反射来的脉冲返回原处。
4. 测量——测量出传播和接收两者之间的时间量。
5. 换算——如果我们假定脉冲的传播速度恒定不变,上面测到的时间量可以转换为距离的度量。

因此，雷达就是借助雷达波反射对远距离物体进行侦察与定位的。

回波例子

为了知道雷达的五个阶段怎样彼此关联，让我们来看一个例子，这就是我们熟悉的回声现象。

首先，你在一个峡谷里大喊一声。这如同一个脉冲发射出去。

接着，这个声波从悬崖上反射回来。这如同一个脉冲从遥远的物体反弹回来。

再下一步，一个观察者接收一个几乎同你的声音一样的回声。这如同雷达脉冲的接收。

第四步，在发出喊声与听到回声之间有一很短的时差。这与时间的测量相当。

最后，你会注意到，距离悬崖越远，要听到回声，需等待的时间就越长。

雷达运用了同样的原理，只不过其波是无线电波而不是声波罢了。它们的传播速度比声波快得多，每秒达186000英里，且到达的距离远得多。

设备

现在我们来看雷达的五个阶段实际使用的设备。

传播。要发射无线电波，无线电发射器要与一根有方向性的天线相接，天线发送出一串短暂的无线电波脉冲。要知道天线怎样发送出无线电波，可以考虑扔一粒卵石到平静的湖水中作为例子。卵石引起小波组成的同心圆，它们不断向外扩张。

反射。传播通道上的任何物体都会向无线电波接收器反射回来某些能量。

接收。一般而言，发射器与接收器是分开使用的，但也可只用一根天线。在这种情形下，为了收到回波脉冲，脉冲的传播暂时被抑制。关于返回的脉冲回波的接收，应记住的是：雷达的无线电波基本上沿直线传播，而地球的曲度终将干扰长距离的传播。

测量与换算。为了便于视觉观察，需要将接收器拾起的脉冲传送到显示器上。广泛采用的一种显示装置是阴极射线管，它与机场控制塔用的一个装置很相似，看起来像电视屏幕。

早期的显示系统

20世纪30年代最初使用的如下系统处理雷达的五个阶段：

为了显示传播，显示系统将宽阔的雷达脉冲集中成屏幕上从左至右的单一光束，当无物体被传播中的雷达脉冲击中时，脉冲将继续传播，最后从屏幕的右边消失。

为了显示反射，屏幕上将出现一个被击中物体所造成的光点。因此，当物体出现时，脉冲将击中物体并向接收器返回。

为了显示接收，屏幕上出现一个回到接收器的物体的痕迹。

为了显示测量与换算，物体的距离可以转化为痕迹的长度。不过，用这种系统你只能测到物体的距离，而不能确定其具体位置。

现代显示系统

现代显示系统应用了反映雷达的五个阶段的不同技术，从而使得物体的定位非常容易。

> 就**传播**而言,发射器发出一束雷达脉冲,它能连续在警戒区进行环形扫视。这可以用机场探照灯的例子来比拟,两者很相似。此外,显示屏可以调节,使它的中心总是对着雷达脉冲的开始点。屏幕上见到的雷达脉冲的运行很像钟的秒针一样,不停地运转。
>
> 就**反射**来看,当物体出现时,它便在屏幕上留下一个光点。
>
> 就**接收**来看,屏幕上有来自从光点到屏幕中心的痕迹。
>
> 就**测量与换算**而言,屏幕上实际呈现出提供距离和定位的雷达区域的地图似的图形。因此,现在借助物体在屏幕地图上的位置,很容易确定它的空间定位。

上述材料中,使用了列出小标题,使用不同字体,突出关键词语,用1、2、3等序列数字指出内容要点,使用暗示内容结构的语词,如"首先,……,接着,……"等,它们虽不提供实际的信息,但使材料的结构更为清晰,使人一目了然。因此,它们为学习者选择适当的信息,并将这些信息组织成一个彼此关联的整体提供了一个概念框架。现有的心理学研究表明,符号标志对不熟练的阅读者更为有效。例如,梅耶等人通过预测,将被试按成绩分成上、中、下和低成就阅读者四组。每组均学习带有符号标志的材料和无符号标志的材料。结果表明,符号标志技术对阅读居上等水平的学生的回忆成绩没有影响,对其他各级水平的学生的回忆成绩有显著促进作用(见图10-1)。

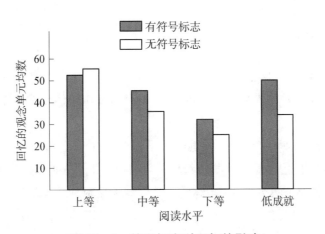

图10-1 符号标志对回忆的影响

符号标志对机械的逐字逐句的记忆没有帮助,但它们能促进概念性材料的保持。由于符号标志有助于学生理解材料,使之对材料的内在结构融会贯通,因此,符号标志的作用主要是促进选择性的保持与迁移,它们有助于提高解决问题与迁移的能力。这已经为许多实验资料所证实。

这些技术对我们改进教科书的版面设计、教师在黑板上的板书以及直观教具的制作等都是有帮助的。如何科学地使用图片、如何适时运用符号标志技术,图文并茂,使教材的可懂度大为提高,其中的改进空间是非常大的。

（4）设计"先行组织者"

先行组织者（advance organizer）简称组织者，是奥苏伯尔在20世纪60年代初提出的一个概念。通过设计组织者改进教材的组织与呈现方式，这已被大量的研究证明是一种有效的教学技术。为了让读者具体了解什么是组织者，我们先介绍梅耶为科技材料"雷达"设计的一个组织者。

雷达分五个阶段

① 发射：一个脉冲从天线传出。

② 反射：脉冲击中遥远的物体。

③ 接收：脉冲返回接收器

④ 出发与返回的时间差等于总传播时间

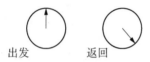
出发　　返回

⑤ 换算：因为脉冲以固定速度传播，所以时间可以转化为距离的度量。

根据奥苏伯尔的经典解释，组织者是先于学习材料呈现之前呈现的一个引导性材料。它在概括与包容的水平上高于要学习的新材料，但以学习者易懂的通俗语言呈现。它是新旧知识发生联系的桥梁。奥苏伯尔指出，组织者最宜于在两种情况下运用。第一，当学生面对学习任务时，倘若其认知结构中缺乏适当的上位观念可以用来同化新知识，则可以设计一个概括与包容水平高于要学习的新材料的组织者。让学生先学习这一组织者，以便获得一个可以同化新知识的认知框架。这样的组织者被称为陈述性组织者。第二，当学生面对新的学习任务时，倘若其认知结构中已经具有同化新知识的适当观念，但原有观念不清晰或不巩固，学生难以应用，或者他们对新旧知识之间的关系辨别不清，则可以设计一个指出新旧知识异同的组织者。这种组织者被称为比较性组织者。

按奥苏伯尔原来的看法，组织者的观念水平要高于新学习材料中的观念水平。组织者可以是一条定律、一个概念，或一段概括性说明文字。梅耶发展了奥苏伯尔的思想，提出用具体形象化的模型作为组织者（如上述雷达材料的组织者）。尽管设计的组织者形式不同，但运用组织者的基本目的是从外部影响学生的认知结构，使之易于同化新材料。

图 10-2 显示了梅耶对上述雷达材料学习的研究结果。由图上的数据可见,组织者只是在困难的和要求解决问题的项目上才出现明显的优越性。如果学习材料只要求机械记忆,则完全违背了运用组织者的理论,当然无须设计任何形式的组织者。另有研究表明,先行组织者用于学生不熟悉的材料更有效,运用具体模型作为组织者更有助于学习。

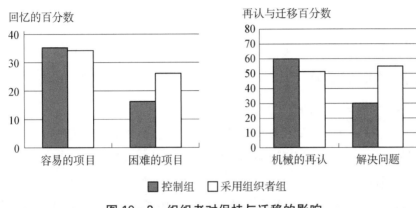

图 10-2 组织者对保持与迁移的影响

一般来说,编写得好的教科书,往往在章节前有一段概括性的提示引言,对困难的内容采用某些类比模型来加以阐述,这些技术实际上起了先行组织者的作用。

(5) 问题的添加

为使学生在阅读教材时保持良好的注意,教材编写者常在教科书中设置一些问题,目的是从外部控制学习者的注意。问题的添加涉及两方面的问题:一是问题位置,是在学生阅读内容之前还是在读完之后呈现?二是问题类型,问题针对细节、事实还是针对概念、原理、观点间的内在联系?

对此,心理学做了相关的研究。研究者假定:问题在前将影响学生选择性知觉,是一种顺向影响。问题在后,将影响学生对已阅读过的材料的注意量,更多地重复阅读问题提到的信息,是一种逆向影响。罗斯科夫(Rothkopf, E. Z.)以中学生为被试,将被试分成甲、乙、丙三组。甲组问题在前,乙组问题在后,丙组单纯阅读,无问题要求回答。阅读之后进行两种测验:一测量未提问的材料,所得结果代表偶然学习;二测量提问过的材料,所得结果代表有意学习。图 10-3 的结果表明,有问题组比单纯阅读组在有意学习方面成绩好。但在偶然学习方面,问题在后组的成绩好。

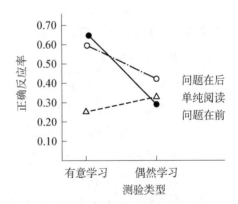

图 10-3 问题位置对学习的影响

有关问题类别的研究也得到相似结果。若问题涉及材料的基本结构,学习者注意主要内容。若问题涉及材料的细节,学习者注意材料细节。

这些研究表明,设计有价值的问题,是教科书编写者一项非常重要的能力。设计好问题的关键主要看教学目标,如教学目标要求学生掌握细节、记住事实,则可以设置一些机械记忆的问题,如教学目标要求学生把握概念、原理、观点间的内在联系,则要设计一些有意义的问题。设置附加问题的技术不仅可以作为教材编写技术,也可以作为一种教学策略,而且,这种策略可以教给学生,让他们自己学会提问,自己回答问题,从外部控制转化为自我控制。

(二) 课堂水平的教学策略

1. 教学过程和教学方法的含义

从传统的教学论来看,课堂水平教学策略实际上是指课堂教学过程和各种具体教学方法。**教学过程**是教师按照一定顺序提供给学生的旨在促进学生学习过程的教学事件。[①] 这一界定将教学过程的主体规定为教师,教学过程的目的是促进学生的学习。由于学生的学习过程具有一定的顺序和阶段,因而教学过程也表现为按一定的顺序连接起来的教学事件。那么,什么是教学事件呢?加涅等人将教学界定为"经过设计的、外在于学习者的一套支持内部学习过程的事件"[②],对这些事件,加涅用教学事件来指称。可见,教学与教学事件的含义是相同的,当我们以分析性的方式看待教学、研究教学的内部结构时,常用"教学事件"。

在教学心理学或教育学中,教学方法与教学模式等术语常常被混用,难以严格区别。前面我们用教学事件来界定教学过程,这里继续用教学事件界定和区分教学方法、教学模式。**教学方法**(instructional method):是实现教学事件的具体方式或手段;**教学模式**(instructional model):是教学过程模式,指针对具体目标或学习结果而采取的相对固定的教学事件的组合。教学方法可以是实现单个教学事件的手段,也可以是实现多个教学事件的手段。如是后者,教学方法就包含在教学模式中。从作用或目的的角度看,教学过程、教学模式和教学方法三个概念在本质上是一致的,都是为了促进学生的学习过程。

2. 教学方法的分类

作为实现教学事件的具体方式或手段,可以按不同标准将它们加以分类。按接受教学的人数多少或组的大小将教学方法进行分类:

- N=1(N 是 Number 的缩写)。一个学生构成一组,所应用的教学方法是个别教学法,包括个别辅导、作业、程序教学、计算机辅助教学和自我指导的学习等。
- N=20—40。采用班集体教学,所用的方法包括讲演、讨论和个别化教学等。
- N>40。学生从 40 人到数百人。最常用的方法是讲演法。

按学习结果(或教学目标)的类型分类:

---

① 王小明著:《教学论——心理学取向》,上海教育出版社 2005 年版,第 172 页。
② Gagne, R. M. & Dick, W. (1983). Instrctional Psychology. *Annual Review of psychology*, Vol. 34, p. 266

- 适合于传授知识的方法,如采用先行组织者、阅读材料中运用符号标志或设计附加问题,最流行的方法是讲演。
- 适合于培养智慧技能的方法,如布鲁纳提倡的发现法、变式练习等。
- 适合于改进人际关系与创造性思维的方法,如脑激励法等。

还可以按教学阶段分类,如在新知识习得阶段,可分为引起学生注意的方法、复习原有知识的方法、呈现新教材的方法等;在知识的巩固和转化阶段,可分为复习和记忆的方法,练习的方法等。本章第二节表10-2和10-3所展示的就是按照教学阶段划分的新授课、复习课或练习课教学的一般过程和具体方法。

3. 选择教学方法的依据

根据科学取向的教学论,教学方法的选择主要依据任务分析。在对教学目标(终点目标)和使能目标的学习结果类型分析清楚后,教学方法就可以确定了。虽然教学方法的选择还受到学生人数、教学条件等因素的影响,但教学目标的学习结果类型是影响教学方法选择的最重要的因素。这可以用第九章的任务分析实例来加以说明。

例1:"中国地形的特点"的教学方法。

任务分析表明,这个课题的学习类型属于言语信息(或陈述性知识),包括地理名称学习、具体事实性知识和有组织的命题知识学习。

心理学的研究表明,中学以上学生具有基本阅读能力以后,对于学习言语信息来说,看书的效果优于听讲。这就要求改进教科书的呈现技术。按照奥苏伯尔的同化论,教师讲解的重点是指引学生进行知识组织,如引导学生将中国地势与已学过的欧洲地势做比较,引导学生分析中国地势、地形特点对气候、河流以及经济的影响,并不只是要求学生简单地记住这些事实,而是通过中国地理的例子,充实和改组自己原先习得的认知结构——地形、地势及其对气候、河流以及经济影响的认知图式。

这节课的基本教学方法是:按教科书呈现知识的顺序,教师通过提问,指导学生看书;然后让学生讨论和回答问题;最后,教师呈现一些复习题,复习巩固新知识。

例2:"圆锥体体积"的教学方法。

按照任务分析,教学目标的学习类型属于智慧技能的概念和规则学习,教学顺序是先教使能目标:圆锥体概念,再教圆锥体的高概念,最后教圆锥体体积计算公式(规则学习)。

对于小学生来说,圆锥体概念是只能描述不能下定义的具体概念。其教学方法是先呈现圆锥体的正、反例,然后引导学生发现其共同本质特征。这种方法就是指导发现法。关于圆锥体的高的概念是一个可以下定义的概念,其定义是"圆锥体的高是其顶点至底面圆心的垂线"。"顶点""圆心""垂线"这些概念都是学生认知结构中的原有概念。所以这一概念可以通过先下定义、后举例的方法教学。用奥苏伯尔的话来说,前一概念的学习形式是概念形成,适当的方法是发现法;后一概念的学习形式是概念同化,适当的方法是有意义的接受学习。

"圆锥体体积等于与其等底等高的圆柱体体积的三分之一"这一公式的学习,根据加涅的分类,这属于规则学习。规则学习一般采用两种教法:"例—规法"与"规—例法"。因为小学生一般不可能发现这个公式,所以可以采取教师指导下的"例—规法",即教师出示等底等高的圆柱和圆锥,通过倒水演示它们的容积的关系,从而推论其体积关系。

第二节 教学过程的一般模型

加涅针对学习的信息加工过程,提出了支持、促进学习过程的九种教学事件。课堂教学过程是师生相互作用的过程。由于学习任务不同,或者相同学习任务所处的学习阶段不同,师生相互作用的方式千差万别。通过长期观察,教学论专家把课堂教学中师生相互作用过程概括为一定的模式。

一、两种常见的教学过程模型

(一) 传统课堂教学过程模型

受苏联凯洛夫教育学影响,我国教师在长期的教学实践中形成了五步教学过程模型,具体如下:

1. 组织上课

目的在于促进学生对上课做好心理上和学习用具方面的准备,集中注意,积极自觉地进入学习情境。

2. 检查复习

目的在于帮助学生复习已学过的内容,检查学生的学习质量,弥补其知识上的缺陷,为接受新知识做好准备。

3. 讲授新知识

目的在于使学生在已有知识的基础上,掌握新知识。

4. 巩固新知识

目的在于检查学生新知识的掌握情况,并及时解决存在的问题,使之基本巩固和消化所学新知识,为继续学习和进行独立作业做准备。

5. 布置课外作业

目的在于培养学生应用知识分析问题、解决问题的能力和自学能力。

长期以来,这一模型成为我国中小学教师进行课堂教学活动过程设计的主要依据。但这一模型只反映了陈述性知识学与教的规律,没有反映知识向智慧技能和认知策略转化的规律。它虽然可以为教师的备课和上课提供一些方便,但忽略了不同学习类型的学习与教学过程的不同规律,因此有明显的缺陷。

(二) 广义知识教学过程模型

按照教学过程是教师按照一定顺序提供给学生的旨在促进学生学习过程的教学事件这

一基本界定,在本书第五章所提出的广义知识学习阶段模型基础上,我们进一步提出广义知识教学过程一般模型。

图10-4的广义知识教学过程一般模型可以概括为"六步三阶段"教学模型。图中1-4步为教学的第一阶段。这一阶段教学的目的是解决新知识的理解问题。理解的实质是新知识(或新信息)进入学习者原有知识结构的适当部位。这个原有知识结构的适当部位是以何种方式表征和储存,不同心理学家有不同说法。赫尔巴特称这种原有知识为统觉团;认知心理学家称之为命题网络或认知图式。新知识的理解过程也就是学习者认知结构中已有的适当图式同化新知识,使原有图式不断重新建构的过程。从信息加工过程来看,是新信息进入原有知识网络并进行新的编码和组织的过程。所以这一阶段的教学必须符合学生学习的心理过程,就是图10-4中间模型的前四步:①学习者的注意和对学习结果的预期;②激活原有知识;③选择性地知觉外界呈现的新信息;④积极地将新信息与个人原有的相关知识(包括表象、概念、原理和事实等)联系起来,达到对新知识理解的目的。

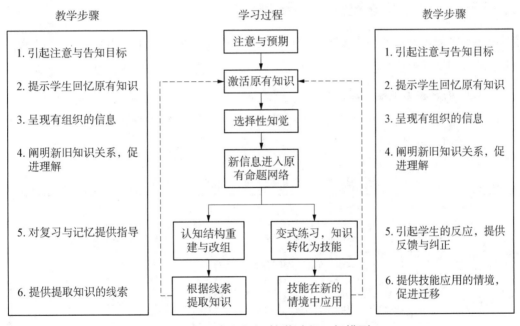

图10-4 广义知识教学过程一般模型

模型中左侧描述的是陈述性知识教学的六个基本步骤,右侧描述的是程序性知识教学的六个基本步骤。这两类知识教学的前四步是相同的,后面两个步骤代表了教学过程的后两个不同阶段,第五步代表知识的巩固或转化阶段。第六步代表知识的提取与运用阶段。在后两步,知识的类型不同,教学步骤也不同。完整的教学过程应符合"六步三阶段"模型,缺少其中任何一步,或者学习不能发生,或者学习虽然发生,但不能转化或持久保持。

如果把教学过程仅仅看成六步三阶段,则新的教学过程模型同传统教学过程模型在形式上差别不大。但实际上,新的教学过程模型与传统教学过程模型有明显区别。

首先，传统教学过程模型着眼于教师的行为，广义知识教学过程模型着眼于师生双向活动。所以严格地说，这个模型应被称为"学与教"的一般过程模型，它反映了学与教的关系："学"有独立的过程，"教"没有独立的过程，教只是有效学习的外部条件之一；教学是为学生的学习创设外部条件，它必须针对学习的内部条件，引发内部条件变化，教学才会有效。

其次，传统教学过程模型缺乏知识分类学习的思想，广义知识教学过程模型反映了知识分类学习的思想。从第五步开始，教学过程分为两支，左边的一支代表陈述性知识的学与教；右边的一支代表程序性知识的学与教。所以可以进一步把新的教学模型概括为"六步三段两分支"教学模型。

尽管广义知识教学过程模型有许多优点，如较好地体现了学习中学生主体与教师主导关系的原理，反映了现代认知心理学关于知识分类学习的思想，能较好地解释知识与技能学习的异同。但它不能解释学生的道德品质的学与教。所以，我们这里谈论的教学只是中小学各学科知识、技能或策略的教学，未涉及情感领域的教学。

二、基于广义知识教学过程划分课的类型

根据广义知识学习的三个阶段，可以分出三种类型的课：以知识理解为主要目标的课、以知识的巩固和转化为主要目标的课和以知识的应用或检测为主要目标的课。

1. 以知识理解为主要目标的课

这类课型在中小学所占的比例最大，常被称为新授课，其教学步骤一般只涉及广义知识教学过程一般模型中的1—4步（见表10-2）。

表10-2 新授课教学的一般过程和方法

教学步骤	可供选择的主要方法或技术	预期目标
(1) 告知教学目标	讲述、板书或由问题引入等	指引注意，激发兴趣
(2) 复习旧知识	提问，小测验，提供知识网络结构图等	激活原有知识
(3) 呈现新知识	设计先行组织者、图表；教师讲授；指导学生自学；提供直观教材等	选择性知觉新信息
(4) 促进新知识的理解	比较新知识内部的异同；比较新知识与相关的原有知识的异同；"举三反一"；运用类比等	使新知识进入原有认知图式，理解新知识

2. 以知识的巩固和转化为主要目标的课

这类课如果以巩固陈述性知识为目的，则称为复习课；如果以促进陈述性知识向程序性知识转化为目的，则可以称为练习课。复习课或练习课一般只涉及广义知识教学过程一般模型中的第1步和第5步（见表10-3）。复习课按模型图的左侧提供指导，练习课按模型图的右侧进行指导。一般来说，此类课以学生的活动为主。

表 10-3　复习课或练习课教学的一般过程和方法

学习类型	可供选择的主要方法或技术	预期目标
陈述性知识	① 布置思考题,让学生带着问题复习、讨论等 ② 对学生的复习、记忆方法提供指导 ③ 上系统复习课	巩固新知识,防止遗忘,学会记忆和复习的方法
程序性知识	① 设计变式练习,指导学生练习 ② 及时提供反馈,纠正练习中的错误	使知识转化为技能或认知策略

3. 以知识的应用或检测为主要目标的课

这类课一般是在一个大的教学单元之后或期中、期末进行的。教师的任务是设计试卷或综合性作业题,提供知识应用的情境,并针对教学目标对学生的反应作出反馈和评价。不同类型的知识要求学生作出反应的性质不同。而且同一类型的知识处于学习的不同阶段也要求学生作出不同反应。教师应根据学习类型和阶段设计适当的测试题,以便检测预设的教学目标是否达到。

第三节　根据学习结果类型划分的课型的教学策略

多数情况下,一堂课有多个教学目标,有知识的目标,也有技能的目标或者态度情感的目标,教师需要依据教学目标的学习结果类型进行教学策略的选择和运用。课的类型可以按学习结果的类型划分为:以陈述性知识为主要目标的课、以智慧技能为主要目标的课、以策略性知识为主要目标的课、以解决问题为主要目标的课、以动作技能为主要目标的课和以态度为主要目标的课。以动作技能和态度为主要目标的课的教学策略在本书第六章分析影响动作技能学习因素、第七章阐述良好态度品德培养时,已经有阐述,在此不赘述。本节将重点介绍前四种类型课的教学策略。

一、以陈述性知识为主要目标的课的教学策略

以陈述性知识为主要目标的课,如小学开设的品德与生活课,中学开设的历史、地理和生物,这些课程教学目标中事实性知识、有组织的整体知识的比重较大,多数课型属于此类。这类课常用讲解式教学。

(一) 教学实例

初中自然地理课,内容为三种地形:高原、丘陵和高山。主要的教学步骤有五步,具体如下:

第一,根据教学内容特点,重新安排学生的座位。使学生既能看见黑板,又能彼此看见,以便进行讨论和看到教师的板书。

第二,呈现组织者。教师在黑板上写出地形的定义:"地形是具有共同形状和构成成分

的陆地表面。"这是一个抽象的组织者。教师同时在讲台上呈现高原、丘陵和高山的模型,这是具体模型组织者(见图10-5)。

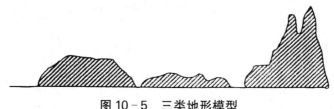

图10-5 三类地形模型

第三,组织学生讨论三类地形模型的异同,同时教师强调这节课的主要目的。

第四,师生共同补充三类地形的具体例子。教师先就"高山"提问,让学生补充例子。然后依次讨论其余两种地形。教师要求学生指出各类地形的特征。

第五,对照黑板上的组织者,师生共同小结,进一步对三种地形进行比较,找出三种地形的共同点与不同点,使知识融会贯通。

(二) 理论依据

案例中的教学步骤符合奥苏伯尔主张的渐进分化原则。奥苏伯尔认为人的认识过程往往是先认识事物的一般属性,然后在一般认识的基础上,逐步认识其具体细节。据此,学校的教学顺序也应遵循人的认识的自然顺序,先呈现概念性的组织者,以便在学生认知结构中形成同化新的下位知识的框架。然后呈现具体材料,使学生的认知结构从一般到个别,不断分化。同时也应注意知识的横向联系,使之达到融会贯通。

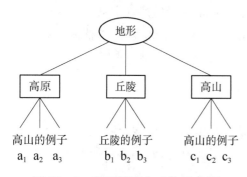

图10-6 "地形"概念建构示意图

上述地形概念和三类地形(高原、丘陵和高山)的教学,教学内容是概念性知识,学生的认知程度是"理解",学习结果是学生获得了有组织的整体知识。教师先呈现先行组织者:地形的定义(抽象的组织者)和三类地形模型(具体模型组织者),然后引导学生了解每一类地形的具体例子,最后,比较三类地形的异同。从地形概念,到三类地形:高原、丘陵和高山,再到每一类地形的例子,知识的建构自上而下,从概括到具体。同时,教师注意通过比较的方法,引导学生理清不同概念间的关系(见图10-6)。

大量的实验研究表明,奥苏伯尔倡导的讲解式教学法更适合面向高年级教概念之间的关系,省时、有助于近迁移,但在远迁移能力的培养方面不及发现式教学法。

二、以智慧技能为主要目标的课的教学策略

帮助学生获得智慧技能,是基础教育阶段的教学重点,中小学语文、数学、外语课程中的大多数课型属于以智慧技能为主要目标的课。这类课常用发现式教学法和直接教学法。

(一) 发现式教学法

1. 教学实例

布鲁纳和数学家迪因斯(Dienes, Z. P.)合作设计了一个发现教学法的经典例子。教学任务是引导学生发现一元二次方程式的因式分解的规律。

教学中首先让学生熟悉表示数量的积木块,即迪因斯积木块(见图 10-7)。学生可以把玩这些积木,以获得知觉经验。

在学生熟悉这些积木块以后,布鲁纳向学生呈现一个由积木拼成的正方形(图 10-8 中左一图),并告诉儿童,这个图叫 x 正方形(即由 x 乘 x 个积木块构成)。

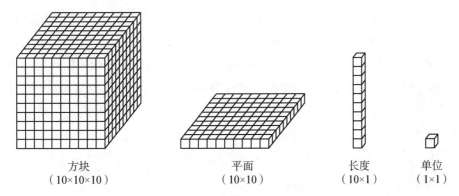

方块　　　　　平面　　　　　长度　　　　单位
(10×10×10)　(10×10)　　　(10×1)　　　(1×1)

图 10-7　表示数量的迪因斯积木块

接着问:你们能拼成比这个正方形更大的正方形吗?儿童轻而易举地拼出了另一个正方形(图 10-8 左二图)。接着要求儿童描述他们拼成的图形。他们说:"我们拼成的这个正方形是一个 x 正方形加上两个 x 长度,再加上一个单元。"在此基础上,布鲁纳告诉学生:"我们还有另一种根据边说明你们所拼成的正方形的方法,即$(x+1)(x+1)$。"由于这是表示同一个正方形的两种基本方法,所以可以写成 $x^2+2x+1=(x+1)(x+1)$。依此类推,图 10-8 上右边两个图可分别写成$(x+2)(x+2)=x^2+4x+4$ 和 $(x+3)(x+3)=x^2+6x+9$。最后,引导学生发现一元二次方程式的因式分解的规律:首平方,末平方,两倍首末中间放。

2. 理论依据

按照加涅对智慧技能的分类,上述例子属于规则的发现学习,从三个例子 $(x+1)(x+1)=x^2+2x+1$、$(x+2)(x+2)=x^2+4x+4$ 和 $(x+3)(x+3)=x^2+6x+9$,归纳出一元二次方程式的因式分解的规律。这样的教学方法又叫例—规法。

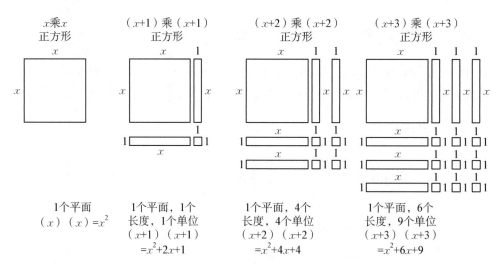

图 10-8 布鲁纳用于发现教学的积木组合

布鲁纳之所以强调学生的发现行为，是基于他对教学目标的看法。他认为，我们不仅应当尽可能使学生牢固地掌握科学内容，而且还应当尽可能使学生成为自主且自动的思想家；这样的学生当他在正规的学校教育结束之后，将会独立地向前迈进。他提出发现教学法有四个优点：第一，提高知识的保持，因为学生需要以有意义的方式组织知识；第二，增强智慧潜能，因为教学中为学生提供了便于他们用于解决问题的信息；第三，激励学生的内在动机，因为通过发现可以带来满意和内在奖励；第四，获得解决问题的技能，因为发现过程就是解决问题的过程。

研究表明，布鲁纳倡导的发现式教学法更适合面向低年级教基础概念或原理，有助于远迁移能力的培养，但其缺点是比较费时。

（二）直接教学法

直接教学（direct instruction）是一种帮助学生获得程序性知识的教学方法。如"将不同分母分数相加""配平化学方程式"，这些教学内容都属于概念和规则学习，与布鲁纳倡导的发现式教学法不同的是，学生要学的新技能不是自己发现的，而是教师通过讲解、演示、举例等方式直接呈现给学生的。

1. 教学步骤和方法

表 10-4 教学步骤和方法

教学步骤	具 体 方 法	学生的信息加工
引入与复习	① 检查家庭作业或提问，激活学生原有知识； ② 告知学生教学目标； ③ 通过说明学习内容的重要性等方法，激发学习动机。	注意与预期 激活原有知识

续 表

教学步骤	具 体 方 法	学生的信息加工
讲述	① 通过讲解、演示、举出多种例子、示范、利用先行组织者等方式,呈现新知识; ② 通过教师大量提问,学生回答,了解学生是否理解新知识。	向工作记忆中输入信息
有指导的练习	教师提供较多的指导和控制,练习相对集中,及时反馈,及时纠正错误。	在长时记忆中编码
独立练习	给予支持和监控,间歇性的反馈,设计过度练习,练习间隔延长。	完成编码,形成自动化

上述四个教学步骤中的后两个步骤是直接教学的核心,是对学习的控制责任逐渐由教师转向学生的过程。当学生在指导练习中达到85%—90%的准确度时,学生才能进入独立练习阶段。

2. 理论依据

直接教学最初的理论来自行为主义,注重对学习者行为的控制,注重学习者的直接操练和及时反馈。近年来,维果斯基"最近发展区"的概念以搭建"脚手架"(soaffolding)的做法融入进直接教学中,体现为在技能学习中教师给予的支持,随着学生熟练程度增加,对学习控制责任逐渐由教师转向学生。最初,教师负责呈现内容,解释、描述、示范、演示、举例等;随后组织练习、指导练习,及时反馈、纠正错误;在学生练习准确度达到要求时,放手让学生独立练习。

(三) 发现式教学与直接教学相结合的模式

在实际课堂教学中,更多见的是兼有发现式与直接式教学的模式。在这样的教学模式中,要新习得的概念、规则是学生在教师指导下发现的,而新知识的呈现、练习的设计又具备直接教学的特点。本章第二节广义知识教学过程一般模型右侧描述的程序性知识教学的六个基本步骤,实际上就是一个发现式教学与直接式教学相结合的模式。下面以根据华东师范大学附属小学叶琪老师开设的一节公开课的录像整理而成的案例来说明这一模式。

长方形面积计算(小学四年级)

1. 复习原有知识

投影呈现如下图形:

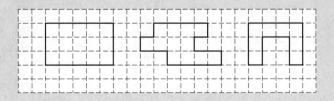

师：图中有（　　）个平方厘米，面积是（　　）平方厘米？

生：数一数图形中面积单位。

生：说一说每一图形含有多少面积单位。

师小结：通过数图形的面积单位，我们知道图形中有几个1平方厘米，面积就是几平方厘米，也就是说，图形中含有的面积单位数，就是它的面积。

2. 告知教学目标，吸引学生注意

师：这节课要学习"长方形的面积"。（板书）

长方形的面积就是指长方形中含有的面积单位数，那么怎么知道长方形中含有的面积单位数呢？它所含有的面积单位数和什么有关系？学完这节课后，你们应会做两件事：第一，对于长方形图形或实物，你们能正确计算它们的面积；第二，还要能说明长方形面积计算的理由。

3. 呈现新教材，促进对新知识的理解

(1) 投影呈现大小不等的三个彩色长方形，启发提问：哪个面积最大？

如果要画一个更大的，它的长和宽该怎么画？

生：答。

(2) 请学生量一量手上的长方形，看它的长和宽各是多少？

生：测量并回答。

师：用1平方厘米的面积单位一一摆满，数一数后回答，它的面积单位是多少？

生：摆一摆，数后回答。

师：长方形面积与它们的什么有关系？

生：答。

师：请学生说明思考方法。

生：答。

师：归纳。

(3) 投影呈现如下①和②号长方形。

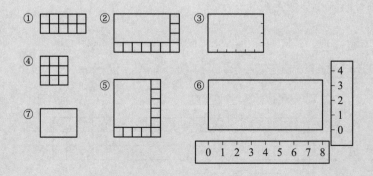

师：请同学们找一找并量一量，你们自己桌上的长方形。

问：你们最容易发现哪几个长方形的面积与长和宽之间的关系？
找出它们的长和宽各是多少？面积又是多少？
生：找一找，量一量，同桌两生可以边量边讨论。
教师引导学生逐一讨论①至⑦号长方形的面积，并思考求面积的方法。
师小结：长方形的面积＝长×宽
长方形的面积单位数正好是长和宽的单位数相乘的积。

4. 提供变式练习，促进知识向技能转化

(1) 根据题意列式解答（填空）

长方形

长	宽	面积
6厘米	2厘米	
3厘米	9厘米	

(2) 右图长方形的面积是（   ）

A. $7 \times 5 = 35$（平方厘米）

B. $7 \times 5 = 35$（平方分米）

C. $7 \times 5 = 35$（平方米）

D. $7 \times 5 = 35$（厘米）

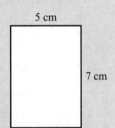

(3) 独立练习

计算下面各个长方形的面积：

A. 长34分米，宽16分米

B. 长45厘米，宽40厘米

C. 篮球场的长是26米，宽是14米，面积是多少平方米？

5. 提供技能运用的情境，检测教学目标

(1) 测量并计算数学书封面的面积。

(2) 告诉我，你睡觉的房间的面积是多少？现在你知道房间面积是怎么算出来的吗？

上述案例教学过程共分为五步：第一步，复习与本节课有关的原有知识，即面积单位和面积单位数量的概念。第二步，告知教学目标，引起学生注意。第三步，呈现教学内容，帮助学生理解。呈现 7 个长与宽不同的长方形实例，组织学生议论，发现长方形面积＝长×宽。这是本节课教学的重点。第四步，组织和指导练习、独立练习，即将习得的公式应用于多种不同类型的习题的计算，包括单位的变化。第五步，将习得的公式运用到真实的生活情境。

与直接教学不同的是，本节课的主要教学目标"长方形面积计算"（规则学习）是教师通过设计摆和量的操作性活动，引导学生发现的，其发现的过程是从例子中归纳出规则，与布鲁纳倡导的概念、原理的发现式教学是一致的。

三、以策略性知识为主要目标的课的教学策略

策略性知识是一种特殊的程序性知识，其教学模式与智慧技能的教学基本相同，只是需要的变式练习更多，学习的时间更长。下面用"小学四年级学生分段能力教学实验"来说明。

1. 研究目的

从知识分类的观点，语文教学是让学生获得三类知识：一是课文内容知识，也就是文章传输的"道理"，这类知识属于陈述性知识；二是掌握运用字、词、句的技能，进行阅读和写作，这类知识属于程序性知识；三是掌握文章的构思方法，从而进一步深入理解课文，并有条理地表达自己的思想。构思方法的学习属于策略性知识学习。

在语文教学中，教师一般能驾驭第一类和第二类知识的教学，但普遍感到对第三类知识的教学规律知之很少。本教学实验的目的在于探索第三类知识的教学规律。

2. 起点能力分析

为了有针对性地进行教学和比较教学实验效果，教学实验之前进行了前测和分班。

实验开始前，研究者对小学二年级语文课文的文章结构进行了分析，并参考了其他一些书籍，概括出六种文章结构，分别是：时间顺序、地点顺序、事物的发展顺序、事物的几个方面、概括—具体、总—分。在正式实验前，为了了解学生的起点能力以及对比研究，对学生的分段能力进行了前测。

前测的课文（包括以后的练习材料）取自三年级和四年级的一些课外学习材料，并对有的文章进行了改编。每篇文章要求学生回答三个问题：(1)课文是按什么顺序写的；(2)课文分几层或几段；(3)写出段意或节意。前测结果见表10-5。根据统计分析，实验班和对照班的成绩不具有显著性差异。

表10-5 前测结果：实验班和对照班在不同结构的文章上的得分

篇序	文章结构	实验班得分	对照班得分
第一篇	总—分	10.39	10.46
第二篇	时间	4.39	4.46
第三篇	地点	7.00	8.28
第四篇	概括—具体	9.85	10.07
第五篇	事物的几个方面	8.35	8.33
第六篇	事物的发展顺序	7.80	7.61

从前测结果可以看出,学生对按时间顺序写的文章结构的掌握最差,按总—分结构写的文章的掌握最好。为此,决定先教按时间顺序分段(或层)的规则。

3. 教学过程

按时间顺序分段能力训练,共上了8节课,每节课40分钟。

第一节课时,给出按时间顺序分段或分层的材料(例文),每篇例文约300字。这些文章都是按时间顺序写的,但是内容不同,有写人记事的,也有写景状物的,而且有的文章中时间词比较明显。例如:

> 有一天,妈妈回家晚了,她抱歉地说:"我今天学习,所以回来晚了。"
>
> 我微微皱了皱眉,一个问号一直在我面前打转:妈妈是"交大"的毕业生,她还要学什么呢?
>
> 又有一个晚上,妈妈又回来晚了。我不高兴地拉起了妈妈的衣角,一边摇一边说:"天天学习,烦死了。你是大学生,还学什么呀!"妈妈意味深长地说:"知识是一辈子也学不完的。学习像逆水行舟,不进则退。妈妈虽是大学生,但还有许多知识不懂呢!不学习怎么行?"说完,她到厨房去了。
>
> 等她一走,我就去翻她放在写字台上的书。我随手拿了一本打开一看,这是什么字呀,像蚯蚓似的,弯弯扭扭,句子像一行一行蚂蚁,密密麻麻,什么也看不懂。我跑去问妈妈才知道她在学俄语。

这是一篇写人的文章,文中的"有一天""又有一个晚上"是两个很明显的时间词。根据这两个关键的时间词,可以帮助学生把文章分成两段。

但下面一篇例文没有明显的时间词:

> 清晨,阳光洒落下来,水面顿时有了暖意。在青青禾苗的掩映下,田螺探头探脑地伸出螺壳,觉得这天地安全温暖,它便把乳白柔软的身体,赤条条地展露出来,接受大自然的沐浴。直到傍晚,凉风吹来,禾苗瑟瑟地抖动,它才慌忙缩进密不透风的硬壳里打瞌睡。
>
> 稻子渐渐黄熟,田螺也已长大,有的像核桃,有的像婴儿的拳头。这时候田螺急着要寻找一个安身的地方过冬,等到来年春天撒下它们的子孙。
>
> 稻子开始收割,稻田排水了。田螺背着笨重的硬壳,拼命地往泥里钻,直到地面只留下一个透气的小孔才歇。

这篇文章中有"在青青禾苗的掩映下""稻子渐渐黄熟""稻子开始收割",但没有明显的时间词。但是当学生理解课文后,可以推断出,这三句话分别表示三个季节:春天、夏天和秋天。文中随着季节的变化描写了田螺的生长过程。学生可按时间顺序的变化把文章分成三段,从而既了解到文章主要写了什么,也掌握了文章的结构。

在课堂教学中,教师指导学生阅读例文,对每篇例文要求学生回答下列问题(板书):

(1) 这篇例文讲了什么?

(2) 找出描写时间变化的关键词。

(3) 想一想,时间变了,所讲的事物是否跟着变化。

在教师的指导下,学生仔细阅读三篇例文。阅读后,根据每篇例文,对教师所提三个问题逐一加以讨论之后,教师引导学生归纳(板书):

(1) 找出表示时间(或隐含时间)的关键词,根据表示时间的关键词分段或分层;

(2) 在找表示时间的关键词时,看时间变化后所写的事物是否发生相应的变化。

为了检查学生是否领悟上述按时间顺序分段的规则,再让学生在课堂上完成另外两篇例文的分段练习。练习时要求学生根据表示时间的关键词划分例文的段(或层),并划出表示时间的关键词。

课后,实验人员和试教教师对学生练习中的错误加以分析和统计,还对5名学生进行面谈,发现少部分学生已掌握了上述分段规则,但多数人未掌握。学生的主要错误有:不仔细、没有进行填写;分段与分层的区别不清楚;找不准表示时间的关键词;关键的时间词找对了,但分段不正确。

针对学生的错误,用已学过的5篇例文,先后进行了两节课的补充练习。训练中针对学生不仔细阅读例文的毛病,要求学生仔细阅读例文,把握例文所讲的内容。针对学生把表示时间的关键词划错的问题,让学生结合例文反复领会"时间变了,看所写事物是否发生变化"这个分段策略。此外,还让学生领悟"发生变化的时间词的单位往往是一致的",如季节是春天、夏天、秋天,日期是"一天""过了几天",大段时间如"上小学时""上中学时"等。

在第四节课,引入第二套按时间顺序分段的例文4篇,例文涉及写人记事、写景状物,关键时间词也有明显和不明显的,学生独立完成划出关键的时间词和分段的练习。课后,教师和实验人员对学生练习中的错误进行分析和统计,还对3位同学进行了面谈。

在第五节课时,让学生对第二套材料中的例文逐篇讨论,讨论的重点是要求学生说出分段的依据。到这时,学生的反应发生了明显变化,大多数人抢着发言,都能说出按时间顺序分段的依据。看来学生已明显地领悟到分段的规则。

为了加强学生对时间顺序分段规则的掌握和应用,我们把阅读教学和写作结合起来。要求学生在课后完成一篇按时间顺序把事物写清楚、写具体的文章。第一篇作文,大多数同学都能按时间顺序来写。挑选了其中较好的6篇文章,打印后在课中进行评析。

课后要求学生再写一篇按时间顺序的文章,这次教师发现只有6个同学没有按要求写。接着在第二次作文实验课(二课时),结合打印的5篇学生作文进行评析。

其中有一篇是原来班级中最差的一名学生所写，这位同学原来一点都不会写，这次也能按时间顺序来写。接着利用20分钟课堂时间，把这一篇文章按"时间顺序"进行扩写。完成后，进行4人小组的讨论，最后选两位写得较好的同学在班上进行交流。

作文实验课共进行了三节，学生基本上能按一定的"时间顺序"进行写作，这一方法对中等或中等偏下的学生特别有帮助，和班上8位同学的面谈也表明了这一点。

4. 后测题和后测结果

后测题目的类型基本上和前测一致，总共6篇文章，18道题目。结果见表10-6。

表10-6 后测结果：实验班与对照班在不同结构的文章上的得分

篇序	文章结构	实验班得分	对照班得分
第一篇	时间	11.09	8.61
第二篇	总一分	11.43	10.96
第三篇	地点	9.74	9.15
第四篇	概括一具体	12.07	9.63
第五篇	事情发展的先后顺序	10.11	8.57
第六篇	事物的几个方面	10.93	10.43

经统计分析，实验班成绩和对照班成绩具有极其显著的差异。此外实验班前后测验成绩差异显著，除按时间顺序分段的文章之外，对其他类别的文章分段，学生能力也有明显提高，这表明学习的迁移发生了。

上述教学实验表明，策略性知识教学过程也可以按一般程序性知识学与教的过程模型设计。也就是说，其学习也必须经过习得规则（启发式规则）、规则的变式练习和规则支配自己的认知活动三阶段。但与一般智慧技能相比，策略性知识的习得与变式练习的时间更长。如本实验通过分析6篇按时间顺序分段的例文，大部分学生尚未领会按时间分段的三条启发式规则。测验结果表明只有约1/3的学生掌握了所教的分段策略。再通过另外6篇短文的分析（即变式练习），又有约1/3的学生能用学到的策略（启发式规则）正确分段。最后由阅读到写作，即写按时间顺序分段的短文，结果又有部分学生获得进步。但经过连续8节课的训练，仍有少量学生未能掌握按时间顺序分段的策略。所以策略性知识的学习不是"举三反一"的问题，可能要举十才能反一。但是学生一旦掌握按时间顺序分段的策略，学习其他几种分段策略速度就会加快，表现出明显的策略学习的迁移现象。

四、以解决问题为主要目标的课的教学策略

问题解决作为学习结果是综合运用先前习得的陈述性知识、程序性知识、策略性知识解

决从未遇到过的问题的能力，远比运用单个概念、规则解决问题要复杂。学生掌握了从属性的概念和规则不等于自然会解决问题，因为问题解决必须同时考虑相关领域中的一些原理、操作程序，仔细选择能够用于解决问题的概念原理，并规划运用它们解决问题的顺序。

在教学实践中，有两种同样低效的问题解决教学策略为一些教师经常使用。一种是只教用于解决问题的原理，却不安排有关实际应用的教学指导和练习。教师们以为不进行专门的问题解决练习，学生自然能够选择有关概念原理并将它们联合起来解决问题。另一种教学策略更为常见：教师只提供解决问题的机会如大量做题，却不进行问题解决要用到的原理或规则的教学，教师们假定学生能够自发地从问题情境中归纳出要用到的原理或规则。于是，问题解决常常沦为学校教育中隐性课程的一部分——我们期望学生会学，但教学却常常失败。许多学生学不会问题解决，能力强的学生也需要付出更多的努力，经历更多的挫折。

综合运用知识解决复杂问题的过程，学科不同，心理模型也不同。在本书第六章讲述语文阅读、写作、数学问题解决的心理过程时，就展现了不同的心理过程和条件，其课堂教学模式也不同。下面介绍的三种教学策略，是中小学不同学科中常用的，带有普适性的，有的被用于研究型课程的教学，有的被用于数学、语文、历史等学科的问题解决。

（一）研究性学习

我国学者对于研究性学习的界定有广义与狭义之分。从广义理解，研究性学习泛指学生探究问题的学习，可以贯穿到各类学习活动之中。从狭义理解，研究性学习指学生在教师的指导之下，从自然现象、社会现象和自我生活中选择和确定研究专题，并在研究过程中主动地获取知识、应用知识、解决问题的学习活动。从研究问题的性质和课程性质两个维度，可以将研究性学习分为四种形态：①在学科教学中对界定良好问题的研究性学习；②在学科教学中对界定不良问题的研究性学习；③在研究性学习课程中对界定良好问题的探究学习；④在研究性学习课程中对界定不良问题的探究学习。研究性学习课程的实施方式更是丰富多彩，常用方式包括在游戏活动中进行探究；在动手操作（包括制作物品）中进行研究；在社会实践中进行研究；策划一次活动，设计某种产品；围绕一个课题开展研究，等等。在诸多可以采用的教学策略中，以下两种采用得比较多。

1. 基于问题的学习（problem-based learning）

基于问题的学习起源于20世纪50年代的医学教育，后来被其他学科领域所采用，如商业教育、建筑教育、工程教育等，并逐渐受到中小学教师的青睐。PBL强调设置复杂、有意义的问题情境，通过让学习者合作解决真实性问题，来学习隐含于问题背后的科学知识，形成解决问题的技能，并发展自主学习和终生学习的能力。这一策略可应用于上述四种形态的研究性学习。

基于问题的学习的特征：①以问题的呈现作为学习过程的开始，以发展学习者的问题解决能力为目标；②强调以学生为中心，强调学生在学习中的责任和主动性；③师生之间、学生之间更多是合作关系，通常让学生组成小组解决问题；④强调问题情境的真实性；⑤教师充当导师,扮演指导者或协调人的角色。

基于问题的学习的学习过程[①]:①在任何准备或学习还没有发生之前,学习者在学习过程中首先就遇到问题;②与现实世界所处情形一样,将问题情境呈现给学习者;③学生对问题进行相应的分析和解决;④在解决问题的过程中,所需的学习领域被识别,并被作为个别学习的指导;⑤学习中所获得的技能和知识被重新应用于问题,以评价学习的有效性和加强学习;⑥总结问题解决过程中发生的学习和探究。

2. 基于项目的学习(project-based learning)

在进步教育运动时期,杜威的学生克伯屈(Kilpatrik,W. H.)提出了"设计教学法"(project method),主要思想是让学生通过实际活动去学习。基于项目的学习是对设计教学法的发展。

以项目为基础的学习即针对课程内容设计学习单元——项目,每个项目围绕一个具有启发性的问题展开,学习者通过合作、讨论分析问题、搜集资料、确定方案,直至问题得到解决。按照探究任务的不同,可以将基于项目的学习分为三类:

(1) 构造或工程类项目

让学生合作制作某种物品,如细胞模型、赛车、乐器等,然后演示自己的作品,并说明如何改进作品。

(2) 实验、研究或测量类项目

学生通过实验研究自变量对因变量的影响,撰写研究报告,报告通常要包括问题、目的、方法、结果和结论等内容。

(3) 资料查询类项目

学生选定一个主题(如全球气候变暖),查找资料汇总成总结性报告,通常制作成墙报、多媒体文稿或网页等。

项目设计的实施通常在教师指导下由学生合作完成,一般包括以下基本环节:①提出项目设计要解决的问题;②制定项目设计计划;③按计划实施项目设计;④形成和交流项目设计成果;⑤反思评价。

(二) 合作学习

合作学习(cooperative learning)是由能力不同的学生组成小组进行学习。建构主义强调学习的社会属性,强调小组成员示范正确的思维方式、暴露和挑战彼此错误的概念。合作学习有许多不同的方式,最常见的是由能力不同的四个成员组成一组,有些是两两配对,还有些是每组的人数各有不同。在合作学习前,通常学生还要学习一些有助于更好地合作的具体技能,如主动倾听、给予清楚的解释、避免说出贬损的话语、包容他人等。

合作学习的方法依据学习目的分成两大类:一类为小组学习,学生们在小组中一起学

---

① 胡小勇等编著:《问题化教学设计——信息技术促进教学变革》,教育科学出版社2006年版,第23—24页。

习,相互帮助掌握一套界定相对良好的知识或技能;另一类叫基于课题的学习或主动学习,也被称为协作学习法。学生分组活动,撰写报告、做实验、设计墙报或做出其他成果。它主要针对建构不良的、通常没有确定的预期结果或明确的教学目标。合作学习的方法有很多,本章重点介绍以下四种[①]。

1. 学生团队-成就区分法

学生团队-成就区分法(student teams-achievement divisions,简称 STAD)是将 4 名学生组成一个学习团队,团队内包含了不同学习成绩、不同性别等的学生。教师先呈现课程,然后团队内的学生一起学习,以保证团队中的所有成员都掌握了这一课。最后,所有学生都参加该部分课程的测验,测验时学生不能互相帮助。将学生的测验成绩与他们过去的平均成绩相比较,每个学生根据超出以前成绩的程度获得一定的积分,这些积分的总和即为团队分数。如果团队分数达到某个标准,可以获得证书或其他奖励。与此相关的另一种方法叫团队游戏竞赛(team games tournament,简称 TGT),每个团队的学生与其他团队的成员进行比赛,为自己团队赢得分数。STAD 和 TGT 被广泛用于从小学二年级到大学的许多不同科目中,如数学、语文、社会科学等。STAD 最适用于那些有明确目标的科目,但如果它与其他更为开放的评价方式结合使用,如小论文、表现评价,也可以用于目标不十分明确的其他科目。

2. 合作统整阅读与写作

合作统整阅读与写作(cooperative integrated reading and composition,简称 CIRC)是一种教授小学高年级学生阅读与写作的综合方案。学生在 4 人合作学习小组中进行一系列的活动,包括互相朗读与聆听、预测故事情节、相互对故事进行总结、写读后感以及练习拼写、解码和词组。小组成员还共同合作来概括文章的要点、写文章草稿、修改和编辑其他成员的文章以及其他阅读理解和写作技能。有多项研究发现,CIRC 方案对学生的阅读技能有积极作用,包括提高了标准化阅读和语言测验的分数。

3. 拼图法

在拼图法(jigsaw)教学模式中,学生被分到 6 人小组中,要学习的材料被分成几个部分。比如,某一篇传记可能被分成早年说、才华初现、重大挫折、晚年生活以及历史意义等几个部分。小组中每个成员阅读自己负责的那部分内容。然后,每组中负责系统内容的成员组成专家组,共同讨论所负责的那部分内容。之后,大家分别回到各自小组中,轮流给小组其他成员讲授自己所负责的那部分内容。每个学生对其他部分内容的学习只能通过仔细听小组其他成员的讲解来完成,这激励着学生去支持他人的工作并表现出兴趣。与 STAD 一样,最后小组所有学生都参加小测验,并得到小组分数。

4. 小组调研

小组调研(group investigation)是一种通用的课堂活动组织方式,学生在小组中通过合

---

① [美]罗伯特·斯莱文著,吕红梅、姚梅林等译:《教育心理学——理论与实践》(第 10 版),人民邮电出版社 2016 年版,第 220—223 页。

作性提问、小组讨论以及合作性规划与课题等方式进行学习。学生自己组成小组,每组2—6人不等。每组从全班学习的单元中选择某一子课题,然后将子课题分解为几个独立的任务,通过完成这些任务来为小组报告做准备。最后,每组给全班同学报告或展现他们的成果。

通过对合作学习中的小组学习与传统教学方法的对比研究,结果表明,如果能满足以下两个关键条件,则合作学习的效果一定优于传统教学:

第一,对有成效的小组给予某种认可或小的奖励,这样小组成员就可以意识到帮助组内其他成员的学习是有价值的;

第二,实施个体负责制,即小组的成功依赖于小组中所有成员的个人学习情况,而不是单一的小组成果。如果没有这种个体负责制,则有可能某个学生会承担他人应该做的工作,或者有些学生因为被认为对在小组互动时毫无贡献可能被排斥在外。

此外,研究还发现,若教给学生沟通和助人的技能,或者给出具体的、结构化的合作方式,以及元认知学习策略,也有助于提高合作学习的效率。

虽然合作学习得到广泛应用,但最常见的合作学习形式却是那些缺乏小组目标和个体负责制的非正式方法,而研究表明这些方法的效果比不上那些更为结构化的方法。心理学家梅耶在《应用学习科学——心理学大师给教师的建议》[①]中将"合作学习"列为三条流行却受到质疑的教学原则之一,并列出了合作学习有效和有质疑的情境(见表10-7)。

表10-7 合作学习的形式与有效性

有效性	合 作 形 式
有效	合作学习:小组得分基于小组成员每个人的表现,比如每个小组成员都要参加考试,小组总分(或者提高分)仅代表全组的成绩。
有效	互惠教学:在教师的指导下,小组成员轮流讲解某一具体的认知技能,这样每个小组成员都有机会体验做"小老师"的感受。
有质疑	小组项目:小组得分基于单一的小组成果,比如小组成员共同完成一项课堂展示后,只得到一个全组成绩,即每个成员的分数一样。
有质疑	小组发现:小组协同合作解决问题,教师基本没有任何指导,比如教师不提供辅导,一组学生合作完成数学作业。

尽管合作学习的有效性是有条件的,但大量的研究表明,合作学习在可能促进学生学习的同时也很可能使学生获得团队合作技能,如与同伴之间相互教与学的能力,支持和鼓励同伴努力的能力,有礼貌地进行反驳并在不贬低他人的情况下坚持合理观点的能力,解决人际

---

① [美]理查德·E·梅耶著,盛群力等译:《应用学习科学——心理学大师给教师的建议》,中国轻工业出版社2016年版,第82页。

冲突以及在团队内创造一个积极的工作环境的能力。拥有这些能力，不仅帮助年轻人在当今的职场中取得成就，还有助于营造一个更加安宁和亲社会的环境。[1]

（三）探究性教学

探究训练是理查德·萨奇曼（Suchman, R.）1962年设计并提出的，其目的是教会学生调查和解释异常现象。萨奇曼相信，一个人面对令人疑惑事件时会本能地想去解决它，教师可以利用这种内在的探究渴望教授学生科学研究的方法，通过合作性的探究，帮助学生建立"所有知识都是暂时性的"的价值观，并能理解和接受对问题的不同解释。

探究性教学分为五个阶段（见表10-8）[2]。第一阶段，学生面对问题情境，第二、第三阶段，收集资料，包括确认和实验。在这两个阶段中，学生先提出一系列问题，教师用"是""不是"回答，然后，学生针对问题情境开展一系列实验。第四阶段，学生对收集到的资料进行组织并尝试解释。第五阶段，学生分析自己在探究过程中使用的解决问题的方法。

表10-8 探究性教学的结构

阶段		教学活动
第一阶段	面对问题	解释探究程序；提供问题情境。
第二阶段	收集资料—确认	确认探究对象及其条件的实质；确认问题情境的发生。
第三阶段	收集资料—确认	分离相关变量；提出假设，验证因果关系。
第四阶段	组织并提出解释	提出规律和解释。
第五阶段	分析探究过程	分析探究方法，探索更有效的方法。

探究性教学中，教师的作用在第二和第三阶段最为重要。在第二阶段，教师的任务是帮助学生探究而不是代替他们去做。如果学生的问题不能用"是""不是"回答，教师必须要求学生重新提问，促进他们置于问题情境中并以此鼓励他们收集资料。必要时，教师可以通过提供新信息，引导学生聚焦于某一特定问题或者提出新问题等方法推动探究的进行。在最后阶段，教师的任务是使得探究活动直接指向过程本身。

探究性教学最理想的支持系统是一组有挑战性的资料和一位了解探究过程及其方法的教师以及与问题相关的材料。

---

[1] ［美］罗伯特·斯莱文著，吕红梅、姚梅林等译：《教育心理学——理论与实践》（第10版），人民邮电出版社2016年版，第224—225页。

[2] 布鲁斯·乔伊斯（Bruce Joyce）等著，兰英等译：《教学模式》（第八版），中国人民大学出版社2014年版，第134—136页。

练习题

一、填空题

1. 赖格卢斯将教学策略分为三类：_____、_____、_____。
2. 课堂教学实施行为可以分为三类：_____、_____、_____。
3. 课程水平的教学策略主要有：_____、_____、_____。
4. 影响教学方法选择的最重要的因素是：_____。
5. 广义知识教学过程一般模型中的,不同的学习结果类型,教学步骤_____是相同的,_____是不同的。
6. 传统课堂教学过程的五个基本步骤是：_____,_____,_____,_____,_____。
7. 研究表明,布鲁纳提出的发现学习的优点是：_____、_____,缺点是_____。
8. 先行组织者是_____提出一个重要概念,它可分为_____和_____两类。
9. 教学内容呈现的策略主要有：_____、_____、_____、_____。
10. 合作学习的方法依据学习目的,分成_____、_____两大类。

二、选择题

1. 奥苏伯尔提倡在教学中采用"组织者"这一技术。其精神实质是(　　)。
   A. 强调直观教学
   B. 强调新知识与学生认知结构中原有的适当知识的相互联系
   C. 激励学生的学习动机
   D. 引导学生的发现行为

2. 运用符号标志技术促进学习的心理学依据是(　　)。
   A. 它可以引导学生的注意和选择性知觉
   B. 它可以简缩教材
   C. 它适当增加了直观形象内容
   D. 它使教材结构更鲜明

3. 研究表明,布鲁纳提倡发现教学法有助于远迁移能力的培养。根据知识分类学习论,适当的解释是(　　)。
   A. 它比讲解式教学更适合教迁移所需要的概念和原理
   B. 它更有助于新知的习得
   C. 它更有助于知识的保持

D．它更有助于探索解题策略的教学

4．广义知识教学过程一般模型,在第5步分两支的依据是(　　)。

A．同化论　　　　　　　　　　B．信息加工心理学

C．知识的技能转化理论　　　　D．知识巩固运用理论

5．选择教学方法的主要依据是(　　)。

A．教学目标　　　　　　　　　B．学生学习结果的类型

C．教师的爱好　　　　　　　　D．"教学有法,教无定法"

6．根据心理学现有的研究,你认为当前中小学课堂教学的重点应为(　　)。

A．创造性思维　　　　　　　　B．言语信息

C．智慧技能　　　　　　　　　D．动作技能

三、问答题

1．对提供的一节课的教学视频,运用学到的心理学原理进行评析：(1)本节课的目标；(2)教学过程、教学方法与教学目标的适切性；(3)外部教学事件与学生的认知加工过程的关系。

2．完成本章目标"运用2"的教学设计。

重点概念

1. **教学策略**：狭义的界定是指适合达到一定教学目标的一整套教学步骤、方法、媒体的选择等。宽泛的界定是指教师为实现教学目标或教学意图(指难以明确或无需明确的目标)所采取的一系列问题解决行为。

2. **课程水平的教学策略**：通常指开发课程的策略,主要包括教学内容的选择、教学内容的编排、教学内容的呈现等。

3. **课堂水平的教学策略**：指课堂教学过程和各种具体教学方法。

4. **教学内容**：贮存于一定媒介中有待加工转化为教学目标的信息。

5. **符号标志技术**：是在学习材料中加入未增加实际内容的标志或词语,以强调材料的概念结构和组织的技术。

6. **先行组织者**：简称组织者,是奥苏伯尔在20世纪60年代初提出的一个概念。组织者是先于学习材料呈现之前呈现的一个引导性材料。它在概括与包容的水平上高于要学习的新材料,但以学习者易懂的通俗语言呈现。它是新旧知识发生联系的桥梁。

7. **教学过程**：是教师按照一定顺序提供给学生的旨在促进学生学习过程的教学事件。

8. **教学方法**：是实现教学事件的具体方式或手段。

9. **教学模式**：是教学过程模式，指针对具体目标或学习结果而采取的相对固定的教学事件的组合。

10. **合作学习**：是由能力不同的学生组成小组进行学习。合作学习有许多不同的方式，最常见的是由能力不同的四个成员组成一组，有些是两两配对，还有些方式是每组的人数各有不同。在合作学习前，通常学生还要学习一些有助于更好地合作的具体技能，如主动倾听、给予清楚的解释、避免说出贬损的话语、包容他人等。

四 推荐读物

1. 吴红耘、皮连生：《试论与课程目标分类相匹配的学习理论》，《课程·教材·教法》2005年第6期。

该文概括地阐述了三类知识、三种基本智慧技能、两种高级智慧技能的学习过程和条件。

2. [美]P·L·史密斯、T·J·雷根著，庞维国等译：《教学设计》（第三版），华东师范大学出版社2008年版。

该书按陈述性知识学习、概念学习、程序性知识学习、原理学习、问题解决、认知策略学习、态度和动作技能学习，分八章论述了每类学习的性质和相应的教学策略。

3. 皮连生主编：《知识分类与目标导向教学：理论与实践》，华东师范大学出版社1998年版。

该书收录了经皮连生修改和评析的语文、数学、外语、物理、化学、地理和政治等学科的教学案例20个，为中小学主要学科提供了依据任务分析决定教学策略的许多案例与评析。

4. 皮连生：《知识的分类与教学设计》，《教育研究》1992年第6期。

该文在我国首次提出用知识分类学习理论来指导教学设计的思想。

5. 皮连生主编：《教学设计》（第2版），高等教育出版社2009年版。

该书第三部分用九章的篇幅分别阐述了不同类型知识的教学策略设计和不同学习类型的教学策略设计。

6. 布鲁斯·乔伊斯（Bruce Joyce）等著，兰英等译：《教学模式》（第八版），中国人民大学出版社2014年版。

该书是美国探讨教学模式的经典教材，系统全面地介绍了十几种流行度很高的教学模式，本章第三节介绍的教学策略，该书有更系统详尽的阐述。

第十一章 学习结果的测量、诊断与评价

本章目标

记 忆

1. 能陈述常模参照测验与目标参照测验在目的、理论假定、选题要求与评价标准方面的异同。
2. 能陈述目标参照测验的主要功能。

理 解

1. 能用自己的话解释下列术语：测量、评价、常模参照测验、目标参照测验、效度、信度、诊断性测验、互惠式教学。
2. 能举例分别说明学生掌握智慧技能中的具体概念、定义性概念、规则和高级规则的行为标准。
3. 能结合实例说明如何保证标准参照测验中的信度与效度。

运 用

1. 能用实例说明如何将修订的布卢姆认知目标分类理论以及加涅认知领域学习结果分类理论转化为测验题的编写技术。
2. 能结合具体的学科测验结果测算该测验的信度、效度、难度和区分度。

在教育与心理测量学中，测量（measurement）、测验（test）与评价（evaluation）是三个密切相关但又有所区别的概念。在心理学上，**测量**（measurement）是指根据某种量表，用数字描述个体的特征。量表通常指测验，个体的特征指其对测验中各题目所表现的反应。测验是包括多个问题所构成的用来鉴别能力或性格差异的工具，如智力测验，成就测验。**评价**（evaluation）是指系统地收集有关学生学习行为表现的信息，加以分析处理之后，再根据一定的标准给予价值判断的过程。由于教育与心理测量是一门相对成熟的教育心理分支学科，有关学生结果的测量与评价的理论与方法在一般教育心理学教科书中都可以找到。本章对有关概念和理论不展开讨论。本书强调目标导向的教学设计，与此相对应，本章将重点论述教学目标参照的测量与评价，首先介绍两种不同类型的测验和评价以及有效测验的条件，接着阐述目标导向教学设计中的学习结果测量理论与技术，最后说明基于测量结果的分析、诊断与补救教学。

第一节 两种不同类型的测验、评价及有效测验的必要条件

一、两种不同类型的学习成绩测验与评价

在对学生的学习结果进行测量时，有的测验结果只有与测验群体的平均分数进行对照（常模参照）才有意义，有的测验结果只有与事先确定的标准（目标参照）加以比较才有价值。

常模参照与目标参照两种测验的目的、理论假定和作用不同,编写的要求不同,评价的标准也不同,因此不可混用。

(一) 常模参照测验与评价

智力测验、大学入学考试(高考)、学校期末考试所用的测验一般为常模参照测验。其理论假定是:在某一个团体中,大多数人完成作业的水平处于中等水平,少数人处于好差两个极端水平,它们服从常态分布的统计规律。为此,测验编制者需要编写大量中等难度的试题,同时安排一些较易和较难的试题,组成整个测验(或试卷)。其目的是将不同水平的学生加以区分,便于学校录取新生或其他人才选拔工作,或者用于将学生重新分组、编班等。

常模参照测验(norm-referenced test)是以学生团体测验平均成绩作为参照标准来解释和评价学生的成绩的。如一项测验,年级平均分数是 60 分,某生得到 50 分,与年级均分相比,该生的成绩处于中下的位置,某生这项测验将被评价为成绩较差。

国外的许多标准化学习成绩测验都是常模参照测验,这种测验有标准化的常模。测验人员先对某一地区(或国家)特定年龄(或年级)的学生样本施测,获得的样本分数均分就成为常模。通过将某一学生的成绩与同龄学生的常模比较,从而判断其在所属团体中的相对位置并作出评价。

常模参照测验适合测量和评价较长期的(如一年或几年)教学效果,如评估学生的一般阅读能力,其中的题目需要学生同时运用习得的多种知识和技能,包括智慧技能、言语信息或认知策略。因此该类测验便于对学生的整体能力作出适当评估,也便于对学生之间的差异进行比较。研究表明,常模参照测验的成绩与学生的智力水平有较高相关。因此,该类测验分数不完全反映教学的质量,用来评价教学是不适当的。

(二) 目标参照测验与评价

目标参照测验(criterion-referenced test)是在掌握学习理论和现代教学设计理论的基础上,于 20 世纪 60 年代发展起来的。其基本假设是:学习成绩应以学习的数量和程度(水平)来表示,而且只有与预先规定的某种标准加以比较才具有确定的意义。

进行目标参照测验的兴趣不在于学生之间的差异比较,而在于考察预期的教学目标是否为学生所掌握。其试题必须针对预定的教学目标。通过测验,学生达到了目标,教学可以继续进行;如果未达到目标,则应立即进行补救教学。所以目标导向教学设计中的测量与评价是贯穿教学过程始终的,并非只有初始(预测)、期中(中期测验)和期末(期末或年终考试)三阶段测量和评价。

具体地说,目标参照测验可以实现如下四种不同的功能:

第一,学生安置。预测可以实现此功能。预测试卷可以分成两部分。一部分测量任务分析中鉴别出来的学生起点能力,另一部分测量要学的新内容。通过前一部分测验题,教师可以确定学生是否满足教学任务分析中揭示的学生起点能力的要求。如果学生缺乏某些起点能力,则应先进行补救教学,使学生先获得实现预定目标的先决知识与技能。通过后一部分测验题，教师可以确定哪些学生在未施教之前已部分或全部掌握了将要教的内容。对于这部分学生，可以让他们跳过某些教学内容，或直接升入更高的年级进行学习。

第二，诊断学生的困难。教学过程中的测量都具有诊断学习困难的功能，因为学习过程中的测量不仅要测量终点目标，而且要测量任务分析中揭示的子目标。一节课的终点目标将成为下一节课的子目标，所以，坚持教学过程中的测量，可以立即发现学生学习中的缺陷，及时采取补救措施。当然这类测量一般是非正式的，教师的观察、提问、有意安排的练习都可以起到测量和诊断作用。根据需要，教师也可以根据知识分类理论和任务分析技术自编诊断测验，发现学生学习中的缺陷。如现代认知心理学的研究表明，学生的写作能力是由文章内容知识、语言表达技能和文章构思策略这三类知识构成的。据此自编试题进行测验，如果能诊断出学生缺乏何类知识，则可以有针对性地进行补救教学。对于缺乏内容知识的学生，应丰富他们的生活经验；对于缺乏基本表达技能的学生，应加强正确运用字、词、句表达自己思想的技能训练；对于缺乏构思策略的学生，应针对性地进行构思策略训练。知识类型不同，补救的方法也应有所不同。

第三，检测学生的进步。经常性地采用目标参照测验可以显示学生的进步。学生看到自己在一步一个脚印地前进，这将极大地鼓励他们继续学习的努力。由于目标参照测验不作横向比较，只要教学顺利进行，不论成绩上等、中等或下等的学生，都能看到自己的进步，这可以避免因横向比较给学习滞后的学生带来失败感。

第四，评价与改进教学。目标导向的教学设计要求教师的每份教案应包含检测教学目标的测验题。这正如工厂中的质量管理，在产品投入生产前，检测标准预先制定了，生产过程一定要按质量规格进行。目标导向的教学也是如此。所以目标参照的测验本身具有改进教学与评价教学的功能。例如，在一个教学单元之后，进行系统测验，教师可以对测验项目进行分析，从而发现教学中的优点与不足，提出有针对性的改进措施。

二、有效测验的必要条件

人们对测验的起码要求是有效、可信，而且具有一定的难度和区分度。在常模参照测验中，这些条件较难满足，但在目标参照测验中，这些条件的满足则变得容易得多。

（一）效度

效度（validity）是指一个测验或测量工具能够正确测量所要测量的属性或特征的程度。它是科学测量工具最重要的必备条件。一个测量工具如果没有效度，那么无论具有其他任何优点，都无法发挥其真正的功能。因此，选用某种测验或者自行设计编制测验，必须首先评定其效度。

目标参照测验的效度是指测验与其针对的教学目标吻合的程度。两者吻合程度高，则测验效度高。但这里还应该有一个前提条件，即设置并陈述的教学目标真实地反映了教学单元或课时的教学目标。如果目标设置与陈述不当，则目标与测验吻合程度再高，也失去了评价教学的意义。所以单元或课时目标必须严格按加涅的学习结果分类加以陈述。如果目标陈述问题解决了,在测评时,可以通过提出下面的问题来确保测验的效度:"测验所要求的行为和在目标陈述中的行为是一致的吗?"如果回答"是",则测验有效。在实际工作中,可以让几个人同时进行评判并使其评判取得一致。

(二) 信度

信度(reliability)指的是所测量的属性或特征前后的一致性程度,即多次测验的结果是否一致。一个人在多次进行某种测验时,如果得到近乎相同的分数,那么,可以认为该测验稳定可靠,其信度是高的。

信度是对测量的一致性程度的估计,效度是对测量的准确性程度的估计。一致性与准确性的关系可以用射击靶环来说明。假设有 A、B、C 三支枪,对准靶面中心固定位置后各射 9 次,所得结果如图 11-1。

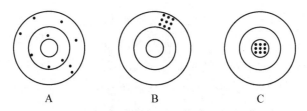

图 11-1 准确性与一致性的关系

A 枪弹着点十分分散,说明一致性和准确性都不好;B 枪弹着点虽然比较集中,但偏离靶心,说明一致性好,准确性差;C 枪弹着点全部集中在靶心,说明一致性和准确性都好。一个测验或测量工具对于某一个目标具有某一信度,但并不一定有效度;而一个测验或测量工具如果对于某一个目标是有效的,那么它一定是可信的。正如用一把米尺去量身高是有效的,也是可信的,但是用它去量体重,尽管多次量得的结果是一致的,即有较高的信度,但它的效度却是很低的。

目标参照测验的信度包括学生在针对同一目标设计的若干测验上反应的一致性。例如,针对"计算长方形面积"这一目标设计的测验题有填空题、选择题、文字应用题,若学生对这三类题都能正确回答,说明学生的成绩是可信的。

目标参照测验的第二层含义是时间上的可靠性,即在不同时间测量的一致性。例如,一个目标在某一天测量后,经过若干天再测,如果两次测验成绩一致,则可以认为测验的信度很高。

(三) 难度和区分度

难度指的是项目的难易程度。在心理与教学测量中,常常用受测者答对或通过每个项目的人数百分比(P 值)作为难度的指标。

$$P = \frac{R}{N} \times 100\%$$

上述公式中，P 代表项目的难度，N 代表全体受测人数，R 为答对或通过某一项目的人数。P 值越大，难度越低；P 值越小，难度越高。

目标参照测验不必考虑题目难度，因为该类测验只关心预期的教学目标是否达到，只要是针对目标的试题，难的和容易的同样要进行检测。

区分度指测验题目对不同水平学生的区分程度。在某一试题上高水平被试得分多而低水平被试得分少，则意味着该试题有良好的区分度。目标参照测验的目的不是在学生之间作横向比较，因此也不必考虑试题的区分度。

第二节 目标导向教学设计中的学习结果测量理论与技术

一、布卢姆掌握学习理论与掌握的标准

(一) 掌握学习理论

布卢姆的掌握学习（mastery learning）为教学及其评价提出了一种与传统教育完全不同的观点。布卢姆认为，只要给予足够的学习时间和适当的教学，几乎所有的学生对几乎所有的学习内容都可以达到掌握的程度（通常要求完成 80%—90% 的评价项目）。学生学习能力上的差异并不能决定他能否掌握要学习的内容和学习的好坏，而只能决定他将要花多少时间才能达到对该项内容的掌握程度。换句话说，学习能力强的学习者，可以在较短的时间内达到对某项学习任务的掌握水平，而学习能力差的学习者，则要花较长的时间才能达到同样的掌握程度，但他们都能获得通常意义上的 A 等或 B 等。

布卢姆的掌握学习概念实质上是建立在卡罗尔（Carroll, J. B.）关于学校学习模式的基础之上的。卡罗尔认为，学习的程度是花在学习上的时间与学习所需时间之比的函数，而学习所需的时间则是能力和教学质量的函数。即：

$$学习的程度 = f\left\{\frac{学习的时间}{学习所需时间}\right\}$$

$$学习所需时间 = f(能力,教学质量)$$

也就是说，如果学生学习某门学科的能力呈常态分布，且给予同样的教学，则学生学习所需的时间也呈常态分布，在同样的学习时间里，全体学生所达到的学习程度将呈常态分布。在这种情况下，最初的能力测验与教学后的成就测验的相关甚高。而如果学生的能力呈常态分布，教学的类型和质量以及允许的学习时间适合于每个学生的特点，则绝大多数学生在特定的学科上都能达到掌握水平。

布卢姆的主要贡献在于他设计了一种掌握学习的程序，并对掌握学习的效果及其在学校学习中的可行性进行了系统的研究。布卢姆的绝大多数研究成果都概括在其代表作《人类特征与学校学习》（Human Characteristics and School Learning）一书中。这本书使他赢得了在掌握学习这一研究领域中的领导地位。

在掌握学习程序中,布卢姆将学习任务分成许多小的教学目标,然后将教程分成一系列小的学习单元,后一个单元中的学习材料直接建立在前一个单元的基础上。每个学习单元中都包含一小组课,它们通常需要1—10小时的学习时间。然后,教师编制一些简单的、诊断性测验,这些测验提供了学生对单元中的目标掌握情况的详细信息。达到了所要求的掌握水平的学生,可以进行下一单元的学习。若学生的成绩低于所规定的掌握水平,就应该重新学习这个单元的部分或全部,然后再测验,直至掌握。

采用掌握学习法,学生的成绩是以成功地完成单元的学习而不是以在团体测验中的等第名次为依据的。学生的成绩仍然有差异,这种差异表现在他们所掌握的单元数或成功地学完这些单元所花的时间上。学生之间仍然有竞争,竞争采取的形式是,力求首先完成一组单元的学业,或者比试谁更快学完最高额的"选修"单元。然而,按照某门课的实际标准,最终可能使绝大多数学生都得到A等或B等。这一结果部分是由于掌握了前面的教学单元。尽管有些学生要比另一些学生费时较多,但前面的学习可以大大地促进后面单元的学习并减少学生在背景知识上的最初差距。

(二)掌握的标准

从操作层面上讲,可以将掌握定义为学生通过评估教学目标的测验。掌握得好坏的程度是由学生通过针对目标的测验项目数表明的。根据加涅的观点,常用的课程设计标准是"90%的学生能达到90%的目标掌握"。有时也可以根据学生的原有基础和课程特点,规定高、中、低三级掌握水平的标准。也可以根据不同类型的学习结果,确定不同的掌握标准。有些智慧技能的学习,如小学数学,必须达到100%的掌握,因为如果先决技能未掌握,新的技能不可能习得。而言语信息的学习,其掌握标准可以放低一些,因为这类学习不像智慧技能有严格的层级关系。认知策略的学习需要较长的教学时间才能见效,不必每一节课都有具体目标以及测量与评价。

二、指导认知领域学习结果测验题编写的两种理论与技术

(一)布卢姆认知领域目标分类理论与测验题编写技术

尽管在20世纪50年代初,布卢姆等人并不了解知识与智慧技能的本质是什么,但他们在划分认知领域的目标(参见第九章)时,采用了一套操作方法来区分知识与层次不同的智慧能力。他们规定,在测量时,凡是测验情境与原先的学习情境相同,或只有细微的改变,这样的测验所测量的是知识,或者说,所测量的是回忆知识的能力。如果测验的情境与原先学习时的情境发生程度不同的变化,那么所测量的是不同层次的智慧技能。变化程度小的测验情境,所测量的是领会和运用能力;变化程度高的测验情境,所测量的是分析、综合和评价能力。这样,教师和教育测量人员可以在并不知道知识与智慧技能的本质的情况下,采用上述操作方法,编制学习结果的测验题,从而测量到不同层次的智慧能力。

假定学生已掌握了如下知识:

命题1：如果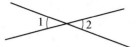

则∠1=∠2

（两直线相交，其对顶角相等）

命题2：如果

则△ABC≌△DEF　　AC=DF　　∠BAC=∠EDF，∠BCA=∠EFD

（两个三角形两边夹一角对应相等，则它们全等，而且其余的边和相应的角也相等）

命题3：如果  则∠x=∠y

（三角形两边相等，它们所对应的角也相等）

运用布卢姆认知目标分类的操作方法可编写如下测验：

（1）假定

请陈述可以得出的论。

此题学习情境与测验情境基本上相同，所测的是知识。

（2）假定

请陈述可以得出的结论。

此题中，测验情境与学习情境发生了较明显的变化，这样测得的是领会，即理解的初级水平。

（3）假定：

且 ∠1 = ∠2

请陈述可以得出的结论。

此题测验情境与学习情境完全不同,学生必须把原先习得的命题(此处是几何定律)应用于新情境并理解新情境,这样测得的是运用,即高级理解水平。注意此处的"运用"指单一命题在新情境中的运用。

(4) 假定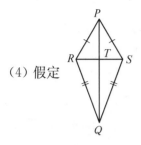

证明:$RT = TS$

此题不仅测验情境与原先学习情境完全不同,而且不能运用所学得的单一命题解决当前的问题。学生分别运用先前学过的命题 2 和命题 3 对测验题作仔细分析,问题即可解决,此题测量分析水平的智慧能力。

(5) 假定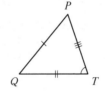

证明:$\angle LMN = \angle PQT$

此题不仅测验情境与学习情境完全不同,而且凭借分析能力还不能解决,此题需要学习者生成一种新情境,即通过作辅助线,把两个三角形合成一个新图形(见下图)。这样的测验题所测量的是综合水平的能力。

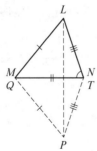

布卢姆认知领域的目标分类形成于 20 世纪 50 年代初,当时的心理学还是行为主义占统治地位。尽管该分类的作者们力图使自己的分类不违背当时的心理学所发现的规律,而且所提出的心理学假设具有前瞻性,但从当代心理学研究的最新成果看来,布卢姆认知领域的目标分类有许多局限性。如,该分类学用学习情境与测验情境是否发生变化来区分知识与智慧技能,但对知识、智慧技能的本质是什么,由于时代的局限,未作回答。

(二) 修订的布卢姆认知领域目标分类理论与测验题编写技术

认识到布卢姆认知领域教育目标分类的上述局限,2001年,L·W·安德森等人提出从两个维度——"知识维度""认知过程维度"对学生学习的结果进行测量与评定。修订后的认知领域目标分类参见本书第九章的相关内容。

教学目标具有指导教学结果的测量和评价的功能,换言之,任何学习结果的测量与评价都是指向教学目标的。L·W·安德森等人认为,目标的陈述包括一个动词和一个名词,前者一般描述预期的认知过程,后者一般描述期望学生掌握或建构的知识。按照此观点,任何教学目标都涉及两个方面:一个是知识,一个是学习的认知过程。如"学生能区分(认知过程)测验、测量和评价概念(知识)"就体现了知识与认知过程的教学目标。因此目标导向的测验应该从"知识""认知过程"两个维度设计测验题,引出学生的反应,据此判断目标预设的教学内容是否达到预期的掌握程度。

下面以本书第九章表9-2中所列出的教学目标为例,说明如何运用"两维目标分类"理论编制测验题。

目标1:回忆加法事实(和不超过18)。

从两维目标来看,"回忆加法事实"属于"记忆—事实性知识",是通过记住大量的加法事实(而不是掰手指)以回忆的方式得到不同数位相加的结果。

测验题1

$3+5=$ $3+9+4=$ $7+8+3=$

$\quad\quad 2 \quad\quad\quad\quad\quad\quad 2 \quad\quad\quad\quad\quad\quad 6$
$\quad\quad\quad\quad\quad\quad\quad\quad\quad 5 \quad\quad\quad\quad\quad\quad 5$
$\underline{+\ 7} \quad\quad\quad\quad \underline{+\ 7} \quad\quad\quad\quad \underline{+\ 4}$

上面不论是横式还是竖式加法,都是通过在限定时间内的大量记忆练习,学生无需动手操作,而是通过回忆的方式"计算"出不同数位的结果。之所以将其归入"记忆—事实性",是因为学生的认知过程主要是回忆,认知的对象是"和不超过18的加法事实"。

目标2:理解(在某些条件下)记忆的效率。

理解记忆的效率即"理解—元认知知识",就是通过多种方式"求和等于或小于18"的加法记忆,理解其中有效的方法。

测验题2

$9+5=$ $8+9=$ $2+9+3=$

$\quad\quad\quad\quad\quad\quad\quad\quad 8 \quad\quad\quad\quad\quad\quad 9$
$\quad\quad 9 \quad\quad\quad\quad\quad\quad 3 \quad\quad\quad\quad\quad\quad 4$
$\underline{+\ 3} \quad\quad\quad\quad \underline{+\ 5} \quad\quad\quad\quad \underline{+\ 3}$

测验2尽管也涉及"加法事实"的横式与竖式加法,但主要通过"凑10"法(加数中都有9或8)或其他方法,让学生通过这样的练习慢慢发现,在规定的时间内,哪一种加法练习的效果最好,这实际上涉及理解元认知知识。

目标3:获得各种记忆策略的运用知识

获得记忆策略的运用即为程序性知识的运用,要注意的是:目标3与目标2不同,目标3聚焦于某种策略的运用(如"凑10"法),即通过"凑数"求和,运用某种操作步骤得到某一结果;而目标2则通过多种加法事实练习,意识到其中最有效的方法,这实际上就是理解元认知知识。

我们不妨通过另一历史学中的例证来说明"知识—认知过程"两维分类表在测验中的应用。

学习材料:甲午中日战争

对于上述教学内容,教学目标可以定位于以事实为主的记忆(目标1),可以是以战争要素为内容的分析(目标2),也可以立足中日两国关系的发展进行某种预测与研判(目标3)。

目标1:能陈述甲午战争发生的背景及主要海战。

目标2:能从战争资源或要素(国家战时动员体制、武器、人员、天时地利)的角度分析甲午中日战争的结局。

目标3:从现代战争构成要素的新变化,预测并研判中日之间发生战争的可能性以及可能的结局。

目标1主要涉及对历史事件(时间、地点及人物)的回忆,因此归于记忆—事实性知识类别。目标2涉及对战争要素的分析,要素不仅涉及分类,也涉及各要素间的关系,因此归入分析—事实性知识类别。目标3是一种预设,历史学习在于"以古喻今",需要学生根据现代信息化战争的新特点,研判并生成中日之间发生战争的可能性以及可能的结局,因此归入创造—事实性知识类别。上述三个教学目标涉及的"知识—认知过程"见表11-1。

表11-1 修订的两维目标分类表

知识维度	认知过程维度					
	1. 记忆	2. 理解	3. 运用	4. 分析	5. 评价	6. 创造
A. 事实性知识	目标1			目标2		目标3
B. 概念性知识						
C. 程序性知识						
D. 元认知知识						

测验题1

通过列表概述甲午战争发生的背景、主要海战时间、地点及经过。

这类目标要求学生记住甲午海战的主要事实,是对历史事实的回忆,我们的历史学习多限于这样层面的学习,这是必须的,但远远不够。

测验题2

在查阅文献资料的基础上,从国家体制、战时动员、武器、人员、后勤支援以及天时地利等方面分析甲午中日海战的结局。

测验题3

在查阅相关文献资料的基础上,回答下列问题:如果中日之间再次发生战争,结果会如何?请从现代战争构成要素的新变化分析你的预测,要言之成理,论点与论据相依。

由此可见,以修订的布卢姆认知目标分类理论为指导,测验题的编写一定要从预设的教学目标涉及的"教学内容和学生达到的掌握程度"两个维度出发,既不能随意提高认知过程的要求,也不能混淆知识的类别。如果教学目标要求<u>运用</u>(认知过程)某个<u>概念性知识</u>(知识)解决问题,测验题就应该提供运用概念性知识的问题情境。

(三)加涅认知领域学习结果分类理论与测验题编写技术

加涅认知领域学习结果分类理论在第九章已有论述,此处不再重复。加涅将认知领域的学习结果分为智慧技能、言语信息和认知策略,下面分别举例予以说明。严格的行为目标中含有应测量的行为和行为产生的条件。在测验时,教师的任务是将行为目标转化为测验题。下面以本书第九章中曾出现过的教学目标为例说明如何应用加涅的理论将教学目标转化为测验题。

1. 智慧技能

智慧技能包括辨别、具体概念、定义性概念、规则和高级规则,下面分别举例说明适合检测每种能力的行为标准和测验题。

(1) 辨别

语文和外语的词语学习中需要辨别能力。如英语课的一个目标是:

给予 lit/i/—let/e/;pick/i/—peak/i:/ 等词的读音,学生能正确区分[i]与[e],[i]与[i:]的读音。

辨别的行为标准是区分事物的差异。这一目标暗含的智慧技能是"听觉"辨别能力。正确测验方式是口头测验。教师或录音设备给出含有[i]与[e],[i]与[i:]音标的成对词;学生分别指出含有[i]与[e],[i]与[i:]读音的词,表明学生已掌握这种辨别能力。

应注意,能听出发不同音的词与自己读出正确的音要求的能力是不同的。前者为智慧技能的辨别能力,后者除了要求知觉辨别能力之外,还要求口腔、舌头、嘴唇等部位的肌肉协调能力,即动作技能。如果要求学生正确读出这些不同的音,则测验超出了目标。测验与目标不相符,不符合测验的效度标准。

从诊断与补救要求来看,如果发现学生语音辨别有困难,在分析原因时,应考虑方言的干扰影响。

(2) 具体概念

语文词语学习涉及大量的具体概念。这些概念一般是在日常生活中习得的。例如,《小壁虎借尾巴》一课中有这样一个目标:

"能口头解释摇着尾巴、甩着尾巴和摆着尾巴三个带点的词的不同含义。"

这三个动词所表征的动作概念属于具体概念。具体概念的外延与内涵往往是含糊的。掌握具体概念的行为标准是指出概念的例子。"摇"与"摆"这两个动作难以区分。语文中从修辞考虑,为了避免重复,常用同义词替换。此处的测验题只要求学生做出摇、摆和甩的动作,如"摇头"、"摆手"、"甩(掉手上的)水"等并加以说明,即可检测学生对这些具体概念的理解和应用。

(3) 定义性概念

如《朗读技能中的"重音"指导》一课中的"重音"是一个定义性概念。该课有这样一个目标:

"能根据所要表达的思想感情给课文中的一些句子标上重音符号;对已学过的课文中的句子标上适当重音符号,并能根据定义陈述理由。"

掌握定义性概念的行为标准是根据概念的定义给事物分类。

测验题1:

根据括号内的要求给句子中有关词语正确加上重音符号,并正确朗读。

"他的双手紧紧抓住身下的白垫单,手臂上汗如雨下,青筋暴起。"

(突出刘伯承当时病痛难受,从而突出了他坚强的意志和非凡的毅力)

测验题2:

给下列句子加上重音符号,说明理由并正确朗读:

"但你的的确确是靠自己走过来的。"

词语_____上可以加上重音符号,是因为_____。

测验题1要求学生运用重音的定义将句子中的词语分为重读的与非重读的。如果学生能将"双手紧紧抓住"、"手臂上汗如雨下"、"青筋暴起"找出来,并标上重音符号,说明他们能运用习得的重音概念做事。

测验题2不同于测验题1,后者有强调的内容提示,前者没有。故重音落在哪些词上,因不同的学生对句子理解的差异和所强调的词语不同也会有所不同。但只要学生讲的理由正确,也表明他能正确运用重音概念。两道测验题都要求学生正确读出重音,即用"加大音量,延长音节"的规则朗读。如果学生能正确朗读,表明他们掌握了重音的读音规则。重音概念是本节课教学的重点。因为执行"加大音量,延长音节"这一朗读规则的动作技能是学生已具备的能力,只要能正确标出句子的重音,重音的读音规则学习就不难。

(4) 规则

初中英语课的一个目标是:

"会用英语说类似如下含有多音节和双音节形容词的比较级和最高级的句子:

Detective stories are more interesting than children's stories.

Detective stories are the most interesting stories of all."

这一目标暗含的能力是英语句法规则和词法规则的运用。掌握规则的行为标准是运用规则做事,用行为演示规则的执行。测验题可以是:给出中文句子如"我家的猫比他家的猫更漂亮(beautiful)";"在所有的鸟中,孔雀(peacock)是最美的"等等,学生将给出的中文句子翻译成英文。如果说出的英语句子符合"... more ... than ..."和"... the most ..."句法结构,则表明学生已掌握这两种句法规则。

应注意,学生会说符合英语句法和词法规则的句子,与流利地说英语是不同的。流利地说英语句子含有言语连锁成分,属于动作技能学习的范畴,需要长时间重复练习。

(5) 高级规则

初中语文课《神态与动作描写》中有如下目标:

"能根据所给的材料较形象地续写一段描写神态动作的文字。"

掌握高级规则的行为标准是运用简单规则生成一种新的成品,如一篇文章或一个设计,或者解决一个新的问题,从而又习得新规则。这一目标暗含的能力是运用多项规则"生成"一段文字,在布卢姆目标分类中,这种能力被称为"综合"能力。

测验题:

爸爸是个足球迷

我爸爸是个足球迷。

中国人都不会忘记那次在新加坡举行的世界杯足球赛亚洲区预选赛,中国队对卡塔尔队的那场比赛。

那天,大家都睁大眼睛屏住呼吸注视着电视屏幕。上半场零比零结束,下半场在离比赛结束还有十六分钟的时候,中国人进了一球,"一比零"!全场轰动。我们也在电视机前欢呼,全国人民在欢呼!

中国队开始打防守战:时间一秒一秒地流逝着,离比赛结束时间还有三分钟。卡塔尔队已全线压上,可说是孤注一掷了,竟以不挡之势,连进两球!

……

你瞧,我爸爸够不够迷的?

眼看中国队胜券在握了,谁知风云突变,形势急转直下,"爸爸"怎么会不难受?不泄气?请写出"爸爸"这时的神态动作。

提示:神态描写、动作描写都要抓住人物的特点,表现人物性格。文中"爸爸"的性格特点是什么?

要求:① 神态、动作描写要互相配合,显示人物思想性格。

② 注意用词准确、合理。

③ 大胆想象。

④ 100字左右,插在省略号处,注意与上下文的联系。

2. 言语信息

言语信息又分三个亚类:符号、事实和有组织的整体知识。

(1) 符号

历史、地理和外语学科中有大量的符号学习,如记忆人名、地名和外语单词的拼写。这类知识测量的方法最简单,一般采用填空题测量,如"鲁迅原名_____""'书'的英文拼写是_____"。

(2) 事实

事实是文字或言语符号表征的对象。但事实学习不同于符号学习。对学习者来说,当符号或符号组合代表特定的对象,如年、月、日、地理名称、人名等时,符号获得的心理意义是一个事实。测验题一般可以采用填空题,如"红楼梦的作者是_____""中国最长的河流是_____"。

请注意:这类事实性知识的测验题只能有唯一答案。答案要求学生"产生",不能"选择"。因为在回答选择题时,学生可能猜中,猜测会影响测验的可靠性。

(3) 有组织的整体知识

有组织的整体知识中包含了符号、事实(非概括性命题)和概括性命题。它们按一定的逻辑或围绕一个主题组成整体。学生对这类知识的掌握重点是在头脑形成便于提取的命题网络。如初中地理课《(中国)地形特点》有如下目标:

"能用自己的话说出中国地形三大特点及其影响:

① 地势由西向东变化特点及其对河流的影响;

② 沿海大陆架分布特点及其对经济的影响;

③ 地形类型分布特点及其对经济的影响。"

测验题可以是:

填写中国地形三大特点及其影响:

① 地势由西向东的特点:_____;它对河流流向的影响是:_____。

② 沿海大陆架特点:_____;其对经济的影响是:_____。

③ 地形类型分布特点是:_____;其对经济的影响:_____。

加涅提出:"把信息领域目标划分得过于详尽,以至于未能给其他领域目标留有足够的时间的做法是错误的。相反,应当寻求或确定那些最有利于习得其他领域目标的信息。尽管受过良好教育的人应该在几年内掌握大量的信息,但这一目标也不应该影响智慧技能和问题解决策略等目标的获得。"①

3. 认知策略

认知策略多种多样,可以根据不同标准划分为多种类型。例如,加涅根据学习过程将认知策略分为如下类别,见表 11-2。

表 11-2 认知策略的分类

学习过程	支持策略
选择性知觉	突出 画线 先行组织者 附加问题 列提纲
复述	释义 做笔记 表象 列提纲 组块
语义编码	概念地图 分类学习方法 类比法 规则/产生式 图式
提取	记忆术 表象
执行控制	元认知策略

根据加涅的观点,起执行控制作用的元认知策略是高级策略,难以习得。其余是较低级的局部策略,比较易于习得。习得认知策略的行为标准是学习者在学习、记忆、思维或解决问题过程中实际应用了认知策略并提高了学习、思维或解决问题的效率。然而,学习、记忆、思维或解决问题过程是内潜的,不能直接观察。所以其测量比一般智慧技能和言语信息的测量困难。在心理科学研究中,测量认知策略的一个方法是口语报告法,或大声思维法。研究者要求被试说出自己的思维过程。然而,一方面,有些被试运用了某些很成功的思维策略,但他不一定能用言语表达;另一方面,被试能用言语表达的策略不一定能真正支配其学习和思维过程。所以认知策略的测量除了口语报告之外,更强调从学生解决问题和完成其

---

① [美]R·M·加涅等著,皮连生等译:《教学设计原理》(第四版),华东师范大学出版社1999年版,第277页。

他智慧任务中,间接推测策略运用情况。例如,上述用于说明布卢姆的综合水平的测验题就含有测量认知策略的成分。教师可以观察学生的解题过程。如果观察到学生能用作辅助线的方法将不能解决的问题转化成可以解决的问题,则可以推论学生运用了作辅助线帮助解决几何问题的认知策略。

也可以通过观察学生的思维成品,如读书笔记、作文草稿与修改稿等推测其使用认知策略的情况。因为策略的测量往往不是确定其有和无的问题,而是要测量其使用的质量。好的策略应有好的效果,所以策略的测量与评价要与学生的学习效果相联系。

三、其他领域的目标测验

(一) 动作技能

动作技能不同于智慧技能。智慧技能是在头脑内完成的,所以,人们必须通过外显行为去推测内在的过程才能测量智慧技能。而动作技能可以直接观察到。判断动作技能掌握的标准是将学生执行的动作技能与标准动作加以比较,如将学生外语单词的发音与教师或录音机发出的标准音比较。其他动作技能也是如此。有些动作技能的掌握还有速度方面的要求,如英文打字每分钟应达到 40 或 50 个词;有些动作技能由许多相对独立的成分构成,也可以针对这些独立成分进行测量。这样测量的结果具有诊断功能。

(二) 态度

测量态度的方法有两种:一是问卷调查。如调查青年人对抽烟的看法,有人表示赞成,有人表示反对,也有人既不赞成,也不反对,持无所谓的态度。这种通过问卷调查的方法更多得到的是调查对象对抽烟态度的认知成分。二是情境测量。态度的形成与改变都是在特定的情境中发生的,因此,对态度的测量往往只能通过某种生态化的情境来进行。结合上例,我们要测量青年对抽烟的态度,通过问卷其实难以测量到他们的真实态度,换言之,态度的情感成分和行为成分难以通过问卷测量得到真实的结果,必须在生态化的情境或某种模拟情境中观察学生的行为反应才可作出是否习得某种态度的判断。

态度除了有行为选择的方向之外,还有程度上的强弱之分,如某人对看足球比赛已形成强烈的爱好。态度的强弱既可以通过等级量表来测量,如通过"五点或七点"量表评定来衡量受测者对足球的爱好程度;也可以通过行为记录来测量和评价,如观察爱好者是否经常去现场,甚至风雨无阻去现场观看球赛,或在家中看电视转播,或从他经常与他人谈论足球运动员的行为表现中作出推测。

第三节 测量结果分析、诊断与补救教学

通过单元或阶段测验之后,教师应对教学效果进行系统分析,反思自己的教学设计与教学行为。通过分析测验结果,找出学生成绩不良的问题和原因,最后实施诊断与补救教学。

一、问题与原因

（一）找出存在的问题

因为目标导向教学设计的测验题都是针对目标的,如果目标是根据加涅的学习结果分类设置的,那么针对目标的测验也会反映学生能力结构方面的强与弱。因此,经过统计分析,可以发现学生在言语信息、智慧技能和认知策略三方面的掌握情况。在言语信息和智慧技能方面,又可以分析学生高水平的知识技能和较低水平的知识技能的掌握情况。

如果在试卷中有意地安排一些测量学生起点能力和构成终点能力的子能力的试题,分析这样的试卷可以诊断出学生缺乏的起点能力和子能力。所以对学生学习困难的诊断不仅应从终点目标结构(即构成能力的知识类型)方面进行诊断,而且还应从起点能力与构成终点能力的子目标作出诊断。这样的测验被称为**诊断性测验**(diagnostic test)。

也可以运用奥苏伯尔认知结构理论分析学生学习成绩的缺陷。奥苏伯尔认为,良好的认知结构具有自上而下逐渐分化和横向融会贯通的特点。如果测验题侧重探测学生认知结构的组织情况,则测验结果分析可以发现学生知识组织上的缺陷。

对于学生解决问题的能力,教师可以根据这种能力背后的知识类型编写测验题,诊断出相应的能力成分。例如,现代认知心理学研究表明,学生解数学应用题的能力是由如下子能力(或知识)构成的:

① 转译:理解问题中每句话的意思,需要学生具有事实性知识和言语知识。
② 理解:识别出问题类型,需要学生具备图式的知识或问题类型的知识。
③ 计划:安排问题解决的步骤,需要学生具备策略性知识。
④ 执行解题计划:运用适当方法进行数学运算,需要学生具备计算的技能。

针对解数学应用题能力的构成成分,教师可以编写诊断测验。例如,数学应用题是:一只空的饼干盒重3两,装满饼干时重1斤。问盒中的饼干有几两?

诊断测验题:

① 事实与言语知识:什么是饼干盒?1斤等于多少两?
② 问题类型知识:这道题是用加法、乘法?还是减法、除法解答?
③ 策略性知识:你打算怎样来解决这道题?解决这一问题的方法是:
　A. $(1×10)-3$　　　B. $(3-1)×10$　　　C. $3+1$　　　D. $3-1$
④ 计算的技能:$(1×10)-3=?$

如果学生不能回答诊断测验题①,可以认为学生缺乏事实性知识或言语知识;如果学生不能正确回答诊断题②,可以认为,学生缺乏题目类型知识;如果学生不能回答诊断题③,可以认为学生缺乏解题策略性知识;如果学生不能回答诊断测验题④,可以认为学生缺乏计算方面的基本技能。

（二）分析成绩不良的原因

学习成绩不良的原因从内部和外部两方面分析。教育心理学家经过长期的研究,得出了一个影响学生成绩的内部因素的公式：

$$A = f(IQ, M, K)$$

公式中 A 代表学生的成绩（achievement），IQ 代表智商水平，M 代表学习动机（motivation），K 代表原有知识（knowledge）。该公式表明，学生的成绩高低与该生的智商水平、动机水平和原有知识水平成函数关系。两位学生，如果一位的智商高于另一位，而其他条件（学习动机和原有知识水平）相近，那么智商高的学生学习成绩将优于智商低的。如果两个学生智商接近，而且原有知识水平也接近，则在一定范围以内，学习动机水平高的学生的成绩会优于动机水平低的；如果两位学生智商和动机水平相近，则原有知识水平越高的学生学习起来越容易。虽然智商、动机和原有知识三者都正向影响学习成绩，但这三者的作用是不同的。动机是努力程度，在一定范围内，努力程度高的学生的学习将超过努力程度低的。智商代表学生的聪明程度，在一般情况下，聪明的学生学习的速度快，不够聪明的学生学习速度慢。但心理学家认为动机和智商只影响学生学习的速度而不决定学习的成败。原有知识不仅决定学习难易，而且常常决定学习的成败。例如，未掌握加法的学生不能学习乘法，未掌握减法和乘法的学生不能学习除法。所以奥苏伯尔认为影响学生学习的唯一最重要因素是原有知识，这是很有道理的。

所以在分析学生成绩不良的原因时应从如下方面考虑：

第一，在学习新知识时，学生原有起点能力是否具备。许多学生学习失败的重要原因是缺乏原有知识。例如，有些学生参加各种校外学科辅导班，但学习效果仍不理想，重要原因是对这些学生的补救教学并不是从他们的原有起点上进行的。学习的失败又会影响学生的学习动机和信心，最后导致恶性循环。

第二，学生的智商水平。智商高的学生学习速度快，智商低的学生学习速度慢。在认知学习领域内，这几乎是一条不可改变的定律（见表11-3）。所以在分析成绩的原因时，应考虑学生学习速度上的差异。但也有些学生的智力正常或接近正常，在听、说、读、写、推理、计算等能力的获得和运用方面存在显著困难，以致于其某一或某些学科的成绩表现与他的智力水平显著不匹配。这类被称为"学习障碍"的学生，其成绩不良不是一般的学习潜能缺乏，而是由特定的学习障碍导致的。对"学习障碍"学生的诊断和补救教学应该按照特殊儿童教育的模式进行。

表 11-3　2904 名 2—18 岁儿童和青年的 IQ 分布和学习情况分类

IQ	N	百分数	学习情况分类
160—169	1	0.03	
150—159	6	0.2	极优，9岁时的学业成绩可以相当于12岁中等儿童的成绩
140—149	32	1.1	

续 表

IQ	N	百分数	学习情况分类
130—139	89	8.1	优,需要加深学习内容
120—129	239	8.2	
110—119	524	18.1	中上,学习普通课相当顺利
100—109	685	23.5	中等
90—99	667	23.0	
80—89	422	14.5	中下,需要适当调整课程
70—79	164	5.6	慢速学习者,16岁仅能达到5年级或6年级水平
60—69	57	2.0	智力有缺陷,需要特殊教学
59以下	19	0.63	

第三,学生的学习动机。学习动机不仅影响学生学习努力的程度,而且影响学生学习的方法。由于对知识的兴趣而激发的内在学习动机将影响学生追求学习质量,而不仅仅是表面的成绩。出于外因所诱发的外部动机,学生可能追求表面的成绩而不求甚解。

以上都是从学生内部找原因。但学生成绩不良的原因也可能出自外部环境,主要是教师的教学。从外因来看,教师首先应审查教学设计是否有问题。例如,陈述性知识向智慧技能转化必须经过变式练习,要考虑变式练习是否充分,练习中是否有必要的反馈和纠正。

上述原因分析所依据的是教育心理学的一般原理。对于某一个学生而言,情况千差万别,这就要求教师通过诊断测验找到某个学生在某门课学习上的特殊困难。例如,在学外语时,发音不准可能是由于受方言的干扰;在学物理时,物理的科学概念可能受物理的日常概念干扰,或者是由于从小没有养成良好的学习习惯,或者由于缺乏自信心等。对于特殊的困难,教师必须作出明确的诊断,才能有效地进行补救教学。

二、补救教学的指导原则与实例

(一)补救教学的指导原则

1. 针对性

补救教学不同于常见的大面积补课。大面积补课往往没有针对学生的特殊困难,虽占用了学生的宝贵时间,但效率不高。补救教学是在通过诊断测验并分析了学生失败的特殊原因的基础上进行的,做到"对症下药",费时不多,但效率很高。针对性的补救教学不限于学生的知识技能,还应包括学生的学习态度,如自信心、学习习惯和学习方法等。

2. 及时

目标导向教学设计要求教师在每堂课针对每个教学目标进行检查测验,及时了解学生掌握情况,及时发现学生学习或教师教学上的缺陷,及时采取补救措施。例如,皮连生教授在华东师大附小四年级开展"按时间顺序分段"的教学实验,通过6篇文章分析后,经测验只有1/3的学生达到了教学目标的要求。接着再补发6篇文章,组织学生学习讨论。讨论中,教师改进教学指导,引导学生领会"看文章中的时间变了,所写的事情是否随着发生变化"这一分段策略。经过两节课的教学,又有2/3的学生掌握了按时间分段的策略。在此基础上,教师引导学生从读过渡到写,并发动学生互帮互教。经过连续8节课的训练,最后90%以上的学生达到了教学目标的要求(详见第十章第三节"三、以策略性知识为主要目标的课的教学策略"中的案例)。这里的教学与补救教学是密不可分的。

3. 改变教法

由于有些学生学习的失败是由于教师的教学方法不当造成的,所以在补救教学时,教师不能重复使用导致学生失败的方法。例如,苏联心理学家发现,教师在讲垂线时,所举例子都是与水平线垂直的线。测验时发现学生掌握的垂线概念是错误的。补救的方法是呈现垂线的变式例子。又如,对在班集体教学中阅读成绩不良的学生采用互惠式教学。学生每4—6人为一组,先由教师示范阅读策略,然后再由学生相互示范并讨论阅读策略。这些七年级学生原先只有三年级水平,经过短时间内的补救教学,达到了七年级的平均水平。

4. 采用学生之间互帮互教

在我国现行班集体教学制度下,每个班集体有50名左右的学生。学生程度差异大是很正常的。一个教师很难对众多程度差异很大的学生进行有针对性的补救教学。可以组织学生互帮互学,具体做法可以将学习能力不同的学生搭配成同桌或组成学习小组,为同学间的互补式学习提供方便。学生间的互帮互教,不仅使学习滞后的学生受益,优等生也能得到提高。

(二) 补救教学实例研究:互惠式教学

互惠式教学(reciprocal teaching)由心理学家安·布朗(Brown, A.)所创建,用于改进阅读成绩低下学生的阅读理解。在典型的互惠式教学情境中,学习以小组讨论方式进行,每组成员大致为6人。小组领导者从所读过的一段课文的核心内容提出问题开始,以概括说出本段课文大意告终。提问引起讨论,概述大意有助于小组成员确知他们为阅读下一段新材料所做的准备。有时,领导者请小组成员就下一段课文所要讲的内容作出预测,并说清楚课文中难以理解的地方。所以提问(questioning)、概括要点(summarizing)、析疑(clarifying)和预测(predicting)构成四种基本阅读策略。这四种关键活动在小组讨论中重复出现,它们构成小组学习活动的基本结构。随着学生主持和参与讨论的经验增长,这一结构可以逐渐消退。

互惠式教学来源于对阅读过程的认知分析。安·布朗比较了优秀阅读者和阅读成绩不良学生的阅读过程,发现良好的阅读需要六种认知功能:理解阅读的目的是从阅读材料中获取意义;激活相关的背景知识;指引注意,使之指向要点;使获取的意义与原有知识相比较,评价其内在一致性及其与常识或原有知识的吻合性(外部一致性);作出推论并予以检验(包括解释、预测、结论);监控上述一切活动,看是否理解。

上述六种认知功能潜藏于阅读者头脑内,看不见、摸不着,但可以通过外部教学策略引发内在的功能。学生要概述大意，就必须回忆和陈述他所理解的课文意义。能够概述大意的学生必定已激活了背景知识来整合课文中出现的意义，而且把注意指向了课文要点，评价了大意的内在和外在一致性。提出问题不仅需要作出概述所需要的认知功能，而且需要监控获取的大意，以便问题切中要害。"析疑"要求学生调节注意，使之集中于难点，而且要批判性评价获取的大意。作出预测需要根据课文和背景知识作出推论并予以检验。凡是能自觉应用上述四种策略的学生，必然能体验到阅读的目的是从材料中获取意义。

互惠式教学中还有一个重要思想，就是改善学习的人际环境，提倡学生之间互教互学。小组的领导工作最初由教师示范，然后逐步把领导工作转移到学生身上，小组成员轮流担任领导。

互惠式教学是针对阅读不良学生的。用这些方法经过 20 小时训练后，阅读理解测验表明，原先处于班级下端 1/4 的学生的成绩上升到平均或平均以上水平。研究者从中归纳出三条指导原则：

一是逐渐转移。从教师控制过渡到学生控制，要循序渐进。

二是适合能力需要。任务的难度与学生的责任必须适合每一学生的能力水平，而且当能力提高以后，难度和责任应随之提高。

三是诊断思维。教师必须观察每一学生的"教"，从中发现学生是怎样思维的线索和学生所需要的教学类型。

互惠式教学二例

例一：说明补救教学初期的情况。

此时教师是阅读小组的指导者，他努力提出有关蜘蛛课文中心点的问题。

课文：雌蜘蛛的配偶比她(she)小很多。雄蜘蛛的身体呈棕黑色。他(he)用大部分时间呆在她的蛛网的一边。

查理斯：(无问题)

师：这段课文讲什么？

查理斯：雌蜘蛛的配偶，雌蜘蛛配偶如何……

师：很好。继续讲。

查理斯：雌蜘蛛配偶比……小……我怎样说……

师：别着急。你想要提一个以"怎么样"(How)开头，有关蜘蛛配偶和他干什么的问题。

查理斯：他们怎样用大部分时间呆在……？(How do they spend most of his time sitting...)

师：你接近正确了。问题应该是：雌蜘蛛配偶怎样用去他的大部分时间？(How does spinner's mate spend most of his time?)现在你来问这个问题。

> 查理斯：雌蜘蛛配偶怎样用去他大部分时间(How does spinner's mate spend most of his time?)
>
> 例二：经过一段时间以后，学生能逐渐承担更多的责任。在下一个例子中，即在12课时之后，卢娜表现出很大进步。
>
> 课文：生产盐的第二种最古老的方式是采矿，今天的方法不同于那些使工作极危险和困难的早期方法，采用特殊机器，使盐的开采较容易和较安全。"回到盐矿"的古老说法不再适用了。
>
> 卢娜：说出两个经常描写旧时开采盐矿的词。
>
> 克姆：回到盐矿。
>
> 卢娜：不对，安吉尔？
>
> 安吉尔：危险和困难。
>
> 卢娜：对了。这段课文是在将过去和现在的采盐矿作比较。
>
> 师：好极了！
>
> 卢娜：我要做一下预测。
>
> 师：好。
>
> 卢娜：我猜想课文将会告诉我们，最初盐是怎么被发现的……而且课文将会告诉我们，盐是由什么东西形成的和如何生产盐。
>
> 师：很好，我们能找到另外一位老师吗？

练习题

一、填空题

1. 当我们想知道一个学生的成绩在全班或全年级组的相对位置时，我们需要用_____参照测验和_____评价。

2. 当我们想了解某一学生对某教学单元的掌握情况，我们需要进行_____参照的测验和_____评价。

3. 目标参照测验得出的结果具有如下功能：_____、_____、_____、_____。

4. 目标参照测验的效度是_____。

5. 目标参照测验的信度包括两方面的一致性，一是_____，二是_____。

6. 在布卢姆的认知目标分类中，检测知识（记忆水平）与能力（理解与应用水平）的操作标准(或行为标准)分别是_____。

7. 修订的布卢姆的认知目标分类,从_____和_____两个维度测量学生的学习变化。

8. 按加涅的学习结果分类,掌握概念的行为标准是_____;掌握规则的行为标准是_____;掌握高级规则的行为标准是_____。

9. 掌握动作技能的行为标准是_____。

10. 态度可以通过_____和_____两种方式测量。

11. 按照影响学生成绩的内部因素的公式: $A=f(IQ,M,K)$,分析学生成绩不良的内部原因时,应从以下三方面寻找:_____、_____、_____。

12. 安·布朗创建的互惠式教学主要采用_____的学习方式,用于改进_____。

二、选择题

1. 某些学校有时在一个学期教学之后,仅仅出一道作文题测量学生的语文成绩。从有效测验的条件来看,这种测验难以保证测验的(   )。

   A. 效度   B. 信度   C. 区分度   D. 难度

2. 某班在某一学科期中和期末两次考试中成绩波动很大。这种波动的最可能原因是(   )。

   A. 测验效度不高   B. 信度不高
   C. 难度变化   D. 两次测验内容与评分标准不同

3. "心理学是一门从哲学中独立出来的_____的科学,它可以追溯到两千年前的古希腊。"类似这样的填空题的主要缺陷是(   )。

   A. 答案不确定
   B. 要学生照教科书答题,导致机械学习
   C. 不能测验运用概念的能力
   D. 难以保证测验的信度

4. 下面哪两个报告具有学习评价意义(   )。

   A. 你的孩子这次考试得了90分
   B. 你的孩子的考分比班级平均分低5分
   C. 你孩子的分数在全年级的位置处于前四分之一
   D. 你孩子这门课程的成绩是A等

5. 假定学生已经掌握三角形高这个概念,判断学生掌握这个概念的行为标准是(   )。

   A. 学生能陈述三角形高的定义
   B. 学生能说明三角形高的本质特征
   C. 给出任意三角形(如锐角、直角、钝角三角形)图形或实物,学生能正确画出它们的高(或找出它们的高)
   D. 懂得三角形的高是与底边相垂直的

6. 假定学生已掌握汉语主动句变为被动句的规则,检测学生掌握该规则的行为标准是( )。

　　A. 学生能说明什么是被动句

　　B. 学生能理解主动句和被动句的异同

　　C. 给予若干主动句,学生能变成被动句

　　D. 学生在谈话中有时能用上被动句

7. 外语课教完后,教师检查学生的朗读情况,尤其是语音的标准和连贯。此种检查主要测验的是( )。

　　A. 语言信息　　　B. 发音方法　　　C. 动作技能　　　D. 语音辨别技能

8. 语文老师在教完"拟人"这种写作手法后,要测量学生是否理解拟人写法。为了表明学生已理解所学知识,教师提供的刺激和学生行为是( )。

　　A. 给予含有拟人手法的文章若干篇,学生划出含有拟人手法的句子

　　B. 请学生说说什么是拟人手法

　　C. 要求学生口头造三个含有拟人手法的句子

　　D. 查看学生作文中是否使用拟人的句子

三、问答题

1. 假定教学目标是"学生能理解与运用三角形的高"。请你编三道选择题,第一题测量学生能否记住三角形高的定义特征;第二题测量学生对三角形高的定义特征的理解;第三题测量学生运用三角形高这一概念的能力。

2. 教学目标是"学生学会本单元的15个英文单词"。请编制三道测验题,第一题测量学生能否正确拼读这些词汇;第二题测量学生能否单一应用这些词汇;第三题测量学生可否综合应用这些词汇。

3. 运用知识分类学习与教学的原理,在你熟悉的内容领域编写三道测验题:第一题测量学生的知识是否形成网络结构;第二题测量知识是否转化成智力技能;第三题测量学生是否掌握了某一学习策略或认知策略。

重点概念

1. **测量**:指根据某种量表,用数字描述个体的特征。量表通常指测验,个体的特征指其对测验中各题目所表现的反应。

2. **评价**:指系统地收集有关学生学习行为表现的信息,加以分析处理之后,再根据一定的标准给予价值判断的过程。

3. **常模参照测验**:以测验团体的平均测验成绩作为参照标准来解释学生测验成绩的意义。

4. **目标参照测验**：将测验分数与预先确定的作业标准进行比较，从而确定该测验分数的意义。

5. **效度**：一个测验或测量工具能够正确测量所要测量的属性或特征的程度。测验的效度可分为内容效度、一致性效度、预测效度和结构效度。

6. **信度**：所测量的属性或特征前后的一致性程度，即多次测验的结果是否一致。

7. **诊断性测验**：在测试中有意地安排一些测量学生起点能力和构成终点能力的子能力的试题，分析这样的测试可以诊断出学生缺乏的起点能力和子能力。

8. **互惠式教学**：由心理学家安·布朗提出，用于改进阅读成绩低下学生阅读理解的一种教学方法。在这种教学情境中，学习通常以小组讨论方式进行。教学一般由提问、概括要点、析疑和预测四种基本阅读策略组成。

推荐读物

1. ［美］R·M·加涅等著，皮连生等译：《教学设计原理》（第四版），华东师范大学出版社 1999 年版。

    该书第十三章"评估学生成绩"论述了学习结果测量与评价的一些基本理论与实践问题。

2. ［美］L·W·安德森等著，皮连生主译：《学习、教学和评估的分类学——布卢姆教育目标分类学（修订版）》，华东师范大学出版社 2007 年版。

    该书第三部分结合不同案例说明了知识—认知过程两维分类的使用。

3. 皮连生、蔡维静：《超越布卢姆——试论"知识分类与目标导向"教学中的学习结果测量与评价》，《华东师范大学学报（教育科学版）》2000 年第 2 期。

    该文用知识分类观分析了布卢姆原认知目标分类学的优点与不足，提出用加涅的理论指导学习结果的测量与评价。

4. 金洪源著：《学科学习困难的诊断与辅导》，上海教育出版社 2004 年版。

    该书系统论述了学科学习困难的诊断与辅导的理论与技术，并提供了许多补救教学的案例分析。

5. 高民：《论知识的分类测量与评价》，《教育理论与实践》1999 年第 9 期。

    该文论述了知识分类测量的思想核心、历史背景及其现实性，介绍了知识分类测评的基本方法。

6. ［美］布卢姆等著，王钢等译：《布卢姆掌握学习论文集》，福建教育出版社 1986 年版。

    该书收集了布卢姆等关于掌握学习的七篇论文，并附有著名教育学家刘佛年教授的评介。

7. 张春莉、高民：《布卢姆认知领域教育目标分类学在中国十年的回顾与反思》，《华东师范大学学报（教育科学版）》1996 年第 1 期。

    该文系统回顾了我国学者和中小学教师运用布卢姆认知目标分类学的情况，指出该分类系统可以指导测量与评价，但难以指导教学。

第十二章 学习动机的激发

本章目标

记 忆
1. 说出学习动机的构成成分。
2. 陈述奥苏伯尔提出的成就动机的三个成分及其各自的奖励源对学习的影响。

理 解
1. 用自己的话解释下列术语：动机、需要、学习动机、内部学习动机、外部学习动机、成就动机、焦虑、学习期待、控制源、奖励、负强化、惩罚、普雷马克原理、目标结构理论。
2. 用教学中的实例说明学习动机与学习效率的一般关系。
3. 举实例说明影响学习动机的内部因素和外部因素。
4. 列举用强化原理控制人的行为变化的教育实例，并说明用厌恶刺激来抑制学生不良行为的过程。

运 用
1. 用韦纳的归因模型分析自己某门课程考试成败的原因，并对自己的能力水平作出判断。
2. 设计一个符合凯勒动机设计模型的学习动机激励方案。

第一节 学习动机的概述

一、学习动机的性质

（一）动机与学习动机

研究个体行为的原因，通常会涉及两个问题：一是行为的指向问题，即引起个体指向某一特定目标的原因是什么；二是行为的持续问题，即引起个体坚持追求此目标的原因是什么。这两个问题都涉及行为的动力问题。个体行为的内部动力就是**动机**，它是个体以一定方式引起并维持其行为以满足需要的内部心理倾向。

美国加利福尼亚大学心理学家韦纳（Weiner, B.）认为，就像心理学的其他概念一样，动机也可以用行为主义和认知派的观点来解释。行为主义心理学家总是用刺激、惩罚、强化、接近和示范等概念来解释动机，认为行为最初是由内部或外部的刺激发动的，然后根据过去的经验或已经形成的习惯确定所要采取的行为方向。认知心理学家认为人是根据对外部事件的理解来作出反应的，即行为是由我们的思维所决定的，而不是简单地取决于是否能获得奖励、惩罚和满足生理需要。社会学习理论则企图融合行为主义和认知派的观点，认为行为既取决于行为结果,又取决于个人信念。比如著名的期望理论就认为行为既取决于目标的效价,又取决于达到目标的成功可能性。

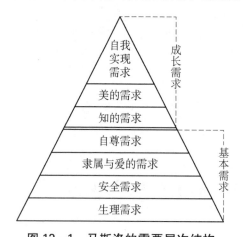

图 12-1 马斯洛的需要层次结构

资料来源:张春兴著:《教育心理学》,浙江教育出版社 1998 年版,第 304 页。

动机是在需要的基础上产生的。**需要**是个体缺乏某种东西时所产生的心理倾向。需要具有紧张性和驱动性,有可能因需要没有满足时的内心紧张而产生满足需要的行为。美国心理学家马斯洛(Maslow, A. H.)将人各种各样的需要从低级到高级依次分成七个层次(见图 12-1)。人类需要的多样性,决定了行为动机的多样性。但是需要必须符合两个条件才能引起动机,一是需要的强度,强度过小的愿望和意向等需要是不能引起动机的。只有当需要被人所意识并试图采取措施来满足需要时,需要才有可能转变为动机。二是诱因,即有能够满足需要的外部事物存在。凡是驱使个体去趋向和接近目标的,为正诱因。而驱使人逃离或回避目标的,则为负诱因。人的行为动机都是需要强度与诱因相互作用的结果。

学习和求知是人类的一种基本需要,而且还是一种高级的成长性需要。在一定的条件下,它有可能引起学习动机而产生学习行为。**学习动机**是引起和维持个体的学习行为以满足学习需要的心理倾向,它是推动学生学习的内部动力。学习动机表现于学生如下四类行为中:

1. 对学习活动的选择

这种选择涉及两方面,一是在学习活动和非学习活动之间进行选择,如是选择做家庭作业还是选择玩电子游戏或看电视;二是对不同学习活动的选择,如是选择学习理科课程还是选择学习文科课程。

2. 对学习活动的投入程度

如果学生有良好的学习动机,他会积极投入到学习活动中,这种投入既包括行为上的参与,也包括为实现理解与学习而进行的认知上的参与。行为上的参与包括做详细的笔记,课上积极提问,课上愿意陈述自己的观点,课下继续就课堂学习内容与人进行详细讨论,将时间更多地用在学习上,从图书馆或其他资源中查找相应的信息等。认知上的投入包括对学习材料进行深入细致的思考,主动使用各种学习策略,寻求对材料的理解而不是记忆,主动整合新旧知识。行为上的投入是必要的,但认知上的投入更重要。

3. 对学习活动的坚持

如果在面临困难、厌倦、疲劳等情况下,仍能坚持学习,就可以说明学生有良好的学习动机。对学习活动的坚持性可以通过课堂上观察学生的行为表现而获得。

4. 学生所取得的学习成就

包括学习的等级分数、测验分数、标准成就测验上的得分、升学与毕业考试上的得分等。

（二）学习动机分类

学生可以从各种各样的动机出发去学习，我们可以将学习动机分成内部学习动机和外部学习动机两大类。**内部学习动机**是因好奇心、求知欲、自尊心、责任感、学习兴趣和成功感等内部因素所引发的学习动机。内部学习动机所追求的目标是学习活动本身，不追求学习活动之外的目标，其作用具有持久性。而**外部学习动机**所追求的目标则是学习活动之外的目标，通常是由长者、权威、领导或群体提供的分数、奖金和三好生荣誉等外部诱因而产生的，若外部诱因消失，行为便不能持久。当然，内部学习动机与外部学习动机的这种划分不是绝对的，因为它们之间存在一定的联系。激励源来自学习活动本身还是学习活动之外，最后都要与学习需要与外部诱因相关联。任何外界的引诱，只有转化为学习者的内在需要，才能成为学习的推动力量，所以外部动机实质上还是学习的一种内部推动力量。但是在学习动机分析的时候，这样的区分还是有意义的。因为内部动机与外部动机的区分，有助于教学设计者设置激励内部动机与外部动机的不同措施。

学习动机对学习结果的影响是通过制约学习积极性来实现的。学习积极性是学习动机的一种直接的外在表现，是在学习活动中是否认真、主动和投入的状态。有无学习动机以及学习动机的强弱，可以通过学习积极性反映出来，而不同水平的学习积极性又直接影响学习的效果。

二、学习动机的构成成分

（一）期待理论

许多心理学家的研究表明，学习动机是由期待因素、价值因素和情感因素等三种心理成分构成的。第一种构成成分是学习动机的期待因素。学习期待是学生基于过去经验和当前刺激而对未来学习事件的预料或预想，它是导致个体希望某种学习出现的一种内部状态，要回答的是"我能完成这个学习任务吗"的问题。在学习发生之前，学生会预料自己的学习能不能出现符合社会和自己要求的各种变化，从而影响学习的发生与维持。美国著名教育心理学家加涅在论述学习的信息加工过程时，就将学习期待与学习策略并列，视为制约信息加工过程的两个控制过程。他说，学习期待是一种不断努力的心向，代表了学生要达到学习目标的特别动机，并影响学习的整个信息加工过程。第二种构成成分是学习动机的价值因素。它是指学生对要达到的学习目标和要完成的学习任务的重要性的判断，要回答的是"我为什么要完成这个学习任务"的问题。学生对目标重要性的认识越清楚，学习自觉性就越强，学习动机就越强烈。第三个构成成分是学习动机的情感因素。它是学生对学习过程及其结果的情绪情感反应，要回答的是"我对这项学习任务的体验如何"的问题。伴随着学习过程，学生会产生轻松愉快、惊讶迟疑、焦虑不安或羞愧内疚等各种情绪体验，对学习起促进或干扰作用。

(二) 成就动机理论

奥苏伯尔认为，尽管学生有各种各样的学习动机，但几乎所有的学习动机都是同学生的学业成就相关联的，因此**成就动机**(achievement motivation)应该是学习动机的核心。最初研究成就动机的是美国心理学家默里，他将成就动机定义为"克服困难，施展才能，力求尽快更好地解决某一难题"。麦克莱伦(McClelland, D. C.)进一步发展了默里的思想，认为成就动机是个体愿意完成自认为重要或有价值的任务，并力求达到完美程度的一种内在推动力量。后来，阿特金森(Atkinson, J. W.)认为成就动机包括力求成功的动机和避免失败的动机，每一个学生的学习动机中，实际上都含有力求成功和避免失败的动机，只是以何者占优势而已。若以力求成功占优势，即为力求成功者。他们旨在获得成就，最有可能选择成功概率接近0.5的任务，因为这种选择能够提供最大的现实挑战，而对完全不可能成功和稳操胜券的任务，动机水平反而下降。若以避免失败占优势，则为避免失败者。他们倾向于选择非常容易或非常困难的任务，因为选择容易的任务，可以避免失败，选择困难的任务，即使失败了也能找到适当的借口来减轻失败感。

奥苏伯尔则将成就动机区分为认知的内驱力、自我提高的内驱力和依附的内驱力。认知的内驱力以获得知识和解决学业问题为学习的推动力量，直接指向学习任务本身，其满足又是由学习本身提供的。这种动机是从探究、操作和理解事物奥秘的欲求和为应付环境而提出众多问题等好奇倾向中派生出来的。它既与学习目的性有关，又与认知兴趣有关。因为当学生清晰地意识到自己的学习所要达到的目标及其意义时，便会成为推动学习的动力。而具有认知兴趣的学生有可能津津有味地学习，并从中获得很大的满足。很明显，认知内驱力指向学习任务本身，又从学习本身获得满足，属于内部学习动机。自我提高的内驱力是指个体因自己的胜任力和学业成就而赢得相应地位的学习动力，是从尊重需要和自我提高需要而派生出来的。这种动机虽然在学前儿童身上已经开始萌芽，但入学后逐渐成为成就动机的主要组成成分。自我提高的内驱力既可以促使学生将自己的行为指向当时学业上可能达到的成就，又可以促使学生在这一成就基础上将自己的行为指向今后的学术或职业方面的目标，以进一步提高努力学习的积极性。因为成就的大小决定着学生所赢得地位的高低，同时又决定着自尊需要能否满足，因而自我提高的内驱力往往将一定的成就视为赢得一定地位和自尊心的前提，而不是指向学习任务本身，显然属于外部学习动机。依附的内驱力是指个体为了得到教师和家长的赞许与认可而产生的学习动力。学生力求取得学业成就，并不是作为赢得地位的手段，而是要通过学业成就来获得他人的赞许和认可。因为学生对长者在感情上具有一定的依附性，长者是学生追随和仿效的榜样。而且学生还从长者的赞许和认可中，获得一种派生的地位，赢得他人的羡慕。这种学习动机也没有直接指向学习任务，明显属于外部动机。成就动机的这三种构成成分在动机结构中的比重，通常随年龄、性别、人格结构、社会地位和文化背景等因素的变化而变化。在儿童的早期，依附的内驱力最为突出，他们努力学习和取得好的成绩主要是为了获得长者的奖励。青春期以后，依附的内驱力不仅在强度上有所减弱，而且开始从父母转向同龄伙伴，来自同伴的赞扬就成为一个强有力的动机因素。

三、学习动机的作用

心理学对动机的研究始于20世纪20年代，此前的心理学先驱们几乎都未认识动机问题。美国心理学家詹姆斯开始意识到了动机问题，但他将动机视为本能。教育心理学之父桑代克也认为行为的源泉是本能，在其提出的著名的学习三大定律中，他也只是用"一个有机体只有当它准备反应时才会反应，当它不准备反应时就不会反应"来陈述准备律。第一次世界大战后，美国的伍德沃斯（Woodworth, R. S.）认为内驱力是行为的基础。当有机体的需要得不到满足时，会产生内驱力刺激，引起某种反应以满足需要。托尔曼（Tolman, E. C.）也认为，"行为的发生，讲到底仅是因为要寻找某些最终的生理上的安宁或要回避某些最终的生理上的干扰"。斯金纳等行为主义心理学家强调动机的强化作用，认为强化是行为的决定因素，以往受到强化的行为比没有受到过强化的行为更有可能重复出现。

学习动机是学习行为发生和维持的内部动力。学生要有效地长期进行有意义学习，学习动机是必不可少的。比如要掌握某一门学科的教材，需要学生不断地作出积极的努力，将新学习的概念、原理组合到自己原有认知结构的知识体系中去；需要学生集中注意，坚持不懈的努力并提高挫折耐受力。如果学生毫无学习的兴趣，缺乏求知的欲望，学习是很难长久地维持的。因此在整个学习过程中，激发学习动机是至关重要的。但是这并不意味着学习动机越强烈越好。

1908年，叶克斯（Yerkes, R. M.）和多德森（Dodson, J. D.）通过研究，提出著名的叶克斯—多德森定律。在一般情况下，即学习难度是中等的时候，学习动机与学习效果之间呈倒U形的关系（见图12-2）。即学习动机微弱或过于强烈都不利于学习，只有当学习动机的强度适中时，才会取得最理想的学习结果。可是当学习难度变化时，两者的关系也会发生变化。学习难度很小，学习动机必须十分强烈才能取得好的学习结果。学习难度很大，适当降低学习动机的强度才能促进学习。

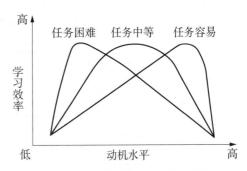

图12-2　叶克斯—多德森定律

资料来源：叶奕乾著：《图解心理学》，江西人民出版社1982年版，第313页。

不过，心理学家的研究发现，不管在何种情况下，学习动机并没有直接卷入学习的信息加工过程，也不是通过同化的机制来影响学习的。它主要是通过加强努力、集中注意和对学习的立即准备去影响认知的相互作用过程的。也就是说，学习动机对有意义学习所起的作用，犹如"催化剂"，而不是"特效药"。它不可能直接影响认知结构中有关知识的可利用性、稳定性和清晰性,而只是产生间接地增强与促进的效果。因而,学习动机在整个学习过程中具有始动功能、指向功能和强化功能。学习动机强烈的学生,唤醒水平高,注意集中,容易为立即学习作好准备,从而较易发生学习行为。学习动机既影响学生注意一些事情而忽视另一些事情,产生选择性知觉,又影响学生对自己学习行为的解释,从而始终指引着学习的方向,使学习朝着学习目标的方向进行。如果学习结果在学习动机的指引下达到了目标,会对以后的学习行为产生强化作用。如果学习结果没有达到预期的目标,则会对学习起消退的作用,使有关的学习行为减少或不再出现。可见学习动机是通过对自己努力程度的自我调控来影响学习的。

此外,学习动机对学习的作用还取决于学生所追求的目标定向。德怀克(Dweck, C. S.)根据学习者所具有的学习动机的目标定向的差异,将学习动机划分为掌握目标定向(mastering goal orientaion)和表现目标定向(performance goal orientation)两大类。不同的学习动机目标定向会影响到学生在学习活动中的行为表现和所采取的学习策略。具备掌握目标定向的学生会以积极的态度去对待学习任务,有意地监控自我对学习材料的理解和掌握程度,倾向于采纳精加工和组织的认知策略,将新学习的知识与先前获得的知识联系起来。相反,具备表现目标定向的学生则会倾向于使用机械复述的策略,而不是针对问题进行思考和反省。他们往往只关心最终的成绩,而对正在进行的学习过程不感兴趣。戴姆伯(Demb, M. H.)曾就两种学习动机的目标定向对学习者的影响进行了详尽的分析(见表12-1),也同样说明掌握目标定向和表现目标定向会在十个方面对学习行为产生不同的影响。

表 12-1 掌握目标定向和表现目标定向

	掌握目标定向	表现目标定向
对成功的看法	进步、提高、掌握、改善创造	高的分数、比别人好的成绩、标准化测验的相对成绩
珍视的东西	努力、学业上的进取	显示比别人好的成绩
满足的基础	进步、掌握、接受挑战	比别人做得好、与付出的努力相适应的成功
课堂定向	所有学生是否都在进步	学生的相对成绩水平
教师的关注	作为连续学习者的学生	继续地显示相对于其他学生的成就
努力的理由	学习新的东西	高的分数、显示能力
评价的标准	绝对标准、进步的证据	常模、与他人的比较
投入的类型	全部投入,高度的选择性	根据能力大小部分投入,很少选择
对错误的看法	学习进步的一部分、有信息价值	失败、缺乏能力的证据
对能力的看法	随努力而提高	固定不变的

四、学习动机的教学设计

在教学设计时,教师必须考虑学习者的一个重要因素是学生的学习动机。1987 年,美国南佛罗里达大学的心理学教授凯勒(Keller,J. M.)开发了一个被称作"ARCS"的动机设计模型。ARCS 是注意(attention)、适切性(relevance)、信心(confidence)和满意(satisfaction)等动机因素词汇的首字母缩写。这个动机设计模型是由两个主要部分构成的:第一部分综合了从不同动机理论中得出的命题和指导原则;第二部分是动机设计的过程,将各种动机因素融合到此过程中去,形成适当的动机策略。ARCS 的具体内容见表 12-2。

表 12-2 ARCS 动机设计模型

类别与子类别	过 程 问 题
注意	
A1 知觉唤醒	我能为吸引他们的兴趣做些什么?
A2 探究唤醒	我怎样才能激起一种探究的态度?
A3 变化	我怎样才能维持他们的注意?
适切性	
R1 目标定向	我怎样才能最佳地满足学生的需要?
R2 动机匹配	我怎样、何时才能为学生提供合适的选择、责任感或影响?
R3 熟悉性	我怎样才能将教学与学习者的经验联系起来?
信心	
C1 学习需要	我怎样才能为建立一种成功的积极期望而提供帮助?
C2 成功机会	学习经验如何支持或提高学生对自己胜任能力的信念?
C3 个人控制	学生如何知道他们的成功是基于自己的努力和能力的?
满意	
S1 自然后果	我怎样才能为学生提供运用新习得知识技能的机会?
S2 积极后果	我能为学生的学习成功提供何种强化?
S3 平等	我怎样帮助学生对自己的成就形成一种积极的情感?

(一) 注意

学习动机的发生,首先必须激起并维持注意。注意常会被新颖的、奇怪的、不一致的或不确定的事物所吸引。为了吸引并维持注意,教师可以运用新奇的或意料之外的事情,来激发学生的探究行为或更深层次的兴趣,即"认知好奇心"。

(二) 适切性

学生的注意被吸引后,他们很有可能会问"为什么我们必须学习这些材料?""这些材料和我们的兴趣或目标有什么关系？"等问题，这些涉及的就是适切性的问题。对这些问题的积极回答有助于激发学生学习的动机。适切性包括目的指向适切性和过程指向适切性。目的指向适切性指的是功利主义或实用主义的切身性。例如，如果学习内容能帮助学生达到未来生活中的重要目标，学生学习的动机就会被激发，这就是产生了目的指向的适切性。这正是教师常常所使用的方法，即告诉学生"这些知识现在可能用不上，但对你们的将来很重要"。过程指向适切性的影响是与满足学生需要的教学方法紧密联系的。例如，高亲和需要的学生会被非竞争性的小组合作的情境所吸引，高成就需要的学生则更喜欢允许自己设立目标和标准，允许个人对目标的达到与否负高度责任的情境。

（三）信心

除了对教学感兴趣并产生适切性外，学生还必须相信他们具有一定的成功的可能性。否则，即使引起了注意并产生了适切性，他们也有可能放弃学习任务。当然，并非只有坚信成功才能激发动机，有时人们喜欢挑战，喜欢具有一定冒险水平的任务，但挑战应该在可接受的限度之内。

影响信心的几个最重要的因素是能力知觉、控制知觉和对成功的期望。能力知觉对信心的影响体现在，当人们认为自己具有成功所必需的能力时，他们的动机更有可能被激发。当然，一个人可能对自己的能力具有与客观情况不一致的信念，但这种信念本身可能会导致成功的结果。控制知觉也会影响信心。当人们相信自己的选择或努力能对行为的后果产生影响时，他们就对自己的行为更有自信。相反，失助感或外部归因会导致抑郁以及行为的不持久。教学中能促进个人控制感的那些特征，有利于发展自信和行为的坚持性。对成功的期望类似于自我实现的预言。如果个体相信自己能成功，他就会投入更多的努力，就会提高成功的概率。有时，人们对成功的预期与成功的客观可能性并不相符，但这并不妨碍这种期望变成现实。

（四）满意

如果行为的后果与学生的期望一致，而这一后果又是积极的，那么学生的动机就会被激发。因此，满意所导致的最主要的结果就是产生持续性动机。影响满意的因素有强化与反馈、内部奖励以及认知评价。运用强化能塑造并维持行为，因此也能维持完成某任务的动机。如果运用得当，能保证学生得到自己所预期的奖励，就能帮助学生在行为和后果之间建立起一致的安全感。只要这种奖励对学生来说很重要，就能将学生的动机维持在一个较高的水平上。有时，外部奖励会降低动机，尤其是当这种奖励并不是学习的自然后果且又处在其他人的掌握之中的时候。如果学生本来就对任务具有内部的兴趣，那么外部奖励会使他的注意离开任务本身而转移到奖励上。认知评价是影响满意的第三个因素。它是指按照个人的预期来评价行为后果的内部过程。如果一个人对成功的期望很高，那么在完成任务后他可能对结果产生不了满意；相反，如果预期水平较低，则可能会产生满意感。

第二节 学习动机激发的内部条件

学习动机的激发,首先取决于个体的内部条件。这些内部条件主要包括学习需要、焦虑水平、学习期待和归因。个体借助于这些内部条件,实现有效的自我调节,从而激发学习动机。

一、学习需要

学习需要,又称求知欲,是人类的基本需要之一。原始的学习需要是人类生来就有的一种生物学本能。当环境中出现新异刺激物时,人和动物都会停止正在进行的活动而朝向刺激物的方向,即发生探究性定向反射。人类的好奇心和求知欲就是在探究性定向反射的基础上发展起来的,新的学习需要也是建立在这种原始学习需要的基础上的。求知欲通常表现为好奇心、学习兴趣和学习目标。

新的学习需要首先产生于好奇心。好奇心是个体生来就有的一种探索新异环境和操纵新奇客体的需要。对于学生而言,好奇心大多源自一定的问题情境。问题情境是指需要学生解决但又与学生原有认知结构有一定距离的问题。这样的问题在教学中出现,只要难度适当,最容易激起学生的好奇心、求知欲和学习兴趣。皮亚杰等人的研究表明,当感性输入与现有认知结构存在中等程度的不符合时,学习兴趣最大。若感性输入与认知结构完全适应,此问题也就没有什么难度,便会失去兴趣。若新的情境与原有认知结构毫无关系,同样不会有兴趣。问题与认知结构既适应又不适应的关系,表明问题的难度适中。可见,引发新的学习需要,教师要在教学中运用课堂提问、演示实验或板演等形式,创设问题情境,并注意使问题小而具体、新颖而有趣且富有启发性。

学习需要的产生也取决于学习材料的呈现方式。一般而言,教师形象生动的讲授、图画、幻灯、录像、实验演示等教学方式的有效配合,多种教学方法的适当转换,以及组织学生参加各种课外兴趣小组或学科小组的活动,都会有助于学生对学习材料和学习活动产生直接的学习兴趣。直接的学习兴趣总是使学生在学习过程中伴随着愉快的情绪体验,从而产生进一步的学习需要。

学习需要还取决于学生对以往学习成败的体验。一般说来,以往的学习成功会使学生产生愉快的体验,激起学生进一步努力学习的愿望。而频繁的学习失败容易严重威胁学生的自尊心,产生过度的焦虑,也容易使学生觉得自己的能力即使努力学习也无法获得良好的学业成绩,从而产生"习得性失助感"(learned helplessness),对学习采取冷漠和听任失败的态度,结果学习动机越来越弱,常常自暴自弃,越来越缺乏学习的需要。

学习目标是一种特殊的需要,学习目标明确的学生,无疑有强烈的学习需要。学习目标的确定,与学生的抱负水平有关。抱负水平是指学生对自己要达到的目标所规定的标准。为自己的目标所规定的标准高,抱负水平就高,相反,抱负水平就低。学生如何确定自己的抱负水平,一是考虑目标的效价,即目标社会价值和个人价值的自我估量;二是考虑目标的成功可能性,即期望。任何抱负水平的学生所确定的学习目标,都是目标的效价和期望相互作用的结果。此外,学生持有什么样的学习目标,对动机的影响也是不同的。德怀克研究发现,掌握目标定向和表现目标定向的学生在学习任务的选择、评价标准、情感反应、结果归因等方面都有差异。掌握目标的学生倾向于选择更具挑战性的任务,更有坚持性;以自己在学习中是否有进步为标准;经过艰苦努力后即使失败了,仍然感到满意;倾向于从自己的努力程度而非能力解释成功或失败。表现目标的学生不是选择更困难的任务,就是选择更容易的任务;以与他人的比较为标准;以少付出努力而成功为乐;倾向于将失败归因于能力或运气,认为努力是无能的标志。

如果学生暂时对学习或对学习某一门学科缺乏需要,只要他们对其他事物有需要,还有可能将其他的需要转化为学习的需要。学生对其他事物有需要,就有可能引发行为去满足此需要而转变为动机。据心理学家研究,学习动机同学习态度和知识一样,都会在某种条件下发生迁移。如果教师能够因势利导地将学生原有的其他动机转移到学习上来,就有可能变成求知的动机,心理学家称之为利用原有动机的转移。

二、焦虑水平

焦虑(anxiety)是个体预感到自尊心受到威胁而产生的紧张不安、担心害怕的综合性情绪。焦虑虽然与恐惧相似,但恐惧主要是个体预感到身体安全受到威胁引起的,而且恐惧的对象是相当明确的。而焦虑则是预感到自尊心受到威胁引起的,而且焦虑的对象往往比较模糊。焦虑包括情境性焦虑和特质性焦虑。情境性焦虑是由客观情境对自尊心的威胁而引起的,因情境而异,具有暂时性。考试焦虑就是一种典型的情境性焦虑。特质性焦虑通常是由心理—社会因素引起的,不是指向特殊的事物或情境,具有持久性,因而被视为人格特征。

焦虑对学习的影响,与焦虑的水平有关。心理学家通常将焦虑分成三种水平:焦虑过低、焦虑适中和焦虑过度。一般而言,适中的焦虑能够使学生维持一定的唤醒水平和产生完成任务的心向,最能激发学生的学习动机。而焦虑过低或焦虑过度都不利于激发学习动机,特别是对复杂的、新颖的以及需要付出心智努力的任务更是如此。焦虑过低达不到应有的唤醒水平,而焦虑过度则容易从三个方面威胁学习动机。一是导致注意分散,影响对学习信息的掌握;二是影响学习策略的有效运用;三是妨碍考试策略的运用,无法回答已经掌握的内容。柯维顿(Covington, M.)研究了过度焦虑妨碍学习动机的三个阶段。第一阶段是判断,在考试开始时,学生首先判断任务对自己究竟是挑战还是威胁。如果判断为威胁,容易关注成败,怀疑自己的能力水平,担心能否达到预期的目标,从而导致焦虑过度。第二阶段是学习和解题阶段,由于同样的原因,学生关注的是问题能否解决而不是问题如何解决,便不能很好地利用学习策略,因而有可能极大地干扰了对无组织材料的组织和对难度较大材料的理解,也妨碍从长时记忆中提取问题解决所需的信息,容易降低追求的目标或者干脆拖延任务的完成。第三阶段是回答问题阶段,学生由于过度焦虑的干扰而导致问题无法解决,这一结果反过去又会降低以后的学习动机,甚至企图逃避学习。

当然焦虑水平对学习动机的影响,也取决于学生的学习能力。在通常情况下,中等程度的焦虑有助于学习能力中等的学生激发学习动机,提高学习效率。高焦虑与高能力的结合也有助于激发学习动机,而高焦虑与低能力的结合则容易降低学习动机,影响学习效率。

为了防止学生的焦虑过低或焦虑过度,教师在教学方面首先要向学生提供清晰的教学,使学习的内容有明确的结构,比如让学生感到考试内容明确而具体。教师的教学内容越含糊,学生对考试的焦虑就可能越大。其次,要妥善安排学习时间和学习内容。平时的作业和一般的测验最好不要有太紧的时间限制,并且允许在上交之前修正遗漏和错误。最后是教育学生形成正确的考试态度,提高对考试意义的认识,掌握必要的考试策略,妥善安排复习时间,正确对待考试分数等等。当然对于学生而言,维护自尊心要适当,不必将偶尔的学习失利视为洪水猛兽,而且也要注意与周围同学的恰当比较,不适当的比较也容易威胁自己的自尊心而导致焦虑过度。

三、学习期待

学习期待是个体基于过去经验和当前刺激而对未来学习结果的预料或预想。学生的学习必然产生一定的结果,而在学习结果产生之前,它早已以预料或预想的形式出现在学生的头脑里,这叫学习结果期待。

班杜拉认为,除了结果期待之外,还有有效性期待,即个体对自己是否能够成功地从事某一成就行为的主观判断。它与结果期待的最大区别在于,它不像结果期待那样是对某一行为结果的预料,而是对自己是否能实施某种学习行为的预料。比如学生预料自己在期末考试时能够得到 90 分,这个结果能得到教师的奖励,属于学习结果期待。而预料自己能通过认真听课,用心做笔记和独立完成作业等获得 90 分则属于有效性期待。

自我有效感包括学习能力有效感和学习行为有效感。学习能力有效感是学生对自己的能力是否有助于学习的预料,学习行为有效感则是学生对自己采取某种学习行为是否有助于学习的期待。班杜拉认为自我有效感是通过四种方式作用于主体的:

一是选择过程。当个体面临不同的环境条件时,他选择什么环境,则主要取决于他的自我效能感。一般来说,个体往往会选择自己觉得能够有效应付的环境,而避免那些无法控制的环境。

二是认知过程。人的有目的行为大多受到预期目标的调节,而预期目标如何设定,则要受到自我有效感的影响。自我有效感越强,个体设定的目标就越具有挑战性,其成就水准也越高。目标的挑战性程度构成了个体内在动力过程的一个因素,它不仅能够激发个体的动机水平,而且还决定了个体对活动的投入程度,从而决定了个体活动的实际成就。

三是动机过程。自我有效感还会影响个体在活动过程中的努力程度,以及个体在面临困难、障碍、挫折、失败时对活动的持久力和耐力。高自我有效感促使人在活动中作出更多的努力并持之以恒,直到达到活动的目标。而低自我有效感的人在活动遇到初步失败和挫折时,便开始怀疑自己能否成功,因而满足于中庸的成就,甚至半途而废、放弃自己的努力。

四是情绪反应。当面临着可能的危险、不幸、灾难的情境时,自我有效感将决定个体的应激状态、焦虑和抑郁等情绪反应。相信自己能够对环境中的潜在威胁施以有效控制的人,不会在应对环境事件之前忧虑不止、担惊受怕。而怀疑自己能否处理、控制环境的潜在威胁的人则相反,他们常常担心自己应对能力不足,感到环境中充满了危险,因而体验到强烈的应激反应和焦虑,并会采取消极的退避行为或者防卫行为。这些行为方式大大限制了个体主动性的发挥。

不管是学习结果期待,还是学习有效性期待,它们一方面影响学生确定学习目标,另一方面也通过努力程度的调控影响自己作出多大努力去达到学习目标。即使学生的学习没有获得外部强化,只要有良好的学习期待,他们仍然能够坚持不懈地努力学习。

四、归因

归因是学生对他人或自己学习行为的原因所作的解释和推测过程。最早研究归因的是美国心理学家海德,他认为每个人的行为都是有原因的,行为原因可能来自外部环境,也可能来自内部主观因素。每个人在行为之后还会致力于寻找行为的因果性解释。如果将行为的原因判断为外界力量,就是外部归因;如果判断为自身的因素,则为内部归因。

后来,罗特(Rotter, J.)将学生对自己行为和命运的决定力量的看法,叫做**控制源**(locus of control)。如果认为自己的行为是受外部力量控制的,是外控特征的人;如果认为行为是由内部力量控制的,则是内控特征的人。一般而言,内控的学生具有较高的成就动机,对学习的态度更加积极,更有自信心和自我责任定向,不断给自己提出新的更高的目标,喜欢向困难的任务挑战,在挫折面前更能坚持到底。外控的学生成就动机较低,缺乏自信,焦虑水平高,对学业缺乏兴趣,即使成功了,也常归因于运气。

1974年,美国的韦纳集中研究成败归因,结果发现人们习惯于将行为成败归因于个人的能力、努力、任务难度、机遇、他人帮助和身心状态等因素。如果从控制源维度看,能力、努力与身心状态属于内部因素,任务难度、他人帮助和机遇属于外部因素;如果从稳定性维度看,日常的努力、先天的能力、他人的日常帮助与任务难度属于稳定的因素,随知识增长而增强的能力、情绪努力与机遇属于不稳定的因素;如果从可控性维度看,先天的能力、任务难度和机遇属于个人无法控制的因素,努力、随知识而变化的能力与他人的帮助是个体能够控制的因素(见表12-3)。

表12-3 韦纳的成败归因模型

	内部因素		外部因素	
	稳定因素	不稳定因素	稳定因素	不稳定因素
可控因素	平时的努力	对特定任务的努力	他人平常的帮助	这次的具体帮助
不可控因素	能力	身心状态	任务难度	机遇

韦纳认为控制源维度主要与个体的自尊心有关。将成功归因于内部因素会产生自豪感,强化动机,而将失败归因于内部因素则会导致自卑。稳定性维度主要与对未来的期待有关,将失败归因于难度等稳定的因素,会期待遭遇到同样的失败,而归因于运气和情绪等不稳定因素,会期待成败行为的变化。可控性维度则与情感体验有关,将成功归因于可控因素会体验到满意,归因于不可控因素则产生幸运或感激。将失败归因于不可控因素会产生羞辱或负罪感,归因于可控因素则产生愤怒。韦纳发现,学生在不同情境中对成败有不同的归因,而且还对其后继的行为产生巨大的动机作用,尤其以将成败归因于能力和努力这两个因素最为关键。长期将成功归因于能力,将形成良好的自我有效感,而已经形成的自我有效感又反过来影响对以后成败的归因。

影响学生成败归因的因素比较复杂。现有研究发现与以下四方面因素有关:

1. 他人有关行为的信息

即个体根据别人行为结果的有关信息来解释自己的行为结果的原因。比如,自己像班级里的大多数学生一样得到了高分,容易作出试卷容易或教师批卷松的外部归因。如果自己像班级里的少数人那样得到高分,则容易作出聪明、能力强和学习努力的内部归因。

2. 个体通过以往行为结果所获得的经验

如果当前的行为结果与个人行为结果所获得的经验具有一致性,容易归因于稳定的因素。否则就容易归因于不稳定的因素。如果过去获得的是成功经验,容易将当前的成功归因于内部因素。如果过去的行为结果是经过努力后失败的,则很容易归因于能力差、运气不好等不可控的因素。

3. 个体的自我认知

柯维顿认为动机的关键因素是试图维护对自己能力的肯定性知觉,这是自尊的基础。如果个体在学习中失败,有可能归因于能力缺乏,产生无足轻重和自我否定的体验。当他们将面临威胁性情境时,往往尽可能避免这种情境,通过不努力或者假装努力而多方寻求解释失败的借口来掩盖自己的真实感受。艾米斯(Ames, R.)认为,当学生已经尽了最大的努力之后,教师还向他们指出这样的努力还不足以解决问题时,学生很有可能将失败归因于能力缺乏。但是如果学生自认为能力强,容易将成功归因于自己的能力,将失败归因于教师的偏见或测验不公正。

4. 教育训练

学生的归因风格并不是一成不变的,有可能因教育训练而发生改变。1978年,曾有澳大利亚学者对学生进行归因训练实验,整个实验过程分为两个阶段。第一阶段让学生在规定的时间内完成拼板任务,将不同形状和颜色的板块拼成指定的图形。拼好后要求他们对自己的成败作出归因。再让学生参加一个"知觉推理测验",必须一笔描完整个线路而不能有任何重复。但是有一张线路图是不能成功的,以学生尝试的次数作为其坚持性的指标。第二阶段为归因强化训练。将第一阶段中很少将失败归因于努力不够,而且又坚持性较差的学生分为三组。第一组为控制组,不进行强化训练;第二组为社会强化组,每当学生作出努力归因时,给予强化,引导他们继续将失败归因于努力不够;第三组为代币强化组,在第二组强化的基础上,再给予代币,可用代币换取纪念品。每组训练60次。训练结束也用知觉推理测验测定行为的坚持性。结果发现,两个实验组都比控制组更多地作出努力归因,坚持性明显地增强了。

第三节 学习动机激发的外部条件

学习动机的激发,除了受自身内部条件的制约之外,还取决于外部的诱因。对于学生的学习而言,最主要的诱因是学习任务的性质、学习结果的反馈、学习结果的评价、学习的奖励与惩罚以及课堂目标结构等。

一、学习任务的性质

学生的学习都要完成一定的任务,但学生面临的学习任务有不同的性质。

(一) 学习任务的价值

学习任务对学生必须有价值,对学生没有任何价值的学习任务是难以激起学生的学习动机的。艾克尔斯(Eccles, J.)根据学业任务满足学生需要的不同程度,区分出学业任务的三种不同价值。一是内部价值,即兴趣价值,学习活动本身能够给学生带来快乐。二是获得性价值,学业成功(好的成绩)是自己能力(聪明)的标志,而完成这一任务可以取得好的成绩。三是利用性价值,完成学业任务可以使学生达到获取奖学金或谋取职业等其他目标。学习任务的价值不同,学生学习的动机自然会有差异。

(二) 学习任务的特征

学习任务在可操作性、风险性和清晰性等三个方面有不同的特征。道尔(Doyle, W.)认为,根据可操作性的差异,可以将学习任务分为四大类型。一是记忆性学习任务,要求学生记住并回忆或再认学过的知识,如背一首诗或写出各省省会的名称等。二是程序性学习任务,要求学生根据规定的程式解决问题,知道了步骤就能得出答案,如用 πr^2 求得圆面积。三是理解性学习任务,要求学生转换信息,选择最佳的方案,用多种方法解决一个新的问题或用特定的方式写一篇文章等。四是评价性学习任务,要求学生论述自己的喜好,如在故事中找出最勇敢的人等。不同操作要求的学习任务,激起学生不同的学习动机。

任务的可操作性差异决定任务的风险性。比如,评价性学习任务是低风险的,因为没有确定的对错答案。比较简单的记忆性任务和程序性任务也是低风险的,因为完成这样的任务几乎不会发生错误。如果这两类任务比较复杂或者比较冗长,则风险性会明显提高。同样的,任务的可操作性差异也制约着任务的清晰性。比如评价性和理解性的任务较难预料正确的答案是什么,通常是含糊的,而记忆性和程序性任务则是直接而清晰的。

多数学生都希望降低任务的风险性和增强清晰性,尤其是那些高焦虑和力求避免失败的学生。当教师希望学生学会思考和解决复杂问题时,常会布置高风险和比较含糊的理解性任务。学生则要求教师多作举例、解释等指导,否则就会去寻求他人的帮助,或失去学习的兴趣。如果教师在此时妥协,就会降低任务的风险性,增加清晰性,学生学习动机有可能暂时性增强,但却不利于培养学生解决问题和批判思维的能力。因此,教师在教学中需要根据学习任务可操作性的要求决定适度的风险性和清晰性。如果学生在完成高风险和低清晰性任务时冒风险和出现错误时,不宜惩罚过重。

(三) 学习任务的难度

大量的研究表明,中等难度的学习任务最有助于激发学生的学习动机,过难或过易的学习任务会损害学习动机。与任务难度相关的是完成任务的时间要求。学习任务通常应该在近期能够完成,如果时间过长而且又比较抽象,很难使学生和当前的活动产生直接联系,较难推动学习。如果完成任务的时间过紧,容易产生焦虑过度而妨碍学习。所以学生应该按照教学进度的要求,合理分配学习时间,妥善安排完成学习任务的进度。

(四) 学习任务的维度

罗森霍茨(Rosenholtz, S. J.)将课堂学习任务区分为单维度任务和多维度任务。单维度学习任务是指在课堂里的所有学生都学习相同的内容、完成同样的作业、采用单一成功标准。多维度学习任务则分配给学生不同的学习和作业任务,采用不同的成功标准来衡量任务的完成情况。研究发现,单维度任务容易产生社会性比较,对学习能力强的学生激励作用较大。多维度任务很难进行同学之间的社会性比较,但每个学生都可以获得成功感和形成良好的自我有效感。

二、学习结果的反馈

学习结果的反馈是指让学生了解自己学习活动的进展情况以及所取得的成绩。1923年,布克和诺凡尔(Book, W. F. & Norvell, L.)将124名大学生分成甲乙两组,要求他们以最快的速度正确完成同样的练习,连续实验75次,每次30秒钟。在前50次练习中,让甲组学生知道每次的练习成绩,不断给予鼓励,并对错误进行分析。乙组只是一味地练习。练习50次后,两组的实验条件对换。图12-3的结果显示,甲组在前50次练习中的成绩高于乙组,乙组在后25次的练习中的成绩高于甲组,充分表明学习结果反馈的作用。因为学习结果反馈一方面使学生可以根据反馈的信息来改进自己的学习,另一方面也使学生为了进一步取得更好的成绩或避免再犯错误而增强学习动机。

后来,罗斯(Ross, D.)又做了一个很有说服力的实验。他将一个班的学生随机分成三个组。第一组,学习后每天告知学习结果;第二组,每周告知学习结果;第三组,不告诉学习结果。学习8周后,第一组与第三组的条件对换,第二组不变。图12-4的结果表明,每天了解学习结果的第一组在前8周成绩最好,后8周因不了解学习结果,成绩直线下降;第三组在前8周因不了解学习结果,成绩最差,后8周因了解学习结果而使成绩直线上升。而每周了解学习结果的第二组,学习成绩始终处于中等水平。罗斯的实验不但说明

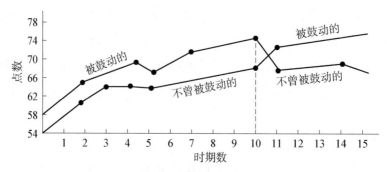

图 12-3　学习结果反馈的动机激励作用

资料来源：潘菽主编：《教育心理学》，人民教育出版社 1986 年版，第 95 页。

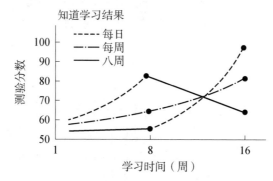

图 12-4　不同反馈的动机作用

资料来源：皮连生主编：《教育心理学》（第四版），上海教育出版社 2011 年版，第 310 页。

了学习结果反馈的重要性，而且还说明学习结果的反馈要及时。因为及时反馈能使学生及时发现和纠正错误，激起学生以更大的热情去调整学习的进度，使用合适的学习策略来完成学习任务。

三、学习结果的评价

　　评价是教师对学生学习结果的价值判断，包括分数的等级评价和评语评价。有人认为，分数的等级评价会产生两个方面的缺陷。一是抑制学生参加竞争的欲望，经常选择一些不太具有挑战意义的任务，即使成功了，因为选择的任务过于简单，也不会产生太大的乐趣和成功感。二是过分强调外界的评价，会抑制学生的内部学习动机。因而，他们反对外界的等级评价。W·哈特（Harter, W.）对此进行验证性实验，让四组学生猜谜，由学生自己选择四个难度等级的谜语。选择前，有两组学生被告知这是游戏，不计分；另外两组被告知要被评价，而且与学业成绩有关联。结果，前两组学生选择适合自己能力的难度适当的谜语，而后两组学生则选择比较容易的谜语，但成功后却没有快乐的表情，反而显得比较焦虑。似乎证明等级评价真的会使学生选择简单的学习任务。后来，W·哈特又研究了对学生作文的等级评价。对前一组学生进行实质性的评价，对后一组学生则只给予等级评价，却不指出存在的问题。结果发现，前一组学生大多对作文感兴趣，愿意写作文，获得成功后往往将成功归因于自己的努力。后一组学生即使成功了,也难以归因于兴趣或努力,往往归因于教师给分高或题目容易。虽然分数等级评价存在弊端,但完全废除还是不现实的,关键还是在于恰当地去评定等级。

从某种意义上看,评语评价的效果要优于等级评价。美国心理学家佩奇(Page,E.B.)曾经研究 74 个班的 2000 名学生的作文评价,每个班的学生都分成三个组,分别给予三种作文记分方式。第一组的作文只给予甲、乙、丙、丁的等级评价;第二组不仅给予等级,而且给予特殊评语,但同一等级作文的评语是一样的,不同等级作文的评语是不同的。第三组除了等级评价外,还给予顺应性评语,即根据学生作文中存在的问题加以矫正的评语。图 12-5 的结果表明,三种评价方式对后来的作文成绩有不同的影响。顺应性评语针对学生的个别差异,效果最好;特殊评语虽有激励作用,但同一等级的评语是一样的,效果不如顺应性评语;无评语的等级评价效果最差。

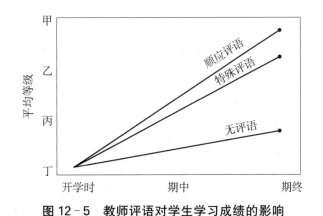

图 12-5 教师评语对学生学习成绩的影响

资料来源:李伯黍等主编:《教育心理学》,华东师范大学出版社 1993 年版,第 257 页。

所有这些研究都清楚地表明评价是必要的,关键在于采用什么方式进行评价。应该让学生明白,分数等级评价并不反映学生的能力,但可以反映学生学习进步的大小,它可以作为学习进步快慢的指标。一般认为,分数等级评价若和评语评价相结合,往往能产生最大的动机激励作用。无论是等级评价还是评语评价,都要坚持客观、公正、中肯,并注意学生的年龄特征和个别差异。

四、奖励与惩罚

奖励和惩罚是特殊的评价,无疑对动机具有极大的激励作用。

(一) 奖励

奖励(reward)是指施于行为之后以增加该行为再次出现可能性的事物,它包括正强化和负强化。正强化的性质是施所欲,即在行为之后施加行为者所需要的刺激以提高此行为再次发生的频率。它包括外部奖励和内部奖励。当学生发生积极的学习行为,并获得良好的学习结果时,教师通过物质的或精神的外在手段(如奖品、荣誉)来巩固这些学习行为和结果,这些外在手段就是外部奖励,也就是外部强化。如果学生努力学习并获得良好的学习结果后体验到满足感,从而进一步激励学生继续努力学习,则属于内部奖励,即内部强化。外部奖励和内部奖励都能够满足学生的某种需要,因而在以后类似的情境或刺激下,积极学习行为出现的概率就会升高。**负强化**(negative reinforcement)则是消除伤害性或讨厌的刺激以增加合乎要求反应出现概率的过程,其性质是去所恶。例如,学生因违反纪律而受到处分,这是惩罚。现在学生有了遵守纪律的良好行为,教师撤销了对该生原受的处分,使其遵纪行为得到巩固,这是负强化。国外有座收费桥,如果过桥的车内只乘坐一人,需要交费。如果过桥的车内坐两人以上,则可免费。于是一车乘坐多人的现象增加。这也是负强化运用的例子。不管是正强化还是负强化,它们都是为了增强积极学习行为再次发生的可能性,其本质都是奖励。

奖励的运用,首先要正确选择积极的学习行为和结果,奖励的应该是学习的成功和认真听课、独立完成作业、听课做笔记等具体的学习行为,而不是一般的概括性行为。其次,要正确选择奖励,以虽多次奖励但不至于引起迅速的满足为原则。而且不必时时运用物质奖励。在不少场合,向学生微笑,表示亲昵或口头赞扬,同样能产生良好的强化作用。再次,在教师期望的良好行为出现后,就要立即给予奖励,不要延搁太长的时间。最后,随着学生年龄的增长,应引导学生更多地利用内部奖励,让学生对自己积极的学习行为和结果本身获得满足,感到愉快,以增强学生进一步发生积极学习行为的欲望。

(二) 惩罚

惩罚(punishment)是指为减少或消除某种不良行为再次出现的可能性而在此行为发生后所跟随的不愉快事件。过去,人们常常以为奖励是正强化,惩罚与奖励相对立,因而将惩罚视为负强化的同义语,其实不然。惩罚与负强化的区别主要表现在两个方面:第一,它们的作用不同。负强化的作用是增强符合要求的行为,惩罚的作用则是抑制不符合要求的行为。第二,行为与不愉快刺激的依从关系不同。在惩罚过程中,不愉快刺激的施行依赖于不符合要求行为的出现,而其终止与受罚行为无关。在负强化过程中,不愉快刺激的终止依赖于符合要求行为的出现,而不愉快刺激的出现却不依赖于特殊行为的开始(见图12-6)。

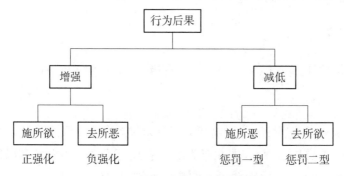

图12-6 正强化、负强化与惩罚的关系

关于惩罚的教育效果,心理学家们有过许多争论。著名心理学家桑代克认为,奖励能加强行为,惩罚则减弱行为,两者的作用似乎是对立的。后来他又认为,奖励比惩罚更为有效。而斯金纳则反对在教育中运用惩罚,主张强化期待的行为,对不符合要求的行为不予理睬,以消退不良行为。班杜拉更进一步反对惩罚,认为教师经常采用体罚或变相体罚,是为学生的侵犯行为提供了示范,使学生从教师处学到了侵犯行为。我们认为,尽管惩罚不一定能保证学生发生积极的行为,但它毕竟能够抑制不良的行为,所以适当运用惩罚还是必要的,正如奥苏伯尔所指出的:承认错误与接受惩罚是学习道德责任心和发展健全良心的主要部分。很少有孩子这么脆弱,以致他们不能顺利地接受应得的责备和惩罚。

一般说来,教师可以运用两类惩罚。第一类惩罚是在不良的学习行为发生后施加某种痛苦或厌恶的刺激,以减少受罚行为再次发生的可能性,即施所恶。如批评、警告、记过,直至开除学籍等处分。第二类惩罚是在不良行为发生后,取消学生喜爱的某种刺激,以减少受罚行为再次发生的可能性,即去所欲。例如,扣除行为得分,暂时收回某种奖励或暂时取消参加某种娱乐活动的权利等等。

不过,主张运用惩罚,并不等于提倡体罚与变相体罚。因为体罚或变相体罚容易严重伤害学生的自尊心,引起过度焦虑,也容易导致意外伤害学生身体的事故,从而使学生对教师产生敌意。同时体罚或变相体罚也确实为学生树立了模仿的榜样,使常受体罚的学生更容易表现出攻击性。

为了正确使用惩罚,教师应该遵守正确运用惩罚的七条原则:第一,避免不适当的惩罚,对不良的学习行为施以体罚或罚款是不适当的。第二,惩罚应与学生的不良行为相对应。批评学生在课堂里随便讲话,不应同时又指责其过去曾在上课时吃东西。第三,至少需要有一种不相容的逃避反应,学生在课堂里随地吐痰的不相容反应是用纸擦掉痰迹。第四,惩罚应尽可能及时,若惩罚延后,不良行为不容易消除。第五,在施行延迟惩罚时,应力求使受罚者想到原先的过失情境。第六,力戒惩罚后又立即出现奖励。第七,向学生指出合适的行为以代替被惩罚的行为。

(三) 奖励与惩罚的动机激励作用

大量的研究表明,表扬和奖励能使学生获得成就感,增强自信心,因而比批评和惩罚更能激发学习动机。赫洛克(Hurlook, E. B.)曾将 106 名四、五年级学生分为四个等组,在四种情况下进行难度相等的加法练习,每天 15 分钟,共练习 5 天。控制组学生单独练习,并且不给予任何评价。受表扬组、受训斥组和静听组在一起练习。每次练习结束,不管成绩如何,受表扬组始终受到表扬,受训斥组始终受到批评,静听组不给予任何评价,只让他们静听其他两组的表扬或批评。图 12-7 的结果表明,三个实验组的练习成绩都优于控制组。因为控制组始终未得到奖励或惩罚,而静听组虽然没有直接得到奖励或惩罚,但观察到他人被奖励或惩罚,还是能产生一定的动机唤醒作用。受训斥组开始的成绩像受表扬组一样也是上升的,但不断的批评无法继续激励学生的动机。只有表扬才能激励学生不断努力以取得优

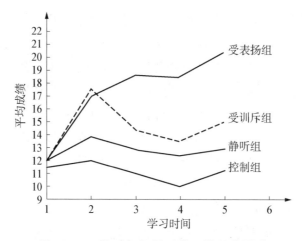

图 12-7　奖励与惩罚对学习结果的影响

资料来源：皮连生主编：《教育心理学》（第四版），上海教育出版社 2011 年版，第 310 页。

异的成绩。所以在通常情况下，表扬的激励作用往往大于批评。

但是，这并不意味着可以滥用表扬和奖励。大量的研究表明，滥用外部奖励，不但不能促进学习，反而会破坏学生的内部动机。1973 年，莱珀（Lepper, M. R.）等人给学前儿童提供用毡笔作画的机会，其中许多儿童对此感兴趣，随后将儿童随机分为三组。第一组以给来访者作一幅画而获得奖励，第二组不以是否作画而获得同等的奖励，第三组无奖励。在以后的四天里，记录儿童的自由活动。结果发现，第一组儿童用笔作画的时间只是第二、三组儿童的一半，说明对原先具有内在兴趣的活动给予外部奖励，有可能损害对活动本身的兴趣。因为它促使儿童做早先在无任何奖励的情况下所从事的活动，仅仅是为了得到奖励。一旦没有奖励，便失去动机激励作用。莱珀据此提出，外部奖励要防止付出"隐蔽的代价"。外部奖励究竟是提高还是降低内部动机，主要取决于个人的感受和看法。当个体将奖励视为目标，而任务只是达到目标的手段时，内部动机就会受损；而当奖励被看作是提供有关成功或自我有效感的信息时，内部动机则会提高。

布洛菲（Brophy, J.）认为，恰当运用奖励必须注意以下五点：①奖励针对学生的良性行为；②应该肯定学生的何种行为值得奖励，奖励要针对此行为；③奖励应该体现教师对学生成就的关心；④奖励要使学生体验到只要以后继续努力还有成功可能；⑤让学生体验到奖励是因为自己喜欢此任务并希望形成有关的能力。普雷马克（Premack, D.）的研究也曾发现，出现频率高的活动（即感兴趣的活动）可以作为强化手段去奖励出现频率低的活动（即不太感兴趣的活动）。而不太感兴趣的活动却不能作为强化手段去奖励感兴趣的活动，这就是著名的**普雷马克原理**（premack's principle）。

五、课堂目标结构

20 世纪 40 年代，在勒温提出群体动力学的基础上，多伊奇（Deutsch, M.）提出**目标结构理论**。他认为，由于群体对个体达到目标的奖励方式不同，导致他们在达到目标的过程中形成不同的个体间的相互作用方式。相互对抗、相互促进和相互独立是最主要的三种相互作用方式。在课堂学习情境中，形成了相对应的竞争型、合作型和个体化型等三种课堂目标结构。

竞争型课堂目标结构是指个体在其他成员达不到目标时才能达到目标，它主要激发以表现目标为中心的动机系统。竞争激发学生用社会标准进行比较，而社会标准往往相当充分地提供一个人的能力信息，所以竞争情境的最大特点是能力归因。学生往往认为获胜是与自己的能力直接相关的。当学生认识到自己有能力参与竞争时，就会努力学习，力争成功。而当自己认为缺乏竞争能力时，自尊心受到威胁，容易因焦虑过度而逃避竞争情境。同时，竞争也容易影响自我评价。竞争胜利者容易夸大自己的能力，认为自己比竞争对手更聪明、更有能力。竞争失败者则容易认为自己天生无能。也就是说，学生的自我有效感容易随成功的出现而被夸大，随失败的出现而被贬低。

合作型课堂目标结构是指群体成员只有达到共同的目标后才有可能达到自己的目标。合作首先涉及到共同的目标，只要有一个成员未达到目标，其他人的目标就无法达到。合作还需要共同努力，成员之间必须相互配合，相互支持和帮助，竭尽全力为集体的成功而努力。合作的成功与失败，有可能影响个体的自我评价。个体在成功的群体里与失败的群体里所作出的自我评价有很大的差异，成功群体有可能提高个体对自己成就、能力和努力的自我评价，而失败的群体则会降低对个体成就、能力和努力的自我评价。

个体化课堂目标结构是指个体是否成功与群体成员目标是否达到无关，个体所注重的是自己完成学业的情况和自己的进步幅度。这种目标结构很少注重外部标准，强调的是个人的自我发展和自身进步，不太关注他人是否完成了任务。因此，学生更可能将自己的成功归因于自己的努力，产生很强的自豪感。失败了归因于自己努力不够，容易产生内疚感，但不会认为自己无能，总是企图通过增加努力或寻找更好的学习方法去争取以后的学业成功。这样的学生常常表现出自信，相信自己的能力会在学习中不断提高。即使遭遇失败，也不会降低自我评价。

1981年，约翰逊等人对1922年至1981年122项相关成果进行元分析，得出结论认为，从总体上看合作目标结构的影响优于竞争和个体化目标结构；竞争与个体化目标结构的影响没有明显的差异；合作目标结构的影响不受有无组间竞争的影响。尽管合作型的课堂目标结构能够最大限度地激发学生的学习动机，但是要使合作学习更加有效，应该注意将小组奖励与个人责任结合起来。当合作成功时，必须给予群体的奖励，从而使成员进一步明确群体目标，以激发进一步达到目标的动机。同时还要使所有成员对群体的成功承担责任，积极参与到群体活动中去，使所有成员都得到进步和发展，防止出现责任扩散和"搭便车"现象。

练习题

一、填空题

1. 成就动机理论起源于心理学家_____的研究。阿特金森将成就动机分为：_____需要和_____需要。
2. 韦纳成败归因模型的三个维度分别是_____、_____、_____。
3. 控制源理论认为,内控的人格特征是_____;外控的人格特征是_____。
4. 奥苏伯尔提出推动学生学习的成就动机是：_____、_____、_____。
5. 马斯洛的需要层次理论由低到高分别是：_____、_____、_____、_____、_____、_____、_____。
6. 动机的两种特性是：_____,_____。
7. 学习动机最常见的分类是将其分为：_____和_____。前者容易产生_____的学习,后者容易产生_____的学习。
8. 学习动机激发的内部条件主要有：_____、_____、_____和_____等。
9. 课堂目标结构的类型主要有：_____、_____、_____三种。
10. 自我有效感是学生对_____的预料。

二、选择题

1. 下面能代表高成就需要者的描述是(　　)。
   A. 他宁愿担任专业工作而不愿做企业家
   B. 他总是要为他的行为承担责任
   C. 他很少依赖外来的反馈
   D. 他常常让别人提出问题

2. 下述情境中代表内部动机的情境是(　　)。
   A. 课间休息时,小李回到教室里看书
   B. 王老师对张华的单词测验成绩表示满意
   C. 在全校大会上校长宣布三好生名单
   D. 陈英每天独自看几小时电视

3. 下面几种说法中代表内控特征的是(　　)。
   A. "老师出的怪题哪次难倒我了?"
   B. "我从来不想老师怎样评分。"
   C. "我准备好,我能对付考试。"
   D. "我看过一些卷子,我想我知道老师会问什么问题。"

4. 外部奖励对学生参与某种活动的内部动机的影响可能是(　　)。

A. 积极的 B. 消极的
C. 因任务不同,可能是 A 或 B D. 无效

5. 研究发现,教师温和、热情的人格特征对低年级学生学习的促进作用大于高年级学生,这种现象的最适当解释是( )。

A. 儿童年龄特征的影响

B. 教师的批评与表扬对不同年龄儿童有不同的效果

C. 低年级儿童更容易从长辈的赞许和关怀中获得学习动力

D. 低年级儿童的外部动机占优势

6. 成长性需要不同于缺失性需要之处在于( )。

A. 它是人类社会性需要 B. 它在满足以后便会停止
C. 它在满足以后会产生新的需要 D. 它不受外部诱因的影响

7. 对影响学生学习的因素可作多种分类。一般认为,动机因素是( )。

A. 情感因素 B. 外部因素
C. 认知因素 D. 非智力因素

8. 表扬的使用原则是( )。

A. 越多越好

B. 只对少数人,这样才会有榜样作用

C. 学生一有进步就表扬

D. 以上都不对

9. 老师布置给学生的作业任务应该是( )。

A. 操作性强、风险性高、清晰度高、时间紧、难度大

B. 操作性强、风险度低、清晰度高、时间紧、难度适中

C. 操作性强、风险度低、清晰度低、时间紧、难度适中

D. 以上都不对

10. 下列四种关于学习动机的说法,正确的观点是( )。

A. 学习动机直接卷入学习的信息加工过程

B. 学习动机通过同化的机制来影响学习

C. 学习动机直接影响认知结构中有关知识的可利用性、稳定性和清晰性

D. 学习动机在学习过程中具有始动功能、指向功能和强化功能

三、问答题

1. 学习动机是怎样影响学习的?
2. 如何激发学生的内部学习动机?
3. 怎样激发学生的外部学习动机?
4. 看过漫画"求知与无知"后,回答以下三个问题。

(1) 漫画中的儿童表现了什么需要？它在马斯洛需要层次中属于哪一级需要？

(2) 儿童的问题为什么没完没了？

(3) 如何根据动机理论来说明家长与孩子互动中存在的问题？

重点概念

1. **动机**：个体以一定方式引起并维持其行为以满足需要的内部心理倾向，它是个体行为的内部动力。

2. **需要**：个体缺乏某种东西时所产生的心理倾向，具有紧张性和驱动性。

3. **学习动机**：引起和维持个体的学习行为以满足学习需要的心理倾向，它是推动学生学习的内部动力。

4. **内部学习动机**：因好奇心、求知欲、自尊心、责任感、学习兴趣和成功感等内部因素所引发的学习动机。

5. **外部学习动机**：因学习活动之外的目标，如由长者、权威、领导或群体提供的分数、奖金和三好生荣誉等外部诱因所引发的学习动机。

6. **成就动机**：是个体愿意完成自认为重要或有价值的任务，并力求达到完美程度的一种内在推动力量。成就动机包括力求成功的动机和避免失败的动机。

7. **焦虑**：个体预感到自尊心受到威胁而产生的紧张不安、担心害怕的综合性情绪。

8. **学习期待**：个体基于过去经验和当前刺激而对未来学习结果的预料或预想。

9. **控制源**：美国心理学家海德认为每个人的行为都是有原因的，行为原因可能来自外部环境,也可能来自内部主观因素。罗特将学生对自己行为和命运的决定力量的看法,叫做控制源。认为自己的行为是受外部力量控制的,是外控特征的人;认为自己的行为由内部力量控制的,则是内控特征的人。

10. **奖励**:施于行为之后以增加该行为再次出现可能性的事物,包括正强化和负强化。

11. **负强化**:消除伤害性或讨厌的刺激以增加合乎要求反应出现概率的过程。

12. **惩罚**:为减少或消除某种不良行为再次出现的可能性而在此行为发生后所跟随的不愉快事件。

13. **普雷马克原理**:普雷马克研究发现,出现频率高的活动(即感兴趣的活动)可以作为强化手段去奖励出现频率低的活动(即不太感兴趣的活动);而不太感兴趣的活动却不能作为强化手段去奖励感兴趣的活动。这一规律被称为普雷马克原理。

14. **目标结构理论**:多伊奇认为,由于群体对个体达到目标的奖励方式不同,导致他们在达到目标的过程中形成不同的个体间的相互作用方式。相互对抗、相互促进和相互独立是最主要的三种相互作用方式。在课堂学习情境中,形成了相对应的竞争型、合作型和个体化型等三种课堂目标结构。三种课堂目标结构会激发学生不同的学习动机。

推荐读物

1. 郭德俊主编:《动机心理学:理论与实践》,人民教育出版社2005年版。
   该书阐述了动机的性质与理论后,全面分析了动机激励的各种策略。

2. 边玉芳著:《学习的自我效能》,浙江教育出版社2004年版。
   该书阐述了学习的自我效能感理论,分析了学习自我效能感在学习中的作用,探索了学习自我效能感的测量。

3. 张爱卿著:《动机论:迈向二十一世纪的动机心理学研究》,华中师范大学出版社1999年版。
   该书在回顾了动机研究的历程之后,全面而系统地阐述了12种颇具影响的动机理论。

4. [美]J·布罗菲著,陆怡如译:《激发学习动机》,华东师范大学出版社2005年版。
   该书在浩如烟海的有关动机的文献中鉴别出与教师有关的部分,并将之整合成教师可用的方法与策略。

第十三章　课堂管理

 **本章目标**

记　忆

1. 陈述课堂管理的两种功能与影响课堂管理的主要因素。
2. 陈述协调正式群体与非正式群体的条件。
3. 陈述课堂纪律的主要类型。

理　解

1. 用自己的话解释下列术语：课堂管理、群体、课堂凝聚力、课堂气氛、课堂活动程序、从众、课堂规则、课堂纪律、课堂问题行为。
2. 举例说明群体动力与课堂管理的关系。
3. 分析课堂问题行为的类型并说明正确对待问题行为的主要教育对策。

运　用

1. 访问一位优秀班主任，用课堂管理的心理学原理分析其课堂管理的经验。
2. 观察一位新教师在创设课堂活动程序与规则方面的具体做法，用本章的相关理论分析其采用了哪些策略，给出改进的建议。

教师要顺利完成各个教学环节的任务，必须自始至终对课堂进行有效的管理。有效的课堂管理主要具备两个功能，一是促进功能，二是维持功能。本章在第一节阐述了课堂管理的一般概念之后，将在第二节和第三节分别论述课堂管理的促进功能和维持功能。

第一节　课堂管理概述

一、课堂与课堂管理

17世纪以来，课堂教学一直是世界各国学校教学的基本教学组织形式。由于课堂教学是在教室内进行的，不少人总是将课堂等同于教室。其实，课堂与教室存在着本质的区别。教室只是由桌椅、讲台、黑板和门窗等教学设施所组成的房间，其本质是教师和学生上课的场所。它只是构成课堂的情境因素之一。但教师和学生并不是教室的必备条件，当学生下课时，教室里可能空无一人，教室已经不再是课堂。只要室内的设施依旧，供教学之用的性质不变，此室依然是教室。课堂也不等于班级，班级是学校里由一定人数的学生所组成的正式群体，是学校教育活动的基本单位。它既不包含任课教师，也不包含教室，其活动范围比课堂教学活动广泛得多。班级活动既包括课堂教学活动，也包括课外文娱、体育、学科和科技兴趣小组等活动，甚至还包括各种社会公益活动等等。在我国，中小学的课堂教学通常是以班级为单位在教室里进行的,但是,课堂教学也可以由几个班级在同一个教室里进行。课堂则是由教师、学生和课堂情境三大因素所构成的进行教学活动的场所。教师是课堂教学活动的组织者和领导者,在教学过程中起主导作用。学生是学习的主体,课堂教学活动的各种条件和方案都是为他们而设计,并对他们起作用的。课堂功能的发挥和实现,都是通过学生的心理变化来反映的。

由于在教师、学生和课堂情境等三大要素中,教师始终处于主导的地位,就要求教师在课堂里采取有效的措施,创设积极的社会心理环境,设置有效的活动程序与规则,尽最大可能让学生卷入教学活动,以利于教学目标的达成。教师协调自己与学生、课堂情境之间的关系,从而提高课堂教学的效率。可以说这样的协调就是课堂管理。因此,**课堂管理**(classroom management)就是指教师通过协调课堂内的教师、学生和课堂情境三者之间的关系而有效地实现预定的教学目标的过程。

道尔的研究发现,课堂管理具有六个特征:

第一,即时性。课堂事件发生得很快,教师事前往往缺乏足够的时间考虑,便要迅速做出决定。

第二,公开性。课堂是公共场所,一个学生在课堂里发生的事情,会被其他的学生看到,他们会知道教师对这些学生的行为有怎样的感觉和看法。

第三,多维性。课堂里的学生存在极大的个体差异,课堂里发生的每一件事情可能产生多种效果,教师要从多方面考虑实施管理。

第四,不可预测性。课堂中的事件是不容易预测的,准备有序的课堂活动经常受阻。

第五,历史性。课堂通常有比较固定的场所,先前形成的师生关系、生生关系、课堂规范与风气会影响当下的课堂活动效率。

第六,同步性。课堂里很多事件是同时发生的。课堂讨论期间,教师不仅要倾听学生的观点并做出反应,而且要监控没有反应的学生,看其理解和领悟的情况怎样,也要尽力保持上课的正常进度。因此,课堂管理相当复杂,要求教师认真研究课堂的实际情况,预判各种可能发生的情况,精心计划与实施,努力使课堂内自己与学生和课堂情境之间的关系有助于提高课堂教学活动的效率,以利于预定教学目标的有效实现。

二、课堂管理的功能

课堂教学作为一种教育活动,可以分解为教学、评价和管理等三种主要的活动模式(见图 13-1)。

第一种活动模式是狭义的教学,包括确定教学任务、计划教学内容、组织教学活动、作出教学决策、进行必要的陈述和解释。我们在第九章和第十章对此已作了详尽的阐述。

第二种活动模式是评价,指教师通过测验诊断学生的学习情况,估量学习结果,对测量结果记分,并解释和报告测量结果,为进一步完善教学计划服务。这种活动在第十一章有详述。

第三种活动模式是管理,指教师在课堂教学中创设必需的环境条件和活动程序,吸引学

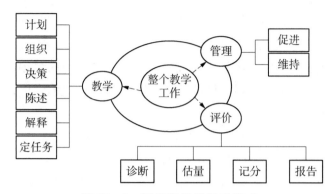

图 13-1　课堂教学的活动模式

资料来源：班尼等著，邵瑞珍译：《教育社会心理学》，云南教育出版社 1986 年版，第 157 页。

生积极参与课堂活动，使他们与教师主动合作，消除课堂冲突，矫正问题行为，努力将课堂教学时间用于教学活动和评价活动。所以，课堂管理并没有直接介入学生知识和技能的掌握，却始终制约着教学和评价的效率，具有促进和维持的功能。

（一）课堂管理的促进功能

课堂管理的促进功能是指教师在课堂里创设对教学起促进作用的组织和良好的学习环境，满足课堂内个人和集体的合理需要，激励学生潜能的释放以促进学生的学习。课堂管理的促进功能，既不诉诸强迫手段，也不依赖于乞求或劝说，主要通过利用群体动力来实现。课堂管理的促进功能具体体现在这四方面：第一，形成尊师爱生、团结协作的师生关系和互帮互学、和睦相处的学生关系，促进师生共同努力来完成教学任务；第二，培养良好的课堂风气，促进学生自觉遵从课堂规范；第三，明确群体目标，促进群体对其成员的吸引力，增强群体凝聚力；第四，正确处理正式群体与非正式群体的关系，促进班集体结构的完善。

（二）课堂管理的维持功能

课堂管理的维持功能是指在课堂教学中持久地维持良好的内部环境，使学生的心理活动始终保持在课业上，以保证教学任务的顺利完成。具体体现在这四方面：第一，当课堂教学面临新的情境时，通过课堂管理使学生迅速适应课堂情境的变化；第二，当课堂里出现师生关系和学生关系紧张时，通过课堂管理缓和与解决各种冲突，形成与维持和谐的人际关系；第三，在课堂管理中所制定的符合学校规章制度的课堂行为准则，能预防纪律问题的发生，有助于排除各种干扰，维持课堂纪律；第四，当课堂里发生问题行为时，通过课堂管理调节学生的过度紧张和焦虑，减轻心理压力，维护心理健康。

尽管这样的管理很难激励学生潜能的释放，却能通过施加外部的压力，维持课堂内的组织，处理课堂里出现的问题，使课堂在不断变化的条件下保持动态平衡，从而维持学生学习的积极性。

三、影响课堂管理的因素

(一) 对教师的定型期望

人们对教师在学校情境中执行教育任务往往持有一种比较固定的看法,即使某一位教师的实际表现并不符合这种固定的看法,人们还是会按照这种固定的看法去看待和解释教师的行为,这就是定型的期望。它包括人们对教师理应表现的行为及其所具有的动机和意向的期望。学校领导、家长和学生对教师都有定型的期望。如果学校领导期望教师自由发表意见,允许教师创造性地管理课堂,就会形成和谐、活跃的课堂气氛;如果学校领导期望教师严格遵循学校意志,防止行为越轨,就有可能使教师将紧张不安的情绪以微妙的方式传递给学生,造成紧张、刻板、死气沉沉的课堂气氛。

课堂里的学生总是期望教师以某种方式进行教学和课堂管理。迪克尔曼(Dickerman, W.)等人研究了学生在不同阶段对教师的知觉,结果发现这些知觉反映了学生对教师行为持有不同的期望。比如,有的学生理想化地期望教师是德、才、学、识方面的楷模,有的学生幼稚性地期望教师外部行为和表情像父母一样,也有的学生现实地期望教师公正客观地对待学生,尊重和爱护学生。如果教师的实际行为与学生们的定型期望不一致,课堂里就会出现不满。所以,教师接受教学任务后,首先必须知道学生对自己的期望是什么,尽量使自己的课堂管理与学生的期望相一致。如果发现自己的管理方式与学生们的定型期望不一致,就应该采取措施,努力使两者协调一致。

(二) 教师的学生观

教师的学生观是指教师对学生本质特征和培养方式所持有的基本看法。一般而言,教师持有评价性学生观和移情性学生观。持有评价性学生观的教师总是排除个人情感因素的影响而纯客观地评价学生,主张与学生保持适当的心理距离,以保持师道尊严来控制学生,因而在课堂管理中习惯于指手画脚和发号施令,容易满足于学生表面上的唯唯诺诺,动辄强制和压服,偏爱评价好的学生而歧视评价差的学生。持有移情性学生观的教师则认为学生总是向好的、愿意接受教育的,教师应该设身处地为学生着想,尊重学生的人格和意愿,因而在课堂管理中容易以真诚、友善、热情和关怀的态度对待聪明的或笨拙的、成绩好的或成绩差的、听话的或顽皮的学生。

(三) 教师的人格结构

加拿大的柏恩(Berne, E.)在1964年提出人格结构的PAC理论。他认为人格是由P、A、C三态所组成的,P是父母态,A是成人态,C是儿童态。以父母态为主的教师有明显的优越感和权威感,往往凭主观印象办事,独断专行,滥用权威,学生没有主动参与课堂活动的积极性。以成人态为主的教师具有客观和理智的特征,善于根据过去的经验,估计各种可能性,然后作出必要的决策。在他们管理的课堂内,虽然没有严格限定的框框,却有明确的指南。以儿童态为主的教师则常像儿童那样冲动,经常感情用事,在活动中常表现出服从和任人摆布,教育学生无主见,遇事畏缩,优柔寡断。十分明显,P型和C型人格结构的教师都不利于学生成功地介入课堂活动,只有A型人格结构的教师才有可能灵活地驾驭课堂。

(四) 教师的影响力

教师的影响力是指教师在与学生的交往中影响或改变其心理和行为的能力。根据影响力的性质,可以将影响力分为权力性影响力和非权力性影响力。权力性影响力是一种带有强迫性的、并以外部压力的形成而起作用的影响力。它主要来源于教师在课堂里的地位,即教师拥有职权范围内的规划、决策、控制和指挥的权力。一方面教师握有能够满足学生需要的物质手段和精神手段,另一方面教师也握有使学生不愉快的手段。非权力性影响力是指由教师自身的良好品质和表现而受到学生的敬佩所产生的影响力,它主要取决于教师的品格、才能、学识和情感等因素。一般而言,权力性影响力使课堂里的学生接受强制性影响,学生的行为反应常常是被动地服从,而非权力性的影响力对学生的影响则是自然的,能够达到润物细无声的效果。

第二节 课堂社会心理环境的营造

课堂本身就是一个群体,课堂内部还存在着正式的或非正式的各种群体。在群体里进行的教学活动,有别于教师对学生的个别指导。学生在群体里的学习不同于个别学习,他们会发生个别学习时不可能发生的各种心理现象。教师必须了解课堂群体的性质,善于利用群体凝聚力、课堂气氛、人际沟通和人际关系等群体动力,在课堂里营造积极的课堂社会心理环境,使课堂管理产生促进的功能。

一、正式群体与非正式群体的协调

课堂里的每一个学生不是孤立地存在的个体,他们总是通过相互的交往而形成各种群体。所谓**群体**(group)是指人们以一定方式的共同活动为基础而结合起来的联合体。群体通常有三个特征,一是群体由两个以上的个体所组成;二是群体成员根据一定的目的或承担的任务而相互交往,协同活动;三是群体成员受共同的社会规范的制约。课堂里的群体包括正式群体和非正式群体。

正式群体是由教育行政部门明文规定的群体,其成员有固定的编制、明确的职责权利和确定的组织地位。班级、小组、团支部等都是正式群体。课堂就是一种正式群体,有效课堂的形成经历松散群体、联合群体和集体等三个阶段。松散群体是指学生们只是在教室里与教师一起参与教学活动,但成员间尚无共同的活动目标。联合群体的成员已经有了共同内容的活动,但活动还只具有个人的意义。集体则是正式群体发展的最高阶段,其成员所进行的共同活动不但对每个成员具有个人意义,而且还具有重要的社会意义。课堂管理就是要采取措施,使课堂里的学生形成共同的目标和利益关系(有人将此称为"学习共同体"),产生共同遵守的课堂规范,并以此协调大家的行动,满足成员的归属需要,使学生们彼此相互认同,从而使课堂能够从松散群体,经历联合群体,再形成集体。形成的集体又会通过赞许和否认等两种控制手段,调节集体内学生的行为,使其遵守集体规范。

非正式群体是在正式群体内部因相互交往而形成的以个人好恶、兴趣爱好为纽带,具有强烈情感色彩的群体。这种群体没有特定的群体目标及职责分工,缺乏稳定的结构,但有不成文的规范和自然涌现的领袖。课堂里的非正式群体主要是同辈群体,比较常见的有朋友、小集团、帮和群。朋友是学生在共同的兴趣爱好基础上形成的比较持久稳定的密切关系。朋友关系的固定化就是小集团,具有相互交流信息和共同决策的目标。帮与小集团的主要区别在于帮的成员更重视集体活动且具有一定的结构。群则是松散的结合性组织,通常由几个小集团组成,规模较大,有相对的独立性。

课堂管理必须区别对待实际存在的四种不同性质的非正式群体:

首先,对于课堂里存在着的学习型非正式群体和玩耍型非正式群体,只要它们的目标与课堂目标一致,就是积极的非正式群体。对这类非正式群体的基本对策应该是支持和保护。可以利用其成员间情感密切的特点,引导他们相互学习、取长补短;利用其成员相互信任、说话投机的特点,引导他们开展批评与自我批评;利用其成员间信息沟通迅速的特点,可以及时收集学生的反映,做到心中有数;利用其成员归属感强、爱好社交的特点,把正式组织无力顾及的工作交给他们去完成;也可以利用其自发形成的领袖人物威信高的特点,授予适当的合法权力,使之纳入课堂目标的轨道。

其次,对于既无积极作用,也无明显消极作用的中间型非正式群体,要采取慎重的态度,积极引导,联络感情,加强课堂的目标导向,努力使它们的目标与课堂目标相一致。

再次,对于经常发牢骚、讲怪话,与课堂目标不一致的非正式群体,则要加强教育,设法改变它们的目标方向,争取他们参与课堂活动,在参与活动的过程中达到目标一致。

最后,对于偷盗、校园霸凌等破坏型的非正式群体,则要依据校规和法律,给予必要的制裁。

任何一个群体的行动都是在某种力量的推动下实现的。所有影响群体及其成员个人行为发展变化的力量的总和就是群体动力。最早研究群体动力的是美国心理学家勒温,他用场理论和力学概念说明群体成员之间各种力量相互依存和相互作用的关系,认为群体不是个体的简单总和,群体会对个体产生巨大的影响,个体在群体中产生不同于单独环境中的行为。因此教师在课堂管理中要善于利用群体凝聚力、群体气氛和人际关系等群体动力,实现课堂管理的促进功能。

二、课堂凝聚力的加强

课堂凝聚力(class cohesiveness)是指课堂对每一个学生的吸引力。它不同于我们通常所说的团结,因为团结主要是指成员之间的吸引力,而凝聚力则是指群体吸引其成员积极从事群体内的活动,使成员不离开群体的力量。

一般而言,凝聚力强的课堂内部气氛民主,师生和生生之间沟通频繁,交往顺畅;成员的归属感强烈,群体活动的出席率高;成员的责任心强,能自觉维护群体利益,愿意承担相关的责任。因此增强课堂凝聚力便成为形成有效课堂的必要条件。如果一个课堂缺乏凝聚力,就会像一盘散沙,降低课堂教学活动的效率,甚至中断课堂教学活动。但这并不意味着课堂的凝聚力越强,课堂的活动效率越高。因为课堂凝聚力对群体效率的影响与外界的诱导有关。图13-2所显示的情况表明,高凝聚力的群体,其成员行为高度一致,个体服从群体的倾向较强,如果加以积极诱导,可以极大地提高群体活动的效率。反之,若出现消极的诱导,则有可能降低群体的活动效率。

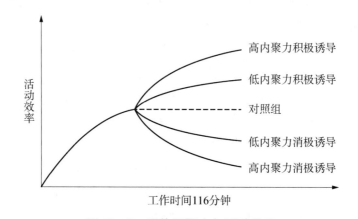

图13-2 群体凝聚力与活动效率

资料来源:卢盛忠主编:《管理心理学》,浙江教育出版社2004年版,第253页。

课堂凝聚力是衡量课堂管理成功与否的重要标志,教师应该采取措施提高课堂凝聚力。首先,要了解课堂凝聚力的大小。可以先让课堂里的每一位学生按照班长的情况将形容人的15个形容词从最符合到最不符合依次排队。然后再让每一位学生根据符合自己实际情况的程度,也将15个形容词排队。最后用斯皮尔曼等级相关系数的公式 $r = 1 - \dfrac{6\sum D^2}{N(N^2-1)}$ 计算出相关系数①,相关系数越趋向于1,表示该群体的凝聚力越强。其次,努力提高学生个体目标与群体目标一致性。如图13-3所示,个体目标与群体目标的一致性高,群体的效率总是高的,相反,活动效率却是低的。特别是当目标一致性高与群体凝聚力强结合时,该群体的活动效率达到最高;当群体凝聚力强而群体内的目标一致性低时,则其活动效率是最低的。再次,引导课堂里的所有学生在情感上加入群体,以作为群体的成员而感到自豪,形成归属感。使他们对一些重大事件与原则问题保持共同的认识与评价,形成认同感。这样,当群体取得成功或遭遇失败时,所有成员都有共同的感受,从感情上爱护自己所属的群体。最后,当学生表现出符合群体规范的行为和群体期待的行为时,就给予赞许与鼓励,使他们的

---

① 公式中的 D 为两列对偶等级的差数,N 为等级的数目,$\sum D^2$ 为各个 D 的平方之和。

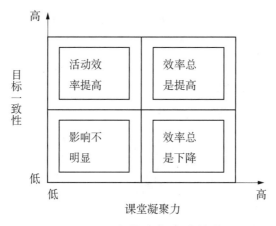

图 13-3　凝聚力与活动效率

资料来源：杨心德编著：《中学课堂教学管理心理》，杭州大学出版社 1993 年版，第 199 页。

行为因强化而巩固，形成力量感。

三、课堂气氛的改善

（一）课堂气氛和类型

课堂气氛（classroom atmosphere）是指课堂里某种占优势的态度和情感的综合状态。个别学生的态度与情感并不构成课堂气氛，但多数学生的态度与情感就会组合成占优势的综合状态而形成课堂气氛。课堂气氛具有独特性，不同的课堂往往有不同的课堂气氛，即使是同一个课堂，也会形成不同教师的气氛区。当某位教师上课时，气氛热烈，而另一位教师上课时则可能气氛拘谨而刻板。当然这并不否定课堂气氛的相对稳定性。一种课堂气氛形成后，往往能维持相当长的时间，而且不同的课堂活动也可能被同样的课堂气氛所笼罩。

课堂气氛可以分成积极的、消极的和对抗的三种类型。积极的课堂气氛是恬静与活跃、热烈与深沉、宽松与严谨的有机统一。消极的课堂气氛通常以紧张拘谨、心不在焉和反应迟钝为基本特征。而对抗的课堂气氛则是失控的气氛，学生过度兴奋、各行其是、随便插嘴、故意捣乱。

（二）课堂气氛对学生课堂行为的影响

课堂气氛对学生的课堂行为容易产生深刻的影响。首先，课堂气氛有可能产生社会助长作用和社会致弱作用。1920 年，美国的阿尔波特让被试分别在单独情境和社会情境中工作，结果发现被试在社会情境的连锁联想、乘法运算、解决问题以及思维判断等活动所取得的成绩都比单独一个人活动好。像这种群体对个人活动所起的促进作用，叫社会助长作用。例如，许多运动员或演员的表演，观众越多，气氛越热烈，表演效果就越好。可是，有时群体会对个人的活动起阻碍作用，使个人在群体里面的活动效率比单独一人时差，这叫社会致弱作用。有的教师在课前作了充分的准备，可是上课时发现几十双学生眼睛盯着自己，气氛紧张，导致心慌意乱而怯场。群体气氛对个体的活动是产生助长作用还是致弱作用，主要取决于四个因素。一是活动的难易。如果学生所从事的是像打扫卫生、公益劳动等简单的手工操作或机械操作，其他成员在场所形成的气氛会使其活动效率更高。如果从事的是像写文章那样的需要复杂判断、推理的活动，则容易产生致弱作用。二是竞赛动机的激发。他人在场的气氛，个人的求成动机容易转化为竞赛动机。一旦个体希望自己做得比别人好，容易产生社会助长作用。三是被他人评价的意识。当被他人评价的意识适中时，容易发生助长作用。若被他人评价的意识过于强烈，活动的难度又大而复杂，容易引起焦虑过度而产生致弱作用。四是注意的干扰。如果其他成员在场的气氛会引起活动者的注意分散，那么容易发生致弱作用。

其次，课堂气氛容易通过教师和学生的语言、表情或动作给学生提供暗示。暗示是指在无对抗的条件下，以间接的方式影响学生的心理和行为，而使其按照一定的方式去行动或接受一定的意见和思想。课堂气氛往往是通过感染而产生暗示作用的。早在19世纪末期就有法国学者指出，群众活动受群体气氛的感染，从而构成群体的共同意志和精神，使个体在群体中的活动失去理智，对暗示深信不疑。感染实质上是情绪的传递和交流，然后在相同的情绪气氛的控制和维持下，表现为无意识的或不由自主的屈从，使受暗示者产生与刺激者相同的情绪，并有可能产生由相同情绪控制下的行为。暗示能使学生在愉悦中接受教育和影响，而且因暗示中的"以情感人""以形服人"和"以境动人"而使教育信息更易被学生所内化。暗示的缺陷主要在于教育信息的隐蔽性和不确定性，容易使学生误会而产生错误的理解，导致盲目的行为反应。

再次，课堂气氛还容易导致流行。流行是指在课堂气氛的影响下，许多学生都去追求某种行为方式而使其在短时期内到处可见，从而导致连锁性的感染。流行可以表现为学生衣食住行等物质生活方式方面，也可以表现为学习与文体娱乐方面。课堂里的流行往往具有突发性，容易在短时期内扩展与蔓延，也容易在短时期内销声匿迹。课堂流行一旦发生，往往被打上切合时宜的印记，促使学生追随它，发挥了统一学生行动的功能，因而有助于课堂秩序的维持。同时，流行也能引导学生摆脱现状，具有创新的功能。因此只要流行的内容不与社会道德规范和课堂常规相悖，应该允许学生们自由地选择自己喜欢的行为模式。当然，某些不健康的流行也有可能冲击课堂秩序，影响道德面貌，应该妥善地加以引导。

（三）教师对课堂气氛的影响

由于教师在课堂教学中起着主导的作用，教师的领导方式、教师的移情、教师对学生的期望以及教师的焦虑便成为影响课堂气氛的主要因素。

1. 教师的领导方式

教师的领导方式是指教师行使权力与发挥领导作用的行为方式。勒温早在1939年就对教师的领导方式进行研究，发现集权型、民主型和放任型是三种主要的领导方式。后来，美国密歇根大学的李克特（Likert, R.）又将集权型分为强硬集权型和仁慈集权型。这样就形成四种教师的领导方式：强硬专断型、仁慈专断型、放任自流型和民主型。四种不同的领导方式会对学生的行为反应产生不同的影响，形成不同的课堂气氛(见表13-1)。

表 13-1 领导的类型、特征和学生的反应

领导类型	领导的特征	学生对这类领导方式的典型反应
强硬专断型	1. 对学生时时严加监视。 2. 要求即刻无条件地接受一切命令——严厉的纪律。 3. 他认为表扬可能会宠坏儿童，所以很少给予表扬。 4. 认为没有教师监督，学生就不可能自觉学习。	1. 屈服，但一开始就厌恶和不喜欢这种领导。 2. 推卸责任是常见的事情。 3. 学生易激怒，不愿合作，而且可能会在背后伤人。 4. 教师一离开课堂，学习就明显松弛。
仁慈专断型	1. 不认为自己是一个专断独行的人。 2. 表扬学生并关心学生。 3. 他的专断的症结在于他的自信。他的口头禅是："我喜欢这样做"或"你能给我这样做吗？" 4. 以我为班级一切工作的标准。	1. 大部分学生喜欢他，但看穿他这套方法的学生可能会恨他。 2. 在各方面都依赖教师——在学生身上没有多大的创造性。 3. 屈从，并缺乏个人的发展。 4. 班级工作的量可能是多的，而质也可能是好的。
放任自流型	1. 在和学生打交道中几乎没有什么信心，或认为学生爱怎样就怎样。 2. 很难作出决定。 3. 没有明确的目标。 4. 既不鼓励学生，也不反对学生；既不参加学生的活动，也不提供帮助或方法。	1. 不仅品德差，而且学习也差。 2. 学生中有许多"推卸责任""寻找替罪羊""容易激怒"的行为。 3. 没有合作。 4. 谁也不知道应该做些什么。
民主型	1. 和集体共同制定计划和作出决定。 2. 在不损害集体的情况下，很乐意给个别学生以帮助、指导和援助。 3. 尽可能鼓励集体的活动。 4. 给予客观的表扬与批评。	1. 学生喜欢学习。喜欢同别人尤其喜欢同教师一道工作。 2. 学生工作的质和量都很高。 3. 学生互相鼓励，而且独自承担某些责任。 4. 不论教师在不在课堂，需要引起动机的问题很少。

2. 教师的移情

教师的移情是指教师将自己的情绪或情感投射到学生身上，感受学生的情感体验。移情使教师和学生的意图、观点和情感连结起来，在教育情境中形成暂时的统一体，有利于创造良好的课堂气氛。移情的教师会使学生更多地参与课堂活动，获得较高的成就，形成更高水平的自我意识，学生之间的交往也会增多。教师的移情有赖于心理换位，善于将自己置于学生的位置上，仿佛自己就是学生，能以"假如我是学生"去思考和行动，努力做到将心比心。教师的移情也有赖于师生间的共鸣性情感反应，学生快乐，教师也快乐；学生痛苦，教师也痛苦。

3. 教师的期望

教师的期望是指基于过去经验和当前的刺激而形成的对学生未来发展的预料或预想。

现有的研究表明,教师期望通过四种途径影响课堂气氛。一是接受,教师通过接受学生意见的程度,为高期望的学生创造亲切的社会情绪气氛,而为低期望的学生制造紧张的社会情绪气氛。二是反馈,教师通过输入信息的数量、交往频率、目光注视、赞许和批评等向不同期望的学生提供不同的反馈。三是输入,教师向不同期望的学生提供难度不同、数量不等的学习材料,对学生提出的问题作出不同的说明、解释、提醒或暗示。四是输出,教师允许学生提问和回答问题,听取学生回答问题的耐心程度等等,都会对课堂气氛产生不同的影响。

4. 教师的焦虑

焦虑是教师对当前或预计到对自尊心有潜在威胁的任何情境所具有的一种类似于担忧的反应倾向。教师的焦虑过低,会缺乏激励力量,对教学或学生容易采取无所谓的态度,师生之间难以引起感情共鸣,容易形成消极的课堂气氛。教师焦虑过度,在课堂里总是忧心忡忡,唯恐学生失去控制,害怕自己的教学失误,处处小心翼翼,一旦发生课堂问题行为,为了保全自己的面子,容易作出不适当的反应,造成消极紧张的课堂气氛。只有当教师焦虑适中时,才会激起教师努力改变课堂现状,避免呆板或恐慌反应,从而推动教师不断努力以谋求最佳课堂气氛的出现。

四、人际关系的和谐

人际关系是人与人之间在相互交往过程中所形成的比较稳定的心理关系或心理距离。吸引与排斥、合作与竞争是课堂里最主要的人际关系。

(一) 吸引与排斥

人际吸引是指交往双方出现相互亲近的现象,它以认知协调、情感和谐及行动一致为特征。尊师爱生是典型的师生相互吸引,同学间的朋友关系同样是相互吸引。人际排斥则是交往双方出现关系极不融洽、相互疏远的现象,以认知失调、情感冲突和行动对抗为特征。现有的研究表明,距离远近、交往频繁、态度相似性、个性互补性以及外貌等因素是影响人际吸引或排斥的主要因素。在一般情况下,学生的居住地和座位等越邻近,交往的频繁越高,态度和外形越相似,个性特征越能互相取长补短,学生之间就越容易互相吸引。相反,彼此就容易排斥。人际吸引与排斥的结果使学生在课堂里处于不同的地位,出现人缘好的学生、被人嫌弃的学生和遭受孤立的学生。

我国的章志光等人用莫里诺(Moreno, J. L.)的社会测量法所进行的研究表明,人缘好的学生是课堂里最受欢迎、吸引力最强的学生,因而其情绪高涨而稳定,有较高的安全感和自信心,容易产生与班级集体相同的价值观和道德观。被人嫌弃的学生是课堂里最不受人欢迎而被排斥的学生,他们常常感到不安与气愤,并由此与集体对立,甚至产生敌意和对抗,很有可能离开集体而加入落后的小集团。而遭受孤立的学生则被同学们冷落在一旁,既没有欢迎者,也没有反对者,很少与人交往,他们常因失意而埋怨班级集体,甚至迁怒于教师。

由此可见,教师在课堂管理中必须重视课堂里的被嫌弃者和被孤立者。一方面,针对这些学生的弱点,帮助他们改变不利于人际吸引的个性特征和不利因素,促使他们摆脱窘境,增强吸引力。另一方面,引导全班学生主动接近他们,通过增加交往频率,产生共同的话题和体验,结束不相往来的状况。

(二) 合作与竞争

合作是指学生们为了共同的目的在一起学习或完成某项任务的过程。合作是实现课堂管理促进功能的必要条件。首先,在解决新的复杂问题时,往往需要提出各种可供选择的假设情况,学生间的合作显然要胜过个人的努力。如果作业任务还需要进行评价或作出决定,合作讨论而形成一致的意见通常是可取的。第二,合作能够促进学生的智慧发展。对尚无结论或有争议问题的探讨,可以开阔学生的眼界,激发思考,促使学生根据别人正确的观点来检验和修正自己的观点。第三,合作能使能力较差的学生学会如何学习,改进学习方法。第四,合作有助于学生发展良好的个性,增强群体凝聚力,形成和谐的课堂气氛。

但是,课堂里的合作也有不足之处。首先,如果学得慢的学生需要学得快的学生的帮助才会有进步,那么对于学得快的学生来说,在一定程度上就得放慢自己的学习进度,影响自身的发展。其次,能力强的学生或活泼好动的学生有可能在合作中支配能力差或沉默寡语的学生,因而有可能使沉默的学生更加退缩。最后,合作也容易忽视学生的个别差异,影响对合作感到不自然或焦虑的学生的学习进步。

竞争是指个体或群体充分实现自身的潜能,力争以优胜标准使自己的成绩超过对手的过程。竞争必须具备三个基本条件,一是有共同争夺的目标,二是竞争的各方必须争夺同一个对象,三是竞争的结果必使一方获胜。竞争是一种普遍存在的社会心理现象。一个人从初中考入高中,从高中又考入大学,无不经过若干次的竞争才进入适当的工作岗位。

课堂里的竞争包括群体间的竞争和群体内的竞争。班级之间的竞争、小组间的竞争属于群体间的竞争,班内学生之间的竞争属于群体内的竞争。各种竞争通常都能激发个人的努力,提高成就动机和抱负水平,缩小个人的能力与成绩之间的差距,提高学习效率。竞争也能使学生较好地发现自己尚未显示出来的潜力和自己的局限性,有助于自觉地克服某些不良的人格特征。竞争还可以增加学生学习与工作的兴趣,使集体生活更富有生气。因而适度的竞争,不但不会影响学生间的人际关系,而且还会提高学习和工作效率。但是,如果群体成员的态度与情感都属于自我定向,对学习和工作又缺乏直接兴趣,竞争就有可能使一部分学生过度紧张和焦虑,抑制学习和竞争的积极性,从不胜任的任务中退缩下来,因此而降低他们在群体中的地位。由于竞争比较强调优异的成绩和名次,容易忽视活动的内在价值和创造性。由于优异成绩总是与某个具体的人联系在一起,因而容易导致学生将别人的成就视为对自己的威胁,千方百计地想超过对方,竞赛动机过于强烈,由此对学生之间的人际关系造成损害,并最终对学习和工作产生不利的影响。

为了避免人际竞争的消极作用,有的心理学家主张合作学习,开展群体之间的竞争。有人曾将大学生分成两组,一组学生被告知,他们的期末成绩将视每个人在群体内的相对名次而定。也就是说,别人的成绩高了,自己的成绩就会相对降低。其目的是使学生在组内相互竞争。另一个组的学生则被告知,期末成绩将以小组为单位来评定,小组成绩的高低将视该组在各组中的相对位置而定,其目的在于使组内成员相互合作而参与组间竞争。结果发现,合作组不但在学习成绩方面优于竞争组,而且组内的人际关系也比较融洽。当然,也有心理学家提倡自我竞争,引导学生将现在的我与过去的我进行比较,力争现在的我超过过去的我。这样既能发挥竞争的积极作用,又能避免消极作用。

(三) 人际关系形成的过程

人际关系的形成是一个过程。据列文格(Levinger, G.)研究,人际关系的发展经历零接触、注意、表面接触、情感融合等四个阶段(见图 13-4)。每一个阶段的发展,都说明人际关系形成的基础是人际交往。人际交往是指教师和学生在课堂里相互传递信息、沟通思想和交流情感的过程。这个过程必须以一定的符号系统为交往工具才有可能实现,语言符号系统和非语言符号系统是主要的人际交往工具。

图解	人际关系状态	相互作用水平
 ○ ○	零接触	低
 ○→○	单向接触	
 ○↔○	双向接触	
 ◯◯	表层接触	
 ◉◉	轻度卷入	
 ◉◉	中度卷入	
 ◉◉	深度卷入	高

图 13-4 人际关系状态及其相互作用水平

资料来源:金盛华主编:《社会心理学》,高等教育出版社 2005 年版,第 251 页。

在人际交往过程中,信息发出者首先要把意义信息符号化,即将传送的意义信息编码为可以用语言或非语言符号系统记载的代码,然后通过各种信道将符号化的信息发送出去,最后由信息接受者经译码将符号化的信息还原成意义信息。如果信息接受者只接受信息而不反馈,就是单向交往。若信息接受者在接受信息后还向信息发出者传出反馈则属于双向交往。不管何种交往,都能使学生明确目标,消除误会,避免冲突,保持态度一致与行为协调,有序地在课堂里学习和活动,体验群体生活的愉悦,增强个人安全感,从而有助于形成良好的人际关系。

第三节 课堂活动程序与规则的创设

课堂教学进行过程中,学生有可能因各种主客观因素的干扰而违反纪律和发生问题行为。因此,课堂管理必须实施有效的控制,一方面通过创设必要的课堂活动程序与规则,提高学生的自我管理能力,预防和阻止违反纪律和问题行为的发生,另一方面则需要通过心理辅导,矫正各种问题行为。

一、课堂活动程序的创设

课堂活动程序(classroom activities procedure)是指有序地完成课堂活动的方式,也就是说,程序规定了在课堂里做事的步骤,明确课堂里的事情应该按照怎样的步骤去完成与处理。包括上课与按时完成作业的管理程序;学生在上课时想离开教室的程序;保持干净整洁教室环境的程序;收发考卷、作业、任务的程序;学生与学生、学生与教师在课堂里交往的程序等等。

(一) 群体压力与从众

课堂活动程序是约束学生的行为准则,它是学生保持思想、情绪、态度和行为一致性的保证。已经形成的课堂活动程序会对课堂内的学生产生一种心理上的压迫力,叫群体压力。群体压力虽然不像权威命令那样带有强制执行的性质,但个体在心理上却很难违抗。1951年,美国心理学家阿希(Asch, S.)将每七名男生编为一个实验组,让他们判断一张卡片上的一条线与另一张卡片三条线中的哪一条一样长(见图13-5)。每组七名被试的前六名是假被试,他们一致作出错误的判断,最后才让真的被试判断。结果发现,各组的第七人中,共有37%的人放弃了自己的正确判断而顺从群体的错误判断。群体成员在群体压力下放弃自己的意见而采取与大多数人一致的行为,叫**从众**(conformity)。

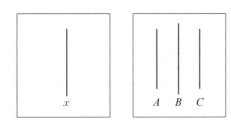

图13-5 从众实验的材料

资料来源:金盛华主编:《社会心理学》,高等教育出版社2005年版,第330页。

从众现象的发生,一般认为有两个原因。一是人们往往相信群体里大多数人的意见是正确的,觉得别人提供的信息对自己是有益的,因而放弃自己属于少数的意见而追随大多数人。如果学生越相信群体信息的正确性,自信心就越差,从众的可能性便越大。二是个体往往不愿意被群体其他成员视为越轨者或不合群者。据美国哈佛大学的梅约(Mayo, G. D.)所作的霍桑实验,工人们为了维护群体的利益,不使自己成为群体的偏离者,宁可放慢自己的工作速度,并少得报酬。可见,为了避免他人的非议或排斥,避免受孤立,群体成员容易发生从众。

积极的群体活动程序通过从众使学生保持认知、情感和行为上的一致,并为学生的课堂行为划定了方向和范围,成为引导学生课堂行为的指南。不过,消极的课堂程序也有可能使学生的不良行为因从众而在课堂里蔓延,使意志薄弱的学生随波逐流。在课堂管理中,教师应该自觉地帮助学生形成良好的课堂程序。一方面要考虑程序对群体成员的适应性,尽量使规范对群体成员的个人价值趋同。另一方面,又要考虑课堂程序与社会规范的一致性,使每个学生都能正确处理个体与群体的关系。

(二)建立课堂活动程序的策略

建立课堂程序,首先要将活动分解成可以完成的单独步骤,并清晰地罗列出来。然后考虑最容易出错的步骤,预先采取预防措施,避免学生理解有误或执行时出错。最后督促学生实施程序,获取学生的反馈,再适当地调整程序,从而形成有助于学习的课堂活动程序。教师需要建立的课堂程序,通常包括控制课堂规模、分配座位、编制课程表和合理利用时间等。

1. 课堂规模的控制

据心理学家的研究,班级规模越大,学生的平均成绩便越差。因为班级规模与教师态度、学生态度和课堂处置等变量紧密相关(见图13-6)。班级规模越大,教师态度、学生态度和课堂处置的得分就越低。当班级规模超过25人时,班级规模对教师消极态度的影响更加明显,说明过大的班级规模限制了师生交往和学生参加课堂活动的机会,阻碍了课堂教学的个别化,有可能导致较多的纪律问题,从而间接地影响了学习成绩。然而,过小的班级规模又是极不经济的。一般而言,中小学的班级以25—40人为宜。

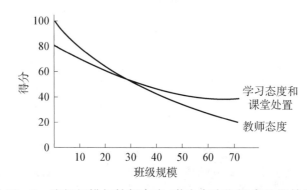

图 13-6 班级规模与教师态度、学生态度和课堂处置的关系

资料来源:班尼等著,邵瑞珍译:《教育社会心理学》,云南教育出版社1986年版,第74页。

2. 座位的分配

美国的施韦伯(Schwebel, A.)等人研究发现,分配座位时,教师主要关心的是加强对学生的控制和减少课堂混乱。据美国的亚当斯等人的研究,课堂里存在着一个最受教师关注的"活动区"(见图13-7)。当学生的座位从左右两边和后面调入"活动区"的时候,学生会明显意识到教师对自己的关注和重视。体验到教师对自己的特别期望,因而容易注意集中。

而当学生从"活动区"被教师调向左右两边和后面时,则常有被教师忽视之感,容易发生违纪行为。有时教师为了控制爱吵闹的学生,还让他们坐在靠近讲台的座位上。教师分配座位的意图还通过座位的搭配反映出来。教师们总是让爱吵闹的学生与文静的学生坐在一起,通过文静的学生去控制爱吵闹的学生。男女同坐在中小学也是相当流行的一种座位分配法,教师经常让上课不得安宁的男生与女生坐在一起,企图使他们失去共同违反纪律的伙伴,能够比较有效地控制男生的课堂行为。但中学生们大多了解教师的意图,容易引起反感。有时,初中男生在上课时故意做出"侵犯"女生的行为,以示其男女界线分明,避免他人的讥笑。可见,男女同桌实际上往往无法完全防止中学生发生纪律问题,相反还有可能妨碍男女学生的正常交往。所以学生座位的分配,一方面要考虑课堂行为的有效控制,预防纪律问题发生;另一方面又要考虑促进学生之间的正常交往,形成和谐的师生以及学生之间的关系,并促进学生良好人格特征的形成。

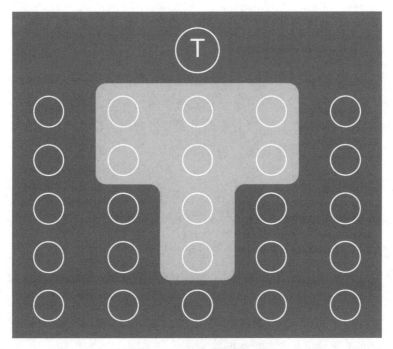

图 13-7　课堂里的活动区

资料来源:J·桑切克著,周冠英译:《教育心理学》,世界图书出版公司 2007 年版,第 472 页。

3. 课程表的编制

课程表是使课堂教学有条不紊地进行的重要条件。它的编制首先要尽量将语文、数学和外语等核心课程安排在学生精力最充沛的上午第一、二、三节课,将音乐、美术、体育和习字等技能性的课程安排在下午。其次,注意将文科和理科、形象性学科与抽象性学科交错安排,避免同类刺激长时间地作用于大脑皮层的同一部位而导致疲劳和厌烦。最后,青年教师教两个平行班时,第二班的教学效果往往优于第一班,两个平行班的课以间隔短时间为好。

而老教师则相反，他们熟悉教材，对学生了如指掌，讲起来驾轻就熟，上第一班就能发挥得十分出色。而第二班属于简单重复，容易产生乏味感，教学效果反而逊色。因此他们的课应该有较长的时间间隔为好。不管是新教师还是老教师，都要注意将两平行班的课交替安排。

4. 课堂时间的合理利用

据德姆波研究，课堂里的时间利用可以分成分配时间、教学时间、投入时间和学业学习时间等四个层次。分配时间是学校为某一门学科分配给教师的时间，通常体现在课程表上。教学时间是在完成了点名考勤、处理课堂问题行为之后所剩余的用于教学的时间。投入时间是学生实际投入学习的时间（包含没有听懂、无法解题的时间）。学业学习时间是学生成功地完成学业所花的时间。另据美国心理学家研究，如果学生每天在校时间为5小时的话，学业学习时间最多的班级平均为111分钟，而最少的则只有16分钟，两者几乎相差7倍。虽然我们不能要求学生将在校的每一分钟都用于学习并获得成功，但学生不应该将过多的时间花费在从一种活动转移到另一种活动、做学习准备、等待教师的帮助、上课做白日梦以及在课堂里嬉闹等方面。如果每天能够增加40分钟的学业学习时间，一学年就将增加8000分钟。

所以教师必须通过课堂管理，合理利用教学时间，通过激发学习兴趣来提高学生的课堂参与性，增加学习的机会；保持课堂的动量平衡，使教学节奏紧凑，学生在课堂里总是有事可做；注意保持教学的流畅性，尽量减少从一种活动转向另一种活动的时间，并给学生明确的过渡信号；维持课堂群体的注意焦点，善于通过课堂提问引导学生的注意。总之，要努力将维持课堂纪律的时间减少到最低限度。

二、课堂规则的制定

（一）课堂规则与课堂纪律

课堂规则（classroom rules）是指课堂里学生行为是否被允许或接受的规定，它可以被视为是对学生课堂行为限度的规定。课堂里的规则应与学校的一般规则相一致，既不能宽于学校的一般规则，也不能明显严于学校规则。否则，容易引起无所适从或遭遇抵制。课堂规则不宜过多、过细，应简洁明了。教师应该组织学生讨论这些规则，向学生清楚地解释规则，给学生提供规则的正例与反例，帮助学生理解规则的意义。当然也可以考虑将书面的规则张贴在教室比较显眼的地方，随时都能提醒学生自觉遵守课堂规则。由于规则只涉及学生日常课堂行为的限制，所以我国许多教师又将课堂规则称为课堂常规。课堂常规是每个学生必须遵守的最基本的日常课堂行为准则，涉及上课、发言、预习、复习、作业、写字姿势、自修和教室整洁等方面的常规。课堂常规赋予学生的课堂行为以一定的意义，使学生明白自己行为所依据的价值标准，具有约束和指导学生课堂行为的功能。学生在课堂常规影响下所表现出来的服从，可能是自愿的，也可能是被迫的。然而当课堂常规真正为学生所采纳和接受时，便逐渐内化为自觉行为的内部观念。不过，课堂常规应该通过学生们的充分讨论，由全班学生共同建立。因为参与讨论和共同决定，会使每一位学生都承担起课堂常规的责任,提高遵守课堂常规的自觉性。

中学课堂规则的例证：
1. 按时上课,不随便缺席。
2. 独立完成作业,不抄袭。
3. 上课迟到,征得教师同意后方可进入。
4. 上课离开教室前须征得教师的同意。
5. 不得在教室外面吵闹。
6. 下课后收拾好物品,保持教室清洁。
7. 不随意打开其他学生的电脑文件。
8. 不乱扔垃圾,不破坏教室内的设施和物品。
9. 衣着得体。
10. 不将食物带进教室。

为了维持正常的教学秩序,协调学生的行为,以求课堂教学目标的最终实现,必然要求学生共同遵守课堂规则,从而实现对学生课堂行为的控制,于是课堂规则便成为**课堂纪律**（classroom discipline）。尽管纪律在课堂里是一个司空见惯的问题,但对课堂纪律的含义,人们却有不同的理解。有人将纪律理解为当学生在课堂里产生不符合要求的行为时所给予的惩罚。也有人认为纪律就是通过强迫顺从或服从规则来监督学生的行为。这两种观点都主张从外部对学生的课堂行为进行过分专断的控制,属于权威主义的纪律观。还有人认为纪律就是允许学生自由地调节自己的课堂行为,教师不必过多干涉,属于放任主义的纪律观。我们主张民主的纪律观,认为纪律是介于权威主义纪律观与放任纪律观之间的一种控制形式,可以定义为对学生课堂行为所施加的规则与控制。若从外部施加规则与控制,是外在的纪律,即他律。若学生从内部向自己施加规则与控制,就是内在纪律,即自律。纪律的发展是从他律向自律转化的过程。

(二) 课堂纪律的类型

美国心理学家林格伦（Lindgren, H. C.）根据规则的制定与实施者将课堂纪律分为教师促成的纪律、群体促成的纪律、任务促成的纪律和自我促成的纪律等四种类型。

1. 教师促成的纪律

它是由教师向学生施加规则与控制,包括结构创设与体贴。教师的指导、监督、惩罚、规定限制、奖励、操纵、组织、安排日程和维护标准等,都属于结构创设。而体贴则包括同情、理解、调解、协助、支持、征求和采纳学生的意见等。纪律维持既需要结构创设,又需要体贴,两者在课堂管理中都是不可缺少的。目前,多数教师往往是提供了较多的结构创设,而缺乏足够的体贴。教师应该根据课堂的具体情况,确定结构创设和体贴的适当比例。因为青少年学生一方面会由于自我指导的加强而反对教师过多的限制和干涉,另一方面却还是需要教师为他们提供必要的指导,希望教师能以咨询或情感支持的形式给予帮助。

2. 群体促成的纪律

它是由同辈群体所施加的规则与控制。学生入学后,对同学察言观色,以便决定应该如何思考、如何信仰和如何行事。他们常常以"别人也这样干"为理由去从事某件事情,他们的见解、信仰、爱好、偏见与憎恶往往视同辈群体而定。国外研究者指出,虽然青少年学生爱自己的父母,认为父母的意见是有价值的,但结果仍然会降低对父母力量的重视,过高地评价同龄伙伴力量的价值。青少年学生之所以遵守群体促成的纪律,首先是因为同辈群体不仅为其提供了一种新的价值观念与行为准则,而且还为其提供了作为一个独立自主的人来行事的体验,找到保持自己安全感的新源泉。其次,同辈群体的行为准则为青少年学生提供了道德判断与道德行为的新的参照点,结束了青少年学生思想、情感和行为方面的不确定性、无决断力、内疚感和焦虑。在一个组织得好的课堂里,有时学生虽然也会为挫折而不满,但为了不损害与同学的关系,他们也还是会遵守群体促进的纪律的。

3. 任务促成的纪律

它是在完成某一任务时所施加的准则与控制。这种纪律以学生个人对活动任务的充分理解为前提,他们对任务的理解越深刻,就越能自觉地遵守纪律,即使在完成任务时遭遇挫折也不轻易放弃。所以学生卷入任务的过程,就是接受纪律约束的过程。学生越是成熟,越容易使自己的行为跟眼前任务要求相一致。

4. 自我促成的纪律

它是学生对自己所施加的准则与控制,这是外部的纪律控制被个体内化之后成为个体自觉的行为准则。这时,学生能够正确评价各种行为准则,并在此基础上放弃不合时宜的行为准则,补充、完善和发展新的行为准则,从而真正达到自律。

所有这些课堂纪律都有助于学生了解在各种场合受赞同或默许的行为准则,促进学生的社会化;使学生在对持续的社会要求和期望作出反应的过程中,形成独立、自信、自制、坚韧等良好品质,有助于学生人格的成熟;课堂纪律也能使学生将外部的行为准则与自己的自觉要求有机地结合起来,有助于社会道德准则和道德义务在学生身上的内化;课堂纪律还能使学生避免对自己行为的迷惑和担心,降低过度焦虑,形成情绪安全感。所有的任课教师都应该重视课堂纪律的维护。

(三) 课堂纪律的维护

教师在课堂里实施规则以控制学生在课堂里的行为,就是维护课堂纪律。课堂纪律的维护,首先要将严格要求与体贴爱护结合起来。要严格要求学生不折不扣地执行课堂规则,并不断向学生提出更高的要求,引导学生从他律逐渐发展到自律。但严格要求是以尊重爱护和真诚关怀为基础的,使学生心悦诚服地接受规则的约束。其次要善于利用注意原理排除来自课堂内外的各种干扰,用生动活泼的教学引起学生的无意注意,并注意留下教学悬念，引发学生的期待心理，使学生在课堂里始终注意集中而避免纪律问题。最后是适时运用教育机智。教育机智是教师在课堂里对学生作出随机应变的快速反应和灵活采取恰当措施的能力。当课堂里出现难以预料的突发事件，但又必须予以特殊处理的纪律问题时，教师要善于因势利导、随机应变，并掌握教育分寸，做到分析中肯、判断恰当、结论合理、处置得体。

三、课堂问题行为的预防与矫正

（一）课堂问题行为和类型

课堂问题行为（behavioral problems in the class）是指不能遵守公认的课堂程序与规则，不能与人正常交往和参与学习的行为。问题行为与后进生等问题学生的概念不同。后进生是对学生的一种总体评价，他们往往有较多的问题行为。但在正常的课堂里，其人数甚少。而问题行为则是一个教育性概念，主要是针对学生的某一种行为而言的。同时，问题行为无疑是消极的，但是并没有指明是什么性质的问题，也没有说明消极到何种程度，显然属于模糊性概念。不过，这种模糊性恰好如实地反映了问题行为的不稳定性和易变性。而且除了平时老师们所说的后进生有问题行为之外，优秀的学生有时也有可能发生问题行为。对处在成长发展中的中小学学生，我们不能轻易给学生贴上消极的标签，而应该针对行为而非针对人，根据问题行为的性质采取相应的管理对策。

据斯威夫特（Swift, M.）等人通过系统的课堂观察发现，在典型的课堂里，25％至30％的学生有问题行为，主要表现为上课漫不经心、情感淡漠、逃避课堂活动、与教师关系紧张、容易冲动、上课乱插嘴、坐立不安或活动过度等。所有这些问题行为如何分类，心理学家有不同的看法。美国的威克曼（Wickman, E. K.）将破坏课堂秩序、不遵守纪律和不道德的行为等归纳为扰乱性的问题行为；将退缩、神经过敏等行为归纳为心理性问题行为。后来，奎伊（Quay, H. C.）将问题行为区分为品行性问题行为、性格性问题行为、情绪和社会上的不成熟行为等三种类型。我国心理学家综合国内外的研究，根据学生行为表现的主要倾向，将学生的问题行为分成两大类。一类是外向性的攻击型问题行为，包括行为粗野、公然违抗教师的要求、学生之间的课堂打斗、过度活跃以及武力侵犯教师等。二是内向性的退缩型问题行为，包括过度的沉默寡言、胆怯退缩、恐学逃学、孤僻离群，或者神经过敏、烦躁不安、过度焦虑等。

研究发现，教师与心理学家对学生问题行为的看法存在很大的差异。教师们比较重视的课堂问题行为有：在课堂里打骂、推搡、追逐和讪笑等侵犯他人的行为；交头接耳、窃窃私语、擅换座位和传递纸条等过度亲昵的行为；高声谈笑、口出怪音、敲打作响、作滑稽表情和怪异动作等故意惹人注意的行为；故意不遵守规定、不服从指挥、反对班干部和老师等盲目反抗权威的行为；迟到、早退、逃学等抗拒行为；恶意指责、互相攻击、彼此争吵和打架斗殴等冲突纷争的行为。因为这些问题行为都直接扰乱课堂秩序，有的使教学活动无法继续进行下去。但是，教师们常常忽视这些行为：学生上课凝视发呆、胡思乱想、心不在焉、作白日梦等注意涣散行为；胡写乱涂、抄袭作业等草率行为；胆小害羞、不与同学交往的退缩行为；寻求赞许、期待帮助的依赖行为等。虽然这些行为没有直接干扰课堂秩序，却一方面严重妨碍学生自己的学习，另一方面也会导致心理不健康，因而需要给予更多的关注。

（二）对课堂问题行为的管理

1. 区分三类课堂行为

课堂里通常存在着积极的、中性的和消极的三类行为。积极的课堂行为是与课堂教学目标一致的行为，中性的课堂行为是既不促进也不干扰课堂教学进行的行为，包括静坐在座位上但不听课、出神地望着窗外、在纸上乱写乱画、看连环画或伏在桌上睡觉但不发出鼾声等。消极的课堂行为则是那些明显干扰课堂教学进行的行为，包括喧闹、戏弄同学、扮小丑和顶撞老师等。一方面，课堂管理要区别对待三类课堂行为。对于消极的课堂行为，应该给予明确的警告，也有必要给予必要的惩罚，但应避免讽刺挖苦、威胁、隔离、剥夺、奚落或体罚等伤害学生自尊心的惩罚。中性课堂行为虽然影响了学生自己的学习，但毕竟没有干扰他人的学习，因此教师不宜在课堂里停止教学而公开指责他们，以避免干扰全班学生的注意。教师一般可以采取给予信号、邻近控制、向其发问、排除诱因、暗示制止和课后谈话等措施，制止中性的课堂行为。另一方面，不要期望一步到位地消除消极的课堂行为。在通常情况下，首先要求学生将消极的课堂行为转变为中性的课堂行为，然后再要求他们将中性的课堂行为转变为积极的课堂行为。例如要求一位在上课时经常吵闹的学生（消极的课堂行为）先保持安静，即使自己听不进去，也不要干扰其他同学的学习，以后再要求他们在上课时注意力集中、认真思索和积极参与课堂教学活动。

2. 行为矫正

行为矫正是消除课堂问题行为的有效方法。这是用条件反射的原理来强化学生的良好行为以取代或消除问题行为的一种方法，包括厌恶疗法、代币制等。其基本步骤为：第一步，确定需要矫正的问题行为；第二步，制定矫正问题行为的具体目标；第三步，选择适当的强化物与强化时间的安排；第四步，排除或强化问题行为的刺激；第五步，以良好的行为逐渐取代或消除问题行为。这种方法的运用必须以师生的密切配合为前提。要让学生了解行为矫正的目标，运用的强化物应该符合学生的需要，还要排除不良刺激的干扰。不过，行为矫正对于改变复杂的问题行为的效果并不明显，因为复杂的问题行为常常是由于内在刺激引起与维持的，并与外部刺激交织在一起，单纯用改变外部行为的办法是很难奏效的。

3. 心理辅导

对复杂的问题行为主要通过心理辅导来解决。心理辅导是通过改变学生的认知、信念、价值观和道德观念来改变学生的外部行为的一种方法，这是一种合作式的、民主式协助学生解决心理障碍的过程。它不像传统意义上的教育那样带有某种强制的性质，它也不同于单纯重视矫正的心理治疗，因为它更强调协助正常学生的教育与发展。马斯洛等人本主义心理学家认为，个人的问题行为往往起因于外界因素对自我实现的阻挠以及个人缺乏正确的自我评价。因此心理辅导的主要任务是:第一,帮助学生正确认识和评价自我,确立良好的自我意识;第二,帮助学生正确抉择行为方向,确立合适的行为目标;第三,帮助学生正确认识环境,善于改变环境或改变自己的不适应行为,增强社会适应能力和提高社会技能;第四,帮助学生发挥个人潜能,排除实现理想抱负的障碍,过有意义的健康愉快的生活。心理辅导的成败取决于师生之间认知距离的缩短和情感隔阂的消除。教师应该对学生充满信心,真诚待人,给学生以必要的支持。还要尊重学生的感受与体验,能从学生的看法与感受出发去处理问题,从而调动学生的积极性,使课堂成为发展学生潜能的良好场所。

四、学生自我控制能力的培养

人本主义心理学家戈登(Gordon,T)是学生责任感模型的倡导者,他认为良好的课堂管理最终是要培养学生内心的自我控制感。后来,布罗菲(Brophy,J.E)等人提出了与戈登大体一致的意见。他们建议教师,作为课堂管理者,应该做到以下几点:愿意为解决问题承担责任;与课堂里的问题学生一起合作;使用长远的解决问题的方法,而非使用控制的、惩罚性的方法;帮助学生理解并解决潜在的破坏性行为。

为了帮助学生最终能够在课堂里达到自我控制,教师可以考虑运用面质技术、帮助技巧和预防性技巧来取代"权力"和"控制"。

首先,教师要善于诊断问题。课堂里发生了问题,必须弄清其性质,能够清楚地区分究竟是教师方面的问题,还是学生方面的问题。

其次,教师运用面质技巧来解决教师方面的问题,包括"我信息"的交流,即从我的角度来表达问题,而不是以批评学生的口吻。对此类问题,教师应该改变方式,即转变到倾听与理解学生的立场。教师还应该使用双赢冲突解决方案,以相互依赖的立场去处理问题。

最后,针对学生方面的问题,教师应该从人本主义立场出发,积极地倾听、接受和重视学生,向学生伸出援助之手,帮助他们解决问题。要心平气和地对待学生在课堂发生的问题行为,即使在自己的尊严受到严重威胁时,也要冷静地思考学生所发生问题的性质,沉着而机智地应对所面临的问题,避免以自己的粗鲁去压制学生的粗鲁。教师应该看到青少年学生毕竟是受教育的对象,他们身上的问题一般都是发展中的问题,尽量不要将学生的问题视为对教师的有意羞辱。对于一些胆汁质气质的教师,更要学会自我提醒,可以考虑在备课本的醒目处写上"制怒"的警句,当自己激动起来的时候,起到自我暗示的作用,使自己迅速平静下来。

 练习题

一、填空题

1. 课堂管理的两项功能是:_____功能、_____功能。

2. 影响课堂管理的主要因素是：_____、_____、_____、_____。

3. 课堂群体动力包括_____、_____、_____。

4. 群体动力的概念最早是由心理学家_____提出的。

5. 勒温对领导方式所作的经典研究中包括的三种领导方式是：_____、_____、_____。

6. 课堂活动程序通常包括：_____、_____、_____、_____。

7. 人际吸引与排斥的结果将出现三类人缘关系不同的学生，他们是：_____、_____、_____。

8. 从管理的角度看，课堂结构包括：_____和_____。

9. 根据规则的制定与实施者，可以将纪律分成：_____、_____、_____、_____。

10. 行为矫正技术是以_____原理为基础的技术，它强调_____的改变。而心理辅导则强调通过改变_____而改变行为。

二、选择题

1. 在中小学班主任轮换时，管理水平较差的教师很难接替一位优秀班主任的工作，但却能顺利地接受一个新班。对这种现象最适当的解释是(　　)。

   A．对教师的定型期望　　　　　　B．学校领导的类型
   C．班干部的不同类型　　　　　　D．新上任教师的准备不同

2. 下列可以用从众理论解释的适例(　　)。

   A．人们的言行往往"随大流"　　　B．在组织上少数服从多数
   C．"人云亦云"　　　　　　　　　D．"人以群分"

3. 有些班主任上课或班主任在场，学生规规矩矩；班主任不在场，纪律明显涣散。该班主任的领导作风很可能是(　　)。

   A．专断型　　　　　　　　　　　B．民主型
   C．放任型　　　　　　　　　　　D．兼有A、B两种类型的特征

4. 判断学生问题行为的主要依据是(　　)。

   A．是否妨碍他人与社会　　　　　B．是否能适应正常的学习与社会交往
   C．对教师的态度　　　　　　　　D．对同学和家长的态度

5. 有经验的教师总是根据班级特点，建立一些常规。一旦学生养成习惯，他们就不感到有外在的约束。这种纪律是(　　)。

   A．教师促成的纪律　　　　　　　B．自我促成的纪律
   C．任务促成的纪律　　　　　　　D．同伙集体促成的纪律

6. 研究表明，有些任务适合开展竞赛，有些任务则不适合开展竞赛。下列不适合开展竞赛的任务是(　　)。

   A．卫生大扫除　　　　　　　　　B．学一门新的难度大的学科
   C．参加课外活动的出席率　　　　D．学生每学期总评分的名次

7. "将心比心"的心理机制是（　　）。
   A. 移情作用　　　　　　　　　　B. 心胸豁达
   C. 期望效应　　　　　　　　　　D. 心理辅导
8. "以貌取人"属于下列何种偏见：
   A. 第一印象偏见　　B. 晕轮效应　　C. 社会刻板印象　　D. 先入为主偏见

三、问答题

1. 如何营造积极的课堂社会心理环境？
2. 怎样矫正课堂里的问题行为？
3. 如何创设课堂活动程序与规则？

重点概念

1. **课堂管理**：教师通过协调课堂内的教师、学生和课堂情境三者之间的关系而有效地实现预定的教学目标的过程。

2. **群体**：人们以一定方式的共同活动为基础而结合起来的联合体。群体通常有三个特征，一是群体由两个以上的个体所组成；二是群体成员根据一定的目的或承担的任务而相互交往，协同活动；三是群体成员受共同的社会规范的制约。

3. **课堂凝聚力**：课堂对每一个学生的吸引力。它是衡量课堂管理成功与否的重要标志。

4. **课堂气氛**：课堂里某种占优势的态度和情感的综合状态。

5. **课堂活动程序**：有序地完成课堂活动的方式。程序规定了课堂里的事情应该按照怎样的步骤去完成与处理，如上课与按时完成作业的管理程序。它是约束学生的行为准则，是学生保持思想、情绪、态度和行为一致性的保证。

6. **从众**：群体成员在群体压力下放弃自己的意见而采取与大多数人一致的行为。

7. **课堂规则**：课堂里是否被允许或接受的学生行为的规定，是对学生课堂行为限度的规定。

8. **课堂纪律**：对学生课堂行为所施加的规则与控制。若从外部施加规则与控制，是外在的纪律，即他律；若学生从内部向自己施加规则与控制，就是内在纪律，即自律。

9. **课堂问题行为**：指不能遵守公认的课堂程序与规则，不能与人正常交往和参与学习的行为。

推荐读物

1. 杨心德编著：《中学课堂教学管理心理》，杭州大学出版社1993年版。

该书阐述了课堂管理的概念,分析了对学生认知、动机激发、态度改变、问题行为矫正和课堂纪律等管理策略。

2. 钟启泉著:《班级管理论》,上海教育出版社2001年版。

该书从班级团体论、班级改造论和班级社会学等三大方面阐述了课堂管理的性质与心理机制。

3. [美]戴维著,李彦译:《课堂管理技巧》,华东师范大学出版社2002年版。

该书从分析课堂问题产生的根源入手,阐述了纠正问题行为的一系列课堂管理策略。

4. [美]班尼等著,邵瑞珍等译:《教育社会心理学》,云南教育出版社1986年版。

该书强调学校集体动力,阐述个体与集体、个体与个体之间相互作用的观点,介绍了情境理论、态度改变理论和问题解决理论等。